Gonglu Gongcheng Ding'e Yingyong Yu Gaiyusuan Bianzhi Shili

公路工程定额应用与概、预算编制示例

邢凤岐　徐连铭　编

人民交通出版社

内 容 提 要

本书共七章，主要内容包括：定额的相关知识；公路工程预算定额的应用；公路工程概算定额的应用；公路工程机械台班费用定额的应用；公路工程概预算资料的调查；公路基本建设项目概预算的编制及较全面典型的工程预算实例。

本书主要针对新编公路工程概（预）算定额及机械台班费用定额的具体应用，编写和收集了近百余题的计算示例，系统分析了概算定额与预算定额的异同之处。内容紧密联系工程实际，预算实例全面、完整，能起到手册的作用，是学习编制概（预）算的实用参考书。本书可作为从事造价管理工作、施工、设计等方面工程技术人员及相关院校师生的学习参考书。

图书在版编目(CIP)数据

公路工程定额应用与概、预算编制示例/邢凤岐，徐连铭编. --北京：人民交通出版社，2008.5

ISBN 978-7-114-07165-2

Ⅰ.公… Ⅱ.①邢…②徐… Ⅲ.①道路工程－经济定额②道路工程－概算编制③道路工程－预算编制 Ⅳ.U415.13

中国版本图书馆 CIP 数据核字(2008)第 071483 号

书　　名：公路工程定额应用与概、预算编制示例
著 作 者：邢凤岐　徐连铭
责任编辑：曲　乐
出版发行：人民交通出版社股份有限公司
地　　址：（100011）北京市朝阳区安定门外外馆斜街 3 号
网　　址：http://www.ccpress.com.cn
销售电话：（010）59757973
总 经 销：人民交通出版社股份有限公司发行部
经　　销：各地新华书店
印　　刷：北京市密东印刷有限公司
开　　本：787×1092　1/16
印　　张：23.75
字　　数：598 千
版　　次：2008 年 6 月第 1 版
印　　次：2017 年 6 月第 9 次印刷
书　　号：ISBN 978-7-114-07165-2
定　　价：45.00 元

前　　言

为构建节约型公路行业，适应公路交通建设发展的需要，合理确定和有效控制工程造价，提高公路建设项目工程造价的编制质量，交通部于2007年10月公布了新编《公路工程基本建设项目概算预算编制办法》(JTG B06—2007)及与之相配套、同时施行的《公路工程概算定额》(JTG/T B06-01—2007)、《公路工程预算定额》(JTG/T B06-02—2007)和《公路工程机械台班费用定额》(JTG/T B06-03—2007)。

为了配合学习和使用，尽快熟悉并掌握这套全新的公路工程定额和公路工程概预算编制办法，我们在较短的时间内先认真进行学习和理解，同时深入工程现场收集了相关方面的大量资料，听取了现场工程技术人员的有关建议，本着实用、通俗、简练的原则，编写了这本具有定额使用和概预算编制示例的参考书。

本书由邢凤岐、徐连铭同志共同编写，邢凤岐同志编写了第一、二、三、四、六章，徐连铭同志编写了第五、七章。全书由邢凤岐同志统稿汇编，孙守有、赵静、林志丹同志为本书做了资料整理、打印和校对工作，在此表示感谢。

由于时间短促，特别是作者水平有限，错误之处在所难免，恳请广大读者批评指正。

作者

2008年3月

目　录

第一章 定额及相关知识

第一节 定额的基本概念

定额，顾名思义，“定”是确定，“额”是数额，综合起来就是确定数额。

即在合理的生产组织，合理的使用资源，合理的生产技术条件下，经过国家或主管部门科学地测定、分析、计算后合理确定的生产某单位合格产品或完成一定量的工作，所消耗的人力、机械、材料、资金等数量的标准。

交通部最新公布的《公路工程概、预算定额》自 2008 年 1 月 1 日起实施，在其开篇说明中明确指出：“本定额是按照合理的施工组织和一般正常的施工条件编制的，是以人工、材料、机械台班消耗数量表现的工程概预算定额。”所以定额是一个标准，是衡量经济效果的尺度。

公路工程定额是交通部依据国家一定时期的管理体制和管理制度，根据不同定额的用途和适用范围，指定交通部定额总站按照一定的程序进行分析、测算、修订后制定的，并按照规定的程序审批和颁发执行。

在我国，凡经国家或其授权机关颁发的定额，是具有法令性的一种指标，不得擅自修改和滥用。定额要保持相对的稳定性，但也随着技术条件、管理条件的变化，及时地进行修订、补充，直到重新颁布新定额为止。

定额的产生与管理内容之间，既相互联系又相互制约。同时，它们的顺序也大体反映管理工作的程序，如图 1-1。

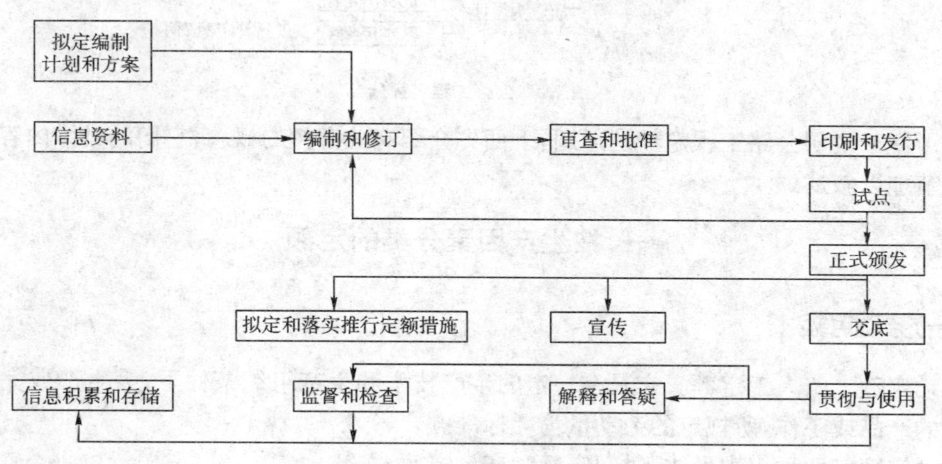

图 1-1 定额管理工作程序图

定额水平是一定时期社会生产力水平的反映，它不是一成不变的，而是随着生产力水平的变化而变化的。一定时期的定额水平，必须坚持平均先进或先进合理的原则。所谓平均先进，是指在执行定额的时期内，大多数人员必须经过努力可以完成定额或超过定额，是先进指标中的平均值。所谓先进合理，是指定额水平虽然也是先进的，但不一定是平均值，而且一般是取比平均值要低的合理指标。

我们通常所说的定额水平偏高，是指定额内人工、材料、机械、资金等消耗数量偏低了；相反定额水平偏低是指这些消耗量偏高。

第二节　公路工程定额的分类

公路工程定额一般可分为两类，即按生产因素分类和按定额用途分类。其中按生产因素分类是基本的，按用途分类的定额，实际上已经包括了按生产因素分类的基本因素。现行公路工程定额的分类如图1-2所示。

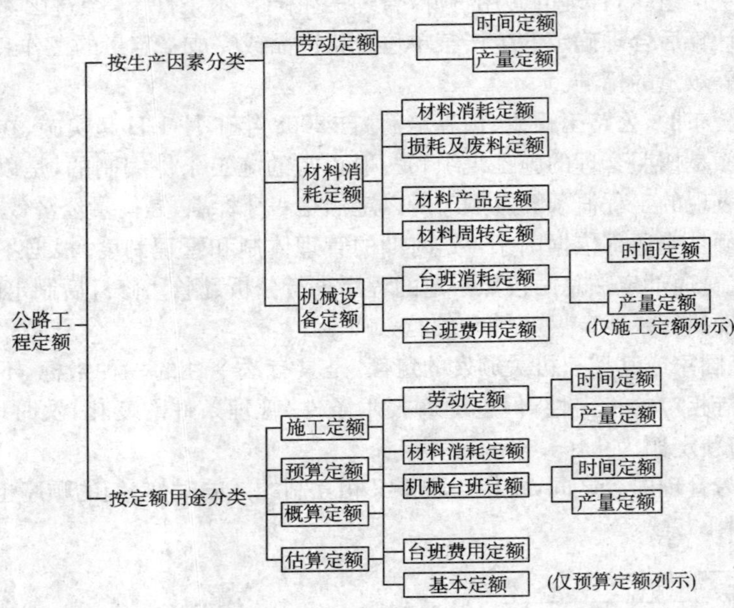

图1-2　公路工程定额分类

为了便于说明公路工程定额的运用，下面先介绍有关定额的概念，它们的具体内容将在后面的章节加以叙述。

一、按生产因素分类的定额

(一)劳动定额

劳动定额也叫人工定额。它是在一定的生产技术和生产组织条件下，为生产或完成一定量合格的产品或工作，所规定的劳动量消耗标准。

劳动定额有两种表现形式：时间定额和产量定额。

时间定额，是指生产单位数量合格产品所消耗的劳动量标准。即

$$S=\frac{D}{Q} \tag{1-1}$$

式中：S——时间定额(劳动量单位/产品单位)；

D——耗用劳动量数量(如工日)；

Q——完成合格产品数量(产品实物量单位)。

产量定额，是指劳动者在单位劳动量内完成合格产品的数量。即

$$C = \frac{Q}{D} \tag{1-2}$$

式中：C——产量定额(产品单位/劳动量单位)；

Q、D——意义同前。

由式(1-1)及式(1-2)可知，时间定额与产量定额具有互为倒数的关系，即 $S \times C = 1$。

(二)材料消耗定额

材料消耗定额是指在节约和合理使用材料的前提下，为生产单位数量合格产品所规定消耗的一定规格的建筑材料、半成品、配件、构件等的数量标准。它包括材料的净值消耗量和必要的工艺性损耗量。例如浇制混凝土构件，所需混凝土在拌制、运输及浇制中必然有损耗，所以规定浇制 $1m^3$ 构件需消耗 $1.01 \sim 1.02m^3$ 混凝土。

材料消耗定额还有两种表现形式，即材料产品定额和材料周转定额。

材料产品定额，是指一定规格的原材料，在合理的操作前提下，规定完成合格产品的数量，这种定额形式在公路工程定额中应用较少。

材料周转定额，即周转性材料(如模版、支架的木料)的周转定额，它是指周转性材料在施工过程中合理使用的次数和用量标准。

周转性材料消耗一般与下列四个因素有关：

(1)第一次制造时的材料消耗(一次使用量)；

(2)每周转使用一次材料的损耗(第二次使用时需要补充)；

(3)周转使用次数；

(4)周转材料的最终回收折价。

定额中材料周转消耗量的指标，应当用一次使用量和摊销量两个指标表示。一次使用量是指周转性材料在不重复使用时的一次使用量，供施工企业组织施工用；摊销量是指周转性材料退出使用，应分摊到每一计量单位的结构构件的周转材料消耗量，供施工企业成本核算或预算用。

$$一次使用量 = 净用量 \times (1 + 操作损耗率) \tag{1-3}$$

材料的周转及摊销均按下式计算：

$$定额用量 = \frac{图纸一次使用量 \times (1 + 场内运输及操作损耗)}{周转次数(或摊销次数)} \tag{1-4}$$

(三)机械设备定额

机械设备定额包括以下几种：

(1)机械台班消耗定额。它是指完成单位数量合格产品，所规定的机械台班消耗的数量指标。机械台班消耗定额也和劳动定额一样，具有两种表现形式：机械时间定额和机械产量定额。

(2)机械时间定额。它是指在一定的操作内容以及质量和安全要求的前提下，规定完成单

位数量产品或任务所需要的作业量(如台时、台班等)标准。

(3)机械产量定额。它是指在一定的操作内容以及质量和安全要求的前提下,规定每单位作业量(如台时、台班等)完成的产品或任务的数量标准。

按照机械台班消耗定额并根据工程数量可计算出工程所需各种机械台班数量。为了满足工程概、预算计算机械使用费的需要,还需要计算“机械台班费用定额”。

(4)机械台班费用定额。它是以机械的一个台班为单位,规定其所消耗的工时、燃料及费用等数量标准并可折算为货币形式表现的定额。工程预算中所需反映的施工机械使用费、机上驾驶人员数、燃料数等,均可按照机械台班费用定额并根据工程数量计算。

机械台班费用定额主要用途是:

①分析计算台班单价。即按预算定额总说明第十四条的规定编制预算的台班单价,应按该定额分析计算。

②计算台班消耗人工、燃料等实物量。为了编制施工组织设计,需要统计人工、材料、机械的实物量,以确保劳动力和材料等的供应。有关机械所消耗的各种物资的实物量,要根据本定额分析计算确定。

③某些省(市、区)或地方,可按当地交通厅的规定,直接引用定额中的基价作为台班单价来编制预算。

二、按用途分类的定额

(一)施工定额

它是施工单位组织生产、编制施工阶段施工组织设计、签发任务单、计算计件工资、进行经济核算等工作的依据,包括时间定额和产量定额。定额水平是采用平均先进定额。目前仍在使用的是交通部1997年编制的《公路工程施工定额》,各省均有符合自己情况的劳动定额。

(二)预算定额

即本书介绍的交通部颁布自2008年1月起实施的《公路工程预算定额》(JTG/T B06-02—2007)(以下简称《预算定额》)。它是编制施工图预算的依据。这种定额的产品计量单位比施工定额要大,其定额水平采用先进合理定额。在预算定额中根据使用上的需要,还编有“基本定额”。

(三)概算定额

即本书介绍的交通部颁布自2008年1月起实施的《公路工程概算定额》(JTG/T B06-02-2007)(以下简称《概算定额》)。它是编制设计概算的依据。概算定额是在预算定额的基础上加以综合而成的,因而定额中的工程项目单位都比较大,如小桥涵以“座(道)”、桥梁上部构造以“10m标准跨径”计算等。

(四)估算指标

它是交通部为做好公路基本建设项目建议书和可行性研究报告的投资估算,或为建设项目的经济效益评价提供造价计算依据而编制的,现行的是交通部1996年7月1日起公布实施的《公路工程估算指标》,估算指标包括综合指标和分项指标两部分。

第三节　定额的作用及特点

一、定额的作用

（一）定额是计价的依据

亦即用于计算工程造价的各项指标、费率、基础单价等，绝大多数都以定额的形式来表述。现行的公路工程定额从其作用上可分为工程定额和费用定额两种。如：《公路工程概算定额》、《公路工程预算定额》为工程定额；而《公路工程机械台班费用定额》、《公路工程基本建设项目概算预算编制办法》中规定的各项费用或费率则是费用定额。

（二）定额具有节约社会劳动和提高生产效率的作用

一方面生产性的施工定额直接作用于建筑工人，企业以定额作为促使工人节约工作时间、原材料等提高劳动效率、加快工作进度的手段，以增加市场竞争能力，获取更多的利润；另一方面，作为工程造价计算依据的各类定额，又促使企业加强管理，把社会劳动的消耗控制在合理的限度内；再者，作为项目决策依据的定额指标，又在更高的层次上促使项目投资者合理而有效地利用和分配社会劳动。

（三）定额是国家对工程建设进行宏观调控和管理的手段

市场经济并不排斥宏观调控，即使在西方国家，政府也要利用各种手段影响和调控经济的发展。利用定额对工程建设进行宏观调控和管理主要表现在：

(1)对工程造价进行宏观管理调控；

(2)对资源配置进行预测和平衡；

(3)对经济结构，包括企业结构和所有制结构进行合理的调控，也包括对技术结构和产品结构的调控。

（四）定额有利于市场公平竞争

定额是对市场信息的加工，又是对市场信息的传递。定额所提供的准确的信息，为市场需求主体和供给主体之间的竞争，以及供给主体和供给主体之间的公平竞争，提供了有利条件。

（五）定额是对市场行为的规范

定额既是投资决策的依据，又是价格决策的依据。对于投资者来说，他可以利用定额来权衡自己的财务状况和支付能力、预测资金的投入和预期回报，还可以充分利用有关定额的大量信息，有效地提高其项目决策的科学性，优化其投资行为。对于建筑企业来说，由于有关定额在一定程度上制约着工程中人工、物料的消耗，因此会影响到建筑产品的价格水平。企业在投标报价时，只有充分考虑定额的要求，作出正确的价格决策，才能在市场竞争中占有优势，才能获取更多的工程项目。可见，定额在上述两个方面规范了市场主体的经济行为，因而对完善我国固定资产投资市场和建筑市场，都能起到调节作用。

(六)定额有利于完善市场的信息系统

定额管理是对大量市场信息的加工，也是对市场信息进行传递，同时也是市场信息的反馈。信息是市场体系中的不可缺少的要素，它的可靠性、完备性和灵敏性是市场成熟和市场效率的标志。在我国，应以定额形式建立和完善市场信息系统，充分体现市场经济的特色。

(七)定额有利于推广先进的施工技术和工艺

定额水平中包含着某些已成熟的先进的施工技术和经验，工人要达到和超过定额，就必须掌握和应用这些先进技术；如果工人要大幅度超过定额水平，它就必须创造性的劳动。第一，在自己的工作中注意改进工具和改进技术操作方法，注意原材料的节约，避免原材料和能源的浪费。第二，企业或主管部门为了推行施工工具和施工方法，所以贯彻定额也就意味着推广先进技术。第三，企业或主管部门为了推行定额，往往要组织技术培训，以帮助工人能达到或超过定额。这样，新技术、新工艺、新材料、新经验就很容易推广，从而大大提高全社会的劳动生产效率。

二、定额的特点

我国公路工程定额具有科学性、系统性、统一性、权威与强制性、稳定与时效性的特点。

(一)科学性

公路工程定额的科学性包括两重含义。一是指定额必须和生产力发展水平相适应，反映出工程建设中生产消费的客观规律，否则它就难以作为国民经济中计划、调节、组织、预测、控制工程建设的可靠依据，难以实现它在管理中的作用。另一重含义是指定额管理在理论、方法和手段上必须科学化，以适应现代科学技术和信息社会发展的需要。

定额的科学性，首先表现在用科学的态度制定定额，尊重客观实际，力排主观臆断，力求定额水平合理；其次表现在制定定额的技术方法上，利用现代科学管理的成就，形成一套系统、完整、在实践中行之有效的方法；第三，表现在定额制定和贯彻的一体化。制定是为了提供贯彻的依据，贯彻是为了实现管理的目标，也是对定额的信息反馈。

(二)系统性

一种专业定额，是一个完整独立的系统，公路工程定额从测定到使用，甚至再修订都是为了全面反映公路工程所有的工程内容和项目。与公路技术标准、规范完全配套，准确反映公路工程施工工艺流程中的每一个环节。如在《公路工程概、预算定额》的总说明中都明确指出："本定额中所采用的施工方法和工程质量标准是根据国家现行的公路工程施工技术及验收规范、质量评定标准及安全操作规程取定的。除定额中允许换算者外，均不得因具体工程的施工组织、操作方法和材料消耗定额的规定不同而变更定额。"

公路定额是为公路建设这个庞大的实体系统服务的，公路项目可以分解出成千上万道工序，而内部却层次分明，如项、目、节的划分。任何一个分部分项工程，在公路工程定额中都能给以确定，如概算定额中，一共有七章定额，它将所有公路工程的内容分割、包容。而且在编制定额的过程中，每一个不同工作都有不同的计算规则或计算模型，他们互相协调组成一个完整的系统。

(三)统一性

定额的统一性，主要是由国家对经济发展的有计划的宏观调控职能决定的。为了使国民经济按照既定的目标发展，就需要借助于某些标准、定额、参数等，对工程建设进行规划、组织、调节、控制。而这些标准、定额、参数必须在一定范围内是一种统一的尺度，才能实现上述职能，才能利用它对项目的决策、设计方案、投标报价、成本控制进行比选和评价。

公路工程定额，由初期借助于国家统一的技术标准、规范，到现在依据交通行业的统一标准、规范，在交通部定额站的统一领导和协调下，按照定额的制定、颁布和贯彻执行的原则，使定额编制及定额的管理工作有统一的程序、统一的原则、统一的要求、统一的用途。

(四)权威性和强制性

政府主管部门通过一定程序，审批、颁发的工程定额，具有很大的权威性，这种权威性在一些情况下具有经济法规性质和执行的强制性。权威性反映了统一的意志和统一的要求，也反映信誉和信赖程度。强制性反映刚性约束，反映定额的严肃性。

定额的权威性和强制性的客观基础是定额的科学性，只有科学的定额才具有权威。但是，科学的、有权威的定额并不一定能很好地得到遵循和贯彻。因为工程建设定额虽然反映了生产消费的客观规律，但在社会主义市场经济条件下，它必然涉及到各有关方面的经济关系和利益关系。赋予了工程建设定额以一定的强制性，这就意味着在规定的范围内，对于定额的使用者和执行者来说，无论主观上愿不愿意，都必须按定额的规定执行。在当前建筑市场不很规范的情况下，赋予工程定额以强制性是十分重要的，它不仅是定额作用得以发挥的有力保证，而且也有利于理顺工程建设有关各方的经济关系和利益关系。需要说明的是，这种强制性也有相对的一面。在竞争机制引入工程建设的情况下，定额的水平必然会受市场供求的影响，从而在执行中可能产生定额水平的浮动。准确地说，这种强制性不过是一种限制，一种对生产消费水平的合理限制，而不是降低生产消费水平的限制，不是限制生产力的发展。

应该提出的是，在社会主义市场经济条件下，对定额的权威性和强制性不是绝对化。定额的权威性虽有其客观基础，但定额毕竟是主观对客观的反映，定额的科学性会受到人们认识的局限。与此相关，定额的权威性也会受到削弱，定额的强制性也受到了新的挑战。更为重要的是，在社会主义市场经济条件下，随着投资体制的改革和投资主体多元化格局的形成，随着企业经营机制的转换，他们都可以根据市场的变化和自身的情况，自主的调整自己的决策行为。在这里一些与经营决策有关的工程建设定额的强制性特征，自然也就弱化了。但直接与施工生产相关的定额，在企业经营机制转换和增长方式转换的要求下，其权威性和强制性必须进一步强化。

(五)稳定性和时效性

定额是一定时期技术发展和管理的反映，因而在一段时期内都表现出稳定的状态。根据具体情况不同，稳定的时间有长有短，一般在5～10年之间。但2008年实施的《公路工程概、预算定额》与前面的定额相距15年之多，是跨世纪的修订。保持定额的稳定性是维护定额的权威性所必须的，更是有效地贯彻定额所必须的。如果某种定额处于经常修改变动之中，那就必然造成执行中的困难和混乱，使人们感到没有必要去认真对待它，很容易导致定额权威性的丧失。

定额的不稳定也会给定额的编制工作带来极大的困难。编制或修改定额是一项十分繁重的工作，它需要动员和组织大量的人力和物力，收集大量的资料、数据，进行反复的调查研究、测算、比较、平衡、审查、批准，以至印刷、发行等。而这些工作的完成，往往需要很长的周期。所以，经常修改定额在人力和技术上几乎是不可能的。

但是定额的稳定性是相对的。任何一种定额，都只能反映一定时期的生产力水平，当生产力向前发展了，定额就会与已经发展了的生产力不相适应。这样，它原有的作用就会逐步减弱以至消失，甚至产生负效应。所以，定额在具有稳定性特点的同时，也具有显著的时效性。当定额不再能起到促进生产力发展的作用时，定额就要重新编制或修订。

因此，从一段时期来看，定额是稳定的；长远来看定额是变动的。

第二章　公路工程预算定额及其应用

第一节　《预算定额》的内容和定额表

一、基 本 组 成

现行的《公路工程预算定额》(JTG/T B06-2—2007)(以下简称《预算定额》),其组成部分包括:颁发定额的文件;总目录;总说明;各类工程的章说明、节说明、定额表;附录。

定额的颁发文件,是指刊印在《预算定额》前面的中华人民共和国交通部 2007 年第 33 号通告。它明确规定了定额发布、施行的日期,阐明新定额使用后旧定额及相关技术文件同时废止。定额的解释权和管理权归交通部,而日常的解释和管理由交通公路工程定额站负责。

《预算定额》的内容包括路基工程、路面工程、隧道工程、桥涵工程、防护工程、交通工程及沿线设施、临时工程、材料采集及加工、材料运输等九章及附录。附录包括:路面材料计算基础数据,基本定额,材料周转及摊销,定额基价、人工、材料单位质量、单价表四个内容,分上下两册。

二、总说明及各章节说明的重要性

在现行的《公路工程预算定额》中编有"总说明"、"章说明"、"节说明",它们对定额的正确使用做了全面性的规定和解释,对于正确运用定额具有重要指导作用。要想准确而又熟练地运用定额,使用时必须反复阅读、准确地理解这些说明。

《预算定额》的总说明有 22 条,共 9 章,有 9 个章说明,每章所含若干节,每节前面都有节说明。

概、预算专业人员和技术人员可通过做习题和工作实践相结合的方式,来达到正确运用和熟练掌握定额的目的。由于各章、节说明内容繁多,无法全部介绍,后面我们将以示例或重点说明的方式进行扼要介绍。

三、定　额　表

(一)定额表的组成内容

定额表是各类定额最基本的组成部分,是定额指标数额的具体表示。概算定额和预算定额的定额表格式基本相同。现将定额表的构成和主要栏目说明如下。

1.表号及定额表名称

如《预算定额》第 8 页中 1-1-5"填前夯(压)实及填前挖松"定额(本书中为表 2-1),这是所有定额表的最基本形式,定额表号 1-1-5 指的是属于预算定额第一章第一节中的第五个表,名称是“填前夯(压)实及填前挖松”。

1-1-5 填前夯(压)实及填前挖松 表 2-1

工程内容 填前夯(压)实：原地面平整，夯(压)实。

填前挖松：将土挖松。 单位：$1000m^2$

顺序号	项 目	单位	代号	填前夯(压)实				填前挖松
				人工夯实	履带式拖拉机 功率(kW)		12～15t 光轮压路机	
					75 以内	120 以内		
				1	2	3	4	5
1	人工	工日	1	32.9	2.8	2.8	2.8	6.2
2	75kW 以内履带式拖拉机	台班	1063	—	0.17	—	—	—
3	120kW 以内履带式拖拉机	台班	1065	—	—	0.12	—	—
4	12～15t 光轮压路机	台班	1078	—	—	—	0.30	—
5	基价	元	1999	1619	227	229	261	305

注：1. 夯(压)实如需用水时，备水费用另行计算；

2. 填前挖松适用于地面横坡 1：10～1：5；

3. 二级及二级以上等级公路的填前压实应采用压路机压实。

2. 工程内容

主要说明本定额表所包括的操作内容。查定额时，必须将实际发生的项目操作内容与表中的工程内容进行比较，且必须相符，若不一致时，应按设计规定选择或套用相关定额、进行抽换或采取其他措施。

3. 工程项目计量单位

在表的右上角，如 $10m^2$、$10m^3$ 构件、$1000m^2$、1km、1 道涵长及每增减 1m 等。

4. 顺序号

表征人、料、机及费用的顺序号，起简化说明的作用。

5. 项目

即本定额表的工程所需人工、材料、机具、费用的名称、规格。

6. 单位

表征该工程内容中所需人工、材料、机械的计量单位。如工日、台班、m^2、t 等。

7. 代号

当采用电算方法来编制公路工程概、预算时，可引用表中代号作为对工、料、机名称的识别符号。

8. 工程细目

表征本定额表所包括的工程细目，如预算定额的“1-1-5”表名称是“填前夯(压)实及填前挖松”，但填前夯(压)实，根据工程特点可区分为“人工夯实、履带式拖拉机压实、12～15t 光轮压路机压实”这些细目。

9. 栏号

指工程细目编号。如表 2-1 所示定额中“人工夯实”的栏号是 1；“12～15t 光轮压路机”的栏号是 4，等等。

10. 定额值

即定额表中各种资源的消耗量数值。其中括号内的数值，一般是指所需半成品的数量(定额值)。如预算定额表 4-6-1 所示“基础、承台及支撑梁浇筑”定额中的“C15 水泥混凝土(10.20m^3)、C20 泵送混凝土(10.40m^3)，是指浇筑 10m^3 实体时，需消耗 C15 水泥混凝土(10.20m^3)，若施工方法采用水泥混凝土泵送，则需水泥混凝土(10.40m^3)。请注意此值在编制概预算文件时不可直接列入。

11. 基价

亦称定额基价。它是人工费、材料费、机械使用费的合计价值。基价中的人工费、材料费基本上是按北京市 2007 年的人工、材料预算价格计算的，机械使用费是按 2007 年交通部公布的《公路工程机械台班费用定额》(JTG/T B06-03—2007)计算的。

12. 注

有些定额表列有“注”，使用定额时，必需仔细阅读小注，以免发生错误。如表 2-1 下面的三点小注，对本表的使用指出了特别注释。

13. 运用定额表的表示方法

(1)[页-表-栏]编号法

如：“预[178-2-2-19-1、3]”指《预算定额》第 178 页 2-2-19 表中的第 1、3 栏。“概[171-(2-2-3/II)-9]”指《概算定额》第 171 页 2-2-3 表中第 II 分表里的第 9 栏。

(2)[章-节-表-栏]编号法

如：“预[4-6-3-6]”指《预算定额》第 4 章、第 6 节、第 3 表的第 6 栏。“概[2-2-8-12]”指《概算定额》第 2 章、第二节、第 8 表的第 12 栏。

(二)定额表值与资源数量计算

《概算定额》和《预算定额》表中的劳动定额数值，是以时间定额的形式表示的。

当已知工程数量值，则可按下式计算定额所包含的各种资源(工、料、机、费用等)的数量：

$$M_i = Q \times S_i \tag{2-1}$$

式中：M_i——某种资源的数量(t、m^3、…)；

Q——工程数量(m^2、m^3、…)；

S_i——项目定额中某种资源(人工、料、机、费用、…)数量(kg、m^3…)。

例 2-1 某高速公路路基填方工程，压实方工程量 16.5 万 m^3，用 20t 以内振动压路机压实，试求所需人工和机械的预算定额数量。

解：由定额表 1-1-18 所示的定额值和工程量求得：

人工：$M_{人} = Q \times S_{人} = 165 \times 3 = 495$ 工日

机械：M_1(120kw 以内自行式平地机)$= Q \times S = 165 \times 1.63 = 268.95$ 台班

M_2(6～8t 光轮压路机)$= 165 \times 1.55 = 255.75$ 台班

M_3(20t 以内振动压路机)$= 165 \times 1.76 = 290.4$ 台班

(三)定额抽换

所谓定额抽换，就是当设计所规定的内容与定额中的工作内容、子目，或与表中某序号所列的规格(如混凝土强度等级)不符时，则应查用相应定额或基本定额予以替换。例如设计要求用C20混凝土，而定额中所列为C25混凝土，此时即应查基本定额进行计算并予以替换。在抽换前应仔细阅读定额的总说明、章、节说明与注解，确定是否需要抽换，以及怎样抽换。

关于定额抽换和计算的方法，可参见后面几节的内容及计算示例。

第二节 《预算定额》的总说明简介

在《预算定额》中编有“总说明”、“章说明”、“节说明”。定额的总说明是涉及定额使用方面的全面性的规定和解释。它是非常重要的，需要真正理解、切实掌握，重点应当记住，稍有疏忽便会产生错误。现就其内容重点介绍如下。

(1)关于本定额的性质、作用、适用范围：

性质：本定额是全国公路专业定额。

作用：本定额是编制施工图预算的依据，也是编制工程概算定额的基础。

适用范围：公路基本建设新建、改建工程；养路大中修工程可参考使用。不适用于独立核算执行产品出厂价格的构件厂生产的构配件。

(2)在使用定额时要注意总说明第四条的规定，即“除定额中规定允许换算者外，均不得因具体工程的施工组织、操作方法和材料消耗与定额的规定不同而变更定额”。

(3)定额中的“工程内容”均包括定额项目的全部施工过程。编预算时不得再另列材料工地小搬运、场内操作范围内的水平与垂直运输、辅助和临时用工、工具及机械小修、准备与结束、场地清理等工程内容。

(4)编预算时不得另行增加材料及半成品等的场内运输损耗及操作损耗。其场外损耗应在材料预算单价中考虑，而与定额无关。

(5)对于工程中使用的周转性材料，如模板、支撑、脚手杆、挡土板等的数量，已考虑了材料的正常周转次数并计入定额内。允许根据具体情况(达不到周转次数者)进行换算并按规定计算回收的，只限于：

①就地浇筑混凝土梁用的支架；

②拱圈用的拱盔、支架。

其余工程一般不予抽换，只能套用定额规定值。

关于周转性材料的换算方法详见后面有关章节内容所述；回收的计算方法亦同样见后面所述。

(6)当设计中采用的砂浆、水泥混凝土的强度等级或水泥强度等级与定额表中规定的强度等级相同时，其组成材料可直接引用，不得重算。

如设计中采用的砂浆、水泥混凝土的强度等级或水泥强度等级与定额表中规定的强度等级不相符时，可按《预算定额》附录二“基本定额”中的“砂浆、混凝土配合比表”(见《预算定额》的1009-1016页)进行换算后，用以替换定额表中相应的材料消耗定额值。

需要注意：①实际施工配合比材料用量与定额配合比表用量不同时，除配合比表说明中允许换算者外，均不得调整。

②砂浆、混凝土配合比表的水泥用量，已综合考虑了采用不同品种水泥的因素，实际施工中不论采用何种水泥，均不得调整定额用量。

(7)定额中各类混凝土均未考虑外掺剂的费用，如设计需要添加外掺剂时，可按设计要求另外计算外掺剂的费用，同时适当调整定额用量。

(8)定额中各类混凝土均按施工现场拌和编制，当采用商品混凝土时，应将相关定额中的水泥、中(粗)砂、碎石的消耗量扣除，并按定额中所列的混凝土消耗量增加商品混凝土的消耗量。

(9)定额中各项目的施工机械种类、规格是按一般合理的施工组织确定的，如施工中实际采用机械的种类、规格与定额的规定不同时，一律不得换算。

(10)定额中未包括机械台班单价，编制预算时应按交通部2008年实施的《公路工程机械台班费用定额》(JTG/T B06-03—2007)分析计算机械台班单价。但机械台班的消耗，已考虑了工地合理的停置、空转和必要的备用量等因素，故不得重算。

(11)定额中只列工程所需的主要材料用量和主要机械台班数量。次要、零星材料和小型机具未一一列出，分别列入“其他材料费”和“小型机具使用费”中，编预算时即可按此计算。

(12)对于工程中的公路养护管理用房，如养路道班房、桥梁看守房、收费站房等工程，应执行地区的建筑安装工程预算定额。

(13)由于地区间的差异，本定额未包括的项目，各省交通厅可编制补充定额在本地区执行，同时报交通部备案。对于本定额中缺少的项目，各设计单位可编制补充定额，随设计文件一并送审，并将编制依据报省定额站备查。

(14)定额表中注明“某某数以内、以下”者均包括某某数本身，反之，则不包括某某数本身。

(15)定额内数量带(　)者，表示基价中未包括其价值。定额名称中带有※号者，均为参考定额，使用时可根据具体情况进行调整。

第三节　路基工程预算定额的说明及应用示例

路基工程预算定额包括路基土、石方工程，排水工程，软基处理工程三部分。章说明的主要内容是对土壤、岩石类别划分。按开挖的难易程度将土壤、岩石分为六类，其中土壤分三类：松土、普通土、硬土，岩石分三类：软石、次坚石、坚石。

一、路基土、石方工程

1. 土石方体积的计算

《预算定额》该章说明的第8条指出：“除定额中另有说明者外，土方挖方按天然密实体积计算；填方按压(夯)实后的体积计算；石方爆破按天然密实体积计算。当以填方压实体积为工程量，采用以天然密实方为计量单位的定额时，所采用的定额应乘以下列系数(表2-2)。

表2-2

土类 / 公路等级	土方			石方
	松土	普通土	硬土	
二级及二级以上等级公路	1.23	1.16	1.09	0.92
三、四级公路	1.11	1.05	1.00	0.84

2. 压实方与天然密实方间换算系数的含义及其应用

为了准确地确定土、石方预算定额值，必须理解压实方与天然密实方换算系数的含义并掌握其在土、石方数量计算与调配中的应用方法。

路基工程设计图纸给出的土、石方数量，是按工程的几何尺寸计算出来的压实方，必然存在着天然密实方与压实方之间的量差。它直接影响土石方数量计算、调配以及土石方工程定额的确定。

由于土石方作业的土壤种类、存在形式、天然密实度各不相同，而且设计要求的填方密实度也不相同，所以压实方与天然密实方间换算系数也不是定值，最好是通过试验分别确定。如：某公路沿线代表性土为粉质中液限黏土，压实度重型标准击实平均要求为 93.5%；取天然土测得其天然湿密度为 1.95g/cm^3，含水率为 22.5%，则其干密度为 1.59g/cm^3，按重型击实试验得到最大干密度为 1.86g/cm^3，则压实度为 1.59/1.86＝0.855；路基要求压实度为 0.935，其比值为 0.935/0.855＝1.094，也就是说要填筑 1 000m^3 路基实体需取 1 094m^3 天然土。如取压实方 1 000m^3，取土深 2.0m，则占地面积由 1 000/2.0＝500m^2 增至 1 094/2.0＝547m^2。

在实际工作中不可能对每一个单位工程都进行土方试验。所以《预算定额》在第一章、第一节的说明中（第 8 条）规定了土石方天然密实方与压实方的换算系数。当压实方为 1 时，其换算系数见表 2-2 所示。

在使用该表时注意表 2-2 的附注中指出：对“推土机、铲运机施工土方的增运定额按普通土栏目的系数计算；人工挖运土方的增运定额和机械翻斗车、手扶拖拉机运输土方、自卸汽车运输土方的运输定额在上表的基础上增加 0.03 的土方运输损耗，但弃方运输不应计算运输损耗。”

在土石方数量的计算及调配中应考虑这一系数。各方量间的关系可通过下面的例子来说明。

例 2-2 某高速公路，一路段挖方 1 000m^3（其中松土 200m^3，普通土 600m^3，硬土 200m^3），填方数量为 1 200m^3。本断面挖方可利用方量为 900m^3（松土 100m^3、普通土 600m^3、硬土 200m^3），远运利用方量为普通土 200m^3（天然方）；且远运土方和借方都采用自卸汽车运输，求其计价土方。

解：本桩利用方（压实方）为：100÷(1.23＋0.03)＋600÷(1.16＋0.03)＋200÷(1.09＋0.03)＝79.4＋504.2＋178.6＝766.2m^3

远运利用方（压实方）为：200÷(1.16＋0.03)＝168.1m^3

借方（压实方）为：1 200－766.2－168.1＝265.7m^3

弃方（天然方）为：100m^3

上列的挖方、填方、本桩利用方、远运利用方、借方、弃方均引自施工图设计“路基土石方数量计算表”。其各种土石方量套用的定额、计量单位及计价内容分析如下：

①挖方：按土质分类分别套用相应的定额，定额单位为天然密实方。

②填方：套用相应的压实定额，定额单位为压实方。

③本桩利用：这一数量不参与费用的计算，其挖已在“挖方”内计算，其填已在“填方”内计算。

④远运利用：只计算其调配运输费用。其挖方已在“挖方”内计算，其填方已在“填方”内计算。

⑤借方：计算其挖、装、运的费用，其填已在“填方”内计算。

⑥弃方：只计算其运输费用，其挖已在“挖方”内计算。

⑦本例计价土方：挖（天然）＋借（压实）＝1 000＋265.7＝1 265.7m^3

或：挖（天然）＋填（压实）－利用方（压实）＝1 000＋1 200－(766.2＋168.1)＝1 265.7m^3

套用定额时应注意：当以压实方量为工程数量，在采用以天然密实方为定额计量单位的定额表时，应将其定额值乘以表 2-2 的换算系数；同时注意本表的附注，用自卸汽车运土方时，则运输定额应在上表系数的基础上增加 0.03 的土方运输损耗。

3.由施工组织设计提出，并计入填方数量内的几种土石方数量

下列各种土石方数量的发生，在编制预算定额时没有考虑在定额内，必须以计量方式计入预算之中：

(1)清除表土数量。按施工组织设计数量计列。

(2)因基底压实和耕地填前压实所增加的土方数量。建议按式(2-2)及式(2-3)计算。

$$h = \frac{p}{c} \tag{2-2}$$

式中：h——天然土因压实而产生的沉降量(cm)；

p——有效作用力(kN/cm^2)，一般按 12～15t 压路机的有效作用力 $p=66kN/cm^2$ 计算；

c——土的抗沉陷系数(kN/cm^3)，其值见表 2-3。

各种原状土的 c 值参考表

表 2-3

原状土名称	$c(kN/cm^3)$	原状土名称	$c(kN/cm^3)$	原状土名称	$c(kN/cm^3)$
1.沼泽土	1～1.5	3.松砂、松湿黏土、耕土	2.5～3.5	5.坚实的黏土	10.0～12.5
2.凝滞土、细粒砂	1.8～2.5	4.大块胶结的砂、潮湿黏土	3.5～6.0	6.泥灰石	13.0～18.0

碾压天然土地面的面积乘以沉降量就是需增加的填方数量，即

$$Q = Fh \tag{2-3}$$

式中：Q——增加的填方数量(m^3)；

F——填前压(夯)实的天然土的地面面积(m^2)；

h——沉降量(m)，在实际工作中，耕地土石方一般按 $h=15～20cm$ 计算。

计算出的 Q 值应计入设计填方数量。

(3)路基因加宽填筑所应增加的填方数量。填方路基边缘部分需要压实，解决的方法就是将填方区边缘处宽填，这样就要增加土方用量。为使路基边缘达到压实标准，设计时应根据具体情况予以增加。填宽增加的土方量一般可用下列公式计算：

$$宽填土(石)方数量=路基填方长度\times路基平均填土高度\times宽填厚度 \tag{2-4}$$

(4)路基沉降而增加的土方量。随着高等级公路的修建，路堤高度一般较高，由路基沉降而引起土方量增加的因素愈加明显，对于软弱地基处的路基尤为如此。土方增加数量由设计者根据沉降理论计算或根据地区经验取定。

(5)零填及挖方地段基底压实面积等于路槽底面宽度(m)×长度(m)。

(6)抛坍爆破的工程量，按抛坍爆破设计计算。

(7)整修边坡的工程量，按公路路基长度计算。

4.本部分内容的其他要点

(1)选用定额时应注意定额的附注，还要注意其工程内容。注意这些内容对防止重算及漏项会有帮助。

(2)如伐树、挖根、除草定额(见定额表 1-1-1)中增加了清除表土子目，定额附注中指出：清

除表土与除草定额不可同时套用。清除的表土如需远运，按土方运输定额另计。

(3)挖掘机挖装淤泥、湿土、流沙定额(见定额表1-1-2)附注中指出：定额中不包括挖掘机的场内支垫费用，如铺设垫层等，应按实际计算；另外挖出的淤泥流沙如需远运，应按土方运输定额另行计算。

(4)机动翻斗车、手扶拖拉机配合人工运土、石方定额(见定额表1-1-8)附注指出，定额中不包括人工挖土、开炸石方及装、卸车的工料消耗，需要时按"人工挖运土方"及"人工开炸石方"定额附注的有关规定计算。且本定额不适用运距超过1 000m的情况。

(5)挖掘机挖装土、石方定额(见定额表1-1-9)，是按挖土装车编制的，如不需装车时，应按附注规定乘以系数0.87。

(6)装载机装土石方定额(见定额表1-1-10)，装载机是按轮式编制的，其施工条件考虑为较松的土质和比较方便的装载条件，所以当土质固结，装载机挖掘困难或施工条件不便(如平地取土)时，应按定额附注规定考虑推土机配合推松、集土，其人工、推土机台班的数量按"推土机推运土方"第一个20m定额乘以0.8的系数计算。装载机与自卸汽车配合可按附注表列取定。

(7)推土机推土定额(见定额表1-1-12)，当推运的坡度>10%时，推土机的运距等于坡面的斜距乘以附注表指明的系数。

(8)铲运机铲运土方定额(见定额表1-1-13)是按拖式铲运机编制的；当采用自行式铲运机铲运土方时，铲运机台班数量应按乘以0.7系数计算。上坡推运的坡度>10%时，推土机的运距等于坡面的斜距乘以附注表指明的系数。

(9)机械碾压路基定额(见定额表1-1-18)编制了75kW以内履带式推土机平土方、120kW以内自行式平地机摊平土方两种方式，推土机的台班数量列于括号内。推土机及平地机不可同时选用。

对零填及挖方路段路基，定额按自行式平地机整平土方编制，如采用推土机平土方，可采用括号内数字，但要扣除定额中平地机的全部台班数量。

对铺设沥青混凝土或水泥混凝土路面的三级公路，零填及挖方路段的基底压实应采用二级公路定额。如需洒水，其费用另计。

(10)渗水路堤定额(定额表1-1-19)中不包括填石上部的填土工作；片石利用路基开炸石方，片石的价格应按捡清片石计算。渗水路堤系按无压力式编制，压力式渗水路堤如需在填石上部土质路堤部分加铺护坡时，工、料另算。在地基易被冲刷地段，需设反滤层时，工料另算。

(11)洒水汽车洒水定额中的水不计费用，若用水需计水费时，应按相应的水价另行计算。

(12)人工挖运土方、人工开炸石方、机械打眼开炸石方、抛坍爆破石方，这些定额中已包括开挖边沟消耗的人工、材料和机械台班数量，因此，开挖边沟的数量应合并在路基土、石方数量内计算。各种开炸石方定额中，均包括清理边坡工作。

(13)机械施工土、石方，挖方部分机械达不到，需由人工完成的工程量，按施工组织设计确定。其中，人工操作部分，按相应定额乘以1.15的系数。

(14)抛坍爆破石方，按地面横坡度划分，若地面横坡度变化复杂，为简化计算，凡变化长度在20m以内，以及零星变化长度累计不超过设计长度的10%，可并入附近路段计算。

(15)自卸汽车运输路基土、石方和洒水汽车洒水定额，仅适用于平均运距在15km以内的土、石方或水的运输，当平均运距超过15km时，应按社会运输的有关规定计算其运输费。当运距超过第一个定额运距单位时，其运距尾数不足一个增运定额单位的半数时不计，等于或超过半数时按一个增运定额运距单位计算。

(16)路基加宽填筑部分,如需清除时,按刷坡定额中普通土子目计算;清除的土方如需远运,按土方运输定额计算。

5. 施工机械的选择与配合

在土石方工程中,应根据工程规模、工期、工地条件、其他现场调查资料以及施工组织设计选择恰当的施工方法,合理地选用机械定额。

(1)根据工程规模、工地条件等选定施工机械(参见表 2-4)。

施工机械的选择与配合 表 2-4

<table>
<tr><th colspan="2">工作种类</th><th>施工机械</th><th>备注</th></tr>
<tr><td rowspan="3">新建道路</td><td>半填半挖</td><td>推土机</td><td rowspan="2"></td></tr>
<tr><td>半挖装载</td><td>挖掘机、装载机+自卸汽车</td></tr>
<tr><td>明挖</td><td>推土机
铲运机
挖掘机、装载机+自卸汽车</td><td></td></tr>
<tr><td colspan="2">现有道路加宽</td><td>推土机
挖掘机、装载机+自卸汽车</td><td></td></tr>
<tr><td colspan="2">现有道路改建</td><td>挖掘机、装载机+自卸汽车</td><td></td></tr>
</table>

(2)对于挖掘装载机械,应根据土质条件及现场施工条件合理选用。对于松土、普通土,采用装载机挖装比较适宜,但当挖土高度大于 3m 时,应有推土机辅助。对于稍微固结的土质可用挖掘机挖装,也可使用装载机挖装,但需推土机辅助。对于固结紧密的土质,应在推土机挖松后采用装载机或挖掘机装载。

(3)每种施工机械都有其比较经济的运距,在选择施工机械时,应予考虑。各种机械的经济运距依照不同的情况可能稍有不同,一般如下:

推土机 50m 以内

拖式铲运机 50~300m

自行式铲运机 300~2 000m

自卸汽车 1 500~2 000m 以上

以上几点仅供使用定额时参考,如何正确、合理地选择机械,应查阅相关的技术规范和施工手册。

例 2-3 某高速公路路基工程,全长 28km 按设计断面计算的填缺压实方为 6 720 000m^3,无利用方,平均填土高度为 7.0m,宽填厚度 0.2m,路基平均占地宽 45m,路基占地及取土坑均为耕地,土质为 III 类土。采用 0.6m^3 以内单斗挖掘机装土方,填前以 15t 压路机压实耕地。试问:路基宽填增加土方量为多少?填前压实增加土方量为多少?总计计价土方量(压实方)为多少?

解:(1)借方用土土质分类

由《预算定额》第一章说明可知,III 类土属于定额土质分类的硬土。

(2)因宽填路基而增加的土方量

按式(2-4)计算,宽填压实方=28 000×7×0.2×2(侧)=78 400m^3(借方)。

(3)因填前压实耕地增加的土方量

由表 2-3 查得 $c=3.5\text{kN/cm}^3$,15t 光面压路机的 $p=66\text{kN/cm}^2$,由式(2-2)算得 $h=6.6\div$

3.5＝18.86cm。

平均路基底面积＝45×28 000＝1 260 000m²。

填前压实所增加土方量(压实方)＝12 600 000×0.188 6＝237 636m³(借方)。

(4)总计计价土方量(压实方)

总计价方量(压实方)＝78 400＋6 720 000＋237 636＝7 036 036m³。

例 2-4 某路基工程，路槽宽度为 7.5m，零填方地段累计全长 3.8km，路基加宽填筑部分需清除，土质为松土。试计算零填方段基底压实面积为多少？清除宽填应采用的定额是哪个？

解：(1)根据《预算定额》第一章第一节说明 8 的规定，其基底压实面积为 7.5×3 800＝28 500m²。

(2)根据该节说明(16)的规定，清除加宽填筑土方应按刷坡定额中普通土子目值计算，即采用《预算定额》第 45 页的定额表“1-1-21”(表 2-5)中的第 2 栏的定额。

1-1-21 旧路刷坡、帮坡、改坡、检底 表 2-5

工程内容 刷坡检底：1)挖土；2)装、卸、运土；3)挂线；4)整修边坡及底面。

帮坡：1)翻土、挖台阶；2)耙平打夯；3)挂线、修理边坡及路拱。

改坡检底：1)选炮位、打眼、清眼；2)装药填塞；3)引爆及检查结果。

单位：1 000m³

顺序号	项目	单位	代号	刷坡检底			帮坡			改坡			检底		
				松土	普通土	硬土	松土	普通土	硬土	软石	次坚石	坚石	软石	次坚石	坚石
				1	2	3	4	5	6	7	8	9	10	11	12
1	人工	工日	1	187.6	287.3	435.7	272.4	311.6	391.1	459.4	658.9	963.2	583.4	827.4	1 166.8
2	钢钎	kg	211	—	—	—	—	—	—	22.5	45.0	56.3	22.5	45.0	56.3
3	硝铵炸药	kg	841	—	—	—	—	—	—	165.6	225	285.4	165.6	225.0	285.4
4	导火线	m	842	—	—	—	—	—	—	422	628	794	422	628	794
5	普通雷管	个	845	—	—	—	—	—	—	334	481	576	334	481	576
6	煤	t	864	—	—	—	—	—	—	0.214	0.259	0.338	0.214	0.259	0.338
7	其他材料费	元	996	—	—	—	—	—	—	15.6	22.8	28.7	15.6	22.8	28.7
8	基价	元	1999	9 230	14 135	21 436	13 402	15 331	19 242	24 366	34 951	50 575	30 467	43 242	60 592

注：1. 土质路基边坡厚 1m 以内，检底厚 0.5m 以内者，执行刷坡检底定额；

2. 帮坡是指路基填筑宽度在 2m 以内，以利用方填筑的土方工程，若以借方填筑时，则应增加挖运土方的工、料、机消耗；

3. 石质改坡定额适用于改坡厚度在 1.5m 以内，检底厚度在 1.0m 以内的情况。

例 2-5 某段路基石方工程，采用抛坍爆破法施工，已知条件如表 2-6 所示。

表 2-6

地面横坡度	30°	20°～27°	60°	40°～50°
路段长度(m)	12	38	70	18
工程数量(m³)	300	900	1 500	400

试确定各种“定额地面横坡度”的路段长度及其相应工程量。

解：根据《预算定额》第一章第一节说明 4 的规定并按“1-1-17 抛坍爆破石方”预算定额，确定各种“定额地面横坡度”的合并路段长度及相应工程量为：

30°以内，路段长度＝12＋38＝50m，工程量＝300＋900＝1 200m³；

50°以上，路段长度＝70＋18＝88m，工程量＝1500＋400＝1 900m³。

例 2-6 某路基工程采用挖掘机挖装土方，但机械无法操作之处，需采用人工挖装土方（普通土、天然密实），机动翻斗车运输，工程量为 6 500m³，试问：人工操作的定额如何确定？实际采用的计算定额值为多少？其所需劳动量为多少？

解：根据《预算定额》第一章第一节说明 3 的规定可知，人工挖装土方的工程量 6 500m³ 是由施工组织设计提供的，采用的定额应为“人工挖运土方”（定额表 1-1-6，本书为表 2-7）的第 2 栏，并查其定额值为：181.1 工日/1 000m³ 天然密实土按照该表注 1 的说明要求，其实际采用的计算定额值为（181.1－30）×1.15，即 151.1×1.15＝173.77 工日/1 000m³ 天然密实土。其所需总劳动量为 6.5×173.77＝1 129.5 工日。

1-1-6 人工挖运土方 表 2-7

工程内容 1)挖松；2)装土；3)运送；4)卸除；5)空回。

单位：1 000m³ 天然密实方

顺序号	项目	单位	代号	第一个 20m 挖运			每增运 10m	
				松土	普通土	硬土	人工挑抬	手推车
				1	2	3	4	5
1	人工	工日	1	122.6	181.1	258.5	18.2	7.3
2	基价	元	1999	6 032	8 910	12 718	895	359

注：1. 当采用人工挖、装，机动翻斗车运输时，其挖、装所需的人工按第一个 20m 挖运定额减去 30.0 工日计算；
2. 当采用人工挖、装、卸，手扶拖拉机运输时，其挖、装、卸所需的人工按第一个 20m 挖运定额计算；
3. 如遇升降坡时，除按水平距离计算运距外，并按下表增加运距：

项目	升降坡度	高度差	
		每升高 1m	每降低 1m
人工挑抬	0%～10%	7m	不增加
	11%～30%		4m
	30%以上	10m	7m
手推车运输	0%～5%	15m	不增加
	6%～10%		5m
	10%以上	25m	8m

例 2-7 某高速公路路基填方全部为借方，设计断面借方为 58 000m³（硬土），采用 2m³ 挖掘机配合 20t 自卸汽车运输 6km，试分别计算挖掘机、自卸车消耗量。

解：(1)挖掘机消耗

据《预算定额》路基工程第一节说明 8(1)，硬土换算系数为 1.09，并由定额表 1-1-9（本书为表 2-8）查得：

人工数量＝5.0×1.09×58 000/1 000＝316.1 工日

75km 以内履带推土机数量＝0.28×1.09×58 000/1 000＝17.70 台班

2.0m³ 以内履带式单斗挖掘机数量＝1.09×1.29×58 000/1 000＝81.55 台班

(2)自卸汽车消耗，查定额表 1-1-11(本书为表 2-9)及节说明 8 注，20t 自卸汽车数量＝(4.27＋0.48×10)×(1.09＋0.03)×58 000/1 000＝589.19 台班。

1-1-9 挖掘机挖装土、石方 表 2-8

工程内容 安设挖掘机，开辟工作面，挖土或爆破后石方，装车，移位，清理工作面。

单位：1 000m³ 天然密实方

顺序号	项目	单位	代号	挖装土方								
				斗容量(m³)								
				0.6 以内			1.0 以内			2.0 以内		
				松土	普通土	硬土	松土	普通土	硬土	松土	普通土	硬土
				1	2	3	4	5	6	7	8	9
1	人工	工日	1	4.0	4.5	5.0	4.0	4.5	5.0	4.0	4.5	5.0
2	75kW 以内履带式推土机	台班	1003	0.62	0.72	0.83	0.40	0.46	0.53	0.22	0.25	0.28
3	0.6m³ 以内履带式单斗挖掘机	台班	1027	2.88	3.37	3.88	—	—	—	—	—	—
4	1.0m³ 以内履带式单斗挖掘机	台班	1035	—	—	—	1.85	2.15	2.46	—	—	—
5	2.0m³ 以内履带式单斗挖掘机	台班	1037	—	—	—	—	—	—	1.01	1.15	1.29
6	基价	元	1999	2 017	2 348	2 695	1 970	2 279	2 602	1 751	1 991	2 231

1-1-11 自卸汽车运土、石方 表 2-9

工程内容 1)等待装、运、卸；2)空回。

单位：1 000m³ 天然密实方

顺序号	项目	单位	代号	土方											
				自卸汽车装载质量(t)											
				3 以内				6 以内				8 以内			
				第一个1km	每增运 0.5km 平均运距(km)			第一个1km	每增运 0.5km 平均运距(km)			第一个1km	每增运 0.5km 平均运距(km)		
					5 以内	10 以内	15 以内		5 以内	10 以内	15 以内		5 以内	10 以内	15 以内
				1	2	3	4	5	6	7	8	9	10	11	12
1	3t 以内自卸汽车	台班	1382	19.47	2.93	2.66	2.54	—	—	—	—	—	—	—	—
2	6t 以内自卸汽车	台班	1384	—	—	—	—	13.65	2.02	1.83	1.75	—	—	—	—
3	8t 以内自卸汽车	台班	1385	—	—	—	—	—	—	—	—	10.18	1.41	1.28	1.22
4	10t 以内自卸汽车	台班	1386	—	—	—	—	—	—	—	—	—	—	—	—
5	12t 以内自卸汽车	台班	1387	—	—	—	—	—	—	—	—	—	—	—	—
6	15t 以内自卸汽车	台班	1388	—	—	—	—	—	—	—	—	—	—	—	—
7	20t 以内自卸汽车	台班	1390	—	—	—	—	—	—	—	—	—	—	—	—
8	基价	元	1999	5 745	865	785	750	5 504	815	738	706	4 952	686	623	593

单位:1000m³ 天然密实方　　续上表

顺序号	项目	单位	代号	土方				石方							
				自卸汽车装载质量(t)											
				20 以内				3 以内				6 以内			
				第一个1km	每增运 0.5km 平均运距(km)			第一个1km	每增运 0.5km 平均运距(km)			第一个1km	每增运 0.5km 平均运距(km)		
					5 以内	10 以内	15 以内		5 以内	10 以内	15 以内		5 以内	10 以内	15 以内
				25	26	27	28	29	30	31	32	33	34	35	36
1	3t 以内自卸汽车	台班	1382	—	—	—	—	29.04	4.62	4.15	3.96	—	—	—	—
2	6t 以内自卸汽车	台班	1384	—	—	—	—	—	—	—	—	20.38	2.88	2.61	2.51
3	8t 以内自卸汽车	台班	1385	—	—	—	—	—	—	—	—	—	—	—	—
4	10t 以内自卸汽车	台班	1386	—	—	—	—	—	—	—	—	—	—	—	—
5	12t 以内自卸汽车	台班	1387	—	—	—	—	—	—	—	—	—	—	—	—
6	15t 以内自卸汽车	台班	1388	—	—	—	—	—	—	—	—	—	—	—	—
7	20t 以内自卸汽车	台班	1390	4.27	0.54	0.48	0.46	—	—	—	—	—	—	—	—
8	基价	元	1999	3580	453	402	386	8 569	1 363	1 225	1 169	8 218	1 161	1 052	1 012

例 2-8　某一级公路路基长度为 50.4km，其中填方长度为 42.8km，路基每侧宽填 20cm，宽填部分采用刷坡处理，试计算路基整修边坡工程量。

解:由于路基宽填部分采用刷坡处理工序，刷坡采用定额见表 2-5，而刷坡检底定额中包括了修理边坡工序，故在计算整修边坡工程量时不能按路基全长计算，只计挖方段长度，即整修边坡工程量＝50.4－42.8＝7.6km。“整修路基”定额为 1-1-20。

二、排 水 工 程

1. 说明要点

(1)边沟、排水沟、截水沟的挖基费用，按人工挖截水沟、排水沟定额计算，其它排水工程的挖基费用按土石方工程的相关定额计算。

(2)边沟、排水沟、截水沟、急流槽定额均不包括做垫层的费用，需要时按有关定额另计。

(3)雨水箅子的规格与定额不同时，可按设计用量抽换定额中铸铁箅子的消耗。

2. 工程量计算规则

(1)定额中砌筑工程的工程量，是砌体的实际体积，包括构成砌体的砂浆体积。

(2)定额中预制混凝土构件的工程量，为预制构件的实际体积，不包括预制构件中空心部分的体积。

(3)挖排水沟、截水沟的工程量为:设计水沟断面积×排水沟长度＋排水沟圬工体积

(4)路基盲沟的工程量为设计盲沟的长度。

(5)轻型井点降水定额按 50 根井管为一套，不足 50 根的按一套计。井点使用天数按日历天数计算，使用时间按施工组织设计确定。遇到天然水源可利用时，不计水费。

例 2-9　某道路浆砌片石矩形排水沟，沟长 15km，普通土，其断面尺寸见图 2-1。求其人工挖方工程量及相应定额值。

解:根据断面图形及计算规则,该挖方工程量为:排水沟挖方体积+浆砌片石体积。

排水沟挖方体积:$1\times0.8\times15\,000=12\,000\text{m}^3$

浆砌片石体积:$(0.5\times0.25\times15\,000)\times2+1\times0.3\times15\,000=8\,250\text{m}^3$

挖方工程量为:$12\,000+8\,250=20\,250\text{m}^3$

其相应定额值:[1-2-1-2]人工:$20.25\times234=4\,738.5$ 工日;基价 $20.25\times11\,513=233\,138.25$ 元。

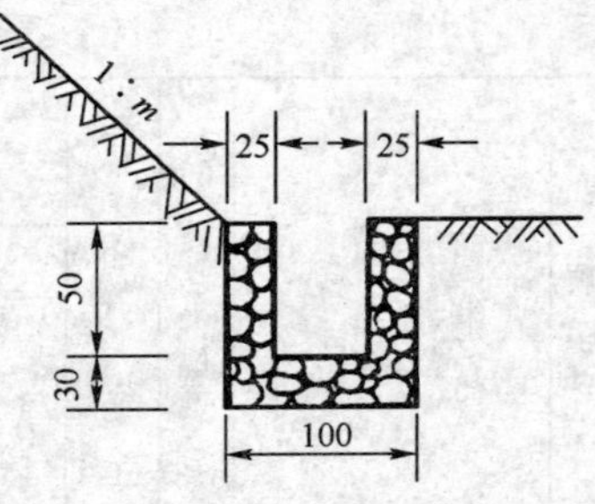

图 2-1 某道路浆砌片石矩形排水沟(尺寸单位:cm)

三、软基处理工程

工程量计算规则:

(1)袋装砂井及塑料排水板处理软土地基,工程量为设计深度,定额材料消耗中已包括砂袋或塑料排水板的预留长度。

(2)振冲碎石桩定额中,不包括污泥排放处理的费用,需要时另行计算。

(3)挤密砂桩和石灰砂桩处理软土地基,定额的工程量为设计桩断面积乘以设计桩长。

(4)粉体喷射搅拌桩和高压旋喷处理软土地基,定额的工程量为设计桩长。

(5)高压旋喷桩,定额中的浆液系按普通水泥浆编制的,当设计采用添加剂或水泥用量与定额不同时,可按设计要求进行抽换。

(6)土工布的铺设面积,为锚固沟外边缘所包围的面积,包括锚固沟的底面积和侧面积。定额中不包括排水内容,需要时另行计算。

(7)强夯定额,适用于处理松、软的碎石土、砂土、低饱和度的粉土与黏性土、湿陷性黄土、杂填土和素填土等地基。定额中已综合考虑夯坑的排水费用,使用定额时不得另行增加费用。夯击遍数应根据地基土的性质由设计确定,低能量满夯不作为夯击遍数计算。

(8)堆载预压定额中,包括了堆载四面的放坡、沉降观测、修坡道增加的工、料、机消耗以及施工中测量放线、定位的工、料消耗,使用定额时均不得另行计算。

(9)袋装砂井处理软土地基定额,是按砂井直径 7cm 编制的,如砂井直径不同时,可按砂井截面积的比例关系调整中(粗)砂的用量,其他不予调整。

(10)本定额的 CFG 桩处理软土地基,系指将水泥(cement)、粉煤灰(flash)、碎石(grael)加水搅拌形成的高黏强度桩,它们三者及外加剂的多少对其强度有较大影响。作为参考定额,使用时可根据情况调整。

例 2-10 某软土地基上的路基工程,采用土工布处理,已知锚固沟边宽 7m、长 400m,四周锚固沟深 0.5m、底宽 0.3m、边坡 1∶0.5,试求所需土工布铺设面积及定额数量各为多少?

解:(1)根据本页上面计算规则(6)或《预算定额》第一章第三节说明第 6 条的规定,土工布的铺设面积,为锚固沟外边缘所包围的面积,包括锚固沟的底面积和侧面积。计算所需土工布铺设面积如下:

$$\left[7.0+2\times\left(2\times\sqrt{0.5^2+\left(0.5\times\frac{0.5}{1.0}\right)^2}+0.3\right)\right]\times\left[400+2\times\left(2\times\sqrt{0.5^2+\left(0.5\times\frac{0.5}{1.0}\right)^2}+0.3\right)\right]=3\,962.32\text{m}^2$$

(2)由预[1-3-9-1],计算得:

土工布数量:　　1 081.8m^2/1 000m^2×3 962.32m^2=4 286.44m^2

人工:　　47.6 工日/1 000m^2×3 962.32m^2=188.61 工日

铁钉:　　6.8kg/1 000m^2×396 232m^2=26.94kg

其他材料费:　　46.8 元/1 000m^2×3 962.32m^2=185.44 元

基价:　　12 940 元/1 000m^2×3 962.32m^2=51 272.42 元

例 2-11　某公路软土地基处理采用粉喷桩共长 396m,桩径为 60cm,桩长为 10m,水泥用量为 12%,试计算其工料机消耗。

解:据[1-3-6](本书为表 2-10)及备注说明,由于设计桩径和固化材料的掺入比均与定额不同,需调整定额用量:

人工:[0.5×(1+10×5%/5)]×396/10=21.78 工日

32.5 级水泥:[(602×12%)/(502×15%)×0.481]×396/10=21.943t

其他材料费　20.0 元

粉体发送设备　[0.1×(1+10×5%/5)]×396/10=4.356 台班

15m 以内深层喷射搅拌机　[0.1×(1+10×5%/5)]×396/10=4.356 台班

3m^3/min 机动空压机　[0.1×(1+10×5%/5)]×396/10=4.356 台班

小型机具使用费　5×396/10=198 元

1-3-6　粉体喷射搅拌桩处理软土地基　　表 2-10

工程内容　1)清理场地;2)放样定位;3)钻机安拆;4)钻进搅拌,提钻并喷粉搅拌,复拌;5)移位;6)机具清洗及操作范围内料具搬运。

单位:10m

顺序号	项目	单位	代号	固化材料			
				水泥		石灰	
				桩长(m)			
				10 以内	20 以内	10 以内	20 以内
				1	2	3	4
1	人工	工日	1	0.5	0.6	1.1	1.2
2	32.5 级水泥	t	832	0.481	0.481	—	—
3	生石灰	t	891	—	—	1.238	1.238
4	其他材料费	元	996	20.0	20.0	20.0	20.0
5	粉体发送设备	台班	1641	0.10	0.12	0.11	0.12
6	15m 以内深层喷射搅拌机	台班	1645	0.10	—	0.11	—
7	25m 以内深层喷射搅拌机	台班	1647	—	0.12	—	0.12
8	3m^3/min 以内机动空压机	台班	1840	0.10	0.12	0.11	0.12
9	小型机具使用费	元	1998	5.0	5.0	5.0	5.0
10	基价	元	1999	282	316	295	321

注:1. 本定额是按桩径 50cm 编制的,当设计桩径不同时,桩径每增加 5cm,定额人工和机械增加 5%;

2. 本定额中的固化材料的掺入比是按水泥 15%、石灰 25%计算的,当掺入比不同或桩径不同时,可按下式调整固化材料的消耗:

$$Q=\frac{D^2\times m}{D_0^2\times m_0}\times Q_0$$

式中:Q-设计固化材料消耗;Q_0-定额固化材料消耗;D-设计桩径;D_0-定额桩径;m-设计固化材料掺入比;m_0-定额固化材料掺入比。

第四节　路面工程预算定额的说明及应用示例

路面工程预算定额包括:路面基层及垫层;路面面层;路面附属工程。路面工程预算定额总说明的主要内容如下:

(1)定额包括各种类型路面以及路槽、路肩、垫层、基层等,除沥青混合料路面、厂拌基层稳定土混合料运输以 $1000m^3$ 路面实体为计算单位外,其他均以 $1000m^2$ 为计算单位。

(2)路面项目中的厚度均为压实厚度,培路肩厚度为净培路肩的夯实厚度。

(3)定额中混合料系按最佳含水量编制,定额中已包括养生用水并适当扣除材料天然含水量,但山西、青海、甘肃、宁夏、新疆、西藏等省、自治区,由于湿度偏低,用水量可根据具体情况,在定额数量的基础上酌情增加。

(4)定额中凡列有洒水汽车的子目,均按 5km 范围内洒水汽车在水源处自吸水编制,不计水费。如工地附近无天然水源可利用,必须采用供水部门供水(如自来水)时,可根据定额子目中洒水汽车的台班数量,按每台班 $35m^3$ 计算定额用水量,乘以供水部门规定的水价增列水费。洒水汽车取水的平均运距超过 5km 时,可按路基工程的洒水汽车洒水定额中的增运定额,增加洒水汽车的台班消耗,但增加的洒水汽车台班消耗量不得再计水费。

(5)定额中的水泥混凝土均已包括其拌和的费用,使用定额时不得再另行计算。

(6)压路机台班按行驶速度,即两轮光轮压路机为 2.0km/h、三轮光轮压路机为 2.5km/h、轮胎式压路机为 5.0km/h、振动压路机为 3.0km/h 进行编制。如设计为单车道路面宽度时,两轮光轮压路机乘以 1.14 的系数、三轮光轮压路机乘以 1.33 的系数、轮胎式压路机和振动压路机乘以 1.29 的系数。

(7)自卸汽车运输稳定土混合料、沥青混合料和水泥混凝土定额项目,仅适用于平均运距在 15km 以内的混合料运输,当平均运距超过 15km 时,应按社会运输的有关规定计算其运输费用。当运距超过第一个定额运距单位时,其运距尾数不足一个增运定额单位的半数时不计,等于或超过半数时按一个增运定额运距单位计算。

一、路面基层及垫层

(1)各类稳定土基层、级配碎石、级配砾石基层的压实厚度在 15cm 以内,填隙碎石一层的压实厚度在 12cm 以内,垫层、其他种类的基层和底基层压实厚度在 20cm 以内,拖拉机、平地机和压路机的台班消耗按定额数量计算。如超过上述压实厚度进行分层拌和、碾压时,拖拉机、平地机和压路机的台班消耗按定额数量加倍计算,每 $1\,000m^2$ 增加 3 个工日。

(2)各类稳定土基层定额中的材料消耗系按一定配合比编制的,当设计配合比与定额标明的配合比不同时,有关材料可按下式进行换算:

$$C_i = [C_d + B_d \times (H - H_o)] \times L_i / L_d \tag{2-5}$$

式中:C_i——按设计配合比换算后的材料数量;

C_d——定额中基本压实厚度的材料数量;

B_d——定额中压实厚度每增减 1cm 的材料数量;

H_o——定额的基本压实厚度;

H——设计的压实厚度；

L_d——定额中标明的材料百分率；

L_i——设计配合比的材料百分率。

例 2-12 某路拌法石灰粉煤灰稳定碎石基层，稳定土拌和机拌和定额标明的配合比为：石灰：粉煤灰：碎石＝5：15：80，基本压实厚度为 15cm；设计配合比为：石灰：粉煤灰：碎石＝4：11：85，设计压实厚度为 18cm。

解：各种材料调整后的数量为：

生石灰：[15.829＋1.055×(18－15)]×4/5＝15.195(t)

粉煤灰：[63.31＋4.22×(18－15)]×11/15＝55.71(m^3)

碎石：[164.89＋10.99×(18－15)]×85/80＝210.23(m^3)

(3)人工沿路翻拌和筛拌稳定土混合料，定额中均已包括土的过筛工消耗，因此，土的预算价格中不应再计算过筛费用。

(4)定额中土的预算价格，按材料采集及加工和材料运输定额的有关项目计算。

(5)各类稳定土基层，定额中的碎石土、砾石土系指天然碎石土和天然砂砾土。

(6)各类稳定土底基层，采用稳定土基层定额时，每 1000m^2 路面减少 12～15t 光轮压路机 0.18 台班。

例 2-13 某沥青混合料路面基层摊铺工程，基层为厚 20cm 水泥稳定碎石，路面宽 22.5m，路段长 18km，基层较面层每侧加宽 0.25m，按厂拌水泥稳定碎石，机械铺筑，平地机功率按 120kW 以内，试计算其所需人工数量及平地机、压路机等台班数量。

解：(1)计算基层工程量＝(22.5＋0.25×2)×18 000＝414 000m^2。

(2)查相应预算定额[2-1-9-3]，另依据《预算定额》第二章第一节说明第 1 条，可知该项内容的人工定额每 1000m^2 增加 3 个工日，平地机、压路机台班数量加倍。

人工数量＝(4.7＋3)×414 000/1 000＝3187.8 工日

平地机台班数量＝0.37×2×414 000/1 000＝306.36 台班

6～8t 压路机台班数量＝0.14×2×414 000/1 000＝115.92 台班

12～15t 压路机台班数量＝1.27×2×414 000/1 000＝1051.56 台班

6 000L 以内洒水汽车台班数量＝0.31×414 000/1 000＝128.34 台班

例 2-14 某石灰土砂砾基层，厚度 20cm，稳定土拌和机拌和，共 64 000m^2，采用 6 000L 洒水汽车洒水，需在距工地 5km 处吸取自来水。自来水单价为 0.30 元/m^3，试计算：①增列水费；②总作业量(台班)。

解：根据《预算定额》第二章说明 4 的规定，并查《预算定额》[2-1-3-29、30]，计算如下：

(1)增列水费

水费＝(0.88＋0.04×5)×35×0.30×64 000÷1 000＝725.76 元

(2)洒水汽车总计作业量＝1.08×64 000÷1 000＝69.12 台班

二、路 面 面 层

(1)泥结碎石、级配碎石、级配砾石、天然砂砾、粒料改善土壤路面面层，其压实厚度在 15cm 以内，用于施工的拖拉机、平地机和压路机的台班消耗，按本定额数量计算。如超过上述压实厚度进行分层拌和、碾压时，拖拉机、平地机和压路机的台班消耗，按定额数量加倍计算，每 1000m^2 增加 3 个工日。

(2)泥结碎石及级配碎石、级配砾石面层定额中，均未包括磨耗层和保护层，需要时应按磨耗层和保护层定额另行计算。

(3)沥青表面处治路面、沥青贯入式路面和沥青上拌下贯式路面的下贯层以及透层、黏层、封层定额中已计入热化、熬制沥青用的锅、灶等设备的费用，使用定额时，不得另行计算。

(4)沥青碎石混合料、沥青混凝土和沥青碎石玛蹄脂混合料路面定额中，均已包括混合料拌和、运输、摊铺作业时的损耗因素，路面实体按路面设计面积乘以压实厚度计算。

(5)沥青路面定额中均未包括透层、黏层和封层，需要时可按有关定额另行计算。

(6)沥青路面定额中的乳化沥青和改性沥青，均按外购成品料进行编制；如在现场自行配制时，其配制费用计入材料预算价格中。

(7)如沥青玛蹄脂碎石混合料设计，采用的纤维稳定剂的掺加比例与定额不同时，可按设计用量调整定额中纤维稳定剂的消耗。

(8)沥青路面定额中，均未考虑为保证石料与沥青的黏附性而采用的抗剥离措施的费用，需要时，应根据石料的性质，按设计提出的抗剥离措施，计算其费用。

(9)在冬五区、冬六区采用层铺法施工沥青路面时，其沥青用量可按定额用量乘以下列系数：

沥青表面处治：1.05；沥青贯入式基层：1.02；面层：1.028；沥青上拌下贯式下贯部分：1.043。

(10)定额系按一定的油石比编制的。当设计采用的油石比与定额不同时，可按设计油石比调整定额中的沥青用量。计算公式如下：

$$S_i = S_d \times \frac{L_i}{L_d} \tag{2-6}$$

式中：S_i——按设计油石比换算后的沥青数量；

S_d——定额中的沥青数量；

L_d——定额中标明的油石比；

L_i——设计采用的油石比。

例 2-15　某冬五区沥青贯入式面层工程，路面宽 9.0m、铺装长度 8km，设计厚度 6cm，需铺黏层，试求其总劳动量和总用油量。根据要求，需查定额表 2-2-8 和定额表 2-2-16 得面层人工定额：17.7 工日/1000m^2、石油沥青定额：6.283t/1000m^2；黏层人工定额：0.7 工日/1000m^2、石油沥青定额：0.412t/1000m^2。

解：根据要求，需查预[2-2-8-3]和预[2-2-16-5]得面层人工定额：17.7 工日/1000m^2、石油沥青定额：6.283t/1000m^2；黏层人工定额：0.7 工日/1000m^2、石油沥青定额：0.412t/1000m^2。

(1)根据《预算定额》第二章第二节说明第 9 条或本页上面(9)的规定，面层定额用油量应乘以 1.028 系数。

(2)面层人工劳动量＝9.0×8 000×17.7÷1 000＝1 274.4 工日

(3)面层用油量＝9.0×8 000×6.283÷1 000×1.028＝465.04t

(4)黏层人工劳动量＝9.0×8 000×0.7÷1 000＝50.4 工日

(5)黏层用油量＝9.0×8 000×0.412÷1 000＝29.66t

(6)总计人工劳动量＝1 274.4＋50.4＝1 324.8 工日

(7)总计用石油沥青量＝465.04＋29.66＝494.7t

例 2-16 某级配砾石路面，长 10km，路面设计宽度为 3.5m，面层厚度 8cm，采用机械摊铺，平地机拌和，求其人工、机械定额。

解：查预[2-2-3-13]得人工：4.2 工日/1 000m²；120kW 以内自行式平地机：0.7 台班/1 000m²；12～15t 光轮压路机：1.45 台班/1 000m²；6～8t 光轮压路机：0.14 台班/1 000m²；6 000L洒水车：0.2 台班/1 000m²。

因本工程为单车道路面，根据定额第二章章说明第 6 条的规定，对两轮光轮压路机定额应分别乘以 1.14 的系数，故人工、机械定额值为：

人工：10 000×3.5×4.2 工日/1 000m²＝147 工日

120kW 以内自行式平地机：10 000×3.5×0.7 台班/1 000m²＝24.5 台班

12～15t 光轮压路机：10 000×3.5×1.45 台班/1 000m²×1.14＝57.86 台班

6～8t 光轮压路机：10 000×3.5×0.14 台班/1 000m²×1.14＝5.59 台班

6 000L 洒水车：10 000×3.5×0.2 台班/1 000m²＝7 台班

三、路面附属工程

(1)整修和挖除旧路面，按设计提出的需要整修的旧路面面积和需要挖除的旧路面体积计算。

(2)整修旧路面定额中，砂石路面均按整修厚度 6.5cm 计算，沥青表处面层按整修厚度 2cm 计算，沥青混凝土面层按整修厚度 4cm 计算，路面基层的整修厚度按 6.5cm 计算。

(3)硬路肩工程项目，根据其不同设计层次结构，分别采用不同的路面定额项目进行计算。

(4)铺砌水泥混凝土预制块人行道、路缘石、沥青路面镶边和土硬路肩加固定额中，均已包括水泥混凝土预制块的预制，使用定额时不另行计算。

例 2-17 某道路原沥青表处面层有 9 段需进行修整，已知修整数量如下表 2-11 所示。确定其人工及压路机的数量。

表 2-11

修整段号	1	2	3	4	5	6	7	8	9
面积(m²)	20	24	36	40	16	22	28	42	38

解：(1)根据《预算定额》第二章章说明第 1 条的规定，修整旧黑色路面定额的计量单位为 1 000m² 修整面。

(2)根据定额表 2-3-1(本书为表 2-12)的附注，“本定额适用于每块修整面积 30m² 以内者，每块修整面积大于 30m² 者，相应人工、机械乘以 0.8 系数”。其修整面积为：

(1)＜30m² 者有：20＋24＋16＋22＋28＝110m²

(2)＞30m² 者有：36＋40＋42＋38＝156m²

(3)由定额编号[2-3-1-6]见表 2-12 计算得：

人工＝22.9×0.11＋22.9×0.156×0.8＝5.38 工日

6～8t 光轮压路机＝0.69×(0.11＋0.156×0.8)＝0.16 台班

0.6t 以内手扶式振动碾＝2.8×(0.11＋0.156×0.8)＝0.66 台班

2-3-1 整修旧路面　　表 2-12

工程内容　修整旧砂石路面：1)清除尘土浮石，湿润坑槽；2)取料掺拌，填补修整；3)整形，碾压。
修整旧黑色路面：1)切割机切割；2)挖除旧路面；3)人工清理废料；4)基底整平压实；5)加铺基层及黑色路面的全部工作。

单位：1 000m² 修整面

顺序号	项目	单位	代号	修整旧砂石路面			修整旧黑色路面			
							面层及基层		面层	
				级配碎石	级配砾石	泥结碎石	沥青表处	沥青混凝土	沥青表处	沥青混凝土
				1	2	3	4	5	6	7
1	人工	工日	1	166.4	168.1	169.0	38.3	55.9	22.9	43.4
2	石油沥青	t	851	—	—	—	3.708	5.578	3.708	5.578
3	煤	t	864	—	—	—	0.770	—	0.770	—
4	水	m³	866	12	12	20	17	17	5	5
5	砂	m³	897	—	15.23	—	2.60	15.54	2.60	15.54
6	黏土	m³	911	—	11.79	18.38	—	—	—	—
7	砾石(4cm)	m³	922	—	69.62	—	—	—	—	—
8	矿粉	t	949	—	—	—	—	4.693	—	4.693
9	石屑	m³	961	44.23	—	—	44.61	53.27	0.38	9.04
10	路面用碎石(1.5cm)	m³	965	29.66	—	—	39.53	43.00	9.87	13.35
11	路面用碎石(2.5cm)	m³	966	—	—	—	14.74	20.73	14.74	20.73
12	路面用碎石(3.5cm)	m³	967	24.72	—	79.66	24.72	24.72	—	—

第五节　隧道工程预算定额的说明及应用示例

隧道工程定额包括开挖、支护、防排水、衬砌、装饰、照明、通风及消防设施、洞门及辅助坑道等项目。定额是按照一般凿岩机钻爆法施工的开挖方法进行编制的，适用于新建隧道工程，改(扩)建及公路大中修工程可参照使用。总的要求是：

(1)定额按现行隧道设计、施工技术规范将围岩分为六级，即Ⅰ级～Ⅵ级。

(2)定额中混凝土工程均未考虑拌和的费用，应按桥涵工程相关定额另行计算。

(3)开挖定额中已综合考虑超挖及预留变形因素。

(4)洞内出渣运输定额，已综合洞门外500m运距，当洞门外运距超过此运距时，可按照路基工程自卸汽车运输土石方的增运定额加计增运部分的费用。

(5)定额中均未包括混凝土及预制块的运输，需要时应按有关定额另行计算。

(6)定额未考虑地震、坍塌、溶洞及大量地下水处理，以及其他特殊情况所需的费用，需要时可根据设计另行计算。

(7)定额未考虑施工时所需进行的监控量测以及超前地质预报的费用，监控量测的费用已在《公路工程基本建设项目概算预算编制办法》(JTG B06—2007)的施工辅助费中综合考虑，使用定额时不得另行计算，超前地质预报的费用可根据需要另行计算。

(8)隧道工程项目采用其他章节定额的规定：

①洞门挖基、仰坡及天沟开挖、明洞明挖土石方等，应使用其他章节有关定额计算。

②洞内工程项目如需采用其他章节的有关项目时，所采用定额的人工工日、机械台班数量及小型机具使用费，应乘 1.26 的系数。

(9)公路隧道常用上下导洞开挖法和下导洞扩大开挖法两种，本定额系按两种方法综合考虑。

上下导洞开挖法系将设计开挖断面划分为六个部位(如图 2-2 所示)，按编码由小到大，顺序进行开挖，它适用于各类围岩的隧道，现按顺序说明如下。

①首先开挖下导洞，并从工作面铺设轻便轨道至弃渣处，配以斗车，以人力推运出渣，或用手推车运输出渣。轻便轨道则随洞身的延伸陆续向前接长。

②当下导洞开挖到一定的深度之后，即开始进行上导洞的开挖工作。在上导洞开挖到适当的深度之后，则在上下导洞之间挖一个 80cm×80cm 的方形漏渣孔，以便出渣，将上导洞开挖出来的石渣通过漏渣孔落入下导洞内所敷设的轻便轨道上的斗车内，运弃于洞外。

③当上下导洞都开挖到适当的深度之后，就开始将拱部扩大部分挖除，其开挖长度宜控制在 20～30m 之内，经检查符合设计要求时，即可进行拱部衬砌。

④在拱部衬砌到一定长度之后，才能分段(2～4m)间错将中槽和马口两部分挖掉，随之将边墙衬砌好，常称为先拱后墙法。

下导洞扩大开挖法系将设计横断面划分为三个部位(如图 2-3 所示)，它适用于围岩条件较好的隧道。显然各个部位的开挖面积比上下导洞开挖法要大，因此开挖的效率要高，但它的基本要求和施工程序与上下导洞开挖法相似。

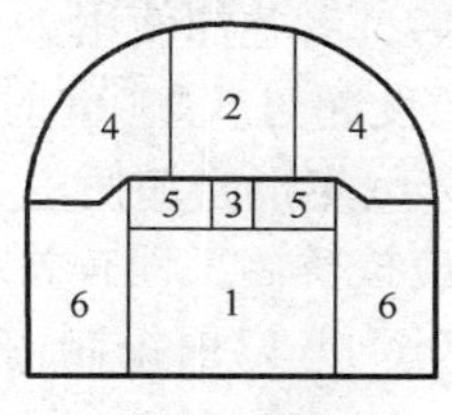

图 2-2

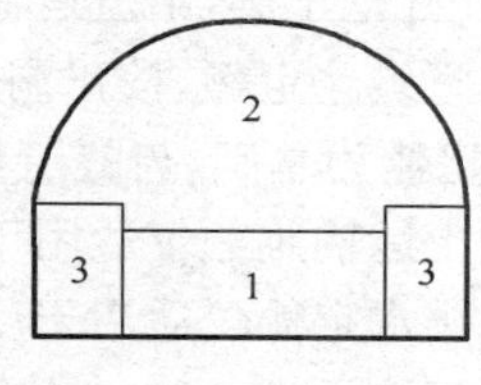

图 2-3

本定额中已综合考虑了爆破、施工通风、照明及临时管线路、施工排水、木支撑、出渣等的消耗，使用定额时不应再另行计算。

本定额的计价工程量按设计断面方数量(即成洞断面加衬砌断面)进行计算，包括洞身与所有洞室的数量，但不可将超挖数量计入工程量内。

一、洞 身 工 程

洞身狭义上是指隧道的衬砌，广义上是指包括围岩在内的隧道承载结构。隧道洞身可以是开挖出的裸洞，也可以是埋置地下的隧管，还可以是经支护衬砌被覆的隧道，洞身是隧道工程的主要组成部分，按其所处地形及施工方法的不同，分为隧道洞身、明洞洞身和棚洞洞身。

(1)定额人工开挖、机械开挖轻轨斗车运输项目，系按上导洞、扩大、马口开挖编制的，也综合了下导洞扇形扩大开挖方法，并综合了木支撑和出渣、通风及临时管线的工料机消耗。

(2)定额正洞机械开挖、自卸汽车运输定额，系按开挖、出渣运输分别编制，不分工程部位(即拱部、边墙、仰拱、底板、沟槽、洞室)均使用本定额。施工通风及高压风水管和照明电线路单独编制定额项目。

(3)定额连拱隧道中导洞、侧导洞开挖和中隔墙衬砌，是按连拱隧道施工方法编制的，除此以外的其他部位的开挖、衬砌、支护可套用本节其他定额。

(4)格栅钢架和型钢钢架均按永久性支护编制，如作为临时支护使用时，应按规定计取回收。定额中已综合连接钢筋的数量。

(5)喷射混凝土定额中已综合考虑混凝土的回弹量；钢纤维混凝土中钢纤维掺入量按喷射混凝土质量的3%掺入。当设计采用的钢纤维掺入量与本定额不同或采用其他材料时，可进行抽换。

(6)洞身衬砌项目，按现浇混凝土衬砌，石料、混凝土预制块衬砌分别编制，不分工程部位(即拱部、边墙、仰拱、底板、沟槽、洞室)均使用本定额。定额中已综合考虑超挖回填因素，当设计采用的混凝土强度等级与定额采用的不符时或采用特殊混凝土时，可根据具体情况对混凝土配合比进行抽换。

(7)定额中凡是按不同隧道长度编制的项目，均只编制到隧道长度在4 000m以内。当隧道长度超过4 000m时，应按以下规定计算：

①洞身开挖：以隧道长度4 000m以内定额为基础，与隧道长度4 000m以上每增加1 000m定额叠加使用。

②正洞出渣运输：通过隧道进出口开挖正洞，以换算隧道长度套用相应的出渣定额计算。换算隧道长度计算公式为：

换算隧道长度＝全隧道长度－通过辅助坑道开挖正洞的长度

当换算隧道长度超过4 000m时，以隧道长度4 000m以内定额为基础，与隧道长度4 000m以上每增加1 000m定额叠加使用。

通过斜井开挖正洞，出渣运输按正洞和斜井两段分别计算，二者叠加使用。

③通风、管线路定额，按正洞隧道长度综合编制，当隧道长度超过4 000m时，以隧道长度4 000m以内定额为基础，与隧道长度4 000m以上每增加1 000m定额叠加使用。

(8)混凝土运输定额仅适用于洞内混凝土运输，洞外运输应按桥涵工程有关定额计算。

(9)洞内排水定额仅适用于反坡排水的情况，排水量按10m^3/h以内编制，超过此排水量时，抽水机台班按下表2-13中的系数调整：

表2-13

涌水量(m^3/h)	10以内	15以内	20以内
调整系数	1.00	1.20	1.35

注：当排水量超过20m^3/h时，根据采取治水措施后的排水量采用上表系数调整。

正洞内排水系按全隧道长度综合编制，当隧道长度超过4 000m时，以隧道长度4 000m以内定额为基础，与隧道长度4 000m以上每增加1 000m定额叠加使用。

(10)照明设施，为隧道营运所需的洞内永久性设施。定额中的洞口段包括引入段、适应段、过渡段和出口段，其他段均为基本段。本定额中不包括洞外线路，需要时应另行计算。属于设备的变压器、发电设备等，其购置费用应列入预算第二部分"设备及工具、器具购置费"中。

(11)工程量计算规则：

①本定额所指隧道长度均指隧道进出口(不含与隧道相连的明洞)洞门端墙墙面之间的距离，即两端端墙面与路面的交线同路线中线交点间的距离。双线隧道按上、下行隧道长度的平均值计算。例如：某隧道工程设计长度为2 590m，构成为：50m(明洞)＋2 500m(正洞)＋40m(明洞)，注意采用定额时，其工程量应为2 500m，不应为2 590m。

②洞身开挖、出渣工程量按设计断面数量(成洞断面加衬砌断面)计算，包含洞身及所有附属洞室的数量，定额中已考虑超挖因素，不得将超挖数量计入工程量。

③现浇混凝土衬砌中浇筑、运输的工程量，均按设计断面衬砌数量计算，包含洞身及所有附属洞室的衬砌数量。定额中已综合因超挖及预留变形需回填的混凝土数量，不得将上述因素的工程量计入计价工程量中。

④防水板、明洞防水层的工程数量，按设计敷设面积计算。

⑤止水带(条)、盲沟、透水管的工程数量，均按设计数量计算。

⑥拱顶压浆的工程数量，按设计数量计算，设计时可按每延长米 0.25m^3 综合考虑。

⑦喷射混凝土的工程量，按设计厚度乘以喷射面积计算，喷射面积按设计外轮廓线计算。

⑧砂浆锚杆工程量，为锚杆、垫板及螺母等材料质量之和；中空注浆锚杆、自进式锚杆的工程量按锚杆设计长度计算。

⑨格栅钢架、型钢钢架工程数量，按钢架的设计质量计算，连接钢筋的数量不得作为工程量计算。

⑩管棚、小导管的工程量，按设计钢管长度计算，当管径与定额不同时，可调整定额中钢管的消耗量。

⑪横向塑料排水管每处为单洞两侧的工程数量；纵向弹簧管按隧道纵向每侧铺设长度之和计算；环向盲沟按隧道横断面敷设长度计算。

⑫洞内通风、风水管及照明、管线路的工程量，按隧道设计长度计算。

⑬对于长度在 500m 以内的短隧道工程，不计正洞施工通风费用。

例 2-18 某隧道工程，采用喷射混凝土做衬砌，设计厚度 8cm，喷射面积 6 000m^2，其洞内预制混凝土沟槽：数量 50m^3，混凝土盖板数量 30m^3，试确定其工、料、机消耗量。

解：根据题意确定《预算定额》[3-1-8-1]、[3-1-13-2、3]分别见表 2-14 和表 2-15。

3-1-8 喷 射 混 凝 土 表 2-14

工程内容 冲洗岩面，安、拆、移机具设备，混凝土及钢纤维混凝土上料、喷射、养生，冲洗机具，移动喷浆架

单位：10m^3

顺序号	项 目	单位	代号	混 凝 土	钢纤维混凝土
				1	2
1	人工	工日	1	31.5	39.1
2	C25 水泥混凝土	m^3	19	(12.00)	(12.00)
3	锯材	m^3	102	0.009	0.009
4	钢纤维	t	225	—	0.428
5	32.5 级水泥	t	832	5.628	5.628
6	水	m^3	866	22	22
7	中(粗)砂	m^3	899	7.20	7.20
8	碎石(2cm)	m^3	951	6.84	6.84
9	其他材料费	元	996	358.3	358.3
10	混凝土喷射机	台班	1283	1.42	1.53
11	9m^3/min 以内机动空压机	台班	1842	1.22	1.32
12	小型机具使用费	元	1998	98.4	98.4
13	基价	元	1999	5 564	7 870

3-1-13 混凝土沟槽

表 2-15

工程内容　现浇沟槽混凝土：1)模板制作、安装、拆除、修理、涂脱模剂、堆放；2)混凝土浇筑、捣固、养生；3)清理场地。

预制沟槽及盖板：1)模板制作，安装，拆除；2)混凝土浇筑、捣固、养生；3)预制块安放，砂浆砌筑；4)清理场地。

钢筋：除锈、制作、电焊、绑扎。

单位：10m³ 及 1t

顺序号	项目	单位	代号	现浇混凝土沟槽	预制混凝土沟槽		钢筋
					沟槽	盖板	
				10m³			1t
				1	2	3	4
1	人工	工日	1	47.6	60.9	56.2	15.4
2	混凝土预制块	m³	—	—	(10.10)	(10.10)	—
3	C25 水泥混凝土	m³	19	(10.20)	(10.10)	(10.10)	—
4	M10 水泥砂浆	m³	67	—	(1.30)	(1.30)	—
5	原木	m³	101	0.080	—	0.023	—
6	锯材	m³	102	—	0.007	—	—
7	光圆钢筋	t	111	—	—	—	1.025
8	型钢	t	182	0.009	—	0.004	—
9	组合钢模板	t	272	0.057	0.052	0.035	—
10	铁件	kg	651	28.7	—	13.0	—
11	20～22 号铁丝	kg	656	—	—	—	3.6
12	32.5 级水泥	t	832	3.417	3.788	3.788	—
13	水	m³	866	12	20	20	—
14	中(粗)砂	m³	899	4.90	6.24	6.24	—
15	碎石(4cm)	m³	952	8.47	8.38	8.38	—
16	其他材料费	元	996	39.4	32.3	29.3	—
17	1t 以内机动翻斗车	台班	1408	—	0.69	0.69	—
18	小型机具使用费	元	1998	11.8	7.8	6.5	9.1
19	基价	元	1999	4 827	5 487	5 243	4 172

(1)按前说明(11)⑦规定，喷射混凝土工程量按设计厚度乘以喷护面积计算得：

$$0.08\times 6\,000=480\text{m}^3$$

(2)由定额[3-1-8-1]，计算得：

[1] 48×31.5＝1 512 工日；[102] 48×0.009＝0.432m³；[832] 48×5.628＝270.14t；[866] 48×22＝1 056m³；[899] 48×7.2＝345.6 m³；[951] 48×6.84＝328.32m³；[996] 48×358.3＝17 198.4元；[1283] 48×1.42＝68.16 台班；[1842] 48×1.22＝58.56 台班；[1998] 48×98.4＝4 723.2 元；[1999] 48×5 564＝267 072 元。

(3)洞内沟槽及盖板预制，定额号[3-1-13-2、3]，得

$$\boxed{1}\text{人工}=(50\times60.9+30\times56.2)=4731\text{ 工日}$$

材料：(略)

$$\boxed{1408}\ 50\times069+30\times0.69=55.2\text{ 台班}$$

$$\boxed{1998}\ 50\times7.8+30\times6.5=585\text{ 元}$$

例 2-19 某隧道工程，土质为Ⅴ级，隧道长度为 5 000m，洞外运距 800m，正洞采用机械开挖，自卸汽车运输施工，试确定其人工和汽车运输定额。

解：(1)正洞开挖工程应采用的定额号为[3-1-3/-I-23-29]，见表 2-16。

表 2-16

单位：100m³ 自然密实土、石

顺序号	项目	单位	代号	隧道长度 4000m 以内					
				围岩级别					
				Ⅰ级	Ⅱ级	Ⅲ级	Ⅳ级	Ⅴ级	Ⅵ级
				19	20	21	22	23	24
1	人工	工日	1	72.2	62.8	56.5	59.8	61.3	86.2
2	原木	m³	101	0.027	0.025	0.024	0.022	0.021	0.011
3	锯材	m³	102	0.025	0.023	0.022	0.020	0.019	0.011
4	钢管	t	191	0.013	0.013	0.013	0.011	0.011	—
5	空心钢钎	kg	212	17.1	14.0	10.8	6.4	4.0	6.1
6	φ50mm 以内合金钻头	个	213	9	7	5	3	2	—
7	铁钉	kg	653	0.2	0.2	0.2	0.2	0.2	—
8	8～12 号铁丝	kg	655	2.4	2.2	2.1	1.9	1.8	—
9	硝铵炸药	kg	841	109.1	103.8	98.5	76.7	30.5	—
10	非电毫秒雷管	个	847	153	133	113	84	53	—
11	导爆索	m	848	60	60	60	53	53	—
12	水	m³	866	35	35	25	25	25	—
13	其他材料费	元	996	32.5	32.5	26.7	18.5	8.7	8.7
14	气腿式凿岩机	台班	1102	11.55	10.50	6.79	3.56	4.65	—
15	10m³/min 以内电动空压机	台班	1837	0.88	0.80	0.52	0.23	0.30	0.30
16	20m³/min 以内电动空压机	台班	1838	2.21	2.01	1.30	1.13	1.48	—
17	小型机具使用费	元	1998	186.0	169.3	108.8	57.7	74.4	—
18	基价	元	1999	7 032	6 248	5 156	4 714	4 666	4 427

续上表

单位：100m³ 自然密实土、石

顺序号	项目	单位	代号	隧道长度 4 000m 以上，每增加 1 000m					
				围岩级别					
				Ⅰ级	Ⅱ级	Ⅲ级	Ⅳ级	Ⅴ级	Ⅵ级
				25	26	27	28	29	30
1	人工	工日	1	1.8	1.5	1.4	2.1	2.4	3.6
2	原木	m^3	101	—	—	—	—	—	—
3	锯材	m^3	102	—	—	—	—	—	—
4	钢管	t	191	—	—	—	—	—	—
5	空心钢钎	kg	212	—	—	—	—	—	—
6	ϕ50mm 以内合金钻头	个	213	—	—	—	—	—	—
7	铁钉	kg	653	—	—	—	—	—	—
8	8～12 号铁丝	kg	655	—	—	—	—	—	—
9	硝铵炸药	kg	841	—	—	—	—	—	—
10	非电毫秒雷管	个	847	—	—	—	—	—	—
11	导爆索	m	848	—	—	—	—	—	—
12	水	m^3	866	—	—	—	—	—	—
13	其他材料费	元	996	—	—	—	—	—	—
14	气腿式凿岩机	台班	1102	0.15	0.14	0.09	0.06	0.07	—
15	$10m^3$/min 以内电动空压机	台班	1837	0.02	0.02	0.01	0.01	0.01	0.01
16	$20m^3$/min 以内电动空压机	台班	1838	0.03	0.02	0.02	0.01	0.02	—
17	小型机具使用费	元	1998	—	—	—	—	—	—
18	基价	元	1999	115	95	85	114	134	181

(2)出渣采用自卸汽车运输，定额[3-1-3/II47-50]且包括洞外 500m 运距，见表 2-17。

(3)根据《预算定额》第三章隧道定额总说明 4 的规定，出渣运距在洞外大于 500m 时，应按照路基工程自卸汽车运输土石方的增运定额[1-1-11-46]，见表 2-18，加计增运部分的费用。

(4)确定定额值：

人工：(61.3＋2.4)＋(8.5＋0.7)＝72.9 工日

汽车(12t 自卸)：(1.41＋0.14)＋2×1.38＝4.31 台班

其他材料、机械等(略)。

例 2-20　某隧道工程，洞内路面采用 15cm 厚砂砾垫层，试确定路面垫层定额值。

解：(1)按说明，应采用《预算定额》[80-2-1-1-2]即“路面垫层定额”。

(2)按隧道工程定额章说明 8 之(2)规定，人工工日、机械台班数量及小型机具使用费应按相应定额乘以 1.26 系数。

(3)计算定额值为：

人工：29.3×1.26＝36.92 工日/1 000m^2

水：19m^3/1 000m^2　　　砂砾：191.25m^3/1 000m^2

6～8t 光轮压路机＝0.25×1.26＝0.315 台班/1 000m^2

12～15t 光轮压路机＝0.5×1.26＝0.63 台班/1 000m^2

II. 出　　渣

表 2-17

单位：$100m^3$ 自然密实土、石

顺序号	项　目	单位	代号	隧道长度 1 000m 以内			隧道长度 2 000m 以内			隧道长度 3 000m 以内			隧道长度 4 000m 以内		
				围岩级别											
				Ⅰ~Ⅲ级	Ⅳ~Ⅴ级	Ⅵ级	Ⅰ~Ⅲ级	Ⅳ~Ⅴ级	Ⅵ级	Ⅰ~Ⅲ级	Ⅳ~Ⅴ级	Ⅵ级	Ⅰ~Ⅲ级	Ⅳ~Ⅴ级	Ⅵ级
				37	38	39	40	41	42	43	44	45	46	47	48
1	人工	工日	1	3.9	7.5	9.9	4.1	7.9	10.4	4.2	8.2	10.7	4.3	8.5	10.9
2	2.0m^3 以内轮胎式装载机	台班	1050	0.45	0.35	0.23	0.45	0.35	0.23	0.45	0.35	0.23	0.45	0.35	0.23
3	12t 以内自卸汽车	台班	1387	1.21	0.93	0.73	1.44	1.10	0.88	1.65	1.27	1.02	1.83	1.41	1.13
4	基价	元	1999	1 263	1 195	1 104	1 416	1 321	1 222	1 552	1 441	1 324	1 669	1 543	1 402

顺序号	项　目	单位	代号	隧道长度 4 000m 以上，每增加 1 000m			通过斜井出渣		
				围岩级别					
				Ⅰ~Ⅲ级	Ⅳ~Ⅴ级	Ⅵ级	Ⅰ~Ⅲ级	Ⅳ~Ⅴ级	Ⅵ级
				49	50	51	52	53	54
1	人工	工日	1	0.3	0.7	0.9	3.9	7.6	9.9
2	2.0m^3 以内轮胎式装载机	台班	1050	—	—	—	0.45	0.35	0.23
3	12t 以内自卸汽车	台班	1387	0.19	0.14	0.12	1.41	1.11	0.92
4	基价	元	1999	133	122	119	1 387	1 312	1 222

注：连拱隧道中(侧)导洞出渣套用正洞相应定额。

表 2-18

单位:1 000m³ 天然密实方

顺序号	项目	单位	代号	石方											
				自卸汽车装载质量(t)											
				8以内				10以内				12以内			
				第一个1km	每增运0.5km			第一个1km	每增运0.5km			第一个1km	每增运0.5km		
					平均运距(km)				平均运距(km)				平均运距(km)		
					5以内	10以内	15以内		5以内	10以内	15以内		5以内	10以内	15以内
				37	38	39	40	41	42	43	44	45	46	47	48
1	3t以内自卸汽车	台班	1382	—	—	—	—	—	—	—	—	—	—	—	—
2	6t以内自卸汽车	台班	1384	—	—	—	—	—	—	—	—	—	—	—	—
3	8t以内自卸汽车	台班	1385	15.87	2.15	1.95	1.86	—	—	—	—	—	—	—	—
4	10t以内自卸汽车	台班	1386	—	—	—	—	12.52	1.64	1.49	1.43	—	—	—	—
5	12t以内自卸汽车	台班	1387	—	—	—	—	—	—	—	—	10.82	1.38	1.26	1.21
6	15t以内自卸汽车	台班	1388	—	—	—	—	—	—	—	—	—	—	—	—
7	20t以内自卸汽车	台班	1390	—	—	—	—	—	—	—	—	—	—	—	—
8	基价	元	1999	7 719	1 046	949	905	6 992	916	832	799	6 741	.860	785	754

二、洞 门 工 程

洞门指为稳定隧道洞口、美化洞口环境、降低洞口亮度而设置的构造物。它是隧道外露的唯一部分，起着保护洞口，保证边坡和仰坡稳定，美化和诱导作用。隧道门有翼墙式、端墙式、柱式、遮光和遮阳式等不同形式，如图 2-4。

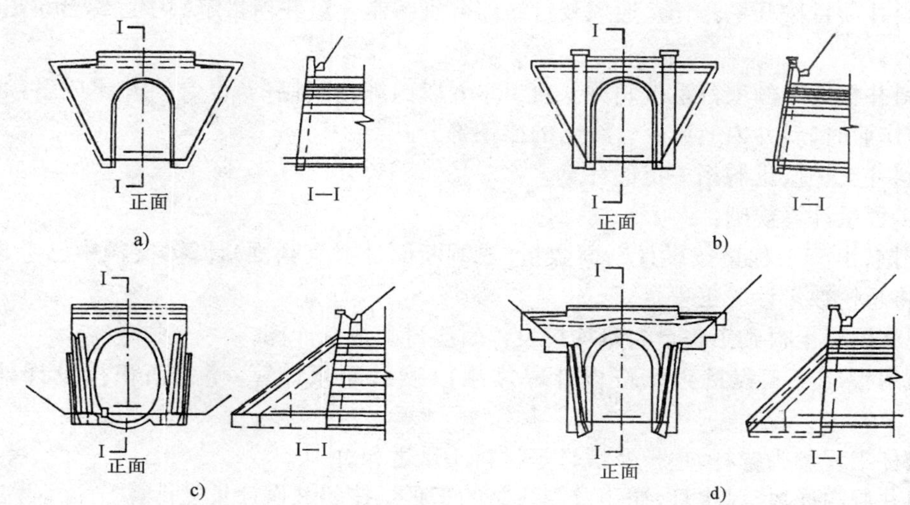

图 2-4

a)端墙式；b)柱式；c)翼墙式；d)带耳墙翼墙式

公路隧道一般采用翼墙式。构筑洞门常用的材料有混凝土、钢筋混凝土、浆砌片石、镶面料石等。

(1)隧道定额中本部分内容较少，为隧道洞门墙砌筑；现浇混凝土洞门墙；洞门墙装修。

(2)洞门墙工程量为主墙和翼墙等圬工体积之和。包括构思砌体的砂浆的体积，使用时应注意混凝土预制块预制工程量与砌筑工程量的差异。

(3)仰坡、截水沟等应按有关定额另行计算。

(4)定额的工程量均按设计工程数量计算。

(5)洞门墙的开挖和混凝土拌和的费用，需要时应按路基土石方开挖定额和桥涵工程有关定额另行计算。

(6)洞门墙装修，是在洞门墙圬工结构表面镶贴一层薄层结构物，起到美化洞门的作用。其计价工程量按需要装饰的洞门墙的面积计算。

三、辅 助 坑 道

辅助坑道是指为利于隧道洞身开挖而设置的平行导洞、斜井、竖井等设施。

平行导洞指平行于隧道、在隧道开挖断面以外、超前开挖的地下通道。施工期间可用于探明地质、疏排地下水、运送施工物质、进行试验研究，工程完成后，作为截水洞、排水洞、通风洞、逃生洞等使用。

斜井指在垂面上按一定倾斜角度开挖的地下通道。使用斜井的目的是增加隧道的作业面、通风道、排水道、逃生道。

竖井指垂直开挖的坑道，可作为隧道与地面间的连通道、通风道、排水道等。常用于长隧道，以增加作业面，缩短搬运距离；增加换气和排水口，减短通风排水距离。竖井施工有自上向下或自下向上掘进方法，前者使用吊盘、吊桶、抓渣机等，竖井直径可达 9m 左右，深度可达百米以上，一般需修筑到达井位的便道；后者使用掘进机，竖井直径 3m 左右、深度不限，但需隧道掘进能够到达竖井位底部。

(1)斜井项目按开挖、出渣、通风及管线路分别编制。竖井项目定额中已综合了出渣、通风及管线路。

(2)斜井相关定额项目系按斜井长度 800m 以内综合编制的，已含斜井建成后，通过斜井进行正洞作业时，斜井内通风及管线路的摊销部分。

(3)斜井支护按正洞相关定额计算。

(4)工程量计算规则：

①开挖、出渣工程量按设计断面数量（成洞断面加衬砌断面）计算，定额中已考虑超挖因素，不得将超挖数量计入工程量。

②现浇混凝土衬砌工程量数量均按设计断面衬砌数量计算。

③喷射混凝土工程量数量按设计厚度乘以喷射面积计算，喷射面积按设计外轮廓线计算。

④锚杆工程量为锚杆、垫板及螺母等材料质量之和。

⑤斜井洞内通风、风水管、照明及管线路的工程量按斜井设计长度计算。

四、通风及消防设施安装

(1)隧道内保持良好的空气是行车安全的必要条件，隧道的通风方式有机械通风和自然通风两种。交通量小的中、短隧道可采用自然通风，交通量大的长隧道采用机械通风。采用机械通风时，常采用纵向通风形式，配以射流风机，并按正常通风量的 50％配置备用通风机。

(2)定额中不含通风机、消火栓、消防水泵接合器、水流指示器、电气信号装置、气压水罐、泡沫比例混合器、自动报警系统装置、防火门等的购置费用，如计算，应按规定列入预算第二部分“设备及工具、器具购置费”中。

(3)通风机预埋件，按设计为完成通风机安装而需预埋的一切金属构件的质量计算数量，包括钢拱架、通风机拱部钢筋、通风机支座及各部分连接件等。

(4)洞内预埋件工程数量，按设计预埋件的敷设长度计算，定额中已综合了预留导线的数量。

第六节　桥涵工程预算定额的说明及应用示例

《预算定额》第四章是桥涵工程，包括开挖基坑；围堰、筑岛及沉井；打桩；灌注桩；砌筑；现浇混凝土及钢筋混凝土；预制、安装混凝土及钢筋混凝土构件；构件运输；拱盔、支架；钢结构和杂项工程共十一项。

(一)混凝土工程

(1)定额中混凝土强度等级均按一般图纸选用，其施工方法除小型构件采用人拌人捣外，其他均按机拌机捣计算。

(2)定额中混凝土工程除小型构件、大型预制构件底座、混凝土搅拌站安拆和钢桁架桥式码头项目中已考虑混凝土的拌和费用外,其他混凝土项目中均未考虑混凝土的拌和费用,应按有关定额另行计算。这一点与以前的定额有很大区别。

(3)定额中混凝土均按露天养生考虑,如采用蒸汽养生时,应从各有关定额中扣减人工1.5个工日及其他材料费4元,并按蒸汽养生有关定额计算。

(4)定额中混凝土工程均已包括操作范围内的混凝土运输。现浇混凝土工程的混凝土平均运距超过50m时,可根据施工组织设计的混凝土平均运距,按第十一节杂项工程中混凝土运输定额增列混凝土运输。

(5)定额中采用泵送混凝土的项目均已包括水平和向上垂直泵送所消耗的人工、机械,当水平泵送距离超过定额综合范围时,可按下表2-19增列人工及机械消耗量。向上垂直泵送不得调整。

泵送混凝土水平距离调整 表2-19

项目		定额综合的水平泵送距离(m)	每100m³混凝土每增加水平距离50m增列数量	
			人工(工日)	混凝土输送泵(台班)
基础	灌注桩	100	1.55	0.27
	其他	100	1.27	0.18
上、下部构造		50	2.82	0.36
桥面铺装		250	2.82	0.36

(6)凡预埋在混凝土中的钢板、型钢、钢管等预埋件,均作为附属材料列入混凝土定额内。至于连接用的钢板、型钢等则包括在安装定额内。

(7)大体积混凝土项目,必须采用埋设冷却管来降低混凝土水化热时,可根据实际需要另行计算。

(8)除另有说明外,混凝土定额中均已综合脚手架、上下架、爬梯及安全围护等搭拆及摊销费用,使用定额时不得另行计算。

(二)钢筋工程

(1)定额中凡钢筋直径在10mm以上的接头,除注明为钢套筒连接外,均采用电弧搭接焊或电阻对接焊。

(2)定额中的钢筋按选用图纸分为光圆钢筋、带肋钢筋,如设计图纸的钢筋比例与定额有出入时,可调整钢筋品种的比例关系。

(3)定额中的钢筋是按一般定尺长度计算的,如设计提供的钢筋连接用钢套筒数量与定额有出入时,可按设计数量调整定额中的钢套筒消耗,其他消耗不调整。

(三)模板工程

(1)模板不单列项目。混凝土工程中所需的模板包括钢模板、组合钢模板、木模板,均按其周转摊销量计入混凝土定额中。

(2)定额中的模板均为常规模板,当设计或施工对混凝土结构的外观有特殊要求需要对模板进行特殊处理时,可根据定额中所列的混凝土模板接触面积增列相应的特殊模板材料的费用。

(3)定额中所列的钢模板材料，指工厂加工的适用于某种构件的定型钢模板，其质量包括立模所需的钢支撑及有关配件；组合钢模板材料，指市场供应的各种型号的组合钢模板，其质量仅为组合钢模板的质量，不包括立模所需的支撑、拉杆等配件，定额中已计入所需配件材料的摊销量；木模板按工地制作编制，定额中将制作所需工、料、机械台班消耗按周转摊销量计算。

(4)定额中均已包括各种模板的维修、保养所需的工、料及费用。

(四)设备摊销费

定额中设备摊销费的设备，指属于固定资产的金属设备，包括万能杆件、装配式钢桥桁架及有关配件拼装的金属架桥设备。设备摊销费按设备质量每吨每月 90 元计算(除设备本身折旧费用，还包括设备的维修、保养等费用)。各项目中凡注明允许调整的，可按计划使用时间调整。

(五)工程量计算一般规则

(1)现浇混凝土、预制混凝土、构件安装的工程量为构筑物或预制构件的实际体积，不包括其中空心部分的体积，钢筋混凝土项目的工程量不扣除钢筋(钢丝、钢绞线)、预埋件和预留孔道所占的体积。

(2)构件安装定额中在括号内所列的构件体积数量，表示安装时需要备制的构件数量。

(3)钢筋工程量为钢筋的设计质量，定额中已计入施工操作损耗，一般钢筋因接长所需增加的钢筋质量已包括在定额中，不得将这部分质量计入钢筋设计质量内。但对于某些特殊的工程，必须在施工现场分段施工采用搭接接长时，其搭接长度的钢筋质量未包括在定额中，应在钢筋的设计质量内计算。

例 2-21 某桥采用跨墩门架(一套)架设主梁。门架高 12m、跨径 30m，使用期为 6 个月。试计算其设备摊销费。

解：根据《预算定额》第四章桥梁工程定额说明四及定额表“4-7-31 金属结构吊装设备”之跨墩门架设备质量表，可知：

(1)跨墩门架一套(二个)设备重量为 52.5t(见《预算定额》603 页的表)。

(2)设计使用期为 6 个月，超过定额的 4 个月使用期，故定额表中的定额值不能直接套用，而应按每吨每月 90 元计算。则

设备摊销费：52.5×6×90＝28 350 元

例 2-22 某拱桥现浇混凝土实体式桥台 $60m^3$，采用混凝土搅拌机集中拌和施工，平均运距 500m。1t 以内机动翻斗车运输。

试求：1)浇筑实体式桥台所需人工、机械台班的数量。

2)混凝土需搅拌多少数量、250L 以内混凝土搅拌机台班、人工数以及运输混凝土机械台班数。

解：(1)查《预算定额》应为“4-6-2/I-7(实体式墩台)。

人工：11.8×6＝70.8 工日；12t 以内汽车式起重机：0.35×6＝2.1 台班。

(2)由《预算定额》第四章桥梁工程定额说明二可知，实体式桥台混凝浇筑施工，不包括混凝土拌和、运输的定额，需按本章第“十一节杂项工程”4-11-11 表的内容另行计算。

250L 搅拌机需拌和混凝土的数量为：$10.2×6＝61.2m^3$

人工：2.7×6.12＝16.52 工日

250L 搅拌机：0.54×6.12＝3.3 台班

(3)由于运距为500m,故应根据章说明的规定,按“4-11-11/V混凝土运输”确定增运定额。

1t以内机动翻斗车:(2.94+4×1.09)×0.612=4.47台班

例2-23 某桥预制等截面箱梁的设计图纸中光圆钢筋为2.50t、带肋钢筋为8.20t。试确定该分项的钢筋定额。

解:根据定额章说明二、2.的规定,要核对图纸中光圆、带肋钢筋的比例是否与定额的比例有出入。

(1)由题目可知该分项工程在《预算定额》表“4-7-16”。由表中查得光圆钢筋与带肋钢筋的比例为:0.156∶0.869=0.180。

(2)设计图纸中光圆钢筋与带肋钢筋的比例为2.50∶8.20=0.305,可知其与定额不符,应进行抽换。

(3)由《预算定额》附录四可知光圆、带肋钢筋的场内运输及操作损耗为2.5%。

(4)实用定额为(1t钢筋):

光圆钢筋:$\frac{2.5}{2.5+8.2}\times(1+0.025)=0.239\text{t}$

带肋钢筋:$\frac{8.2}{2.5+8.2}\times(1+0.025)=0.786\text{t}$

例2-24 某混凝土灌注桩工程,采用桩径250cm回旋钻成孔,施工组织设计的混凝土水平泵送距离为200m,求其泵送人工和台班定额。

解:选用“灌注桩混凝土”预算定额4-4-7/-I-18时,其人工和混凝土输送泵的消耗量应调整为:

人工:1.8+1.55÷10×(200−100)÷50=2.11工日/10m^3

混凝土输送泵:0.09+0.27÷10×(200−100)÷50=0.144台班/10m^3

一、开 挖 基 坑

(1)干处挖基,指开挖无地面水及地下水位以上部分的土壤。湿处挖基,指开挖在施工水位以下部分的土壤。挖基坑石方、淤泥、流沙不分干处、湿处均采用同一定额。

(2)开挖基坑土、石方运输按弃土于坑外10m范围内考虑,如坑上水平运距超过10m时,另按路基土、石方增运定额计算。

(3)基坑深度为坑的顶面中心高程至底面的数值。在同一基坑内,不论开挖哪一深度均执行该基坑的全深度定额。

(4)电动卷扬机配抓斗及人工开挖配卷扬机吊运基坑土、石方定额中,已包括移动摇头扒杆用工。但摇头扒杆的配置数量应根据工程需要按吊装设备定额另行计算。

(5)开挖基坑定额中,已综合了基底夯实、基坑回填及检平石质基底用工,湿处挖基还包括挖边沟、挖集水井及排水作业用工,使用定额时,不得另行计算。

(6)开挖基坑定额中,不包括挡土板,需要时应据实按有关定额另行计算。

(7)机械挖基定额中,已综合了基底高程以上20cm范围内采用人工开挖和基底修整用工。

(8)本节基坑开挖定额均按原土回填考虑,若采用取土回填时,应按路基工程有关定额另计取土费用。

(9)挖基定额中未包括水泵台班,挖基及基础、墩台修筑所需的水泵台班按“基坑水泵台班消耗”表(表2-20)的规定计算,并计入挖基项目中。

基坑水泵台班消耗 表 2-20

覆盖层土壤类别		水位高度(m)		河中桥墩			靠岸墩台		
				挖基(10m³)	每座墩(台)修筑水泵台班		挖基(10m³)	每座墩(台)修筑水泵台班	
					基坑深 3m 以内	基坑深 6m 以内		基坑深 3m 以内	基坑深 6m 以内
I	1. 亚黏土 2. 粉砂土 3. 较密实的细砂土(0.10～0.25mm 颗粒含量占多数) 4. 松软的黄土 5. 有透水孔道的黏土	地面水	4 以内	0.19	7.58	10.83	0.12	4.88	7.04
			3 以内	0.15	5.96	8.67	0.10	3.79	5.42
			2 以内	0.12	5.42	7.58	0.08	3.52	4.88
			1 以内	0.11	4.88	7.04	0.07	3.25	4.33
		地下水	6 以内	0.08	—	5.42	0.05	—	3.79
			3 以内	0.07	3.79	3.79	0.04	2.71	2.71
II	1. 中类砂土(0.25～0.50mm 颗粒含量占多数) 2. 紧密的颗粒较细的砂砾石层 3. 有裂缝透水的岩层	地面水	4 以内	0.54	16.12	24.96	0.35	10.32	16.12
			3 以内	0.44	11.96	18.72	0.29	7.74	11.96
			2 以内	0.36	8.32	14.04	0.23	5.16	9.36
			1 以内	0.31	6.24	10.92	0.19	4.13	7.28
		地下水	6 以内	0.23	—	7.28	0.15	—	4.68
			3 以内	0.19	4.16	4.68	0.12	2.58	3.12
III	1. 粗粒砂(0.50～1.00mm 颗粒含量占多数) 2. 砂砾石层(砾石含量大于 50%) 3. 透水岩石并有泉眼	地面水	4 以内	1.04	30.76	47.14	0.68	19.85	30.76
			3 以内	0.84	22.33	35.73	0.55	14.39	23.32
			2 以内	0.69	16.37	26.79	0.45	10.42	17.37
			1 以内	0.59	11.91	21.34	0.39	7.94	13.89
		地下水	6 以内	0.44	—	10.92	0.29	—	6.95
			3 以内	0.35	4.96	5.46	0.23	3.47	3.47
IV	1. 砂卵石层(平均颗粒大于 50mm) 2. 漂石层有较大的透水孔道 3. 有溶洞、溶槽的岩石并有泉眼、涌水现象	地面水	4 以内	1.52	45.26	68.35	0.99	29.37	44.45
			3 以内	1.23	32.74	51.62	0.79	21.19	33.46
			2 以内	1.01	23.59	39.19	0.65	15.41	25.33
			1 以内	0.87	17.33	30.59	0.56	11.07	20.07
		地下水	6 以内	0.64	—	15.77	0.41	—	10.04
			3 以内	0.52	7.22	7.65	0.34	4.81	4.78

注:如钢板桩围堰打进覆盖层,则表列台班数量乘以 0.7 的系数。

(10)工程量计算规则:

①基坑开挖工程量按基坑容积计算,如图 2-5,其计算公式如下:

$$V=\frac{h}{6}\times[ab+(a+a_1)(b+b_1)+a_1b_1]\text{——(基坑为平截方锥时)} \tag{2-7a}$$

$$V=\frac{\pi h}{3}\times(R^2+Rr+r^2)\text{——(基坑为截头圆锥时)} \tag{2-7b}$$

②基坑挡土板的支挡面积,按坑内需支挡的实际侧面积计算。

(11)基坑水泵台班消耗,可根据覆盖层土壤类别和施工水位高度采用表列数值计算:

①墩(台)基坑水泵台班消耗=湿处挖基工程量×挖基水泵台班+墩(台)座数×修筑水泵台班。

②基坑水泵台班消耗表中水位高度栏中“地面水”适用于围堰内挖基，水位高度指施工水位至坑顶的高度，其水泵消耗台班已包括排除地下水所需台班数量，不得再按“地下水”加计水泵台班。

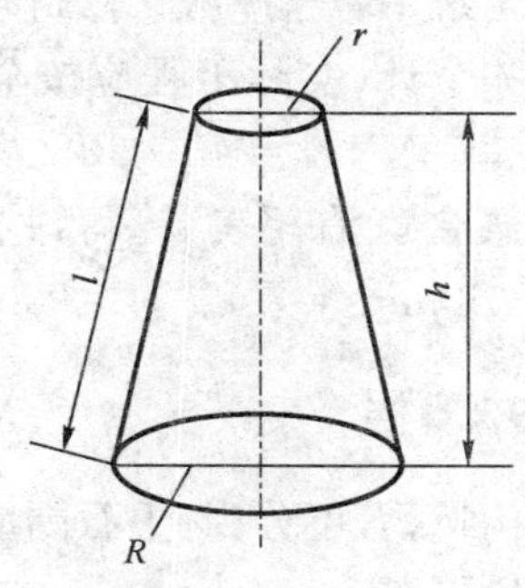

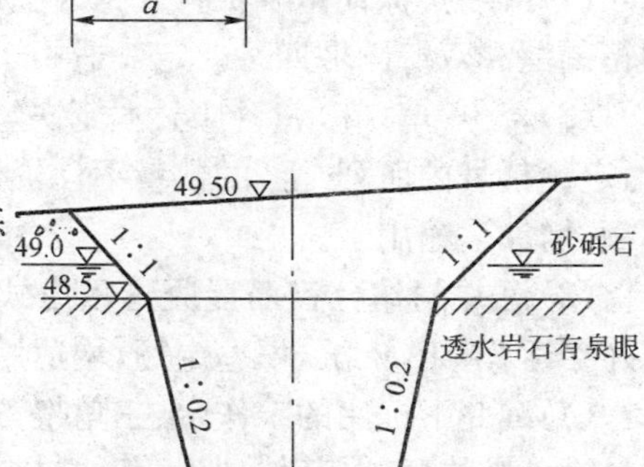

图 2-5

“地下水”适用于岸滩湿处的挖基，水位高度指施工水位至坑底的高度，其工程量应为施工水位以下的湿处挖基工程数量，施工水位至坑顶部分的挖基，应按干处挖基对待，不计水泵台班。

③表列水泵台班均为 ϕ150mm 水泵。

例 2-25 某桥共有 6 个墩、台基坑开挖工程，采取 2 个坑平行施工。用电动卷扬机配抓斗开挖，其中某岸墩基坑如图 2-6 所示。

图 2-6 某岸墩基坑图(尺寸及高程单位:m)

已知施工期无常水，运距 20m，水中挖砂砾 40m³、水中挖岩石 185.0m³，基坑总挖方 280m³，基底以上 20cm 处用人工挖方 15m³。试确定该基坑所需各种定额。

解：(1)根据《预算定额》“开挖基坑”节说明 1 的规定可知，该基坑的干处挖基工程量为地下水位以上的土方，即 280－40－185.0＝55m³。开挖深度按节说明 3 的规定均应按坑全深计。但由于该基坑采用机械挖基坑土石方，故本例没有必要区分干处、湿处挖基以及基坑深度等。

(2)用卷扬机配抓斗挖基坑土石方定额，按《预算定额》表“4-1-3”确定。(1 000m³)

抓挖土石方：人工＝304.1×0.28＝85.15 工日、30kN 以内单筒慢速卷扬机 30.21×0.28＝8.46 台班、小型机具使用费 391.9×0.28＝109.73 元。

爆破作业石方部分(1 000m³ 实体)：人工：616.1×0.185＝113.98 工日、钢钎：34.3×0.185＝6.35kg、硝铵炸药：200.2×0.185＝37.34kg、导火线：492×0.185＝91m、普通雷管：384×0.185＝71 个、煤：0.248×0.185＝0.05t、其他材料费：38.4×0.185＝7.1 元、9m³/min、机动空压机：11.74×0.185＝2.17 台班、小型机具使用费：491.2×0.185＝90.87 元。

(3)根据节说明 2 的规定，因土石方弃土运距＞10m，故应另按路基土石方增运定额增列。其定额可按预算定额的“1-1-6-5”定额值确定(方法略)。

(4)根据节说明 7 的规定，该基坑的基底以上 20cm 的人工开挖和基底修整用工已包括在基坑开挖定额之中，故不必再列。

(5)根据节说明 4 的规定，本桥因采取 2 个基坑平行作业，所以要另列摇头扒杆的配置量及其定额值。本桥应配 2 个摇头扒杆，并按定额“4-7-33-3”栏确定其定额(略)。

(6)挖基和砌筑用水泵台班。根据节说明 11 的规定，按"基坑水泵台班消耗表"(见表 2-20)计算所需水泵台班，并入挖基项目中。

挖基用水泵台班＝湿处挖基工程量×挖基水泵台班＋墩台座数×修筑水泵台班

由于本例属于示例性质，所以墩台座数只按该坑一个计(实际工程应按全部墩台数计)。按靠岸墩，III 类土、地下水水位高度 3m 以内；湿处挖基工程量＝40＋185.0＝225m^3，基坑深＝49.50－46.00＝3.5m，按 6m 计。则按"基坑水泵台班消耗表"算得，挖基水泵台班＝225×0.23÷10＋1×3.47＝5.18＋3.47＝8.65 台班(ϕ150mm 水泵)。

二、筑岛、围堰及沉井工程

(1)围堰是保证基础工程开挖、砌筑等的临时挡水构筑物，可分为：土石围堰、板桩围堰、钢套箱围堰和双壁围堰四种。定额适用于挖基围堰和筑岛围堰。

(2)草土、草(麻)袋、竹笼、木笼铁丝围堰定额中，已包括 50m 以内人工挖运土方的工日数量，定额括号内所列"土"的数量不计价，仅限于取土运距超过 50m 时，按人工挖运土方的增运定额，增加运输用工。

(3)沉井制作分钢筋混凝土重力式沉井、钢丝网水泥薄壁浮运沉井、钢壳浮运沉井三种。沉井浮运、落床、下沉、填塞定额，均适用于以上三种沉井。

(4)沉井下沉用的工作台、三角架、运土坡道、卷扬机工作台均已包括在定额中。井下爆破材料除硝铵炸药外，其他列入"其他材料费"中。

(5)沉井下水轨道的钢轨、枕木、铁件按周转摊销量计入定额中，定额还综合了轨道的基础及围堰等的工、料，使用定额时，不得另行计算。但轨道基础的开挖工作本定额中未计入，需要时按有关定额另行计算。

(6)沉井浮运定额仅适用于只有一节的沉井或多节沉井的底节，分节施工的沉井除底节外的其余各节的浮运、接高均应执行沉井接高定额。

(7)导向船、定位船船体本身加固所需的工、料、机消耗及沉井定位落床所需的锚绳均已综合在定额中，使用定额时，不得另行计算。

(8)无导向船定位落床定额，已将所需的地笼、锚碇等的工、料、机消耗综合在定额中，使用定额时，不得另行计算，有导向船定位落床定额未综合锚碇系统，应根据施工组织设计的需要按有关定额另行计算。

(9)锚碇系统定额均已将锚链的消耗计入定额中，并已将抛锚、起锚所需的工、料、机消耗综合在定额中，使用定额时，不得随意进行抽换。

(10)钢壳沉井接高所需的吊装设备本定额中未计入，需要时应按金属设备吊装定额另行计算。

(11)钢壳沉井作双壁钢围堰使用时，应按施工组织设计计算回收，但回收部分的拆除所需的工、料、机消耗本定额未计入，需要时应根据实际情况按有关定额另行计算。

(12)沉井下沉定额中的软质岩石，是指饱和单轴极限抗压强度在 40MPa 以下的各类松软的岩石，硬质岩石是指饱和单轴极限抗压强度在 40MPa 以上的各类较坚硬和坚硬的岩石。

(13)地下连续墙定额中未包括施工便道、挡水帷幕、注浆加固等，需要时应根据施工组织设计另行计算。挖出的土石方或凿铣的泥渣如需要外运时，应按路基工程中相关定额进行计算。

(14)工程量计算规则：

①草土、草(麻)袋、竹笼围堰长度按围堰中心长度计算，高度按施工水深加 0.5m 计算。木笼铁丝围堰实体为木笼所包围的体积。

②套箱围堰的工程量为套箱金属结构的质量。套箱整体下沉时悬吊平台的钢结构及套箱内支撑的钢结构均已综合在定额中,不得作为套箱工程量进行计算。

③沉井制作的工程量:重力式沉井为设计图纸井壁及隔墙混凝土数量;钢丝网水泥薄壁浮运沉井为刃脚及骨架钢材的质量,但不包括铁丝网的质量;钢壳沉井的工程量为钢材的总质量。

④沉井下沉定额的工程量,按沉井刃脚外缘所包围的面积乘沉井刃脚下沉入土深度计算。沉井下沉按土、石所在的不同深度分别采用不同下沉深度的定额。定额中的下沉深度指沉井顶面到作业面的高度。定额中已综合了溢流(翻砂)的数量,不得另加工程量。

⑤沉井浮运、接高、定位落床定额的工程量为沉井刃脚外缘所包围的面积,分节施工的沉井接高的工程量应按各节沉井接高工程量之和计算。

⑥锚碇系统定额的工程量指锚碇的数量,按施工组织设计的需要量计算。

⑦地下连续墙导墙的工程量按设计需要设置的导墙的混凝土体积计算;成槽和墙体混凝土的工程量,按地下连续墙设计长度、厚度和深度的乘积计算;锁口管吊拔和清底置换的工程量,按地下连续墙的设计槽段数(指槽壁单元槽段)计算;内衬的工程量按设计需要的内衬混凝土体积计算。

例 2-26 某桥的草袋围堰工程,装草袋土的运距为 150m,手推车运输;围堰高 2.5m;试确定该工程的预算定额值。

解:由《预算定额》“筑岛、围堰及沉井工程”节说明 2 可知,当运距大于 50m 时,应按“人工挖运土方”的增运定额,增加运输用工。现由“4-2-2/I-7”表确定草袋围堰的定额如下(每 10m 围堰):

人工:51.9 十 7.3×(150－50)÷10÷1000×88.4(增列超距运输用工)＝58.35 工日

草袋:1 498 个

土:88.4m^3

增列的超运距用工,系按《预算定额》“1-1-6 和 4-2-2/I-7”计算的。

三、打 桩 工 程

(1)本定额的打入桩,主要是指钢筋混凝土桩、预应力混凝土桩和钢板桩。适用于陆地上、打桩工作平台上、船上打桥涵墩台基础桩,以及其他基础工程和临时工程中的打桩工作。

(2)土质划分:打桩工程土壤分为 I、II 两组。

I 组土——较易穿过的土壤,如轻亚黏土、亚黏土、砂类土、腐殖土、湿的及松散的黄土等。

II 组土——较难穿过的土壤,如黏土、干的固结黄土、砂砾、砾石、卵石等。

当穿过两组土层时,如打入 II 组土各层厚度之和等于或大于土层总厚度的 50%或打入 II 组土连续厚度大于 1.5m 时,按 II 组土计,不足上述厚度时,则按 I 组土计。

(3)打桩定额中,均按在已搭好的工作平台上操作,但未包括打桩用的工作平台的搭设和拆除等的工、料消耗,需要时应按打桩工作平台定额另行计算。

(4)打桩定额中已包括打导桩、打送桩及打桩架的安、拆工作,并将打桩架、送桩、导桩及导桩夹木等的工、料按摊销方式计入定额中,编制预算时,不得另行计算。但定额中均未包括拔桩。破桩头工作,已计入承台定额中。

(5)打桩定额均为打直桩,如打斜桩时,机械乘 1.20 的系数,人工乘 1.08 的系数。

(6)利用打桩时搭设的工作平台拔桩时,不得另计搭设工作平台的工、料消耗。如需搭设工作平台时,可根据施工组织设计规定的面积,按打桩工作平台人工消耗的 50%计算人工消耗,但各种材料一律不计。

(7)打每组钢板桩时,用的夹板材料及钢板桩的截头、连接(接头)、整形等的材料已按摊销方式,将其工、料计入定额中,使用定额时,不得另行计算。

(8)钢板桩木支撑的制作、试拼、安装的工、料消耗,均已计入打桩定额中,拆除的工、料消耗已计入拔桩定额中。

(9)打钢板桩、钢管桩定额中未包括钢板桩、钢管桩的防锈工作,如需进行防锈处理,另按相应定额计算。

(10)打钢管桩工程如设计钢管桩数量与本定额不相同时,可按设计数量抽换定额中的钢管桩消耗,但定额中的其他消耗量不变。

(11)工程量计算规则:

①打预制钢筋混凝土方桩和管桩的工程量,应根据设计尺寸及长度以体积计算(管桩的空心部分应予以扣除)。设计中规定凿去的桩头部分的数量,应计入设计工程量内。

②钢筋混凝土方桩的预制工程量,应为打桩定额中括号内的备制数量。

③拔桩工程量按实际需要数量计算。

④打钢板桩的工程量按设计需要的钢板桩质量计算。

⑤打桩用的工作平台的工程量,按施工组织设计所需的面积计算。

⑥船上打桩工作平台的工程量,根据施工组织设计,按一座桥梁实际需要打桩机的台数和每台打桩机需要的船上工作平台面积的总和计算

例 2-27 某桥采用在水中工作平台上打桩基础。已知地基土层次为亚黏土 8.0m、黏土 2.0m、干的固结黄土;设计垂直桩入土深为 11.0m,斜桩入土深为 12m,设计规定凿去桩头 1.00m,打桩工作平台 160m^2。试确定打钢筋混凝土方桩及工作平台的预算定额。

解:(1)由题意可知打钢筋混凝土方桩的定额为由《预算定额》“4-3-1”表查得。

(2)根据《预算定额》第四章第三节打桩工程说明 2,由于本例打入黏土和干的黄土中连续长度 3m>1.5m,故应按 II 类计算。

(3)根据《预算定额》第四章第三节说明 5 的规定,打斜桩时机械乘 1.20 系数、人工乘1.08 系数。

(4)根据《预算定额》第四章第三节说明 4,破桩头工作已计入承台定额,这里不再计列。但根据节说明 11“工程量计算规则”的规定,凿去桩头的数量应计入打桩的工程量中。

(5)根据上列各项,确定打钢筋混凝土方桩的定额(10m^3 及 10 个接头):

①斜桩:

人工:[1] 23.2×1.08=25.07 工日

材料:[102] 0.024m^3、[221] 0.001t、[996] 45.4 元

机械:

[1451] 12t 以内汽车式起重机:0.17×1.20=0.204 台班

[1569] 1.8t 以内柴油打桩机:2.18×1.20=2.62 台班

[1855] 221kW 以内内燃拖轮:0.60×1.20=0.72 台班

[1876] 200t 以内工程驳船:1.34×1.20=1.61 台班

②直桩:

人工:[1] 33.1 工日

材料:同斜桩(略)

机械:同斜桩,未乘 1.20 系数,各值(略)

(6)工作平台定额。根据打桩工程定额节说明 3 的规定,应按《预算定额》表“4-3-7”另列打桩工作平台定额(按水上打桩,其他打桩机械,每 100m^2)为

人工:[1] 51.2 工日

材料:[102] 1.466m^3、[182] 0.971t、[231] 16.4kg、[651] 17.1kg、[653] 2.5kg、[996] 83.7 元、[997] 154.8 元。

机械:[1500] 50kN 以内单筒慢速卷扬机 2.42 台班;[1726] 30kV 以内交流电焊机 2.02 台班。[1998] 小型机具使用费 213.4 元。

四、灌注桩工程

(1)灌注桩成孔,按井孔中土(钻渣)的取出方法不同,根据造孔的难易程度,成孔的方法和原理可分为:螺旋钻孔、正循环回转钻孔、反循环回转钻孔、潜水钻机钻孔、冲抓钻孔、冲击钻孔、钻头钻(机动推钻)成孔和挖孔八种。相应的将土质分为八种,见表 2-21。

表 2-21

钻孔方法	适用范围			泥浆作用
	土层	孔径(cm)	孔深(m)	
螺旋钻	黏性土、砂类土、含少量砂砾石、卵石(含量少于 30%,粒径小于 10cm)的土	长螺旋:40~80 短螺旋:150~300	长螺旋:12~30 短螺旋:40~80	干作业不需要泥浆
正循环回旋钻	黏性土,粉砂、细、中、粗砂,含少量砾石、卵石(含量少于 20%)的土、岩石	80~250	30~100	浮悬钻渣并护壁
反循环回旋钻	黏性土、砂类土、含少量砾石、卵石(含量少于 20%,粒径小于钻杆直径 2/3)的土	80~300	用真空泵<35,用空气吸泥机可达 65,用气举式可达 120	护壁
潜水钻	淤泥、腐殖土、黏性土、稳定的砂类土,单轴抗压强度小于 20MPa 的软岩	非扩孔型:80~300 扩孔型:80~655	标准型:50~80 超深型:50~150	正循环浮悬钻渣,反循环护壁
冲抓钻	淤泥、腐殖土、密实黏性土、砂类土、砂砾石、卵石	100~200	大于 20 时进度慢	护壁
冲击钻	实心锥:黏性土、砂类土、砾石、卵石、漂石、较软岩石 空心锥:黏性土、砂类土、砾石、松散卵石	实心锥:80~120 空心锥(管锥):60~150	50	浮悬钻渣并护壁
钻头钻	填土层、黏土层、粉土层、淤泥层、砂土层以及短螺旋不易钻进的含有部分碎石、卵石的地层	100~300	78	干作业时不需要泥浆
挖孔	各种土、石	一般:120~200 最大:350	25	支撑护壁,不需要泥浆

①砂土:粒径不大于2mm的砂类土,包括淤泥、轻亚黏土。

②黏土:亚黏土、黏土、黄土,包括土状风化。

③砂砾:粒径2～20mm的角砾、圆砾含量(指质量比,下同)小于或等于50%,包括礓石及粒状风化。

④砾石:粒径2～20mm的角砾、圆砾含量大于50%,有时还包括粒径20～200mm的碎石、卵石,其含量在10%以内,包括块状风化。

⑤卵石:粒径20～200mm的碎石、卵石含量大于10%,有时还包括块石、漂石,其含量在10%以内,包括块状风化。

⑥软石:饱和单轴极限抗压强度在40MPa以下的各类松软岩石,如盐岩,胶结不紧的砾岩、泥质页岩、砂岩,较坚实的泥灰岩,块石土及漂石土,软而节理较多的石灰岩等。

⑦次坚石:饱和单轴极限抗压强度在40～100MPa的各类较坚硬的岩石,如硅质页岩,硅质砂岩,白云岩,石灰岩,坚实的泥灰岩,软玄武岩、片麻岩、正长岩、花岗岩等。

⑧坚石:饱和单轴极限抗压强度在100MPa以上的各类较坚硬的岩石,如硬玄武岩、坚实的石灰岩、白云岩、大理岩、石英岩、闪长岩、粗粒花岗岩、正长岩等。

(2)灌注桩成孔定额分为人工挖孔、卷扬机带冲抓锥冲孔、卷扬机带冲击锥冲孔、冲击钻机钻孔、回旋钻机钻孔、潜水钻机钻孔等六种。定额中已按摊销方式计入钻架的制作、拼装、移位、拆除及钻头维修所耗用的工、料、机械台班数量,钻头的费用已计入设备摊销费中,使用本节定额时,不得另行计算。

(3)灌注桩混凝土定额按机械拌和、工作平台上导管倾注水下混凝土编制,定额中已包括混凝土灌注设备(如导管等)摊销的工、料费用及扩孔增加的混凝土数量,使用定额时,不得另行计算。

(4)钢护筒定额中,干处埋设按护筒设计质量的周转摊销量计入定额中,使用定额时,不得另行计算。水中埋设按护筒全部设计质量计入定额中,可根据设计确定的回收量按规定计算回收金额。

(5)护筒定额中,已包括陆地上埋设护筒用的黏土或水中埋设护筒定位用的导向架及钢质或钢筋混凝土护筒接头用的铁件、硫磺胶泥等埋设时用的材料、设备消耗,使用定额时,不得另行计算。

(6)浮箱工作平台定额中,每只浮箱的工作面积为$3\times6=18m^2$。

(7)使用成孔定额时,应根据施工组织设计的需要合理选用定额子目,当不采用泥浆船的方式进行水中灌注桩施工时,除按90kW以内内燃拖轮数量的一半保留拖轮和驳船的数量外,其余拖轮和驳船的消耗应扣除。

(8)在河滩、水中采用筑岛方法施工时,应采用陆地上成孔定额计算。

(9)本定额系按一般黏土造浆进行编制的,如实际采用膨润土造浆时,其膨润土的用量可按定额中黏土用量乘系数进行计算。即:

$$Q = 0.095 \times V \times 1\,000 \tag{2-8}$$

式中:Q——膨润土的用量(kg);

V——黏土的用量(m^3)。

(10)当设计桩径与定额采用桩径不同时,可按表2-22系数调整:

表2-22

桩径(cm)	130	140	160	170	180	190	210	220	230	240
调整系数	0.94	0.97	0.70	0.79	0.89	0.95	0.93	0.94	0.96	0.98
计算基数	桩径150cm以内		桩径200cm以内				桩径250cm以内			

(11)工程量计算规则：

①灌注桩成孔工程量，按设计入土深度计算。定额中的孔深指护筒顶至桩底(设计标高)的深度。造孔定额中同一孔内的不同土质，不论其所在深度如何，均采用总孔深定额。

②人工挖孔的工程量，按护筒(护壁)外缘所包围的面积乘设计孔深计算。

③浇筑水下混凝土的工程量，按设计桩径横断面面积乘设计桩长计算，不得将扩孔因素计入工程量。

④灌注桩工作平台的工程量，按施工组织设计需要的面积计算。

⑤钢护筒的工程量，按护筒的设计质量计算。设计质量为加工后的成品质量，包括加劲肋及连接用法兰盘等全部钢材的质量。当设计提供不出钢护筒的质量时，可参考表 2-23 的质量进行计算，桩径不同时可按表 2-23 内插计算。

表 2-23

桩径(cm)	100	120	150	200	250	300	350
护筒单位质量(kg/m)	170.2	238.2	289.3	499.1	612.6	907.5	1 259.2

例 2-28 某桥的回旋钻机钻孔工程设计桩深 25m、直径 ϕ100cm，地层由上至下为黏土 6m、粒径 2～20mm 的砂砾 15m 以及松软的页岩。试确定该项目陆地钻孔预算定额，并按《预算定额》有关规定估算钢护筒(2m)的设计重量。

解：(1)该项目定额在《预算定额》“4-4-5”表。

(2)由灌注桩工程定额节说明 1 的钻孔土质分类方法可知，成孔土质层次为黏土 6m、砂砾 15m、软岩 25－6－15＝4m；孔深＜30m(参见节说明 11(1)之规定)。

(3)确定钻孔定额为(每 10m)：

①人工：(6×9.6＋15×14.3＋4×36)/25＝16.64 工日

②材料：

[102] (0.01×6＋0.01×15＋0.01×4)/25＝0.01m^3

[231] (0.2×6＋0.3×15＋1.0×4)/25＝0.39kg

[651] (0.1×6＋0.1×15＋0.1×4)/25＝0.1kg

[866] (18×6＋31×15＋27×4)/25＝27.3m^3

[911] (2.98×6＋5.96×15＋5.22×4)/25＝5.13m^3

③机械：

[1035] 0.03×(6＋15＋4)/25＝0.03 台班

[1378] 0.11×(6＋15＋4)/25＝0.11 台班

[1432] 0.1×(6＋15＋4)/25＝0.1 台班

[1600] (1.86×6＋3.06×15＋9.31×4)/25＝3.77 台班

[1624] 0.27×(6＋15＋4)/25＝0.27 台班

[1726] (0.03×6＋0.03×15＋0.11×4)/25＝0.04 台班

(4)估算钢护筒重量。根据节说明 11 有关工程量计算规则的规定，参考该说明提供的表，算得 2m 高的钢护筒重量＝170.2×2.0＝340.4kg。

五、砌 筑 工 程

(1)定额中的 M5、M7.5、M12.5 水泥砂浆为砌筑用砂浆，M10、M15 水泥砂浆为勾缝用砂浆。

(2)定额中已按砌体的总高度配置了脚手架，高度在 10m 以内的配踏步，高度大于 10m 的配井字架，并计入搭拆用工，其材料用量均以摊销方式计入定额中。

(3)浆砌混凝土预制块定额中，未包括预制块的预制，应按定额中括号内所列预制块数量，另按预制混凝土构件的有关定额计算。

(4)浆砌料石或混凝土预制块作镶面时，其内部应按填腹石定额计算。

(5)桥涵拱圈定额中，未包括拱盔和支架，需要时应按《预算定额》第九节“拱盔、支架工程”中有关定额另行计算。

(6)定额中均未包括垫层及拱背、台背填料和砂浆抹面，需要时应按《预算定额》第十一节“杂项工程”中有关定额另行计算。

(7)砌筑工程的工程量为砌体的实际体积，包括构成砌体的砂浆体积。

例 2-29 某石砌桥墩高 19m，用 M12.5 砂浆砌料石、镶面。试确定该项目的预算定额。

解：根据《预算定额》砌筑工程节说明 1，可知因采用 M12.5 砂浆砌筑，应对定额中的M7.5 砂浆进行抽换；另外按节说明 4，可知墩内部砌筑应按“填腹石”定额计算。为此，该项目应列两个子目来计算。

(1)料石砌筑、镶面定额

按《预算定额》“4-5-4”表查得定额(每 10m³)：

人工：[1]：21.9 工日

材料：[101] 0.01m³、[102] 0.009m³、[191] 0.01t、[653] 0.1kg、[655] 0.3kg、[832] 0.721t(已抽换)、[899] 2.24m³(已抽换)

机械：[1499] 1.29 台班

(2)桥墩填腹石定额

按《预算定额》“4-5-3”表查得定额(每 10m³)：

人工：[1] 16.9 工日

材料：[101] 0.01m³、[102] 0.009m³、[191] 0.01t、[653] 0.1 kg、[655] 0.3kg、[866] 7m³、[981] 10.5m³、[996] 7 元

机械：[1499] 0.9 台班、[1988] 5.3 元

抽换说明：由于镶面料石的砌筑砂浆采用 M12.5 取代原 M7.5，所以应进行抽换。

①由“4-5-4”表查得 M7.5 砂浆 2.00m³/10m³；[832] 0.559t、[899] 2.25m³。

②由“基本定额”的砂浆配比表(见表 2-24)查得：每配制 1m³M12.5 砂浆，需 32.5 级水泥 345kg、砂 1.07m³；而每砌筑 10m³ 料石需砌筑砂浆 2.0m³ 和勾缝砂浆 0.09m³，那么根据此比例得出如下抽换计算见③。

③抽换：

[832] 2.0×345+0.09×345=0.721t

[899] 1.07×2.0+1.07×0.09=2.24m³

砂浆配合比表

表 2-24

单位：1m³ 砂浆及水泥浆

顺序号	项目	单位	水泥砂浆									
			砂浆强度等级									
			M5	M7.5	M10	M12.5	M15	M20	M25	M30	M35	M40
			1	2	3	4	5	6	7	8	9	10
1	32.5 级水泥	kg	218	266	311	345	393	448	527	612	693	760
2	生石灰	kg	—	—	—	—	—	—	—	—	—	—
3	中(粗)砂	m³	1.12	1.09	1.07	1.07	1.07	1.06	1.02	0.99	0.98	0.95

顺序号	项目	单位	水泥砂浆				混合砂浆				石灰砂浆	水泥浆
			砂浆强度等级									
			1∶1	1∶2	1∶2.5	1∶3	M2.5	M5	M7.5	M10	M1	
			11	12	13	14	15	16	17	18	19	20
1	32.5 级水泥	kg	780	553	472	403	165	210	253	290	—	1348
2	生石灰	kg	—	—	—	—	127	94	61	29	207	—
3	中(粗)砂	m³	0.67	0.95	1.01	1.04	1.04	1.04	1.04	1.04	1.1	—

注：表列用量已包括场内运输及操作损耗。

六、现浇混凝土及钢筋混凝土

(1)定额中未包括现浇混凝土及钢筋混凝土上部构造所需的拱盔、支架，需要时按有关定额另行计算。

(2)定额中片石混凝土中片石含量均按 15%计算。

(3)有底模承台适用于高桩承台施工。

(4)使用套箱围堰浇筑承台混凝土时，应采用无底模承台的定额。

(5)定额中均未包括扒杆、提升模架、拐脚门架、悬浇挂篮、移动模架等金属设备，需要时，应按有关定额另行计算。

(6)桥面铺装定额中，橡胶沥青混凝土仅适用于钢桥桥面铺装。

(7)墩台高度为基础顶、承台顶或系梁底到盖梁顶、墩台帽顶或 0 号块件底的高度。

(8)索台高度为基础顶、承台顶或系梁底到索塔顶的高度。当塔墩固结时，工程量为基础顶面或承台顶面以上至塔顶的全部数量；当塔墩分离时，工程量应为桥面顶部以上至塔顶的数量，桥面顶部以下部分的数量应按墩台定额计算。

(9)斜拉索锚固套筒定额中，已综合加劲钢板和钢筋的数量，其工程量以混凝土箱梁中锚固套筒钢管的质量计算。

(10)斜拉索钢锚箱的工程量为钢锚箱钢板、剪力钉、定位件的质量之和，不包括钢管和型钢的质量。

(11)各种结构的模板接触面积如表 2-25 所列。

表 2-25

项目		基础				支撑梁	承台		轻型墩台身		
		轻型墩台		实体式墩台					钢筋混凝土墩台	混凝土墩台	
		跨径(m)		上部构造形式			有底模	无底模		跨径(m)	
		4 以内	8 以内	梁板式	拱式					4 以内	8 以内
模板接触面积($m^2/10m^3$ 混凝土)	内模	—	—	—	—	—	—	—	—	—	—
	外模	28.36	20.24	10.50	6.69	100.10	12.12	6.21	51.02	38.26	29.94
	合计	28.36	20.24	10.50	6.69	100.10	12.12	6.21	51.02	38.26	29.94

项目		实体式墩台身				圆柱式墩台身		方柱式墩台身			框架式桥台
		梁板桥		拱桥							
		高度(m)		墩	台	高度(m)					
		10 以内	20 以内			10 以内	20 以内	10 以内	20 以内	40 以内	
模板接触面积($m^2/10m^3$ 混凝土)	内模	—	—	—	—	—	—	—	—	—	—
	外模	24.75	15.99	11.90	15.60	40.56	36.15	30.00	27.87	23.61	37.45
	合计	24.75	15.99	11.90	15.60	40.56	36.15	30.00	27.87	23.61	37.45

项目		肋形埋置式桥台		空心墩					Y 形墩		薄壁墩
		高度(m)									
		8 以内	14 以内	20 以内	40 以内	70 以内	100 以内	100 以上	10 以内	20 以内	10 以内
模板接触面积($m^2/10m^3$ 混凝土)	内模	—	—	15.94	14.80	12.92	12.36	10.04	—	—	—
	外模	36.67	34.29	20.21	19.73	17.72	17.09	16.42	16.38	13.47	25.09
	合计	36.67	34.29	36.15	34.53	30.64	29.45	26.46	16.38	13.47	25.09

项目		薄壁墩		支座垫石		墩台帽	拱座	盖梁	系梁		耳背墙
		高度(m)		盆式支座	板式支座				地面以下	地面以上	
		20 以内	40 以内								
模板接触面积($m^2/10m^3$ 混凝土)	内模	—	—	—	—	—	—	—	—	—	—
	外模	17.82	11.55	51.65	66.38	32.25	19.74	32.19	25	28.33	89.64
	合计	17.82	11.55	51.65	66.38	32.25	19.74	32.19	25	28.33	89.64

项目		墩梁固结现浇段	索塔立柱					索塔横梁		现浇 T 形梁	现浇箱梁
			高度(m)					下横梁	中、上横梁		
			50 以内	100 以内	150 以内	200 以内	250 以内				
模板接触面积($m^2/10m^3$ 混凝土)	内模	49.37	7.11	6.74	6.48	5.71	5.70	11.88	15.21	—	18.41
	外模	12.34	16.58	15.72	15.13	13.33	13.29	10.18	16.68	66.93	22.50
	合计	61.71	23.69	22.46	21.61	19.04	18.99	22.06	31.89	66.93	40.91

续上表

项　目		现浇箱涵			现浇板上部构造			悬浇箱梁			
		2.0×1.5～4.0×3.0	6.0×3.5～7.0×4.2	(3.0+7.0+3.0)×4.2	矩形板	实体连续板	空心连续板	T形刚构等		连续刚构	
								0号块	悬浇段	0号块	悬浇段
模板接触面积 ($m^2/10m^3$ 混凝土)	内模	19.45	11.38	9.36	—	—	9.24	17.05	20.94	11.09	12.71
	外模	23.77	13.91	11.44	43.18	24.26	34.42	13.95	25.59	8.72	15.53
	合计	43.22	25.29	20.80	43.18	24.26	43.66	31.00	46.53	19.81	28.24

例 2-30　某桥下部构造为高桩承台、上部构造为钢桁架。试确定用起重机配吊斗施工的高桩承台预算定额和行车道铺装的预算定额。

解：(1)高桩承台预算定额的确定

由"现浇混凝土及钢筋混凝土"的节说明 3 可知，高桩承台混凝土定额应按"4-6-1"表中的有底模栏确定。定额编号为 4-6-1/6、13 栏。

(2)行车道铺装的基价

由于本例未直接说明行车道铺装的种类，但根据节说明 6"橡胶沥青混凝土仅适用于钢桥桥面铺装"，故应选用定额表"4-6-13/8、11 栏"可查得橡胶沥青混凝土桥面铺装的：人工 1 44.5+11＝55.5 工日。

材料：748 223.8kg、851 0.539t、949 1.639t、961 8.97m^3、965 8.05m^3、111 1.025t、231 14.9kg、656 3.0kg。

机械：1076 0.08 台班、1077 0.18 台班、1726 2.86 台班。

(3)说明

本定额中未包括混凝土拌和的费用，应按有关规定另行计算。本定额的计价工程量按设计混凝土体积或钢筋重量进行计算。

七、预制、安装混凝土及钢筋混凝土构件

(1)预制钢筋混凝土上部构造中，矩形板、空心板、连续板、少筋微弯板、预应力桁架梁、顶推预应力连续梁、桁架拱、刚架拱均已包括底模板，其余系按配合底座(或台座)施工考虑。

(2)顶进立交箱涵、圆管涵的顶进靠背由于形式很多，宜根据不同的地形、地质情况设计，定额中未单独编列子目，需要时可根据施工图纸采用有关定额另行计算。

(3)顶进立交箱涵、圆管涵定额根据全部顶进的施工方法编制。顶进设备未包括在顶进定额中，应按顶进设备定额另行计算。"铁路线加固"定额除铁路线路的加固外，还包括临时信号灯、行车期间的线路维修和行车指挥等全部工作。

(4)预制立交箱涵、箱梁的内模、翼板的门式支架等工、料已包括在定额中。

(5)顶推预应力连续梁按多点顶推的施工工艺编制，顶推使用的滑道单独编列子目，其他滑块、拉杆、拉锚器及顶推用的机具、预制箱梁的工作平台均摊入顶推定额中。顶推用的导梁及工作平台底模顶升千斤顶以下的工程，本定额中未计入，应按有关定额另行计算。

(6)构件安装系指从架设孔起吊起至安装就位，整体化完成的全部施工工序。本节定额中除安装矩形板、空心板及连续板等项目的现浇混凝土可套用桥面铺装定额计算外，其他安装上部构造定额中均单独编列有现浇混凝土子目。

(7)本节定额中凡采用金属结构吊装设备和缆索吊装设备安装的项目，均未包括吊装设备的费用，应按有关定额另行计算。

(8)制作、张拉预应力钢筋、钢丝束定额，是按不同的锚头形式分别编制的，当每吨钢丝的束数或每吨钢筋的根数有变化时，可根据定额进行抽换。定额中的“XX锚”是指金属加工部件的质量，锚头所用其他材料已分别列入定额中有关材料或其他材料费内。定额中的束长为一次张拉的长度。

(9)预应力钢筋、钢丝束及钢绞线定额中均已计入预应力管道及压浆的消耗量，使用定额时不得另行计算。镦头锚的锚具质量可按设计数量进行调整。

(10)对于钢绞线不同型号的锚具，使用定额时可按表2-26规定计算：

表2-26

<table>
<tr><td>设计采用锚具型号(孔)</td><td>1</td><td>4</td><td>5</td><td>6</td><td>8</td><td>9</td><td>10</td><td>14</td><td>15</td><td>16</td><td>17</td><td>24</td></tr>
<tr><td>套用定额的锚具型号(孔)</td><td colspan="2">3</td><td colspan="4">7</td><td colspan="3">12</td><td colspan="2">19</td><td>22</td></tr>
</table>

(11)金属结构吊装设备定额是根据不同的安装方法划分子目的，如“单导梁”系指安装用的拐脚门架、蝴蝶架、导梁等全套设备。定额是以10t设备质量为单位，并列有参考质量。实际质量与定额数量不同时，可根据实际质量计算，但设备质量不包括列入材料部分的铁件、钢丝绳、鱼尾板、道钉及列入“小型机具使用费”内的滑车等。

(12)预制场用龙门架、悬浇箱梁用的墩顶拐脚门架，可套用高度9m以内的跨墩门架定额，但质量应根据实际计算。

(13)安装金属支座的工程量系指半成品钢板的质量(包括座板、齿板、垫板、辊轴等)。至于锚栓、梁上的钢筋网、铁件等均以材料数量综合在定额内。

(14)工程量计算规则：

①预制构件的工程量为构件的实际体积(不包括空心部分的体积)，但预应力构件的工程量为构件预制体积与构件端封锚混凝土的数量之和。预制空心板的空心板的空心堵头混凝土已综合在预制定额内，计算工程量时不应再计列这部分混凝土的数量。

②使用定额时，构件的预制数量应为安装定额中括号内所列的构件备制数量。

③安装的工程量为安装构件的体积。

④构件安装时的现浇混凝土的工程量为现浇混凝土和砂浆的数量之和。但如在安装定额中已计列砂浆消耗的项目，则在工程量中不应再计列砂浆的数量。

⑤预制、悬拼预应力箱梁临时支座的工程量为临时支座中混凝土及硫磺砂浆的体积之和。

⑥移动模架的质量包括托架(牛腿)、主梁、鼻梁、横梁、吊架、工作平台及爬梯的质量，不包括液压构件和内外模板(含模板支撑系统)的质量。

⑦预应力钢绞线、预应力精轧螺纹粗钢筋及配锥形(弗氏)锚的预应力钢丝的工程量为锚固长度与工作台长度的质量之和。

⑧配镦头锚的预应力钢丝的工程量为锚固长度的质量。

⑨先张钢绞线质量为设计图纸质量，定额中已包括钢绞线损耗及预制场构件间的工作长度及张拉工作长度。

⑩缆索吊装的索跨指两塔架间的距离。

(15)各种结构的模板接触面积如表2-27所列。

表2-27

项目		排架立柱	墩台管节	立交箱涵	钢筋混凝土板					钢筋混凝土T形梁	钢筋混凝土I形梁
					矩形板(跨径,m)		空心板	少筋微弯板	连续板		
					4以内	8以内					
模板接触面积($m^2/10m^3$混凝土)	内模	—	76.47	11.97	—	—	67.14	—	62.85	—	—
	外模	94.34	96.86	4.02	38.85	30.95	25.61	34.57	42.24	88.33	82.68
	合计	94.34	173.33	15.99	38.85	30.95	92.75	34.57	105.09	88.33	82.68

项目		预应力空心板	预应力混凝土T形梁	预应力混凝土I形梁	预应力组合箱梁				预应力箱梁		
					先张法		后张法		预制安装	预制悬拼	预制顶推
					主梁	空心板	主梁	空心板			
模板接触面积($m^2/10m^3$混凝土)	内模	55.76	—	—	71.89	87.61	49.54	74.62	34.64	26.81	22.90
	外模	48.24	73.72	65.43	48.66	44.17	46.07	39.55	30.11	22.74	24.60
	合计	104.00	73.72	65.43	120.55	131.78	95.61	114.17	64.75	49.55	47.50

项目		预应力桁架梁		桁架拱			刚架拱			箱形拱	
		桁架	桥面板	桁拱片	横向联系	微弯板	刚拱片	横向联系	微弯板	拱圈	立柱盖梁
模板接触面积($m^2/10m^3$混凝土)	内模	—	—	—	—	—	—	—	—	64.76	—
	外模	78.86	117.89	81.58	170.41	61.36	60.12	110.99	68.07	97.14	48.95
	合计	78.86	117.89	81.58	170.41	61.36	60.12	110.99	68.07	161.9	48.95

例2-31 试确定某预制场的龙门架预算定额中其他材料费、设备摊销费、小型机具使用费、基价和参考重量。

解:根据《预算定额》第四章第七节说明12的规定,预制场用龙门架,可套用高度9m内的跨墩门架定额。

(1)龙门架的其他材料费、设备摊销费、小型机具使用费、基价定额

在"4-7-31/3"表中查得:996 39元、997 3 600元、1998 13.7元,1999 9 164元。

(2)龙门架的参考重量

根据《预算定额》第四章第七节说明,可知龙门架的计价工程量,应按施工组织设计确定的金属设备的重量计算,而不能直接套用《预算定额》603页所提供的表中的参考重量。其原因是该表提供的各种金属结构吊装设备的参考重量系根据已有统计资料分析计算的,随着桥梁施工技术和工艺水平以及钢材性能的提高,设备的重量可能会发生较大的变化,所以使用本定额时一般应按照设计的吊装设备的重量进行计算。当设计未提供且无法估计出吊装设备的重量时,可按本定额提供的参考重量进行计算。

八、构件运输

(1)本节的各种运输距离以10m、50m、1km为计算单位,不足第一个10m、50m、1km者,均按10m、50m、1km计;超过第一个定额运距单位时,其运距尾数不足一个增运定额单位的半数时不计,等于或超过半数时按一个定额运距单位计算。

如:运距为2.2km时,应按2km计算,即增运按两个0.5km计算;当运距为2.3km时,应按2.5km计算,即增运按三个0.5km计算。

(2)运输便道、轨道的铺设，栈桥码头、扒杆、龙门架、缆索的架设等，均未包括在定额内，应按有关章节定额另行计算。

(3)本节定额未单列构件出坑堆放的定额，如需出坑堆放，可按相应构件运输第一个运距单位定额计列。

(4)凡以手摇卷扬机和电动卷扬机配合运输的构件重载升坡时，第一个定额运距单位不增加人工及机械，每增加定额单位运距按表 2-28 规定乘换算系数。

①手推车运输每增运 10m 定额的人工，按下表 2-28a)乘换算系数：

表 2-28a)

坡度(%)	1 以内	5 以内	10 以内
系数	1.0	1.5	2.5

②垫滚子绞运每增运 10m 定额的人工和小型机具使用费，按下表 2-28b)乘换算系数：

表 2-28b)

坡度(%)	0.4 以内	0.7 以内	1.0 以内	1.5 以内	2.0 以内	2.5 以内
系数	1.0	1.1	1.3	1.9	2.5	3.0

③轻轨平车运输配电动卷扬机每增运 50m 定额的人工及电动卷扬机台班，按下表2-28c)乘换算系数：

表 2-28c)

坡度(%)	0.7 以内	1.0 以内	1.5 以内	2.0 以内	3.0 以内
系数	1.00	1.05	1.10	1.15	1.25

例 2-32 某桥梁工程以垫滚子绞运预制构件，每构件重量小于 3t，需构件出坑堆放，运输重载升坡 4%，运距 84m，试确定其预算定额。

解：(1)由《公路工程定额应用释义》中的本节条文说明可知：所谓出坑堆放，是指在预制场内设置的特定区域，将预制完成但无法立即安装的构件进行存储的操作。该预算定额表为“4-8-1”。

(2)由“构件运输”定额节说明 3 的规定，可按构件运输第一个运距单位定额计列；又根据该节说明 4 可知，本例应按 4%升坡，故人工应乘以 1.5 的换算系数；运距尾数计算按该节说明 1 的规定办理。

(3)定额值

按定额“4-8-1”表计算确定(每 $10m^3$ 构件)：

人工：[1] 2.6＋0.6×(70÷10)×1.5＝8.9 工日(式中 70 实为 74m 按 70m 计)

材料：[102] 0.096＋0.041×8＝$3.38m^3$　　[191] 0.002＋0.002×8＝$0.018m^3$

九、拱盔、支架工程

(1)桥梁拱盔、木支架及简单支架均按有效宽度 8.5m 计，钢支架按有效宽度 12.0m 计，如实际宽度与定额不同时可按比例换算。

(2)木结构制作按机械配合人工编制，配备的木工机械均已计入定额中。结构中的半圆木构件，用圆木对剖加工所需的工日及机械台班均已计入定额内。

(3)所有拱盔均包括底模板及工作台的材料，但不包括现浇混凝土的侧模板。

(4)桁构式拱盔安装、拆除用的人字扒杆、地锚移动用工及拱盔缆风设备工料已计入定额，但不包括扒杆制作的工、料，扒杆数量根据施工组织设计另行计算。

(5)桁构式支架定额中已包括了墩台两旁支撑排架及中间拼装、拆除用支撑架，支撑架已加计了拱矢高度并考虑了缆风设备。定额以孔为计量单位。

(6)木支架及轻型门式钢支架的帽梁和地梁已计入定额中，地梁以下的基础工程未计入定额中，如需要时，应按有关相应定额另行计算。

(7)简单支架定额适用于安装钢筋混凝土双曲拱桥拱肋及其他桥梁需增设的临时支架。稳定支架的缆风设施已计入本定额内。

(8)涵洞拱盔支架、板涵支架定额单位的不平投影面积为涵洞长度乘以净跨径。

(9)桥梁拱盔定额单位的立面积系指起拱线以上的弓形侧面积，其工程量按下式计算：$F=K\times(\text{净跨径})^2$，见表 2-29。

表 2-29

拱 矢 度	$\frac{1}{2}$	$\frac{1}{2.5}$	$\frac{1}{3}$	$\frac{1}{3.5}$	$\frac{1}{4}$	$\frac{1}{4.5}$	$\frac{1}{5}$	$\frac{1}{5.5}$
K	0.393	0.298	0.241	0.203	0.172	0.154	0.138	0.125
拱 矢 度	$\frac{1}{6}$	$\frac{1}{6.5}$	$\frac{1}{7}$	$\frac{1}{7.5}$	$\frac{1}{8}$	$\frac{1}{9}$	$\frac{1}{10}$	
K	0.113	0.104	0.096	0.090	0.084	0.076	0.067	

(10)桥梁支架定额单位的立面积为桥梁净跨径乘以高度，拱桥高度为起拱线以下至地面的高度，梁式桥高度为墩、台帽顶至地面的高度，这里的地面指支架地梁的底面。

(11)钢拱架的工程量为钢拱架及支座金属构件的质量之和，其设备摊销费按 4 个月计算，若实际使用期与定额不同时可予以调整。

(12)钢管支架定额指采用直径大于 30cm 的钢管作为立柱，在立柱上采用金属构件搭设水平支撑平台的支架，其中下部指立柱顶面以下部分，上部指立柱顶面以上部分。下部工程量按立柱质量计算，上部工程按支架水平投影面积计算。

(13)支架预压的工程量按支架上现浇混凝土的体积计算。

例 2-33 某桥拱盔宽度 18m，净跨径 30m、拱矢比 1/4，起拱线至地面高度 12m、全桥共 5 孔。试计算 2 孔的拱盔立面积、支架立面积和该桥的满堂式木拱盔人工、基价预算定额。

解：(1)拱盔立面积(2 孔)

按《预算定额》“拱盔、支架工程”节说明 9，拱盔立面工程量 $F=2\times K\times(\text{净跨})^2=2\times 0.172\times 30^2=2\times 154.8=309.6\text{m}^2$。

(2)支架立面积工程量(2 孔)

按“拱盔、支架工程”节说明 10，支架立面积工程量 $F=30\times 12\times 2=720\text{m}^2$。

(3)定额值

按“拱盔、支架工程”节说明 1 之规定，因拱盔宽度 18m>8.5m，应按比例换算定额值。

由目录查得本例定额在“4-9-2”表中，并算得定额值(每 $10m^2$ 立面积)：

人工：[1] 37.9×(18/8.5)=80.26 工日 m^3 [101] 0.954×18/8.5=2.02m^3

[102] 0.556×(18/8.5)=1.18m^3 [651] 35×18/8.5=74.11kg

[653] 0.9×18/8.5=1.91kg [1710] 0.83×18/8.5=1.76 台班

十、钢结构工程

(1)本节钢桁梁桥定额是按高强螺栓栓接、连孔拖拉架设法编制的，钢索吊桥的加劲桁拼装定额也是按高强螺栓栓接编制的，如采用其他方法施工，应另行计算。

(2)钢桁架桥中的钢桁梁，施工用的导梁钢桁和连接及加固杆件，钢索吊桥中的钢桁、钢纵横梁、悬吊系统构件、套筒及拉杆构件均为半成品，使用定额时应按半成品价格计算。

(3)主索锚碇除套筒及拉杆、承托板以外，其他项目如锚洞开挖、衬砌，护索罩的预制、安装、检查井的砌筑等，应按其他章节有关定额另计。

(4)钢索吊桥定额中已综合了缆索吊装设备及钢桁油漆项目，使用定额时不得另行计算。

(5)抗风缆结构安装定额中未包括锚碇部分，使用定额时应按有关相应定额另行计算。

(6)安装金属栏杆的工程量系指钢管的质量。至于栏杆座钢板、插销等均以材料数量综合在定额内。

(7)定额中成品构件单价构成：

工厂化生产，无需施工企业自行加工的产品为成品构件，以材料单价的形式进入定额。其材料单价为出厂价格+运输至施工场地的费用。

①平行钢丝拉索，吊杆、系杆、索股等以 t 为单位，以平行钢丝、钢丝绳或钢绞线质量计量，不包括锚头和 PE 或套管等防护料的质量，但锚头和 PE 或套管防护料的费用应含在成品单价中。

②钢绞线斜拉索的工程量以钢绞线的质量计算，其单价包括厂家现场编索和锚具费用。悬索桥锚固系统预应力环氧钢绞线单价中包括两端锚具费用。

③钢箱梁、索鞍、拱肋、钢纵横梁等以 t 为单位。钢箱梁和拱肋单价中包括工地现场焊接费用。

(8)施工电梯、施工塔式起重机未计入定额中。需要时根据施工组织设计另行计算其安拆及使用费。

(9)钢管拱桥定额中未计入钢塔架、扣塔、地锚、索道的费用，应根据施工组织设计套用《预算定额》第七节相关定额另行计算。

(10)悬索桥的主缆、吊索、索夹、检修道定额未包括涂装防护，应另行计算。

(11)本定额未含施工监控费用，需要时另行计算。

(12)本定额未含施工期间航道占用费，需要时另行计算

(13)工程量计算规则：

①定位钢支架质量为定位支架型钢、钢板、钢管质量之和，以 t 为单位计算。

②锚固拉杆质量为拉杆、连接器、螺母(包括锁紧和球面)、垫圈(包括锁紧和球面)质量之和，以 t 为单位计算。

③锚固体系环氧钢绞线质量以 t 为单位计算。本定额包括了钢绞线张拉的工作长度。

④塔顶门架质量为门架型钢质量，以 t 为单位计算。钢格栅以钢格栅和反力架质量之和计算，以 t 为单位。主索鞍质量包括承板、鞍体、安装板、挡块、槽盖、拉杆、隔板、锚梁、锌质填

块的质量，以 t 为单位计算。散索鞍质量包括底板、底座、承板、鞍体、压紧梁、隔板、拉杆、锌质填块的质量，以 t 为单位计算。主索鞍定额按索鞍顶推按 6 次计算，如顶推次数不同，则按人工每 10t·次 1.8 工日，顶推设备每 10t·次 0.18 台班进行增减。鞍罩为钢结构，以套为单位计算，1 个主索鞍处为 1 套。鞍罩的防腐和抽湿系统费用需另行计算。

⑤索引系统长度为牵引系统所需的单侧长度，以 m 为单位计算。

⑥猫道系统长度为猫道系统的单侧长度，以 m 为单位计算。

⑦索夹质量包括索夹主体、螺母、螺杆、防水螺母、球面垫圈质量，以 t 为单位计算。

⑧缠丝以主缆长度扣除锚跨区、塔顶区、索夹处无需缠丝的主缆长度后的单侧长度，以 m 为单位计算。

⑨缆套包括套体、锚碇处连接件、标准镀锌紧固件质量，以 t 为单位计算。

⑩钢箱梁质量为钢箱梁(包括箱梁内横隔板)、桥面板(包括横肋)、横梁、钢锚箱质量之和。

⑪钢拱肋的工程量以设计质量计算，包括拱肋钢管、横撑、腹板、拱脚处外侧钢板、拱脚接头钢板及各种加劲块，不包括支座和钢拱肋内的混凝土的质量。

例 2-34 某钢桁梁桥，系采用高强螺栓栓接、连孔拖拉架设，金属栏杆钢管安装(重 25t、栏杆座钢板重 3t)，试确定该下承式、钢桁桥高强螺栓栓接、连孔拖拉架设全部内容的人工预算定额；以及安装金属栏杆的人工作业量和机械作业量。

解：(1)根据题意，本桥的连接、架设预算定额涉及“4-10-1”、“4-10-2”表(每 10t)，人工：[1] 66.7 +152.9+243.2=462.8 工日。

(2)安装金属栏杆人工和机械劳动量

根据本节定额节说明 6，安装金属栏杆的工程应为钢管总重(不应包括栏杆座钢板等重量)。

按《预算定额》“4-10-6”表查得定额并计算如下：

人工作业量：35.1×25÷10=87.75 工日

机械作业量：32kVA 以内交流电弧焊机 [1726] 0.35×25÷10=0.875 台班。

十一、杂 项 工 程

(1)杂项工程包括：平整场地、锥坡填土、拱上填料及台背排水、土牛(拱)胎、防水层、基础垫层、水泥砂浆勾缝及抹面、伸缩缝及泄水管、混凝土构件蒸汽养生、预制构件底座、先张法预应力张拉台座、混凝土搅拌站、混凝土搅拌船及混凝土运输、钢桁架栈桥式码头、冷却管、施工电梯、塔吊安拆、拆除旧建筑物等项目，本节定额适用于桥涵及其他构造物工程。

(2)大型预制构件底座定额分为平面底座和曲面底座两项。

平面底座定额适用于 T 形梁、I 形梁、等截面箱梁，每根梁底座面积的工程量按下式计算：

$$\text{底座面积} = (\text{梁长} + 2.00\text{m}) \times (\text{梁宽} + 1.00\text{m}) \tag{2-9}$$

平面底座的梁宽指预制梁的顶面宽度。

曲面底座定额适用于梁底为曲面的箱形梁(如 T 形钢构等)，每块梁底座的工程量按下式计算：

$$\text{底座面积} = \text{构件下弧长} \times \text{底座实际修建宽度} \tag{2-10}$$

(3)模数式伸缩缝预留槽钢纤维混凝土中钢纤维的含量按水泥用量的 1%计算，如设计钢纤维含量与定额不同时，可按设计用量抽换定额中钢纤维的消耗。

(4)蒸汽养生室面积按有效面积计算，其工程量按每一养生室安置两片梁，其梁间距离为0.8m，并按长度每端增加1.5m，宽度每边增加1.0m考虑。定额中已将其附属工程及设备，按摊销量计入定额中，编制预算时不得另行计算。

(5)混凝土搅拌站的材料，均已按桥次摊销列入定额中。

(6)钢桁架栈桥式码头定额适用于大型预制构件装船。码头上部为万能杆件及各类型钢加工的半成品和钢轨等，均已按摊销费计入定额中。

(7)施工塔式起重机和施工电梯所需安拆数量和使用时间按施工组织设计的进度安排进行计算。

例 2-35 某桥预制构件场预制T梁的梁长19.96m、梁肋底宽0.18m、翼板宽1.60m、共12个底座。试计算预制T梁的底座所需水泥用量和养生12片梁所需的蒸汽养生室工程量及其所需人工、原木、锯材、水泥和砖的用量。

解：(1)预制T梁的底座所需水泥量

由定额“杂项工程”节说明2可知，每个底座面积＝(梁长＋2.00m)×(梁底宽＋1.00m)＝(19.96＋2.00)×(0.18＋1.00)＝25.91m^2，底座总面积＝25.91×12＝310.95m^2。

由《预算定额》“4-11-9”表查得定额，按底座工程量计算水泥用量。

32.5级水泥：0.836×310.95÷10＝25.99t。

(2)蒸汽养生室面积(工程量)

由节说明4可知：

每个养生室面积＝19.96＋2×1.5＋2×1.6＋0.8＋2×1.0＝28.96m^2

养生室总工程量＝12÷2×28.96＝173.76m^2

根据“4-11-8”表查得蒸汽养生室建筑的定额并按工程量计算。

人工：51.6×173.76/10＝896.6工日　原木：0.007×173.76÷10＝0.122m^3

锯材：0.141×173.76÷10＝2.450m^3　水泥：0.554×173.76/10＝9.63t

青砖：2.16×173.76/10＝37.53千块

第七节　防护工程预算定额的说明及应用示例

(1)本定额中未列出的其他结构形式的砌石防护工程，需要时按“桥涵工程”项目的有关定额计算。

(2)本定额中除注明者外，均不包括挖基，基础垫层的工程内容，需要时按“桥涵工程”项目的有关定额计算。

(3)本定额中除注明者外，均已包括按设计要求需要设置的伸缩缝、沉降缝的费用。

(4)本定额中除注明者外，均已包括水泥混凝土的拌和费用。

(5)植草护坡定额中均已综合考虑黏结剂、保水剂、营养土、肥料、覆盖薄膜等的费用，使用定额时不得另行计算。

(6)现浇拱形骨架护坡可参考本章定额中的现浇框格(架)式护坡进行计算。

(7)预应力锚索护坡定额中的脚手架系按钢管脚手架编制的，脚手架宽度按2.5m考虑。

(8)工程量计算规则：

①铺草皮工程量按所铺边坡的坡面面积计算。

②护坡定额中以 100m² 或 1000m² 为计量单位的子目的工程量，按设计需要防护的边坡坡面面积计算。

③木笼、竹笼、铁丝笼填石护坡的工程量按填石体积计算。

④本章定额砌筑工程的工程量为砌体的实际体积，包括构成砌体的砂浆体积。

⑤本章定额预制混凝土构件的工程量为预制构件的实际体积，不包括预制构件中空心部分的体积。

⑥预应力锚索的工程量为锚索（钢绞线）长度与工作长度的质量之和。

⑦抗滑桩挖孔工程量按护壁外缘所包围的面积乘设计孔深计算。

例 2-36 某浆砌片石挡土墙工程，试确定该工程的砌石基础和填片石垫层的人工、材料的预算定额，

解：(1)浆砌片石基础定额

按《预算定额》的"5-1-15"表查得每 10m³ 实体消耗：

人工：[1] 8.0 工日

材料：[832] 0.763 m³、[866] 7m³、[899] 3.92m³、[911] 0.03m³、[931] 11.5m³

(2)填片石垫层定额

根据防护工程说明 2，填片石垫层定额可采用《桥涵工程》有关定额。该挡土墙基础垫层定额，采用"4-11-5 基础垫层"定额，则每 10m³ 消耗：

人工：[1] 8.6 工日

材料：片石[931] 12.5m³

例 2-37 试确定下列工程的预算定额。

(1)浆砌片石护坡；

(2)浆砌片石锥坡；

(3)浆砌片石边沟、截水沟、急流槽；

(4)开挖浆砌片石挡土墙基础。

解：(1)浆砌片石护坡，是《预算定额》第五章防护工程的内容，是指路基边坡或护坡的砌筑，可查《预算定额》"5-1-10 石砌护坡"。

(2)浆砌片石锥坡，是桥台的防护工程，是《预算定额》第四章桥涵工程的内容，需查《预算定额》"4-5-2 浆砌片石"。

(3)浆砌片石边沟、截水沟、急流槽从表面上看是属于道路防护的构造物，但其工程定额应查《预算定额》第一章路基排水工程中"1-2-3 石砌边沟、排(截)水沟、急流槽"。

(4)开挖浆砌片石挡土墙基础，从本章说明中知道，浆砌挡土墙定额在《预算定额》第五章防护工程，可查《预算定额》"5-1-15"，而其基础开挖定额是在《预算定额》第四章"开挖基坑"中。

第八节　交通工程及沿线设施预算定额的说明及应用示例

(1)本定额包括交通安全设施、服务设施和管理设施等项目。

(2)本定额中只列工程所需的主要材料用量，对次要、零星材料和小型施工机具均未一一列出，分别列入"其他材料费"和"小型机具使用费"内，以元计，编制预算即按此计算。

(3)本定额中均已包括混凝土的拌和费用。

(4)本如有未包括的项目,可参照相关行业定额。

一、安 全 设 施

本定额包括柱式护栏,墙式护栏,波形钢板护栏,隔离栅,中间带,车道分离块,标志牌,轮廓标,路面标线,机械铺筑拦水带,里程碑、百米桩、界碑,公共汽车停靠站防雨篷等项目。

(1)定额中波形钢板、型钢立柱、钢管立柱、镀锌钢管、护栏、钢板网、钢板标志、铝合金板标志、柱式轮廓标、钢管防撞立柱、镀锌钢管栏杆、预埋钢管等均为成品,编制预算时按成品价格计算。其中标志牌单价中不含反光膜的费用。

(2)水泥混凝土构件的预制、安装定额中均包括了混凝土及构件运输的工程内容,使用定额时,不得另行计算。

(3)工程量计算规则:

①钢筋混凝土防撞护栏中铸铁柱与钢管栏杆按柱与栏杆的总质量计算,预埋螺栓、螺母及垫圈等附件已综合在定额内,使用定额时,不得另行计算。

②波形钢板护栏中钢管柱、型钢柱按柱的成品质量计算;波形钢板按波形钢板、端头板(包括端部稳定的锚碇板、夹具、挡板)与撑架的总质量计算,柱帽、固定螺栓、连接螺栓、钢丝绳、螺母及垫圈等附件已综合在定额内,使用定额时,不得另行计算。

③隔离栅中钢管柱按钢管与网框型钢的总质量计算,型钢立柱按柱与斜撑的总质量计算,钢管柱定额中已综合了螺栓、螺母、垫圈及柱帽钢板的数量,型钢立柱定额中已综合了各种连接件及地锚钢筋的数量,使用定额时,不得另行计算。

钢板网面积按各网框外边缘所包括的净面积之和计算。

刺铁丝网按刺铁丝的总质量计算;铁丝编织网面积按网高(幅宽)乘以网长计算。

④中间带隔离墩上的钢管栏杆与防眩板分别按钢管与钢板的总质量计算。

⑤金属标志牌中立柱质量按立柱、横梁、法兰盘等的总质量计算;面板质量按面板、加固槽钢、抱箍、螺栓、滑块等的总质量计算。

⑥路面标线按画线的净面积计算。

⑦公共汽车停靠站防雨篷的长度按顺路方向防雨篷两端立柱中心间的长度计算;钢筋混凝土防雨篷的水泥混凝土体积按水泥混凝土垫层、基础、立柱及顶篷的体积之和计算,定额中已综合了浇筑立柱及篷顶混凝土所需的支架等,使用定额时,不得另行计算。

站台地坪按地坪铺砌的净面积计算,路缘石及地坪垫层已综合在定额中,使用定额时,不得另行计算。

例 2-38 某高速公路隔离栅工程,已知设计为型钢立柱上挂刺铁丝形式,总长(两侧)42km、高 2.0m,共用刺铁丝长度 324.2km,刺铁丝单位重 0.15kg/m。试确定该隔离栅的预算定额,并计算总工日。

解:根据《预算定额》节说明 3 工程量计算规则(3)的规定,“刺铁丝隔离栅工程量”按铁丝总质量计。本例刺铁丝总重量=342.2×1 000×0.15÷1 000=51.33t。

该项目的预算定额按《预算定额》表“6-1-3”确定,并计算所需总工日如下:

[655] 22.4×51.33=1 149.79kg [658] 1 020×51.33=52 356.6kg

总工日:108×51.33=5 543.6 工日

二、监控、收费系统

(1)本定额包括监控、收费系统中管理站、分中心、中心(计算机及网络设备,视频控制设备安装,附属配套设备),收费车道设备,外场管理设备(车辆检测设备安装、调试,环境检测设备安装、调试,信息显示设备安装、调试,视频监控与传输设备安装、调试),系统互联与调试、系统试运行,收费岛和人(手)孔等十二个项目。

(2)不包括以下工作内容:

①设备本身的功能性故障排除。

②制作缺件、配件。

③在特殊环境条件下的设备加固、防护。

④与计算机系统以外的外系统联试、校验或统调。

⑤设备基础和隐蔽管线施工。

⑥外场主干通信电缆和信号控制电缆的敷设施工及试运行。

⑦接地装置、避雷装置的制作与安装,安装调试设备必需的技术改造和修复施工。

(3)收费岛上涂刷反光标志漆和粘贴反光膜的数量,已综合收费岛混凝土定额中,使用定额时,均不得另行计算。

(4)防撞栏杆的预埋钢套管的数量已综合在定额中,使用定额时,不得另行计算。

(5)防撞栏杆的预埋钢套管及立柱填充水泥混凝土、立柱与预埋钢套管之间灌填水泥砂浆的数量,均已综合在定额中,使用定额时,不得另行计算。

(6)设备基础混凝土定额中综合了预埋钢筋、地脚螺母、底座法兰盘等的数量,使用定额时,不得另行计算。

(7)敷设电线钢套管定额中综合了螺栓、螺母、镀锌管接头、钢管用塑料护口、醇酸防锈漆、裸铜线、钢锯条、溶剂汽油等的数量,使用定额时,不得另行计算。

(8)如设计采用的人(手)孔混凝土强度等级和数量与定额不同时,可调整定额用量。

(9)工程量计算规则:

①设备安装定额单位除 LED 显示屏以 m^2 计、系统试运行以系统月计外,其余均以台或套计。

②计算机系统可靠性、稳定性运行按计算机系统 24h 连续计算确定的,超过要求时,其费用另行计算。

③收费岛混凝土工程量按岛身、收费亭基础、收费岛敷设穿线钢管水泥混凝土垫层、防撞柱水泥混凝土基础、配电箱水泥混凝土基础和控制箱水泥混凝土基础体积之和计算。

④收费岛钢筋工程量按收费岛、收费亭基础的钢筋数量之和计算。

⑤设备基础混凝土工程量按设备水泥混凝土基础体积计算。

⑥镀锌防撞护栏的工程量按镀锌防撞护栏的质量计算。

⑦钢管防撞柱的工程量按钢管防撞立柱的质量计算。

⑧配电箱基础预埋 PVC 管的工程量按 PVC 管长度计算。

⑨敷设电线钢套管的工程量按敷设电线钢套管质量计算。

例 2-39 试求某高速公路收费岛安装、调试视频监控与传输设备"CCD 彩色摄像机"的预算定额。需:收费亭 4 套、收费岛 3 套、收费广场 2 套。

解:根据题义查《预算定额》"6-2-8 表/1、2、3 栏":

[1] 5×4+8×3+15×2=74 工日 [240] 2×2.9=5.8kg

[242] 4.1×4+10.2×3+10.2×2=67.4 套

[996] 2×4+2.6×3+4.2×2=24.8 元 [1372] 1×2=2 台班

[1560] 0.25×2=0.5 台班 [1998] 13.8×4+26.6×3+70.7×2=276.4 元

三、通 信 系 统

(1)本定额适用于通信系统工程,内容包括光电传输设备安装,程控交换设备安装、调试,有线广播设备安装,会议专用设备安装,微波通信系统的安装、调试,无线通信系统的安装、调试,电源安装、通信管道敷设和包封等共二十三个项目。

(2)安装电缆走线架定额中,不包括通过沉降(伸缩)缝和要做特殊处理的内容,需要时按有关定额另行计算。

(3)布放电缆定额只适用于在电缆走道、槽道及机房内地槽中布放。

(4)2.5Gb/s 系统的 ADM 分插复用器,分插支路是按 8 个 155Mb/s(或 140 Mb/s)光口或电口考虑的,当支路数超过 8 个时,每增加 1 个 155Mb/s(或 140 Mb/s)支路增加 2 个工日。

(5)通信铁塔的安装是按在正常的气象条件下施工确定的,定额中不包括铁塔基础施工、预埋设及防雷接地工程等内容,需要时按有关定额另行计算。

(6)安装通信天线,不论有无操作平台均执行本定额;安装天线的高度均指天线底部距塔(杆)座的高度。

(7)通信管道定额中不包括管道过桥时的托架和管箱等工程内容,应按相关定额另行计算;挖管沟本定额也未包括,应按"路基工程"项目人工挖运方定额计算。

(8)硅芯管敷设定额中已综合标石的制作及埋放、人孔处的包封等,使用定额时,不得另行计算。

(9)镀锌钢管敷设定额中已综合接口处套管的切割、焊接、防锈处理等内容,使用定额时,不得另行计算。

(10)敷设管道和管道包封的工程量均按管道(不含桥梁)长度计算。

例 2-40 某高速公路,需敷设 4 孔镀锌钢管通信管道 50 000m,该管道需埋深 1m,沟宽 0.5m,试求:完成工程所需人工总数。

解:(1)根据题意定额本节说明 7 的规定,完成任务包括的人工有两部分,一是开挖和回填镀锌钢管沟槽的人工;二是敷设通信管道的人工。

(2)挖填土方量:0.5×1×50 000=25 000m^3。

(3)开挖和回填的人工数需查《预算定额》"人工挖运土 1-1-6"和"夯实填土 1-1-7 表"(按普通土):[1] 25 000/1 000×(181.1+151.8)=8 322.5 工日。

(4)敷设通信管道的人工需查《预算定额》"6-3-22 表"/9:[1] 117×50 000/1 000=5 850 工日。

(5)完成工程所需人工总数:8 322.5+5 850=14 172.5 工日。

四、供电、照明系统

(1)本节定额包括干式变压器安装,电力变压器干燥,杆上、埋地变压器安装,组合型成套箱式变电站安装,控制、继电、模拟及配电屏安装,电力系统调整试验,柴油发电机组及其附属设备安装,排气系统安装,其他配电设备安装,灯架安装,立灯杆,杆座安装,高杆灯具安装,照明灯具安装,标志、诱导装饰灯具安装,其他灯具安装等十六个项目。

(2)干式变压器如果带有保护外罩时,人工和机械乘以系数 1.2。

(3)变压器油是按设备自带考虑的,但施工中变压器油的过滤损耗及操作损耗已包括在定额中。变压器安装过程中放注油、油过滤所使用的油罐,已摊入油过滤定额中。

(4)高压成套配电柜中断路器安装定额系综合考虑的,不分容量大小,也不包括母线配制及设备干燥。

(5)组合型成套箱式变电站主要是指 10kV 以下的箱式变电站,一般布置形式为变压器在箱的中间,箱的一端为高压开关位置,另一端为低压开关位置。

(6)控制设备安装未包括支架的制作和安装,需要时可按相关定额另行计算。

(7)送配电设备系统调试包括系统内的电缆试验、瓷瓶耐压等全套调试工作。供电桥回路中的断路器、母线分段断路器皆作为独立的供电系统计算,定额皆按一个系统一侧配一台断路器考虑,若两侧皆有断路器时,则按两个系统计算。如果分配电箱内只有刀开关、熔断器等不含调试元件的供电回路,则不再作为调试系统计算。

(8)3~10kV 母线系统调试含一组电压互感器,1kV 以下母线系统调试定额不含电压互感器,适用于低压配电装置的各种母线(包括软母线)的调试。

(9)灯具安装定额是按灯具类型分别编制的,对于灯具本身及异型光源,定额已综合了安装费,但未包括其本身的价值,应另行计算。

(10)各种灯架元器具件的配线,均已综合考虑在定额内,使用时不作调整。

(11)本节定额已包括利用仪表测量绝缘及一般灯具的试亮等工作内容,使用定额时,不得另行计算,但不包括全负荷试运行。

(12)本节定额未包括电缆接头的制作及导线的焊压接线端子。

(13)各种灯柱穿线均套相应的配管配线定额。

(14)室内照明灯具的安装高度,投光灯、碘钨灯和混光灯定额是按 10m 以下编制的,其他照明灯具安装高度均按 5m 以下编制的。

(15)普通吸顶灯、荧光灯、嵌入式灯、标志灯等成套灯具安装是按灯具出厂时达到安装条件编制的,其他成套灯具安装所需配线,定额中均已包括。

(16)立灯杆定额中未包括防雷及接地装置。

(17)25m 以上高杆灯安装,未包括杆内电缆敷设。

例 2-41 试确定安装一组 120kW 柴油发电机组的定额。

解:(1)根据题意,安装 120kW 柴油发电机组的定额查《预算定额》6-4-7 表/3:

[1] 23.4 工日　　[1451] 0.17 台班　　[1998] 12.3 元

(2)本定额未包括安装 120kW 柴油发电机组所需底座的费用,若需要,应按设计图纸和有关定额另行计算。

五、光缆、电缆敷设

(1)本节定额包括:室内光缆穿放和连接、安装测试光缆终端盒、室外敷设管道光缆、光缆接续、光纤测试、塑料子管、穿放或布放电话线、敷设双绞线缆、跳线架和配线架安装、布放同轴电缆、敷设多芯电缆、安装线槽、开槽、电缆沟铺砂盖板、揭盖板、顶管、铜芯电缆敷设、热缩式电缆终端头或中间头制作安装、控制电缆头制作安装、桥架或支架安装等共十八个项目。

(2)本节定额均包括:准备工作、施工安全防护、搬运、开箱、检查、定位、安装、清理、接电源、接口正确性检查和调试、清理现场和办理交验手续等工作内容。

(3)本节定额不包括:设备本身的功能性故障排除,制作缺件、配件,在特殊环境下的设备加固、防护等工作内容。

(4)双绞线缆的敷设及跳线架和配线架的安装、打接定额消耗量是按五类非屏蔽布线系统编制的,高于五类的布线工程按定额人工工日消耗量增加10%、屏蔽系统增加20%计取。

(5)工程量计算规则:

①电缆敷设按单根延长米计算(如一个架上敷设3根各长100m的电缆,工程量应按300m计算,以此类推)。电缆附加及预留的长度是电缆敷设长度的组成部分,应计入电缆工程量之内。电缆进入建筑物预留长度按2m计算,电缆进入沟内或吊架预留长度按1.5m计算,电缆中间接头盒预留长度两端各按2m计算。

②电缆沟盖板揭、盖定额,按每揭、盖一次以延长米计算。如又揭又盖,则按两次计算。

③用于扩(改)建工程时,所用定额的人工工日乘以1.35系数;用于拆除工程时,所用定额的人工工日乘以0.25系数。施工单位为配合认证单位验收测试而发生的费用,按本定额验证测试子目的工日、仪器仪表台班总用量乘以0.30系数计取。

六、配管、配线及接地工程

(1)本节定额包括镀锌钢管、给水管道、钢管地埋敷设、钢管砖、混凝土结构、钢管钢结构支架配管、PVC阻燃塑料管、母线、母线槽、落地式控制箱、成套配电箱、接线箱、接线盒的安装、接地装置安装、避雷针及引下线安装、防雷装置安装、防雷接地装置测试等共十四个项目。

(2)镀锌钢管法兰连接定额中,管件是按成品、弯头两端是按短管焊法兰考虑的,包括了直管、管件、法兰等全部安装工序内容。

(3)接地装置是按变配电系统接地、车间接地和设备接地等工业设施接地编制的。定额中未包括接地电阻率高的土质换土和化学处理的土壤及由此发生的接地电阻测试等费用,需要时应另行计算。接地装置换填土执行电缆沟挖填土相应子目。

(4)定额中避雷针安装、避雷引下线的安装均已考虑了高空作业的因素。避雷针按成品件考虑。

(5)工程量计算规则:

①给水管道:室内外界线以建筑物外墙皮1.5m为界,入口处设阀门者以阀门为界;与市政管道界线以水表井为界,无水表井者,以与市政管道碰头点为界。

②配管的工程量计算不扣除管路中的接线箱(盒)、灯盒、开关盒所占的长度。

七、绿 化 工 程

(1)死苗补植在栽植子目中已包含,使用定额时不得更改。盆栽植物均按脱盆的规格套用相应的定额子目。

(2)苗木及地被植物的场内运输已在定额中综合考虑,使用定额时不得另行增加。

(3)本定额的工作内容中清理场地,是指工程完工后将树穴余泥杂物清除并归堆,若有余泥杂物需外运时,其费用另按土石方有关定额子目计算。

(4)栽植子目中均按土可用的情况进行编制,若需要换土,则按有关子目进行计算。

(5)当编制中央分隔带部分的绿化工程预算时,若中央分隔带内的填土没有计入该项工程预算,其填土可按路基土方有关定额子目计算,但应扣减树穴所占的体积。

(6)为了确保路基边坡的稳定而修建各种形式的网格植草或播种草籽等护坡,应并入防护工程内计算。

(7)测量放样均指在场地平整好,达到设计要求后进行的,场地平整费用另按场地平整定额子目计算。

(8)运苗木子目仅适用于自运苗木的运输。

(9)本定额适用于公路沿线及管理服务区的绿化和公路交叉处(互通立交、平交)的美化绿化工程。

(10)本定额中的胸径是指:距地坪 1.30m 高处的树干直径;株高是指:树顶端距地坪的高度;篱高是指:绿篱苗木顶端距地坪的高度。

例 2-42 试求算:挖沟栽植绿篱 3 000m 的全部工程人工预算定额。已知绿篱高 100cm,埋深 30cm,沟宽 50cm(挖普通土)。

解:(1)求挖沟工程量:3 000×0.3×0.5=450m³。

(2)挖沟的人工预算定额“6-7-1 表”/2:[1] 35×450/100=157.5 工日。

(3)栽植绿篱的人工预算定额“6-7-4 表”/4:[1] 11.5×3 000/100=345 工日。

(4)总计用工量:157.5+345=502.5 工日。

第九节 临时工程预算定额的说明及应用示例

(1)本定额包括汽车便道,临时便桥,临时码头,轨道铺设,架设输电、电信线路,人工夯打小圆木桩共六个项目。

(2)汽车便道按路基宽度为 7.0m 和 4.5m 分别编制,便道路面宽度按 6.0m 和 3.5m 分别编制,路基宽度 4.5m 的定额中已包括错车道的设置。汽车便道项目中未包括便道使用期内养护所需的工、料、机数量,如便道使用期内需要养护,编制预算时,可根据施工期按表 2-30 增加数量。

单位:公里·月　　　表 2-30

序号	项　目	单位	代号	汽车便道路基宽度(m)	
				7.0	4.5
1	人工	工日	1	3.0	2.0
2	天然级配	m^3	908	18.00	10.80
3	6~8t 光轮压路机	台班	1075	2.20	1.32

(3)临时汽车便桥按桥面净宽 4m、单孔跨径 21m 编制。

(4)重力式砌石码头定额中不包括拆除的工程内容，需要时可按“桥涵工程”项目的“拆除旧建筑物”定额另行计算。

(5)轨道铺设定额中轻轨(11kg/m，15kg/m)部分未考虑道渣，轨距为 75cm，枕距为 80cm，枕长为 1.2m；重轨(32kg/m)部分轨距为 1.435m，枕距为 80cm，枕长为 2.5m，岔枕长为 3.35m，并考虑了道渣铺筑。

(6)人工夯打小圆木桩的土质划分及桩入土深度的计算方法与打桩工程相同。圆木桩的体积，根据设计桩长和梢径(小头直径)，按木材材积表计算。

(7)本章定额中便桥，输电、电信线路的木料、电线的材料消耗均按一次使用量计列，编制预算时应按规定计算回收；其他各项定额分别不同情况，按其周转次数摊入材料数量。

例 2-43 某汽车便道工程，平原地形，路基宽 7.0m，路面宽 6.0m，使用期 36 个月，便道全长 4km，需养护。试列出该便道工程的预算定额及养护所需工、料、机数量。

解：(1)汽车便道定额

由《预算定额》表“7-1-1”查得汽车道便道定额为(每 1km)：

人工：[1] 43.3×4=173.2 工日

材料：无

机械：[1003] 10.42×4=41.68 台班　[1075] 0.94×4=3.76 台班

[1076] 0.71×4=2.84 台班　[1078] 2.79×4=11.16 台班

(2)汽车便道养护

由“临时工程”章说明 2 的规定，便道使用期养护用工、料、机应按该项的表(见预算定额 942 页)列定额值计算，并在预算中另立子目增列。每公里、月养护增加定额为：[1] 3.0 工日、[908] 18.00m^3、[1075] 2.20 台班。

根据便道长 4km，养护 36 个月以上养护增列定额值计算出养护所需工、料、机总量为：

人工：[1] =3.0×4×36=432 工日

材料：[908] =18.00×4×36=2 592m^2

机械：[1075] =2.20×4×36=316.8 台班

第十节　材料采集及加工预算定额的说明及应用示例

(1)材料计量单位标准，除有特别说明者外，土、黏土、砂、砂屑、碎(砾)石、碎(砾)石土、煤渣、矿渣均按堆方计算；片石、块石、大卵石均按码方计算；料石、盖板石均按实方计算。

(2)开炸路基石方的片(块)石如需利用时，应按本章捡清片(块)石项目计算。

(3)材料采集及加工定额中，已包括采、筛、洗、堆及加工等操作损耗在内。

例 2-44 某路线的桥涵工程所需片石由两种方法取得，一种是在采石场开采片石，一种是利用开炸路基石方时捡清片石。试列出这两种采集片石方法的预算定额。

解：(1)开采片石定额(机械开采)

由《预算定额》表“8-1-6”可查得定额(每 100m^3 码方)：

人工:[1] 39.2 工日

材料:[212] 2.1kg [213] 3 个[841] 20.4kg [842] 52m [845] 49 个

机械:[1842] 1.31 台班[1998] 54.9 元

(2)人工捡清片石定额

根据定额章说明 2,由《预算定额》表“8-1-6”查得(每 $100m^3$ 码方)定额:

人工:[1] 27.7 工日

第十一节 材料运输预算定额的说明及应用示例

(1)汽车运输项目中因路基不平、土路松软、泥泞、急弯、陡坡而增加的时间消耗,定额内已予考虑。

(2)人力装卸船舶可按人力挑抬运输、手推车运输相应项目定额计算。

(3)所有材料的运输及装卸定额中,均未包括堆、码方工日。

(4)本章定额中未列名称的材料,可按下列规定执行,其中不是以质量计量的应按单位质量进行换算。

①水按运输沥青、油料定额乘以 0.85 系数计算。

②与碎石运输定额相同的材料有:天然级配、石渣、风化石。

③定额中未列的其他材料,一律按水泥运输定额计算。

例 2-45 试列出下列预算定额:

(1)装载机装 15t 以内自卸汽车运输土,运距 9km。

(2)15t 以内自卸汽车运路基土方,运距 9km。

(3)15t 以内载货汽车运水,计量单位 100t。

(4)人力装卸船舶定额。

(5)指出上列(1)题与(2)题两定额的使用区别。

解:(1)装载机装 15t 以内自卸汽车运土,运距 9km 的预算定额,由定额表“9-1-6/VI”查得($100m^3$):

机械:[1388] 0.45+(9−1)×0.09=1.17 台班

(2)15t 以内自卸汽车运路基土方,运距 9km 的预算定额由定额表“1-1-11”/21、23 查得($1000m^3$ 天然密实土):

机械:[1388] 5.57+(9−1)÷0.5×0.64=15.81 台班

(3)15t 以内载货汽车运水的定额。由“材料运输”章说明 4,可知运水的定额按运输沥青、油料定额乘以 0.85 系数计。由预算定额“9-1-5/59、60”表查得(100t):

机械:[1378]第一个 1km 1.49 台班;每增运 1km 0.05 台班。

$$0.85\times(1.49+8\times0.05)=1.61\text{ 台班}$$

(4)人力装卸船舶定额

该定额直观上查不到,根据章说明 2,可知该定额可按人力挑抬运、手推车运输相应定额项目定额计算。即,按《预算定额》“9-1-1”表和“9-1-2”表的相应子目确定。

(5)本例的(1)与(2)两项定额,表面看来都是用同样工具运“土”,其实两者是有区别的:

①两定额的运输对象性质不同，前者是将土视为“材料”来运输，而后者是专指路基施工过程中而发生的“土”的运输。

②两定额计算结果所构成的费用类别不同。前者计算结果只能构成材料单价中的运费，而后者计算结果可构成工程项目的“直接费”。

③两者的运输条件(环境)也不相同。前者类似于社会运输性的自办运输，而后者则泛指工地现场作业。

第十二节　基本定额、材料周转及摊销定额的说明及应用示例

一、基 本 定 额

(一)基本定额及其分类

在《预算定额》中编有“基本定额”，它是公路工程预算定额的组成部分。基本定额，是指在合理的条件下，为生产单位数量半成品、中间产品所规定的各种资源(工、料、机、费用等)消耗量标准。如混凝土工作定额、模板工作定额等。

基本定额按其消耗资源对象的不同可分为劳动定额(人工、机械台班消耗定额)和材料消耗定额两大类。

基本定额的分类与组成如图 2-7 所示。

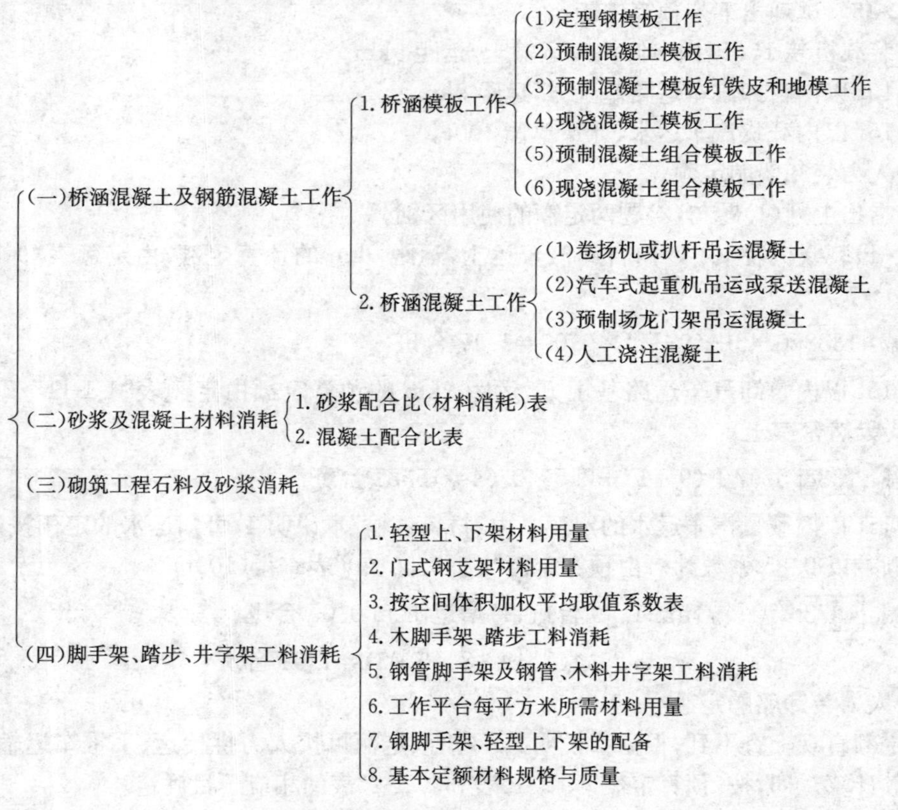

图 2-7　基本定额的组成

(二)基本定额的用途

"基本定额"的用途主要是：

(1)进行定额抽换。当定额需要抽换时，可利用基本定额表进行抽换计算。

(2)分析分项工程(工作)或半成品所需人工、材料、机械消耗量。当设计中出现定额表中查不到的个别分项工程、工作时，应根据其具体工程数量通过基本定额的有关表，分析计算所需工、料、机等数量。例如新型结构桥梁中的某混凝土构件在定额中查不到，此时即可通过基本定额来计算其所需人工、机械、材料数量；若需模板，尚应按"桥涵模板工作"来分析工、料。

现由《预算定额》附录二中摘录部分"基本定额"，如桥涵定型钢模板工作基本定额表2-31、砂浆及混凝土材料消耗基本定额砂浆配合比表 2-32 所示。

工程内容　钢模板安装、拆除、修理、涂脱模剂，材料、半成品 50m 内搬运、堆放。　　表 2-31

单位：10m² 模板接触面积

顺序号	项目	单位	现浇混凝土			预制混凝土			
			圆柱墩		I、T 形梁	少筋微弯板	I、T 形梁	顶推箱梁	圆管涵
			高度(m)						
			10 以内	20 以内					
			1	2	3	4	5	6	7
1	人工	工日	2.282	2.869	2.254	1.275	1.777	2.177	1.927
2	原木	m³	—	—	0.007	—	0.003	—	—
3	锯材	m³	0.005	0.005	0.009	—	0.004	0.003	—
4	光圆钢筋	kg	0.3	0.3	0.2	0.7	0.2	—	—
5	型钢	kg	19.7	19.7	—	—	—	2	—
6	钢管	kg	0.3	0.3	—	—	—	0.2	—
7	钢丝绳	kg	0.4	0.4	—	—	—	—	—
8	钢模板	kg	7.6	7.6	17	5.9	11.3	7.3	5.0
9	组合钢模板	kg	—	—	—	—	—	1.5	—
10	门式钢支架	kg	—	—	—	—	—	0.5	—
11	铁件	kg	5.3	5.3	2.2	—	1.5	1.2	—
12	其他材料费	元	3.25	3.25	1.44	0.6	1.44	1.92	0.6
	其中：硬塑料管	m	1.03	1.03	0.26	—	0.26	0.514	—
	脱模剂	元	0.6	0.6	0.6	0.6	0.6	0.6	0.6
	安全网	m²	0.188	0.188	—	—	—	—	—
	橡胶板	m²	—	—	0.0958	—	0.0958	—	—
13	小型机具使用费	元	—	—	—	—	—	0.13	—

注：1. 钢模板为半成品，因此定额中未包括制作用工及加工材料；

2. 钢模板数量已包括配件在内，接缝的橡胶板已计入其他材料费中；

3. 材料用量均已包括场内运输及操作损耗。

砂浆配合比表 表 2-32

单位：1m³ 砂浆及水泥浆

顺序号	项目	单位	水泥砂浆									
			砂浆强度等级									
			M5	M7.5	M10	M12.5	M15	M20	M25	M30	M35	M40
			1	2	3	4	5	6	7	8	9	10
1	32.5 级水泥	kg	218	266	311	345	393	448	527	612	693	760
2	生石灰	kg	—	—	—	—	—	—	—	—	—	—
3	中(粗)砂	m^3	1.12	1.09	1.07	1.07	1.07	1.06	1.02	0.99	0.98	0.95

顺序号	项目	单位	水泥砂浆				混合砂浆				石灰砂浆	水泥浆
			砂浆强度等级									
			1∶1	1∶2	1∶2.5	1∶3	M2.5	M5	M7.5	M10	M1	
			11	12	13	14	15	16	17	18	19	20
1	32.5 级水泥	kg	780	553	472	403	165	210	253	290	—	1348
2	生石灰	kg	—	—	—	—	127	94	61	29	207	—
3	中(粗)砂	m^3	0.67	0.95	1.01	1.04	1.04	1.04	1.04	1.04	1.1	—

注：表列用量已包括场内运输及操作损耗。

例 2-46 某浆砌块石拱圈工程，设计采用 M10 水泥砂浆砌筑。试问编制预算时是否需要抽换？怎样抽换？（取跨径 20m）

解：由预算定额的表“4-5-3”（见表 2-33）可知，该定额表所列为 M7.5 级水泥砂浆，与设计要求不符，故需要定额抽换。

4-5-3 浆砌块石 表 2-33

工程内容 1)选、修、洗石料；2)搭、拆脚手架、踏步或井字架；3)配、拌、运砂浆；4)砌筑；5)勾缝；6)养生。

单位：10m³

顺序号	项目	单位	代号	基础、护底、截水墙	护拱	实体式墩		实体式台、墙	
						高度(m)			
						10 以内	20 以内	10 以内	20 以内
				1	2	3	4	5	6
1	人工	工日	1	9.4	8.1	18.1	20.1	13.9	15.0
2	M5 水泥砂浆	m^3	65	—	(2.70)	—	—	—	—
3	M7.5 水泥砂浆	m^3	66	(2.70)	—	(2.70)	(2.70)	(2.70)	(2.70)
4	M10 水泥砂浆	m^3	67	—	—	(0.07)	(0.05)	(0.03)	(0.01)
5	原木	m^3	101	—	—	0.011	0.010	0.003	0.003
6	锯材	m^3	102	—	—	0.049	0.009	0.016	0.003
7	钢管	t	191	—	—	0.011	0.010	0.004	0.003
8	铁钉	kg	653	—	—	0.3	0.1	0.1	—
9	8～12 号铁丝	kg	655	—	—	1.8	0.3	0.6	0.1
10	32.5 级水泥	t	832	0.718	0.589	0.741	0.735	0.727	0.723

续上表

顺序号	项目	单位	代号	基础、护底、截水墙	护拱	实体式墩		实体式台、墙	
						高度(m)			
						10以内	20以内	10以内	20以内
				1	2	3	4	5	6
11	水	m^3	866	4	4	9	8	8	7
12	中(粗)砂	m^3	899	2.94	3.024	3.02	3.00	2.97	2.96
13	块石	m^3	981	10.50	10.50	10.50	10.50	10.50	10.50
14	其他材料费	元	996	1.2	1.2	5.6	7.0	2.8	3.1
15	30kN以内单筒慢动卷扬机	台班	1499	—	—	—	1.13	—	1.00
16	小型机具使用费	元	1998	5.3	5.3	5.6	5.6	5.6	5.3
17	基价	元	1999	1 770	1 669	2 370	2 494	2 051	2 163

顺序号	项目	单位	代号	轻型墩台、拱上横墙、墩上横墙	拱圈		锥坡、沟、槽、池	填腹石			
					跨径(m)			实体式墩		实体式台、墙	
								高度(m)			
					20以内	50以内		10以内	20以内	10以内	20以内
				7	8	9	10	11	12	13	14
1	人工	工日	1	18.8	19.3	21.1	16.2	15.2	16.9	12.4	13.7
2	M5水泥砂浆	m^3	65	—	—	—	(2.70)	—	—	(2.70)	(2.70)
3	M7.5水泥砂浆	m^3	66	(2.70)	(2.70)	(2.70)	—	(2.70)	(2.70)	—	—
4	M10水泥砂浆	m^3	67	(0.10)	(0.11)	(0.07)	(0.17)	—	—	—	—
5	原木	m^3	101	0.015	0.012	0.025	—	0.011	0.010	0.003	0.003
6	锯材	m^3	102	0.040	0.016	0.019	—	0.049	0.009	0.016	0.003
7	钢管	t	191	0.006	—	—	—	0.011	0.010	0.004	0.003
8	铁钉	kg	653	0.2	0.1	0.1	—	0.3	0.1	0.1	—
9	8~12号铁丝	kg	655	2.2	1.5	2.4	—	1.8	0.3	0.6	0.1
10	32.5级水泥	t	832	0.750	0.751	0.741	0.643	0.718	0.718	0.589	0.589
11	水	m^3	866	10	15	14	18	7	7	7	7
12	中(粗)砂	m^3	899	3.05	3.06	3.02	3.21	2.94	2.94	3.02	3.02
13	块石	m^3	981	10.50	10.50	10.50	10.50	10.50	10.50	10.50	10.50
14	其他材料费	元	996	4.2	4.5	4.5	1.2	5.6	7.0	2.8	3.1
15	30kN以内单筒慢动卷扬机	台班	1499	—	—	—	—	—	0.90	—	0.90
16	小型机具使用费	元	1998	5.6	5.6	5.6	5.9	5.3	5.3	5.3	5.3
17	基价	元	1999	2 375	2 328	2 435	2 104	2 214	2 306	1 936	2 051

抽换方法如下：

(1)由拱圈定额查得(见表2-33的第8栏)：

M7.5级砂浆：$2.7m^3/10m^3$

32.5级水泥共$0.751t/10m^3$

砂：$3.06m^3/10m^3$

(2)由基本定额查得(见前表2-32)：

M10砂浆的32.5级水泥定额：$311kg/m^3$

M10砂浆的砂定额：$1.07m^3/m^3$

(3)每$10m^3$拱圈砂浆材料定额

用M10砂浆时：

32.5级水泥：$2.7\times0.311+0.11\times0.311=0.874t/10m^3$

砂：$2.7\times1.07+0.11\times1.07=3.01m^3/10m^3$

(4)抽换值(即采用值)

32.5级水泥：$0.874t/10m^3$ （替换$0.751t/10m^3$）

砂：$3.01m^3/10m^3$ （替换$3.06m^3/10m^3$）

二、材料周转及摊销

在《公路工程预算定额》附录中编有“材料的周转及摊销”定额。它的用途主要是：

(1)规定各种周转性材料的周转、摊销次数。

(2)对达不到规定周转次数的材料定额进行抽换。

《公路工程预算定额》的总说明八指出：定额中的周转性材料、模板等的数量，已考虑了正常周转次数，计算在定额内，其中就地浇筑钢筋混凝土梁用的支架及拱圈用的拱盔、支架，如确因施工安排达不到规定周转次数时，可根据具体情况进行换算，并按规定计算回收，其余工程一般不予抽换。按此规定，对于达不到周转次数的周转性材料定额(即按实际周转次数确定的备料定额)，可按下式进行换算：

$$E' = E \cdot k \tag{2-11}$$

式中：E'——实际周转次数的周转性材料定额；

E——定额规定的周转性材料定额；

k——换算系数，$k=n/n'$；

n——定额规定的材料周转次数；

n'——实际的材料周转次数。

周转性材料的回收规定见《公路工程基本建设项目概算预算编制办法》。

材料的周转及摊销均按下式计算：

$$定额用量=\frac{图纸一次使用量\times(1+场内运输及操作损耗)}{周转次数(或摊销次数)} \tag{2-12}$$

各种工程材料周转及摊销次数规定如下：

1. 混凝土和钢筋混凝土构件、块件模板材料周转及摊销次数(表 2-34～表 2-37)

现浇混凝土的模板及支架、拱盔、隧道支撑 表 2-34

顺序号	材料名称	单位	工料机代号	空心墩及索塔钢模板	悬浇箱形梁钢模	悬浇箱形梁、T形梁、T形刚构、连续梁用木模板	其他混凝土的木模板及支架、拱盔、隧道开挖衬砌用木支撑等	水泥混凝土路面
				1	2	3	4	5
1	木料	次数	—	—	—	8	5	20
2	螺栓、拉杆	次数	—	12	12	12	8	20
3	铁件	次数	651	10	10	10	5	20
4	铁钉	次数	653	4	4	4	4	4
5	8～12 号铁丝	次数	655	1	1	1	1	1
6	钢模	次数	271	100	80	—	—	—

注:模板钉有铁皮者,木料周转次数应提高 50%。打入混凝土中不抽出的拉杆及预埋螺栓周转次数按 1 次计。

预制混凝土构件的木模板 表 2-35

顺序号	材料名称	单位	工料机代号	沉井、桁架梁、桁架拱、箱形拱、薄壳拱、箱涵、板拱、双曲拱肋	箱形梁、T形梁、I形梁	矩形板、连续板、空心板、微弯板、方桩、墩台管节、管桩、护筒、立柱	圆管涵、拱波、预制块、护栏杆、栏杆、人行道、里程碑及其他小型构件
				1	2	3	4
1	木料	次数	—	10	12	17	25
2	螺栓、拉杆	次数	—	20	20	20	25
3	铁件	次数	651	10	10	10	12
4	铁钉	次数	653	5	5	5	5
5	8～12 号铁丝	次数	655	1	1	1	1

注:预制构件模板钉有铁皮者,木料周转次数应提高 50%。

组合钢模板材料周转次数 表 2-36

顺序号	项目	代号	周转次数		预算定额材料名称	材料损耗(%)
			预制	现浇		
1	组合钢模板	272	60	40	组合钢模板	0
2	组合钢模板连接件	651	25	16	铁件	0
3	螺栓、拉杆	651	20	12	铁件	2
4	压楞型钢	182	80	60	型钢	6
5	木夹条	102	5	3 次或 1 墩次	锯材	15
6	木支撑、木橛	101	12	8	原木	5
7	扒钉、铁件	651	10	10	铁件	2
8	钢丝绳、钢筋杆	—	40	40	钢丝绳、光圆钢筋	2.5
9	大块木模锯材(包括木拉带)	102	12	8	锯材	15
10	大块木模用圆钉	653	5	4	铁件	2
11	硬塑料管	—	1	1	其他材料费	2.5
12	橡胶板	—	20	20	其他材料费	2.5
13	钢板	183	100	80	钢板	6

定型钢模板材料的周转次数　　表 2-37

顺序号	项目		周转次数		预算定额材料名称
			预制	现浇	
1	定型钢模	T形梁、I形梁、箱形梁	120	80	钢模板
2		少筋微弯板	150	—	
3		圆管涵	200	—	
4		圆柱墩	—	80	
5		拱波	300	—	

注:其他材料的周转次数同组合钢模板。

2. 脚手架、踏步、井字架、金属门式吊架、吊盘等摊销次数(表 2-38)

表 2-38

材料名称	原木、锯材	钢材(钢筋、钢板、型钢、钢管、扣件)	铁件	铁钉	8~12 号铁丝	钢丝绳
	1	2	3	4	5	6
摊销次数	20	80	20	2	1	40

注:使用 1 次算 1 次。

3. 临时轨道铺设材料摊销(表 2-39)

表 2-39

顺序号	材料名称	轻轨		重轨	
		使用次数	摊销率(%)	使用次数	摊销率(%)
		1	2	3	4
1	钢轨	12	8.3	16	6.3
2	鱼尾板	6	16.7	10	10
3	鱼尾螺丝	4	25	6	16.7
4	弹簧垫圈	—	—	4	25
5	道钉	3.5	28.6	3	33.3
6	枕木	3.5	28.6	3	33.3
7	防爬木撑	—	—	(3)	(33.3)
8	防爬用铁钉	—	—	(3)	(33.3)
9	防爬器	—	—	8	12.5

注:如轨道使用防爬器时,括号内材料均不需要。

4. 基础及打桩工程材料摊销次数(表 2-40)

表 2-40

顺序号	材料名称	单位	浮运沉井	钢围图下沉	打圆木桩	打钢筋混凝土方桩、管桩	打钢板桩	打砂桩	基坑挡土板	钢板桩木支撑	打桩、灌注桩工作平台	套箱	浮运船加固	围堰
			1	2	3	4	5	6	7	8	9	10	11	12
1	原木	基础次	—	—	3	—	3	—	3	4	—	8	10	2
2	锯材	基础次	5	5	—	—	4	—	5	4	5	5	10	2
3	螺栓	基础次	10	10	—	15	15	—	—	15	15	15	15	4
4	铁件	基础次	10	—	—	15	15	—	10	15	15	15	15	2
5	铁钉	基础次	2	—	—	—	—	—	—	4	4	4	4	—
6	8～12 号铁丝	基础次	1	—	—	—	—	—	—	—	1	—	—	1
7	桩(箍)帽	桩次	—	—	20	20	20	—	—	—	20	—	—	—
8	桩靴	桩次	—	—	—	—	—	—	—	—	—	—	—	—
9	桩垫	桩次	—	—	5	5	5	—	—	—	—	—	—	—
10	钢板桩	基础次	—	—	—	—	14	—	—	—	—	—	—	—
11	角钢、槽钢	基础次	—	6	—	—	14	—	—	—	20	80	5	—
12	钢管	桩次	—	—	—	—	—	25	—	—	14	—	—	—
13	钢丝绳	基础次	5	5	—	—	—	—	—	—	—	—	—	—
14	锚碇	基础次	2	2	—	—	—	—	—	—	—	—	—	—
15	钢轨	基础次	20	—	—	—	—	50	—	—	50	—	—	—
16	道钉	基础次	10	—	—	—	—	15	—	—	10	—	—	—
17	枕木	基础次	5	—	—	—	—	10	—	—	8	—	—	—
18	毛竹	基础次	—	—	—	—	—	—	—	—	—	—	—	1
19	钢套箱	基础次	—	—	—	—	—	—	—	—	—	10	—	—

注:1. 套箱底部结构用材料均按 1 基础次摊销;

2. 每完成一处桥台或桥墩基础为 1 基础次,每打一根桩为 1 桩次。

5. 灌注桩设备材料摊销(表 2-41)

表 2-41

顺序号	设备材料	钻架(座)		护筒(个)				出渣筒(个)	钻头(个)		
		木制	钢制	混凝土(挖孔桩)	钢护筒		钢筋混凝土		砂土、黏土	砂砾、砾石	卵石、软石、次坚石、坚石
					干处	水中					
		1	2	3	4	5	6	7	8	9	10
1	摊销单位	进米		桩次				进米	进米		
2	摊销数	1 000	3 000	1	10	1	固定的1,重复使用的2	1 000	700	500	400

顺序号	设备材料	钻杆(个)			钢丝绳(400m)	漏斗(个)		导管(套)		钢丝绳(600m)	
		砂土、黏土	砂砾、砾石	卵石、软石、次坚石、坚石		桩径(cm)					
						120 以下	120 以上	120 以下	120 以上	120 以下	120 以上
		11	12	13	14	15	16	17	18	19	20
1	摊销单位	进米				$10m^3$ 混凝土					
2	摊销数	3 000	1 500	1 000	800	100	130	100	130	900	1 300

注:1. 出渣槽、混凝土溜槽列入“小型临时设施”中;

2. 扒杆不摊入定额内,列入吊装设备内;

3. 护筒单列预算定额项目,不摊入造孔定额内;

4. 钻头进米数卷扬机带冲击锥冲孔乘 2.0 的系数;冲击钻机冲孔乘 4.0 的系数;回旋钻机及潜水钻机钻孔砂土、黏土、砂砾、砾石乘 4.0 的系数(笼式钻头),卵石、软石乘 14 的系数(牙轮钻头),次坚石、坚石乘 10 的系数(牙轮钻头);

5. 钢丝绳回旋钻进米数乘 2.0 的系数。

6. 吊装设备材料摊销次数

(1)木制的人字扒杆、三角扒杆、甩头扒杆、木托架、简易木龙门架、木导梁、木塔架等设备木料、铁件、螺栓、铁钉均为 3 桥次。

(2)钢制的扒杆、单导梁及拐脚门架、双导梁、跨墩门架、悬臂吊机及托架、悬浇挂篮、组合钢模板提升架、钢塔架等设备的木料、铁件、螺栓均为 4 桥次,铁钉、铁丝为 1 桥次,钢轨为 20 桥次,道钉、鱼尾板为 10 桥次,导梁支垫木、枕木为 5 桥次。

(3)塔架的圬工基础及地锚为 1 桥次,木地锚为 2 桥次。

(4)运梁平车拼装用的木料、铁件均为 4 桥次。

(5)箱涵、圆管涵顶推法施工用的前后大横梁,顶镐、拉镐的竖横顶铁,导轨等均为 5 座次。

(6)钢结构设备摊销费每 t 每月按 55 元计。

(7)钢丝绳摊销:承重工作绳为 3 桥次,缆风绳为 10 桥次,轨索扣索为 5 桥次,其他索道运输设备为 3 桥次。

(8)钢梁拖拉支垫木为 5 桥次,滑运木料、螺栓为 3 桥次,钢轨为 10 桥次,钢滚筒为 20 桥次,牵引导梁钢料折旧按钢结构设备摊销费计。

以上各项中，每架设完成一座桥为1桥次。

7.预制构件和块件的堆放、运输材料摊销次数

(1)堆放：木料为25次，钢丝绳为120次。

(2)运输：木料为30次，螺栓、夹板为40次，铁件为40次，钢丝绳为100次，钢管为300次。

次数计算：大型构件每件算1次。小型构件视运输工具装载量而定，一次能运载若干块者合并所运块数作为1次。

有关实际周转次数的备料数量以及实际周转次数的材料回收金额之计算方法，见后面有关章节的介绍。

例2-47 某2孔跨径20m石拱桥，制备1孔木拱盔(满堂式)，试确定其实际周转2次的材料预算定额。

解：由《预算定额》"4-9-2桥梁拱盔"表查得每10m² 立面积周转性材料定额E值为：原木0.471m³、锯材1.625m³、铁件41.8kg、铁钉1.1kg。

由《预算定额》附录三"材料周转及推销"定额查得拱盔的周转次数定额n为：木料5、铁件5、铁钉4。

实际周转次数为$n'=2$。

按式(2-11)计算周转性材料实际周转次数的定额E'：

[101] 原木：0.471×5/2=1.178m³

[102] 锯材：1.625×5/2=4.063m³

[651] 铁件：41.8×5/2=104.5kg

[653] 铁钉：1.1×4/2=2.2 kg

回收按《编制办法》计算(略)。

第三章 公路工程概算定额及其应用

现行的《公路工程概算定额》(JTG/T B06-01—2007)(以下简称《概算定额》)其内容有:路基工程、路面工程、隧道工程、涵洞工程、桥梁工程、交通工程及沿线设施、临时工程七章。

总说明共有23条。除第一、三、五条与《预算定额》的解释有一些区别外,其余条文的释义与预算定额的解释完全相同。它对于正确运用概算定额具有重要作用。

(1)总说明一,指出了本定额的类属、作用、适用范围。

①概算定额是全国公路专业统一定额。

②概算定额是编制初步设计概算的依据,也是编制建设项目投资估算指标的基础,还是控制项目投资的重要依据,在工程建设的投资管理中有重要作用。

③概算定额适用于公路基本建设新建、改建工程;对于公路的养护的大、中修工程,可以参考使用。

④概算定额是在预算定额的基础上,以主要工序为准,综合相关分项的扩大定额,全称是建筑安装工程概算定额。

⑤概算定额是编制初步设计概算时,计算和确定工程概算造价、计算劳动力、机械台班、材料需要量所使用的定额。

⑥概算定额是按主要分项工程规定的计量单位,综合了相关工序的劳动、材料和机械台班的消耗标准。它与预算定额一样都属于计价定额。不同的是在项目划分和综合扩大程度上的差异,以适用于不同设计阶段计价的需要。它的项目划分粗细应与初步设计的深度相适应。

(2)总说明三,指的是《概算定额》包括的内容,共分七章。其中特别指出如需使用材料采集加工、材料运输定额,可采用《预算定额》中的有关项目。

(3)总说明五,指出的是《概算定额》编制的依据。不同载重标准和不同桥宽均可使用本定额。

第一节 路基工程概算定额的说明及应用示例

《概算定额》章、节说明中,条目内容与《预算定额》的相应条目内容相同的这里不重复介绍了,下面仅就内容有区别的各条目进行解释或示例性的介绍。

一、路基土石方工程

1. 人工挖运土方

概算定额与预算定额的不同之处在于:将人工挖运的第一个基本运距单位由20m调整为40m,增运定额按人工挑抬和手推车运输两种施工方法进行了综合。

2. 挖掘机挖装土、石方

概算定额与预算定额的不同之处在于:将机械无法进行施工作业而必须由人工作业完成

的部分与机械作业部分进行了综合，使用本定额时应按机械施工路段的全部土、石方数量进行计算。

3. 推土机推土

概算定额与预算定额的不同之处在于：将机械无法进行施工作业而必须由人工作业完成的部分与机械作业部分进行了综合，使用本定额时应按机械施工路段的全部土方数量进行计算。同时概算定额将推土机推运的第一个基本运距单位由 20m 调整为 40m。

4. 铲运机铲运土方

概算定额与预算定额的不同之处在于：将机械无法进行施工作业而必须由人工作业完成的部分与机械作业部分进行了综合，使用本定额时应按机械施工路段的全部土方数量进行计算。同时概算定额将铲运机铲运的第一个基本运距单位由 100m 调整为 250m。

5. 人工开炸石方

概算定额与预算定额的不同之处在于：将人工挖运的第一个基本运距单位由 20m 调整为 40m，增运定额按人工挑抬和手推车运输两种施工方法进行了综合。

6. 机械打眼开炸石方

概算定额与预算定额的不同之处在于：将机械无法进行施工作业而必须由人工作业完成的部分与机械作业部分进行了综合，使用本定额时应按机械施工路段的全部石方数量进行计算。同时概算定额将清运定额的第一个基本运距单位由 20m 调整为 40m，人工增运定额按人工挑抬和手推车运输两种施工方法进行了综合。

7. 控制爆破石方

概算定额与预算定额的不同之处在于：将机械无法进行施工作业而必须由人工作业完成的部分与机械作业部分进行了综合，使用本定额时应按机械施工路段的全部石方数量进行计算。同时概算定额将清运定额的第一个基本运距单位由 20m 调整为 40m。

8. 抛坍爆破石方

概算定额与预算定额的不同之处在于：将不同的地面横坡进行了综合，同时将清运定额的第一个基本运距单位由 20m 调整为 40m。

9. 路基零星工程

路基零星工程是指在初步设计阶段因受设计深度的制约难以准确确定其工程数量的一些零星工程项目，包括整修路拱、整修路基边坡、挖土质台阶、挖截水沟、填前压实以及其他零星回填土方等。本定额中已根据公路工程施工统计资料计算的一般含量将这些零星工程进行了综合，使用定额时，不得因具体工程的含量不同而变更定额。

定额的计价工程量按设计路基长度进行计算。

二、路基排水工程

1. 石砌边沟、排水沟、截水沟、急流槽

概算定额与预算定额的不同之处在于：将挖基和垫层的消耗综合在定额中，而使用预算定额时是需要单独计算挖基和垫层费用的。

2. 混凝土边沟、排(截)水沟、急流槽

概算定额与预算定额的不同之处在于：

(1)边沟、排(截)水沟和急流槽，已将挖基和垫层的消耗综合在概算定额中，而使用预算定额时是需要单独计算挖基和垫层费用的。

(2)概算定额中已将预制与铺砌(或安装)进行了综合,而使用预算定额时是需要分别计算的。

(3)水沟盖板定额中还综合考虑了钢筋的消耗。

定额的计价工程量按设计混凝土圬工实体体积进行计算。

使用定额时应注意,水沟盖板定额中已按 $0.6t/10m^3$ 混凝土的钢筋含量进行了综合,如设计钢筋含量与定额不同时,可按设计数量抽换定额中的钢筋消耗量。

三、路基防护工程

1. 铺草皮、编篱及铁丝(木、竹)笼填石护坡

概算定额与预算定额的不同之处在于:

(1)铺草皮定额中已按不同的边坡高度进行了综合,使用定额时不再考虑边坡高度的影响。

(2)编篱填石护坡、木笼填石护坡和竹笼填石护坡均按不同的结构形式进行了综合,使用定额时不再考虑不同结构形式的影响。

铺草皮护坡和编篱填石护坡定额的计价工程量,按设计需要进行防护的路基边坡的坡面面积进行计算。

铁丝笼、木笼、竹笼填石护坡定额的计价工程量,按设计需要填石的体积进行计算。

2. 混凝土防护工程

概算定额与预算定额的不同之处在于:定额中已将预制与铺砌(码砌)进行了综合,混凝土菱形格预制块护坡定额中还综合了钢筋的消耗,而使用预算定额时需要分别计算的。

3. 砌石防护工程

概算定额与预算定额的不同之处在于:

(1)定额中已综合考虑了挖基和垫层的消耗,而使用预算定额时是需要单独计算挖基和垫层费用的。

(2)挡土墙定额中,已将砌筑片石以及基础和墙身进行了综合,使用定额时应按砌筑挡土墙的全部圬工体积进行计算。

(3)护面墙定额中,已按不同的墙体高度以及实体式和窗口式进行了综合,使用定额时不再考虑墙体高度和构造形式的影响。

(4)护岸墙定额中,除已综合考虑了砌筑片石、砌筑块石以及基础和墙身的因素外,还综合考虑了围堰及抽水等的消耗,使用定额时不应再计算围堰及抽水的费用。其计价工程量按设计护岸墙的圬工体积进行计算。

4. 现浇混凝土挡土墙

概算定额与预算定额的不同之处在于:将挖基、垫层和伸缩缝等的消耗已综合在了定额中,而使用预算定额时是需要单独计算挖基、垫层和伸缩缝费用的。

定额的计价工程量按设计挡土墙的混凝土体积、钢筋重量进行计算。

5. 加筋土挡土墙

概算定额与预算定额的不同之处在于:

(1)将挖基、垫层、墙背填料、伸缩缝和泄水管等的消耗已综合在了定额中,而使用预算定额时是需要单独计算挖基、垫层、墙背填料、伸缩缝和泄水管费用的。

(2)定额中已将预制构件的预制和安装、钢筋、拉筋带等进行了综合，使用预算定额时需要分别计算的。

(3)定额中还综合考虑了混凝土预制构件的运输费用。

(4)定额的计价工程量按设计挡土墙基础垫板、面板和檐板的混凝土体积之和进行计算。

6.现浇钢筋混凝土锚碇板式挡土墙

概算定额与预算定额的不同之处在于：

(1)将挖基、垫层、伸缩缝和泄水管等的消耗已综合在了定额中，而使用预算定额时是需要单独计算挖基、垫层、伸缩缝和泄水管费用的。

(2)定额中已将锚碇板的预制和安装、钢筋、拉杆等进行了综合，使用预算定额时是需要分别计算的。

(3)定额中还综合考虑了锚碇板的运输费用。

(4)定额的计价工程量按设计现浇挡土墙的混凝土体积进行计算，不包括锚碇板的混凝土体积。

7.预制、安装钢筋混凝土锚碇板式挡土墙

概算定额与预算定额的不同之处在于：

(1)定额中已将混凝土预制构件的预制和安装进行了综合，而使用预算定额时是需要分别计算的。

(2)定额中未考虑挖基、垫层、预制构件运输、伸缩缝和泄水管等的消耗，使用定额时应根据设计要求另行计算。

(3)定额的计价工程量按设计挡土墙的混凝土体积或钢筋重量、拉杆重量进行计算。

8.钢筋混凝土桩板式挡土墙

概算定额与预算定额的不同之处在于：

(1)现浇桩(柱)定额中已综合考虑了挖桩(柱)孔的消耗，同时将桩(柱)的地上与地下部分进行了综合，而使用预算定额时，是需要单独计算挖桩(柱)孔费用的，而且桩(柱)的地上与地下部分也是需要分别计算的。概算定额的计价工程量，按设计桩(柱)的混凝土体积进行计算。

(2)钢筋定额将桩(柱)钢筋与挡土板钢筋进行了综合，而使用预算定额时是需要分别计算的。本定额的计价工程量，按设计桩(柱)与挡土板的钢筋重量之和进行计算。

(3)定额中挡板的计价工程量，按设计挡板的混凝土体积进行计算。

9.锚杆挡土墙

概算定额与预算定额的不同之处在于：

(1)现浇基础混凝土定额中已综合考虑了挖基的消耗，而使用预算定额时是需要单独计算挖基费用的。

(2)本定额中现浇基础混凝土的计价工程量，按设计的混凝土体积进行计算；肋柱、墙面板的计价工程量，按设计混凝土体积、钢筋重量进行计算；钻孔及压浆的计价工程量，按设计锚杆长度进行计算；锚杆的计价工程量，按设计锚杆重量进行计算。

四、路基软基处理工程

1.利用石灰砂桩、振冲碎石桩、挤密砂桩处理软土地基

概算定额与预算定额的不同之处在于：

(1)石灰砂桩定额中已按不同的桩径进行了综合;挤密砂桩定额中已按不同的桩长进行了综合。

(2)石灰砂桩定额的计价工程量,按设计砂桩的长度与砂桩直径的乘积进行计算。

(3)振冲碎石桩定额的计价工程量,按设计碎石桩的长度进行计算。

(4)挤密砂桩定额的计价工程量,按设计砂桩的长度与砂桩直径的乘积进行计算。

2.利用粉体喷射搅拌桩、高压旋喷桩处理软土地基

概算定额与预算定额的不同之处在于:粉喷桩定额中已按不同的桩长进行了综合。粉体喷射搅拌桩、高压旋喷桩定额的计价工程量,按设计搅拌桩、旋喷桩的长度进行计算。

3.利用土工合成材料处理软土地基

概算定额与预算定额的不同之处在于:

(1)土工布定额中已按处理软土路基和处理淤泥进行了综合。

(2)定额的计价工程量,按设计需要处治的软土地基的面积进行计算。

例 3-1 某二级公路路基工程总长 25km,平原微丘区,其中包括人工挖土质台阶 5 000m^2、人工挖截水沟 600m^3、整修路基边坡 750m、填前压实 60 000m^2。试列出其人工、材料、机械概算定额并计算人工总劳动量。

解:根据《概算定额》章、节说明的规定,可知这些工程项目都属于"路基零星工程",编概算时不应单独列项(题示各单列工程量均不单独考虑)。现由概算定额 1-1-17 路基零星工程表查得人工定额为 543.3 工日/1km。则该工程项目所需人工总劳动量为:

人工:[1] 25×534.3=13 357.5 工日

材料:[211] 0.4kg;[841] 3.7kg;[842] 22kg;[845] 16 个;[864] 0.003t;[996] 0.5 元;

机械:[1057] 1.09 台班;[1076] 1.7 台班;[1078] 0.75 台班;[1094] 15.8 台班。

例 3-2 某软土路基砂垫层工程,已知厚度 0.8m,平均面积 3 000m^2,试按概算定额确定其人工、材料、机械台班的消耗。

解:(1)砂垫层的工程量为 0.8×3 000m^2=2 400m^3

(2)由《概算定额》表 1-4-8-1 软土地基垫层得:

人工:15.4×2 400/1 000=36.96 工日

砂:1 300×2 400/1 000=3 120m^3

75kW 以内履带式推土机:0.96×2 400/1 000=2.3 台班

6~8t 光轮压路机:1.25×2 400/1 000=3.0 台班

例 3-3 某路基工程,需 135kW 推土机清表土 6 000m^3,需挖芦苇根 80m^3,试确定其概算定额。

解:(1)根据题意,查其《概算定额》表为 1-1-1-6、8。

(2)135kW 推土机需消耗的定额为:

人工:0.4×6 000m^3/100m^3=24 工日

机械:[1006] 0.16×6 000/100=9.6 台班

(3)挖芦苇根,根据本表附注 1 的规定,"挖芦苇根按挖除竹根乘以 0.73 系数",故挖芦苇根定额为:

人工:3.4×0.7×80/10=19.4 工日

例 3-4　某人工挖运(硬土)5 000m^3，运距 80m，升坡 3%，试确定其概算定额。

解：(1)根据题意确定其定额表为 $1\text{-}1\text{-}2_{\backslash 4}^{/3}$。

(2)根据本表附注 3 的规定，除按水平距离计算运距外，还应按表中规定另加运距。

(3)运距 80m 升坡 3%时，高度差 $H=80\times3\%=2.4$m。

(4)因升坡而另加的运距为 15×2.4＝36m。

(5)故人工挖运土的总运距为 80＋36＝116m。按本定额每挖运 1 000m^3 天然密度硬土的定额为：

人工：$[284+\frac{12.8}{10}\times(116-40)]\times5\,000/1\,000=1\,906.4$ 工日

例 3-5　某农村三级道路，水泥混凝土路面，其路槽宽为 7.5m，零填方路段累计全长 5km，采用 75kW 履带式推土机整平土方，15t 振动压路机压实，试求其基底压实面积和施工机械台班概算定额。

解：(1)其基底压实面积为 7.5×5 000＝37 500m^2

(2)根据题意其概算定额表为 1-1-15(II)-31。

(3)根据本表附注 1、2 之说明，采用推土机平整土方，需要从推土机定额中扣除平地机的全部台班数量，同时该路面为水泥混凝土，基底压实采用二级公路定额。

(4)计算得：

75kW 推土机：$\boxed{1003}=(0.52-0.49)\times37.5=1.125$ 台班

6～8t 光轮压路机：$\boxed{1075}=0.31\times37.5=11.625$ 台班

15t 振动压路机：$\boxed{1088}=1.36\times37.5=51$ 台班。

例 3-6　某段公路路基土方采用借土填方为普土 96 000m^3(自然方)，取土场取土。拟采用 3 m^3 装载机配合推土机集土，自卸汽车运输 5km 施工，试按概算定额计算其工料机消耗。

解：(1)推土机消耗

由概算定额 1-1-7 备注说明 1 可知：装载机装土如需推土机推松集土时，其人工、推土机台班数量按推土机第一个 40m 定额乘 0.8 系数，故由概算定额 1-1-9-6 查得：

人工：15.5×0.8×960 000/1 000＝11 904 工日

135kW 以内履带式推土机：2.13×0.8×960 000/1 000＝1 635.84 台班

(2)装载机消耗

3m^3 以内轮胎式装载机：1.1×960 000/1 000＝1 056 台班

(3)自卸汽车消耗

由概算定额 1-1-7 备注说明 2 可知：3m^3 装载机需配合 12 吨自卸汽车运输，故由定额 1-1-8 查得：

12t 以内自卸汽车：(6.69＋0.89×8)×960 000/1 000＝13 257.6 台班

例 3-7　某二级公路在 K20＋560～K20＋890 段落设置砂石料盲沟，断面为 80×110cm，设计提供工程数量如下：砾石(4～6 cm)190.18 m^3、土工布 1 260m^2、黏土 93.65 m^3、挖土方 265 m^3，试计算其材料消耗。

解：据已知设计盲沟长度为 20.89－20.56＝330m

由概算定额 1-2-1 查得，涉及工程量与定额材料消耗不符，故对定额材料消耗进行调整如下：

土工布：1 260÷330/10×1.02=38.95m^2

黏土：93.65÷330/10×1.03=2.92 m^3

6cm 砾石：190.18÷330/10×1.02=5.88 m^3

因路基盲沟定额中已包含挖盲沟槽工序，挖土方工程量不得另计。

例 3-8 某段公路路基边沟排水采用 C20 混凝土预制块边沟盖板，共计 1 486.9 m^3，其中光圆钢筋为 13.39t，带肋钢筋为 102.59t，试计算其定额钢筋消耗。

解：由概算定额 1-2-3 备注说明可知：定额钢筋含量为 0.6t/10m^3，又由已知 10m^3 钢筋含量为：

光圆钢筋：13.39/148.69=0.09t

带肋钢筋：102.59/148.69=0.69t

合计：0.09+0.69=0.78t/10m^3

由此得设计钢筋含量与定额不符，故需抽换定额用量：

光圆钢筋：13.39/148.69×1.025(损耗)=0.092t

带肋钢筋：102.59/148.69×1.025(损耗)=0.707t

第二节 路面工程概算定额的说明及应用示例

一、路面基层及垫层

1. *厂拌基层稳定土混合料*

概算定额与预算定额的不同之处在于：

(1)将路面基层或底基层混合料的拌和与摊铺进行了综合，并按摊铺机铺筑混合料的施工方法进行考虑。

(2)本定额中混合料的拌和与摊铺的计价工程量，按设计路面基层或底基层的顶面面积进行计算，而混合料运输定额的计价工程量则是按设计路面基层或底基层混合料的压实体积进行计算。

(3)使用定额时应注意，若为底基层时应将基层定额中的 12～15t 光轮压路机的消耗扣减 0.18 台班进行计算，即将基层定额中 12～15t 光轮压路机的消耗调整为 1.12 台班/1000m^2。若设计采用的拌和设备的型号与定额不同时，应按本定额附录的规定对定额进行抽换。

2. *基层稳定土厂拌设备的安装、拆除*

概算定额与预算定额的不同之处在于：

(1)将路面基层或底基层混合料拌和站的场地平整、场地硬化处理以及拌和站范围内的临时便道的消耗已综合在定额中，使用定额时不应再另行计算。

(2)本定额的计价工程量，按施工组织设计确定的拌和设备的安装数量进行计算。

3. *泥灰结碎石基层*

概算定额与预算定额的不同之处在于：

(1)将路面基层或底基层的基本压实厚度由 8cm 调整为 10cm。

(2)本定额的计价工程量，按设计路面基层每层的顶面面积进行计算。

(3)使用定额时应注意，若为底基层时应将基层定额中的12～15t光轮压路机的消耗扣减为0.18台班计算，即将基层定额中12～15t光轮压路机的消耗调整为0.56台班/1 000m²。

二、路 面 面 层

1.泥结碎石路面、级配碎石路面、级配砾石路面

概算定额与预算定额的不同之处在于：

(1)将路面面层的基本压实厚度由8cm调整为10cm。

(2)本定额的计价工程量按设计路面面层、基层、底基层每层的顶面面积进行计算。

2.沥青贯入式路面

概算定额与预算定额的不同之处在于：

(1)将路面封层综合在了定额中，使用定额时不应再另行计算。

(2)本定额的计价工程量，按设计路面面层每层的顶面面积进行计算。

3.沥青混合料路面

概算定额与预算定额的不同之处在于：

(1)将路面沥青混合料的摊铺综合在了定额中，并按摊铺机摊铺的施工方法进行考虑，使用定额时不应再另行计算。

(2)本定额的计价工程量，按设计路面沥青混合料的压实体积进行计算。

4.沥青混合料拌和设备的安装、拆除

概算定额与预算定额的不同之处在于：

(1)将路面沥青混合料拌和站的场地平整、场地硬化处理以及拌和站范围内的临时便道的消耗已综合在定额中，使用定额时不应再另行计算。

(2)本定额的计价工程量，按施工组织设计确定的拌和设备的安装数量进行计算。

5.过水路面

过水路面是指在平时无水或水流很小的宽浅河流上修筑的、在洪水期间允许水流漫过的路面。可采用碎砾石结构或水泥混凝土铺筑，一般用于低等级公路。在路线跨越泥(水)石流沟槽时，也可采用过水路面作为普通的处治措施。

概算定额按水泥混凝土结构进行编制，定额中已综合考虑了平整、碾压河床、挖基、砌底层、边坡、护坦及截水墙制作和安装水标尺，铺筑水泥混凝土面层等的消耗，使用定额时不应再另行计算。

概算定额的计价工程量按设计过水路面的长度进行计算。使用定额时应注意，本定额系按双车道路面宽7.5m编制的，若设计为单车道时，定额应乘以0.8的系数；如设计为混合式过水路面时，其中的涵洞可按涵洞工程相关定额另行计算，过水路面工程量不扣除涵洞的宽度。

三、路面附属工程

(1)整修旧路面定额中，砂石路面均按整修厚度6.5cm计算，沥青表处面层按整修厚度2cm计算，沥青混凝土面层按整修厚度4cm计算，路面基层的整修厚度均按6.5cm计算。

(2)铺砌水泥混凝土预制块人行道、路缘石、沥青路面镶边和土硬路肩加固定额中，均已包

括水泥混凝土预制块的预制，使用定额时不得另行计算。

例 3-9 某人工铺料级配碎石路面宽 7m，长 5km，压实厚度 18cm，需分层拌和碾压，试确定其概算定额。

解：(1)摊铺碾压的工程量为 $7\times5\,000=35\,000\text{m}^2$

(2)根据题意，其项目概算定额表号为[2-2-2$\binom{1}{4}$]，并见该章说明 1 的规定。

(3)计算其人工、材料、机械台班数量：

人工：$\boxed{1}$ $(22.9+1.9\times8+3)\times35=1\,438.5$ 工日

材料：$\boxed{911}$ $(18.14+1.81\times8)\times35=1\,141.7\text{m}^3$

$\boxed{961}$ $(54.43+5.44\times8)\times35=3\,428.25\ \text{m}^3$

$\boxed{965}$ $(41.07+4.11\times8)\times35=2\,588.25\text{m}^3$

$\boxed{966}$ $(20.53+2.05\times8)\times35=1\,292.55\text{m}^3$

$\boxed{967}$ $(20.53+2.05\times8)\times35=1\,292.55\ \text{m}^3$

机械：$\boxed{1063}$ $0.28\times2\times35=19.6$ 台班

$\boxed{1075}$ $0.14\times2\times35=9.8$ 台班

$\boxed{1078}$ $1.48\times2\times35=103.6$ 台班

$\boxed{1405}$ $(0.24+0.02\times8)\times35=14$ 台班

例 3-10 某水泥稳定土基层，(施工工艺为路拌法稳定土拌和机拌和)。定额规定的配合比为(水泥：砂：土)10：83：7；基本压实厚度 15cm，本例设计配合比 9：85：6，设计厚度 13cm，求各种材料调整后的概算定额数量。

解：(1)根据题意确定本项目的概算定额表号为[2-1-2-II$\binom{19}{20}$]。

(2)按本节说明 2 的计算式：$C_i=[C_d+B_d\times(H-H_O)]\times\dfrac{L_i}{L_d}$

水泥、砂、土调整后的数量为：

32.5 级水泥：$C_1=[28.514+1.901\times(15-13)]\times\dfrac{9}{10}=29.08\text{t}$

砂：$C_2=[177.56+11.84\times(15-13)]\times\dfrac{85}{83}=206.09\text{m}^3$

土：$C_3=[18.24+1.22\times(15-13)]\times\dfrac{6}{7}=17.73\text{m}^3$

例 3-11 某天然砂砾石路面长 3km，路面设计宽度为 3.5m，压实厚度为 15cm，机械摊铺，试求其概算定额。

解：(1)该路面的压实工程量为 $3\,000\times3.5\times0.15=1\,575\text{m}^3$。

(2)根据题意该项目的定额表号为[2-2-4-$\binom{3}{4}$]。

(3)由于路面宽度为设计单车道，根据《概算定额》章说明 6 的规定，对双轮压路机和三轮压路机应分别乘以 1.14 和 1.33 的系数。

(4)人工：$\boxed{1}$ $(2.5+5\times0.1)\times1.575=4.73$ 工日

材料：$\boxed{902}$ $(133.62+5\times13.36)\times1.575=315.66\text{m}^3$

机械：1057 0.29×1.575＝0.457 台班

1075 0.28×1.14×1.575＝0.503 台班

1078 0.55×1.33×1.575＝1.152 台班

第三节 隧道工程概算定额的说明及应用示例

一、洞身工程

1.人工开挖、机械开挖轻轨斗车运输

概算定额与预算定额的不同之处在于：

(1)概算定额中已将隧道弃渣运输进行了综合，使用定额时不应再另行计算。而使用预算定额时则需要根据隧道弃渣的综合平均运距采用第一个基本运距定额和每增运运距定额进行计算。

(2)定额的计价工程量均按隧道设计开挖断面(成洞断面加衬砌断面)的天然密实方体积进行计算，不可将超挖数量计入工程量内。

2.正洞机械开挖自卸汽车运输

概算定额与预算定额的不同之处在于：概算定额中已将隧道弃渣运输、施工通风、高压风水管、施工照明以及照明线路等的消耗综合在洞身开挖定额中，使用定额时不应再另行计算。而使用预算定额时则需要分别进行计算。

概算定额的计价工程量按隧道设计开挖断面(成洞断面加衬砌断面)的天然密实方体积进行计算，包括所有附属洞室的数量，但不可将超挖数量计入工程量内。

3.现浇混凝土衬砌

概算定额与预算定额的不同处在于：概算定额中已将隧道洞内管沟及盖板等的消耗综合在洞身模筑混凝土衬砌定额中，使用定额时不应再另行计算。而使用预算定额时需在分别进行计算。

4.石料、混凝土预制块衬砌

概算定额与预算定额的不同之处在于：

(1)概算定额中已将隧道洞内管沟及盖板等的消耗综合在定额中，使用定额时不应再另行计算。同时对拱顶衬砌和边墙衬砌进行了综合。而使用预算定额时则需要分别进行计算。

(2)定额的计价工程量按设计需要设置的衬砌圬工的实体体积进行计算，包括所有附属洞室的衬砌数量。

概算定额的计价工程量按设计需要设置的衬砌混凝土的实体体积、钢筋重量进行计算，包括所有附属洞室的衬砌数量，但不可将超挖回填数量计入工程量内。

概算定额不包括：

(1)半隧道开挖；

(2)洞内施工排水；

(3)斜井洞内施工排水。

若需要时可采用《预算定额》中的有关项目。

洞内工程项目如采用其他章节的有关项目时，所采用的定额人工工日、机械台班数量及小型机具使用费用应乘以1.26的系数。

例3-12 试确定某“连拱隧道侧导洞开挖”的概算定额。机械开挖，工程量：1 500m^3，自卸汽车运输，围岩级别II级。

解：(1)根据题意，确定该项目在概算定额“表3-1-3正洞机械开挖自卸汽车运输”第32栏。该项目的概算定额中已将隧道开挖，弃渣运输，施工通风，脚手架、踏步的制作、安装、拆除，临时管线的安装拆除、维护，防尘，高压风水管，施工照明以及照明线路的消耗等综合在洞身开挖定额中。其计价工程量按隧道设计开挖断面（成洞断面加衬砌断面）的天然密实方体积进行计算，包括所有附属洞室的数量，但不可将超挖数量计入工程量内。

(2)计算：

人工： 85.9工日×15=1 288.5工日

材料：

[101] 0.025 m^3×15=0.375m^3

[102] 0.023m^3×15=0.345m^3

[191] 0.015t×15=0.225t

[212] 14kg×15=210kg

[213] 7个×15=105个

[653] 0.2kg×15=3kg

[655] 2.2kg×15=33kg

[841] 103.8kg×15=1 557kg

[847] 153个×15=2 295个

[848] 60m×15=900m

[865] 177kW·h×15=2 655kW·h

[866] 35 m^3×15=525m^3

[996] 79.1元×15=1 186.5元

机械：

[1050] 0.46台班×15=6.9台班

[1102] 13.92台班×15=208.8台班

[1387] 1.23台班×15=18.45台班

[1837] 0.53台班×15=7.95台班

[1838] 2.78台班×15=41.7台班

[1933] 2.15台班×15=32.25台班

1998 304.5 元×15=4 567.5 元

例 3-13 试确定开挖隧道用型钢架支撑时，钢架的概算定额。当该型钢架使用周转次数为 10 次时，求其规定的回收金额。(型钢支架共 6 榀，型刚原价为 8 600 元/t)

解:(1)根据题意，确定该项目的定额为表“3-1-4 钢支撑”第 1 栏;其工程内容包括下料、成形、钻孔、焊接、修正、按装、就位、紧固螺栓、拆除、整理、堆放。

(2)计算:

人工:(5+2.1×9+0.7×9)×6=181.2 工日

材料: 112 0.013t×6=0.078t

182 0.252t×6=1.512t

183 0.026t×6=0.156t

231 1.1kg×6=6.6kg

651 3.9 kg×6=23.4kg

996 4.1 元×6=24.6 元

机械: 1372 0.14 台班×6=0.84 台班

1726 0.27 台班×6=1.62 台班

1998 1.5 元×6=9.0 元

根据本定额表附:型钢钢架每榀重量 262kg，则:总重量=6×0.262t=1.572t

其总价:6×0.262t×8 600 元/t=13 519.2 元

周转 10 次的回收全额:13 519.2×80%=10 815.36 元

例 3-14 试确定某隧道现浇混凝土衬砌的概算定额，已知工程内容为连拱隧道中隔墙，混凝土实体 50 m^3，钢筋 1.5t，混凝土搅拌运输车斗容量为 3m^3，运距 5km。

解:(1)根据题意，该项目为概算定额“表 3-1-8 现浇混凝土衬砌”;其工程内容除表中列出的外，按其章说明的要求，还应包括隧道洞内管沟及盖板等的消耗。计价工程量应按实体混凝土体积和钢筋重量计算，并包括附属洞室的衬砌数量。

(2)计算:

人工:8.6×5+15.6×1.5=66.4 工日

材料: 101 0.004m^3×5=0.02m^3

102 0.008m^3×5=0.04m^3

112 1.025t×1.5=1.537 5t

182 0.002t×5=0.01t

183 0.01t×5=0.05t

231 4.3kg×1.5=6.45kg

272 0.009t×5=0.045t

651 2.4kg×5=12kg

653 0.1kg×5=0.5kg

655 0.6kg×5=3kg

656 3.1kg×1.5=4.65kg

832 3.869t×5=19.345t

866 $12m^3\times5=60m^3$

899 $6.03\ m^3\times5=30.15m^3$

952 $7.59\ m^3\times5=37.95m^3$

996 7.9 元×5=39.5m^3

机械：1316 0.13 台班×5=0.65 台班

1372 0.01 台班×5=0.05 台班

1726 0.81 台班×1.5=1.215 台班

1998 4.5 元×5+34.7 元×1.5=74.55 元

混凝土运输：1304 2.97 台班+0.19 台班×8=4.49 台班

二、洞 门 工 程

此项内容概算定额与预算的释义完全相同。

三、辅 助 坑 道

对于斜井开挖，概算定额与预算定额的不同之处在于：

(1)概算定额中已将斜井弃渣运输、施工通风、高压风水管、施工照明以及照明线路等的消耗综合在斜井开挖定额中，使用定额时不应再另行计算。而使用预算定额时则需要分别进行计算。

(2)概算定额的计价工程量按斜井设计开挖断面（成洞断面加衬砌断面）的天然密实方体积进行计算，不可将超挖数量计入工程量内。

四、通风及消防设施安装

1. 射流风机安装

概算定额与预算定额的不同之处在于：概算定额中已将风机预埋件等的消耗综合在风机安装定额中，使用定额时不应再另行计算。而使用预算定额时则需要分别进行计算。

概算定额的计价工程量按设计需要安装的射流风机的台数进行计算。

2. 离心风机、轴流风机的安装

概算定额与预算定额的不同之处在于：概算定额中已将风机拆装检查与风机安装进行了综合，使用定额时不应再另行计算。而使用预算定额时则需要分别进行计算。

3. 水泵的安装

概算定额与预算定额的不同之处在于：概算定额中已将水泵拼装检查与水泵安装进行了综合，使用定额时不应再另行计算。而使用预算定额时则需要分别进行计算。

概算定额的计价工程量按设计需要安装的水泵的台数进行计算。

第四节　涵洞工程概算定额的说明及应用示例

涵洞工程在《公路工程概算定额》中是作为一章内容单列出来的，这是有别于《公路工程预算定额》的主要方面，其在内容、适用范围及工程计量方面，有专门的规定及计算方法，下面将予解释。

1. 内容及适用范围

概算定额按常用的结构分为石盖板涵、石拱涵、钢筋混凝土圆管涵、钢筋混凝土盖板涵、钢筋混凝土箱涵5类，并适用于同类型的通道工程。如为其他类型，可参照有关定额进行编制。

2. 定额中扩大定额的适用范围

为了满足不同情况的需要，定额中除按涵洞洞身、洞口编制分项定额外，还编制了扩大定额。一般公路应尽量使用分项定额编制，厂矿、林业道路不能提供具体工程数量时，可使用扩大定额编制。

3. 涵洞洞顶、台背填土、涵上路面工程量的计量规定

各类涵洞定额中均不包括涵洞顶上及台背填土、涵上路面等工程内容，这部分工程量应包括在路基、路面工程数量中。

4. 涵洞施工所需拱盔、支架、安装设备以及水泵的计算规定

涵洞洞身定额中已按不同结构分别计入了拱盔、支架和安装设备以及其他附属设施等。为了计算方便，并已将涵洞基础开挖需要的全部水泵台班计入洞身定额中，洞口工程不得另行计算。

5. 涵洞洞口及管涵的管径

(1)定额中涵洞洞口按一般标准洞口计算，遇有特殊洞口时，可根据圬工实体数量，套用石砌洞口定额计算。

(2)定额中圆管涵的管径为外径。

6. 扩大定额使用时对于不同涵长及多孔涵洞的计算规定

涵洞扩大定额按每道单孔和取定涵长计算，如涵长与定额中涵长不同时，可用每增减1m定额进行调整；如为双孔时，可按调整好的单孔定额乘以如表3-1所列系数：

双孔涵洞的计算系数表　　　　表3-1

结构类型	石盖板涵	钢筋混凝土圆管涵	石拱涵	钢筋混凝土盖板涵
双孔系数	1.6	1.8	1.5	1.6

7. 主要几项工程量计算规则

(1)洞身定额中均已综合考虑了挖基及回填、排水、场地平整、防水层等的消耗，使用定额时均不应再另行计算。

(2)石盖板涵定额中还综合考虑了砌筑基础、涵身、盖板以及涵底铺砌等的消耗，使用定额时不应再另行计算。本定额的计价工程量按设计涵洞需要砌筑的基础、涵身、盖板和涵底铺砌圬工实体体积之和进行计算。

(3)石拱涵定额中还综合考虑了砂砾垫层、拱盔及支架以及砌筑基础、涵身、拱圈、护拱、涵底铺砌、栏杆柱及扶手等的消耗，使用定额时不应再另行计算。本定额的计价工程量，按设计涵洞

需要砌筑的基础、涵身、拱圈、护拱、涵底铺砌、栏杆柱及扶手的石砌圬工实体体积之和进行计算。

(4)圆管涵定额中还综合考虑了砂砾垫层、扒杆、涵管预制、运输、安装，钢筋(或钢丝)以及砌筑端节基底等的消耗，使用定额时不应再另行计算。本定额的计价工程量，按设计涵洞需要的涵管混凝土圬工和端节基底石砌圬土实体体积之和进行计算。

(5)涵管基础混凝土定额的计价工程量按设计需要的基础混凝土的实体体积进行计算。

(6)钢筋混凝土盖板涵定额中还综合考虑了砂砾垫层、扒杆、盖板和栏杆柱及扶手的预制、运输、安装、盖板顶混凝土铺装、浇筑基础、台(墩)身及台(墩)帽混凝土以及砌筑台(墩)身、涵底铺砌等的消耗，使用定额时不应再另行计算。概算定额的计价工程量，按设计涵洞需要的基础及支撑梁、台(墩)身、台(墩)帽、盖板、盖板顶铺装、栏杆柱及扶手等混凝土圬工和台(墩)身、涵底铺砌石砌圬工实体体积之和进行计算。

(7)钢筋混凝土箱涵定额中还综合考虑了砂砾垫层、涵身及基础混凝土、钢筋等的消耗，使用定额时不应再另行计算。概算定额的计价工程量按设计涵洞需要的涵身及基础、涵顶铺装、栏杆柱及扶手的混凝土圬工实体体积之和进行计算。

使用概算定额时应注意，本定额中均未包括混凝土拌和的费用，应按有关定额另行计算。

(8)倒虹吸管是指小水渠与道路交叉时，设在道路下面形似倒置的虹吸管的压力式涵洞。

概算定额中均已综合考虑了挖基及回填、场地平整、垫层、洞口及河底、边坡铺砌等的消耗，使用定额时均不应再另行计算。

(9)砌石洞口定额中还综合考虑了墙顶砂浆抹面以及砌筑基础、翼墙、端墙、隔水墙等的消耗，使用定额时不应再另行计算。概算定额的计价工程量按设计涵洞洞口需要的基础、翼墙、端墙、隔水墙、锥坡铺砌、河底铺砌、路基边坡加固铺砌、急流槽、消力池、跌水井、挑坎等石砌圬工的实体体积之和进行计算。

(10)混凝土洞口定额中还综合考虑了现浇基础、墙身混凝土以及砌筑锥坡、隔水墙等的消耗，使用定额时不应再另行计算。但定额中未包括混凝土的拌和费用，应按有关定额另行计算。概算定额的计价工程量按设计涵洞洞口需要的基础、翼墙、端墙、隔水墙、锥坡铺砌、河底铺砌、路基边坡加固铺砌、急流槽、防滑墙、消力池、跌水井、挑坎等混凝土圬工与石砌圬工的实体体积之和进行计算。

(11)倒虹吸洞口定额中还综合考虑了面墙、墙顶砂浆抹面以及砌筑竖井、留泥井、水槽等的消耗，使用额定时不应再另行计算。概算定额的计价工程量按设计涵洞洞口需要的竖井、留泥井、水槽等石砌圬工的实体体积之和进行计算。

(12)涵洞扩大定额中已综合考虑了围堰、挖基及回填、排水、基础及墙身的修筑、洞身及洞口铺砌及加固、防水层、台背排水等的消耗。盖板涵定额还包括安砌盖板、混凝土盖板运输及钢筋、盖板顶铺装等的消耗，拱涵定额还包括拱盔及支架、拱圈及护拱砌筑等的消耗，圆管涵定额还包括管涵基础、垫层、钢筋及涵管运输等的消耗。

使用扩大定额时，除混凝土拌和费用需另行计算外，其他均不应再另行计算。

例 3-15 某高速公路由混凝土盖板涵 6 座，已知工程量为：

(1)人工挖基土石方 14 320m^3；

(2)砂砾垫层 1 500m^3；

(3)碎石垫层 100m^3；

(4)基础支撑梁混凝土 1 200m^3；

(5)混凝土基础洞身 2 000m^3；

(6)盖板涵帽石混凝土 10m³；

(7)现浇盖板混凝土 800m³；

(8)盖板钢筋 30t；

(9)M10 浆砌片石基础护底 850 m³；

(10)沥青油毛毡防水层 190 m²；

(11)沥青麻筋伸缩缝 200m；

(12)C20 水泥混凝土桥面铺装 160 m³；

(13)混凝土栏杆扶手 20 m³。

试确定其人工消耗的概算定额。

解：(1)由概算定额根据题意确定其工程定额为表 4-1-1。该定额工程内容包括：排水、挖基、回填、夯实、基础、墩、台身、台帽混凝土；砂砾(碎)石垫层、基底砌筑、安、砌盖板、铺筑防水层、扒杆制作、安装、拆、预制、安装、运输、钢筋混凝土盖板涵的行车道及栏杆、扶手、钢筋混凝土盖板涵的桥铺装，涵的洞身、河底铺砌等全部工序。

(2)根据本章说明 8，钢筋混凝土盖板涵洞身工程数量的规定，在已知条件中，(2)、(3)、(4)、(5)、(6)、(7)、(9)、(12)、(13)项的合计工程数量为 1 500＋100＋1 200＋2 000＋10＋800＋850＋160＋20＝6 640m³，均按洞身定额。计量单位为 10m³ 实体。

(1)、(8)、(10)、(11)在项目定额中已包含，这部分数量按说明规定可不计入。

(3)查定额值并计算得：

人工：6 640×45.3÷10＝29 880 工日

例 3-16 某矿区道路的石盖板涵工程，不能提供具体工程数量。已知涵洞长 20m，标准跨径 2.0m，双孔，试确定其概算定额。

解：(1)根据“涵洞工程”一章说明 3 的规定，该项目可套用扩大定额。

(2)根据该章说明 9，双孔涵可以按调整的单孔定额，即按定额涵长增长 1m 定额，调整为实际涵长的定额，乘以该章说明附表(《公路工程概算定额(下册)》305 页)的双孔系数。石盖板涵的调整系数为 1.6。

(3)由概算定额表 4-1-3$\langle {}^{5}_{10}$，按已知条件查得 20m 涵长，双孔标准跨径 2.0m 的石盖板涵扩大定额为(每道)：

人工：[1] [226＋(20－13)×10.6]＝480.3

材料：[101] 0.014×1.6＝0.022

[102] [0.072＋(20－13)×0.004]×1.6＝0.16

[191] 0.018×1.6＝0.029

[655] [2.7＋(20－13)×0.1]×1.6＝5.44

[822] [6.883＋(20－13)×0.336]×1.6＝14.776

………

[982] [2.2＋(20－13)×0.9]×1.6＝13.6

[984] 0.18×1.6＝0.288

机械：[1653] [2.71＋(20－13)×0.07]×1.6＝5.12

第五节　桥梁工程概算定额的说明及应用示例

一、总体的几点说明

(1)桥梁工程概算定额的内容划分与预算定额不同，主要依据主体工程中的筑岛围堰、基础工程、下部构造、上部构造、人行道等部位来划分并确定定额内容。

(2)混凝土工程中，除钢桁架桥、钢吊桥中的桥面系混凝土工程外，均不包括钢筋及预应力系统。

(3)定额中除轨道铺设、电信电力线路、场内临时便道、便桥未计入定额外，其余场内需要设置的各种安装设备以及构件运输、平整场地等均摊入定额中，悬拼箱梁还计入了栈桥码头，使用定额时均不得另行计算。

(4)定额中除注明者外，均未包括混凝土的拌和和运输，应根据施工组织设计按相关定额另行计算。

(5)定额中混凝土工程均已包括操作范围内的混凝土运输。现浇混凝土工程的混凝土平均运距超过 50m 时，可根据施工组织设计的混凝土平均运距，按混凝土运输定额增列混凝土运输项目。

(6)大体积混凝土项目必须采用埋设冷却管来降低混凝土水化热时，可按冷却管定额另行计算。

(7)行车道部分的桥头搭板，应根据设计数量按桥头搭板定额计算。人行道部分的桥头搭板已综合在人行道定额中，使用定额时不行另行计算。

(8)定额仅为桥梁主体工程部分，至于导流工程、改河土石方工程、桥头引道工程均未包括在定额中，需要时按有关定额另行计算。

二、围堰及基础工程

1. 草土、草袋、麻袋、竹笼围堰

概算定额与预算定额的不同之处在于：概算定额中已将围堰用土的增运消耗进行了综合，使用定额时不应再另行计算。而使用预算定额时则应根据需要另行计算。

概算定额中围堰的计价工程量，按施工组织设计确定需要设置的围堰的顶面中心线的长度进行计算，筑岛填心的计价工程量，按施工组织设计确定的围堰填心的实体体积进行计算。

2. 钢板桩及套箱围堰

概算定额与预算定额的不同之处在于：

(1)概算定额中已将在不同土质中打钢板桩、拔钢板桩、打桩工作平台以及钢板桩接头等进行了综合，使用定额时不应再另行计算。而使用预算定额时则需要分别进行计算。

(2)概算定额的计价工程量按设计需要的钢板桩或钢套箱的重量进行计算，包括悬吊系统、支撑等的重量。

(3)使用定额时应注意，套箱围堰定额仅适用于水深在 10m 以内的单壁钢套箱，如为双壁钢套箱的可按钢壳沉井有关定额进行计算。

3. 开挖基坑

概算定额与预算定额的不同之处在于：

(1)概算定额中已按不同的基坑深度进行了综合，而使用预算定额时则需要分别进行计算。

(2)概算定额中已综合考虑了挖基土、石方的增运用工和排水等的消耗，使用定额时不应再另行计算，而使用预算定额时则需要分别计算。

(3)定额的计价工程量按设计需要开挖的基坑的容积进行计算，其计算公式见定额说明。

(4)使用定额时应注意，锚碇基坑开挖土、石方的坑外运输应另行计算，除放坡开挖石方需另行计算装车费用外，其他均不应再另行计算装车费用。

4.天然地基上的混凝土、砌石基础

概算定额与预算定额的不同之处在于：

(1)实体式墩台基础定额中已按梁式桥基础与拱式桥基础进行了综合，而使用预算定额时则需要分别进行计算。

(2)轻型墩基础定额中已综合考虑了基础、支撑梁、河床铺砌、隔水墙、砂砾垫层等的消耗，使用定额时不应再另行计算，而使用预算定额时则需要分别计算。

(3)定额的计价工程量，按设计混凝土基础或砌石基础的混凝土或砌石圬工的实体体积进行计算。其中轻型墩台混凝土基础的计价工程量，应为基础和支撑梁混凝土圬工与河床铺砌和隔水墙的砌石圬工的实体体积之和。

(4)定额中混凝土基础均未包括混凝土拌和的费用，应按有关定额另行计算。但使用定额时应注意，片石混凝土基础和轻型墩台基础每 $10m^3$ 实体中所需要拌和的混凝土数量是不同的，应根据实际混凝土数量计算拌和费用。

5.沉井基础

概算定额与预算定额的不同之处在于：

(1)钢丝网水泥薄壁沉井制作定额中已将刃脚及骨架钢材与沉井制作(铺铁丝网、砂浆抹面等)进行了综合，面使用预算定额时则需要分别进行计算。

(2)船上拼装钢壳沉井，定额中已将拼装船的拼装与拆除的消耗综合在沉井拼装定额中，使用定额时不应再另行计算。而使用预算定额时则需要分别计算。

(3)钢丝网水泥薄壁沉井浮运、定位落床定额中已将下水轨道及其基础开挖、沉井下水及定位落床、沉井刃脚浇筑混凝土等进行了综合，而使用预算定额时则需要分别进行计算。

(4)钢壳沉井浮运、定位落床定额中已将沉井浮运、接高及定位落床等进行了综合，而使用预算定额时则需要分别进行计算。

(5)井壁混凝土定额中已按泵送和非泵送两种施工方式进行了综合。

(6)沉井填塞定额中已将封底、填心和封顶等进行了综合，而使用预算定额时则需要分别进行计算。

概算定额中重力式沉井制作的计价工程量，按设计沉井的混凝土实体体积进行计算；钢丝网水泥薄壁沉井制作的计价工程量，按设计沉井刃脚及骨架钢材的重量进行计算，不包括钢丝网的重量；钢壳沉井拼装的计价工程量，按设计钢壳沉井的重量计算；沉井浮运、定位落床的计价工程量，按设计沉井刃脚外缘所包围的面积进行计算；井壁混凝土的计价工程量，按设计井壁需要浇筑的混凝土(包括水下混凝土和普通混凝土)的实体体积进行计算；锚碇系统的计价工程量，按施工组织设计确定需要的锚碇的个数进行计算；沉井下沉的计价工程量，按设计沉井刃脚外缘所包围的面积与沉井刃脚入土深度的乘积进行计算，其计算规定同预算定额；沉井混凝土和片石混凝土填塞的计价工程量，按设计沉井封底、填芯和封顶的混凝土实体体积进行计算;沉井片石掺砂、砂砾、砂填塞的计价工程量按设计封底和封顶混凝土的实体体积与填芯的片石、砂、砂砾的密实体积之和进行计算。

本定额中均未包括混凝土拌和的费用,应按有关定额另行计算。

6.打钢筋混凝土方桩

概算定额与预算定额的不同之处在于:

(1)已将打桩工作平台、混凝土方桩的预制和运输、方桩接头以及在不同土质中打桩等进行了综合,使用定额时不应再另行计算。而使用预算定额时则需要分别计算。

(2)定额的计价工程量按设计需要打入的方桩的混凝土实体体积进行计算。

7.打钢管桩、接头

概算定额与预算定额的不同之处在于:

(1)已将打桩工作平台以及在不同土质中打桩等进行了综合,使用定额时不应再另行计算。而使用预算定额时则需要分别计算。

(2)定额的计价工程量,按设计需要打入的钢管桩的根数和需要接长个数进行计算。

8.回旋钻机钻孔、潜水钻机钻孔

概算定额与预算定额的不同之处在于:

(1)已将水泥浆循环系统综合在定额中,使用定额时不应再另行计算。而使用预算定额时则应根据需要另行计算。

(2)定额的计价工程量按设计入土深度进行计算。

9.灌注桩混凝土

概算定额与预算定额的不同之处在于:

(1)已将灌注桩检测管以及检测管内填充水泥砂浆等的消耗综合在定额中,使用定额时不应再另行计算。而使用预算定额时则应根据需要另行计算。

(2)概算定额的计价工程量,按设计桩径断面积与设计桩长的乘积进行计算,不可将扩孔等数量计入工程量内。

(3)定额中均未包括混凝土拌和的费用,应按有关定额另行计算。

10.混凝土承台

概算定额与预算定额的不同之处在于:

(1)将有底模承台和无底模承台进行了综合,而使用预算定额时则应根据需要分别计算。

(2)定额的计价工程量,按设计承台以及承台封底混凝土的实体体积进行计算。

三、下 部 构 造

1.砌石桥台

(1)定额中已将台身砌筑和台帽(拱座)混凝土浇筑、腹拱圈等的预制和安装等进行了综合,并在定额中综合考虑了台背回填及填料的运输、台背排水设施等的消耗,使用定额时均不应再另行计算。

(2)定额中梁板桥轻型桥台和U形桥台的计价工程量,按设计台身砌石圬工与台帽混凝土圬工的实体体积之和进行计算;梁板桥埋置式桥台的计价工程量,按设计台身砌石圬工与台帽和墙体混凝土圬工的实体体积之和进行计算;钢筋混凝土拱桥轻型桥台的计价工程量,按设计台身砌石圬工与拱座混凝土圬工的实体体积之和进行计算;钢筋混凝土拱桥其他形式桥台的计价工程量,按设计镶面和台身砌石圬工与台帽、拱眉、护拱、腹拱圈等混凝土圬工的实体体积之和进行计算;石拱U形桥台的计价工程量,按设计台身和缘石等砌石圬工与拱座和帽石混凝土圬工的实体体积之和进行计算。

(3)使用本定额时应注意,除钢筋混凝土拱桥其他形式桥台外,本定额中均未包括镶面的消耗,需要时根据设计要求按预算定额中的有关项目另行计算。

2. 混凝土桥台

(1)定额中已将台身、台帽、翼墙、耳背墙、腹拱圈、填平层等进行了综合,并在定额中综合考虑了台背回填及填料的运输、台背排水设施等的消耗,使用定额时均不应再另行计算。

(2)定额的计价工程量按设计台身、台帽、翼墙、耳背墙、腹拱圈、填平层等的混凝土圬工实体体积之和进行计算。

3. 桥台锥形护坡

(1)定额中已综合考虑了河床铺砌、锥坡基础及锥坡体的砌筑以及锥坡体内填土、夯实和填料的运输等的消耗,使用定额时不应再另行计算。

(2)定额的计价工程量按设计桥梁的桥台座数进行计算。一般1座桥梁按2座桥台进行计算,当为互通式立体交叉中的桥梁或山岭区上下行分离的桥梁时,应根据实际情况合理确定桥台的座数。

4. 砌石桥墩

(1)定额中已将墩身、腹拱圈砌筑和墩帽混凝土浇筑等进行了综合,使用定额时均不应再另行计算。

(2)定额中梁板桥砌石桥墩的计价工程量按设计墩身砌石圬工与墩帽混凝土圬工的实体体积之和进行计算;拱桥砌石桥墩的计价工程量按设计墩身和拱座的砌石圬工的实体体积之和进行计算。

(3)使用本定额时应注意,本定额中均未包括镶面的消耗,需要时根据设计要求按预算定额中的有关项目另行计算。

5. 混凝土桥墩

(1)定额中已将墩身、墩帽、盖梁、系梁、拱座以及支座垫石等进行了综合,使用定额时均不应再另行计算。对于墩身高度大于20m的墩身等,本定额中还综合考虑了模板提升架的消耗,使用定额时不应再另行计算。

(2)定额的计价工程量按设计墩身、墩帽、盖梁、系梁、拱座和支座垫石等的混凝土圬工的实体体积之和进行计算。

使用定额时应注意,本定额中均未包括混凝土拌和的费用,应按有关定额另行计算。但应注意片石混凝土中混凝土的含量,本定额中各种结构片石混凝土中混凝土的含量如表3-2所示。

结构片石混凝土中混凝土的含量 表3-2

项　　目	梁板桥实体式片石混凝土桥墩		梁板桥挑臂式片石混凝土桥墩		钢筋混凝土拱桥实体式桥墩
	墩高(m)				
	10以内	20以内	10以内	20以内	
每10m³实体中混凝土含量(m³)	8.79	8.72	9.04	8.80	8.98

6. 索塔

(1)定额中索塔混凝土已将索塔立柱和横梁进行了综合,并在定额中综合考虑了劲性骨架和模板提升架的消耗,使用定额时不应再另行计算。

(2)定额中索塔混凝土的计价工程量,按设计索塔立柱和横梁的混凝土实体体积之和进行计算;锚固套筒、钢锚箱、索鞍、铁梯的计价工程量,按设计需要的锚固套筒、钢锚箱、索鞍、铁梯的重量进行计算;避雷针的计价工程量,按设计需要的数量进行计算,一般一个塔柱按1处计算。

(3)使用定额时应注意,本定额中均未包括混凝土拌和的费用,应按有关定额另行计算。

四、上 部 构 造

1. 现浇钢筋混凝土板桥上部

概算定额与预算定额的不同之处在于:

(1)已将场地平整与处理、支座、伸缩缝及泄水管等综合在定额中,使用定额时不应再另行计算。而使用预算定额时则需要分别进行计算。

(2)定额的计价工程量,按设计现浇钢筋混凝土板桥上部构造的混凝土实体体积进行计算。

(3)使用定额时应注意,本定额中均未包括现浇支架及混凝土拌和的费用,应按有关定额另行计算。

2. 现浇钢筋混凝土梁桥上部

概算定额与预算定额的不同之处在于:

(1)已将场地平整与处理、泄水管等综合在定额中,移动模架浇筑箱梁定额中还综合考虑了移动模架的费用,使用定额时均不应再另行计算。而使用预算定额时则需要分别进行计算。

(2)定额的计价工程量,按设计现浇钢筋混凝土梁桥上部构造的混凝土实体体积进行计算。

(3)使用定额时应注意,本定额中均未包括支座、伸缩缝、现浇支架及混凝土拌和等的费用,应按有关定额另行计算。

3. 预制、安装钢筋混凝土板桥上部构造

概算定额中预制构件安装均按起重机吊装的施工方法进行编制。概算定额与预算定额的不同之处在于:

(1)定额中均已将钢筋混凝土板的预制混凝土与现浇企口(铰)缝混凝土进行了综合,而使用预算定额时则需要分别进行计算。

(2)定额中已综合考虑了构件的预制与安装、预制构件的出坑堆放与运输以及场地平整与处理、泄水管等的消耗,使用定额时均不应再另行计算。

(3)矩形板和连续板定额中还综合考虑了支座、伸缩缝等的消耗,使用定额时不应再另行计算。

(4)先张法空心板定额中还综合考虑了先张台座和冷拉台座等的消耗,使用定额时均不应再另行计算。

(5)后张法空心板定额中还综合考虑了构件预制底座等的消耗,使用定额时均不应再另行计算。

概算定额的计价工程量,按设计预制安装钢筋混凝土板桥上部构造的预制混凝土与现浇企口(铰)缝混凝土的实体体积之和进行计算。

使用定额时应注意,本定额中均未包括混凝土拌和的费用,应按有关定额另行计算。空心板定额还未包括支座及伸缩缝的费用,应根据设计数量按有关定额另行计算。

4.预制、安装钢筋混凝土T形梁、I形梁上部构造

概算定额中普通钢筋混凝土T形梁和I形梁安装,按起重机吊装的施工方法进行编制,预应力混凝土T形梁和I形梁安装按单、双导梁吊装的施工方法进行编制。概算定额与预算定额的不同之处在于:

(1)定额中已将钢筋混凝土T形梁和I形梁的预制混凝土与现浇接缝混凝土进行了综合,而使用预算定额时则需要分别进行计算。

(2)定额中已综合考虑了构件的预制与安装、预制构件的出坑堆放与运输,构件预制底座、单(双)导梁和预制场地龙门架等吊装设备的安装、拆除和移动,以及场地平整与处理、泄水管等的消耗,使用定额时均不应再另行计算。

概算定额的计价工程量,按设计预制安装钢筋混凝土T形梁和I形梁桥上部构造的预制混凝土与现浇接缝混凝土的实体体积之和进行计算。

使用定额时应注意,概算定额中均未包括支座、伸缩缝及混凝土拌和的费用,应根据设计数量按有关定额另行计算。

5.预制、安装混凝土箱梁上部构造

定额中预应力混凝土箱梁安装按双导梁吊装的施工方法进行编制。概算定额与预算定额的不同之处在于:

(1)定额中已将预应力混凝土箱梁的预制混凝土与现浇横隔板及接缝混凝土进行了综合,而使用预算定额时则需要分别进行计算。

(2)定额中已综合考虑了构件的预制与安装、预制构件的出坑堆放与运输,构件预制底座、先张台座、冷拉台座,双导梁和预制场龙门架等吊装设备的安装、拆除和移动,以及场地平整与处理、泄水管等的消耗,使用定额时均不应再另行计算。

概算定额的计价工程量,按设计预制安装预应力混凝土箱梁混凝土与现浇横隔板及接缝混凝土的实体体积之和进行计算。

使用定额时应注意,本定额中均未包括支座、伸缩缝及混凝土拌和的费用,应根据设计数量按有关定额另行计算。

6.悬浇、悬拼、顶推预应力混凝土箱梁上部结构

(1)定额中均已综合考虑了场地平整与处理、泻水管等的消耗,使用定额时均不应再另行计算。

(2)定额中悬浇预应力混凝土T形刚构桥,按挂篮悬臂浇筑的施工方法进行编制。定额中已将墩顶0号块、边跨现浇段与悬臂浇筑箱梁节段、跨中和边跨合龙段等现浇(悬浇)混凝土以及挂孔T形梁的预制混凝土和接缝现浇混凝土等进行了综合,定额中还综合考虑了0号块托架、墩顶龙门架、悬浇挂篮、挂孔T形梁的架设设备,构件挂孔T形梁的预制与安装、出坑堆放与运输、预制底座、预制场龙门架、接缝混凝土等的消耗,使用定额时不应再另行计算。其计价工程量,按设计墩顶0号块、边跨现浇段与悬臂浇筑箱梁节段、跨中和边跨合龙段以及挂孔T形梁的接缝等现浇混凝土与悬臂拼装箱梁节段和挂孔T形梁的预制混凝土的实体体积之和进行计算。

(3)定额中悬拼预应力混凝土T形刚构桥，按悬臂吊机吊装的施工方法进行编制。定额中已将墩顶0号块、边跨现浇段、跨中和边跨合龙段现浇混凝土与悬臂拼装箱梁节段及挂孔T形梁的预制混凝土和接缝现浇混凝土等进行了综合。定额中还综合考虑了钢桁架栈桥码头、0号块托架、墩顶龙门架、悬臂吊机、挂孔T形梁的架设设备，预制构件的预制与安装（吊装）、出坑堆放与运输、预制底座、预制场龙门架、接缝混凝土等的消耗，使用定额时不应再另行计算。其计价工程量按设计墩顶0号块、边跨现浇段、跨中和边跨合龙段以及挂孔T形梁的接缝等现浇混凝土与悬臂拼装节段和挂孔T形梁的预制混凝土的实体体积之和进行计算。

(4)定额中悬浇预应力混凝土连续钢构桥，按挂篮悬臂浇筑的施工方法进行编制。定额中已将墩顶0号块、边跨现浇段、悬臂浇筑箱梁节段、跨中和边跨合龙段混凝土等进行了综合。定额中还综合考虑了0号块托架、墩顶龙门架、悬浇挂篮等的消耗，使用定额时不应再另行计算。其计价工程量按设计墩顶0号块、边跨现浇段、悬臂浇箱梁节段、跨中和边跨合龙段等现浇（悬浇）混凝土的实体体积之和进行计算。

(5)定额中悬浇预应力混凝土连续梁桥，按挂篮悬臂浇筑的施工方法进行编制。定额中已将墩顶0号块、边跨现浇段、悬臂浇筑箱梁节段、跨中和边跨合龙段混凝土等进行了综合。定额中还综合考虑了0号块托架、墩顶龙门架、悬浇挂篮、箱梁与墩身临时固结设施等的消耗，使用定额时不应再另行计算。其计价工程量，按设计墩顶0号块、边跨现浇段、跨中和边跨合龙段等现浇（悬浇）混凝土的实体体积之和进行计算。

(6)定额中悬拼预应力混凝土连续梁桥，按悬臂吊机吊装的施工方法进行编制。定额中已将墩顶0号块、边跨现浇段、跨中和边跨合龙段现浇混凝土与悬臂拼装箱梁节段预制混凝土等进行了综合。定额中还综合考虑了钢桁架栈桥码头，0号块托架、墩顶龙门架、悬臂吊机、箱梁节段的预制与悬臂拼装、出坑堆放与运输、预制底座、预制场龙门架、箱梁与墩身临时固结设施等的消耗，使用定额时不应再另行计算。其计价工程量按设计墩顶0号块、边跨现浇段、跨中和边跨合龙段等现浇混凝土与悬臂拼装箱梁节段预制混凝土的实体体积之和进行计算。

(7)定额中顶推预应力混凝土连续梁桥，已综合考虑了预制场龙门架、顶推导梁、箱梁节段的预制与顶推、顶推滑道等的消耗，使用定额时不应再另行计算。其计价工程量，按设计预制顶推箱梁混凝土的实体体积进行计算。

(8)定额中悬拼预应力桁架梁桥，按缆索吊装的施工方法进行编制。定额中已将墩顶块件、接缝及合龙段等现浇混凝土与悬臂拼装桁架、桥面板和吊梁等预制混凝土进行了综合。定额中还综合考虑了0号块托架、预制场龙门架、缆索吊装设备，预制构件的预制与拼装、出坑堆放与运输、预制底座等的消耗，使用定额时不应再另行计算。其计价工程量，按设计墩顶块件和接缝及合龙段现浇混凝土与桁架和桥面板及吊梁预制混凝土的实体体积之和进行计算。

(9)使用定额时应注意，定额中均未包括边跨现浇段支架、支座、伸缩缝及混凝土拌和等的费用，应根据设计数量或施工组织设计确定的需要量按有关定额另行计算。

7.悬浇、悬拼预应力混凝土斜拉桥上部构造

(1)定额中均已综合考虑了场地平整与处理、污水管等的消耗，使用定额时均不应再另行计算。

(2)定额中悬拼预应力混凝土斜拉桥，按悬臂吊机吊装的施工方法进行编制。定额中已将墩顶0号块、边跨现浇段、跨中和边跨合龙段现浇混凝土与悬臂拼装箱梁节段预制混凝土等进行了综合。定额中还综合考虑了钢桁架栈桥码头、0号块托架、墩顶龙门架、悬浇吊机，箱梁节

段的预制与悬臂拼装、出坑堆放与运输、预制底座、预制场龙门架等的消耗,使用定额时不应在另行计算。其计价工程量按设计墩顶0号块、边跨现浇段、跨中和边跨合龙段等现浇混凝土与悬臂拼装箱梁节段预制混凝土的实体体积之和进行计算。

(3)定额中悬浇预应力混凝土连续梁桥,按挂篮悬臂浇筑的施工方法进行编制。定额中已将墩顶0号块、边跨现浇段、悬臂浇筑装箱梁节段、跨中和边跨合龙段现浇混凝土进行了综合。定额中还综合考虑了0号块托架、墩顶龙门架、悬浇挂篮等的消耗,使用定额时不应再另行计算。其计价工程量,按设计墩顶0号块、边跨现浇段、跨中和边跨合龙段等现浇(悬浇)混凝土的实体体积之和进行计算。

(4)使用定额时应注意,本定额中均未包括边跨现浇段支架、支座、伸缩缝及混凝土拌和等的费用,应根据设计数量或施工组织设计确定的需要量按有关定额另行计算。

(5)定额中未包括施工时需要的临时墩的消耗,需要时应根据施工组织设计的需要按有关定额另行计算。

8.梁、板桥人行道及安全带

(1)定额中已综合考虑了人行道及安全带构件、路缘石、栏杆及扶手、桥头搭板等的预制与安装、出坑的堆放与运输,人行道和安全带铺装,混凝土拌和等的消耗,使用定额时均不应再另行计算。

(2)定额计价工程量按设计桥梁的长度进行计算。

桥梁长度是指两岸桥台侧墙或八字墙尾端之间的距离(无桥台的桥梁为桥面系行车道的长度)。

9.现浇钢筋混凝土拱桥上部构造

(1)定额中均已综合考虑了场地平整与处理、伸缩缝、泻水管等的消耗,使用定额时均不应再另行计算。

(2)定额中现浇双曲拱桥已将拱肋、拱板、腹拱圈、护拱、隔板、系梁、拱眉、拱(墩)上横墙等现浇混凝土与拱波、拱(墩)上侧墙等预制土进行了综合,定额中还综合考虑了预制构件的预制与安装、出坑的堆放与运输以及拱上堆料和防水层等的消耗,使用定额时不应再另行计算。本定额的计价工程量,按设计拱肋、拱板、腹拱圈、护拱、隔板、系梁、拱眉、拱(墩)上横墙等现浇混凝土与拱波、拱(墩)上侧墙等预制土的实体体积之和进行计算。

(3)定额中现浇二铰板拱桥已将拱肋、拱板等现浇混凝土圬工与拱(墩)上侧墙等砌石圬工进行了综合,定额中还综合考虑了拱上填料等的消耗,使用定额时不应再另行计算。本定额的计价工程量,按设计拱肋、拱板等现浇混凝土圬工与拱(墩)上侧墙砌石圬工的实体体积之和进行计算。

(4)定额中现浇薄壳拱桥已将壳体、侧墙帽石、边梁、端梁等进行了综合,定额中还综合考虑了拱上填料等的消耗,使用定额时不应再另行计算。本定额的计价工程量按设计壳体、侧墙、帽石、边梁、端梁等混凝土的实体体积之和进行计算。

(5)使用额定时应注意,本定额中均未包括现浇支架及混凝土拌和等的费用,应根据设计数量或施工组织设计确定的需要量按有关定额另行计算。

10.预制、安装钢筋混凝土拱桥上部构造

(1)定额中均已综合考虑了场地平整与处理、伸缩缝、泄水管、预制构件的出坑堆放与运输、预制场龙门架以及缆索吊装设备等的消耗,使用定额时均不应再另行计算。

(2)定额中预制安装双曲拱桥,已将拱肋、横隔板、系梁、拱眉、拱波、腹拱圈及拱(墩)上横墙和侧墙等预制混凝土与拱板和接缝等现浇混凝土以及石砌护拱等进行了综合，定额中还综合考虑了拱上填料和防水层等的消耗，使用定额时不应再另行计算。本定额的计价工程量，按设计拱肋、横隔板、系梁、拱眉、拱波、腹拱圈及拱(墩)上横墙和侧墙等预制混凝土与拱板和接缝等现浇混凝土以及石砌护拱等圬工的实体体积之和进行计算。

(3)定额中预制安装钢架拱桥，已将钢拱片、横系梁、微弯板等预制混凝土与接缝现浇混凝土进行了综合，定额中还综合考虑了拱上填料等的消耗，使用定额时不应再另行计算。本概算定额的计价工程量，按设计钢拱片、横系梁、微弯板等预制混凝土与接缝现浇混凝土的实体体积之和进行计算。

(4)定额中预制安装箱形拱桥，已将主拱圈和腹拱圈预制混凝土与腹拱墩、接缝现浇混凝土以及石砌护拱和墩上侧墙、横墙等进行了综合，定额中还综合考虑了构件预制底座和防水层等的消耗，使用定额时不应再另行计算。本定额的计价工程量，按设计主拱圈和腹拱圈预制混凝土与腹拱墩、接缝现浇混凝土以及石砌护拱和墩上侧墙、横墙等圬工的实体体积之和进行计算。

(5)定额中预制安装桁架拱桥，已将桁拱片、横向联系、微弯板等预制混凝土与接缝现浇混凝土进行了综合。本定额的计价工程量，按设计桁拱片、横向联系、微弯板等预制混凝土与接缝现浇混凝土的实体体积之和进行计算。

(6)使用定额时应注意，本定额中均未包括混凝土拌和等的费用，应根据设计数量有关规定定额另行计算。

11. 石拱桥

(1)定额中均已综合了场地平整与处理、伸缩缝、泄水管等的消耗，平坦石拱桥和实腹式石拱桥定额中还综合考虑了拱上填料和防水层等的消耗，使用定额时均不再另行计算。

(2)定额中平坦石拱桥和实腹式石拱桥的计价工程量按设计石砌拱圈、护拱、拱上侧墙以及帽石等圬工的实体体积之和进行计算，空腹式石拱桥的计价工程量按设计石砌拱圈、护拱、腹拱、拱上侧墙和横墙以及填平层等圬工的实体体积之和进行计算。

12. 拱桥人行道及安全带

概算定额中钢筋混凝土拱桥人行道及安全带中已综合考虑了人行道及安全带构件、路缘石、栏杆及扶手、桥头搭板等的预制与安装、出坑堆放与运输，人行道和安全带铺装，混凝土拌和，人行道板下铺筑垫层等的消耗，使用定额时均不应再另行计算。

概算定额中石拱桥人行道及安全带中已综合考虑了人行道及安全带砌筑、铺装等的消耗，使用定额时均不应再另行计算。

概算定额的计价工程量按设计桥梁的长度进行计算。桥梁长度的释义同前 8 之说明。

13. 钢桁架桥、钢索吊桥上部构造

(1)定额中钢桁架梁定额中，已综合考虑了场地平整与处理、钢桁梁的架设、架设用导梁和连接及加固杆件、架设用滑道、临时支架、地锚等的消耗，使用定额时不应再另行计算。其计价工程量按设计钢桁架梁的重量进行计算。

(2)定额中钢桁架桥行车道板与桥面铺装，已将行车道梁、人行道构件以及水泥混凝土桥面进行了综合，定额中还综合考虑了支座、伸缩缝、泄水管、吊装设备、金属栏杆、沥青混凝土桥面铺装、人行道铺装、预制构件运输以及钢筋等的消耗，使用定额时不应再另行计算。其计价工程量按设计行车道梁、人行道构件以及水泥混凝土桥面的混凝土实体体积进行计算。本定额中未包括水泥混凝土拌和费用，应按有关定额另行计算。

(3)定额中钢索吊桥加劲桁梁定额中,已综合考虑了场地平整与处理、主索、悬吊系统构件、套筒及拉杆、套筒灌锌、承托板混凝土与钢筋、缆索吊装设备等的消耗,使用定额时不应再另行计算。其计价工程量按设计加劲钢桁架梁的重量进行计算。

(4)定额中钢索吊桥加劲桁梁行车道板与桥面铺装,按木桥面板进行编制,定额中还综合考虑了支座、伸缩缝、泄水管、金属栏杆、沥青混凝土桥面铺装、人行道铺装、预制构件运输以及钢筋等的消耗,使用定额时不应再另行计算。其计价工程量按设计木桥面板的体积进行计算。

(5)定额中钢索吊桥钢纵横梁定额中,已综合考虑了场地平整与处理、主索、悬吊系统构件、套筒及拉杆、抗风缆结构、套筒灌锌、承托板混凝土与钢筋、缆索吊装设备、防水层、风缆锚碇等的消耗,使用定额时不应再另行计算。其计价工程量按设计钢纵横梁的重量进行计算。

(6)定额中钢索吊桥钢纵横梁木桥面板的计价工程量按设计木板面板的体积进行计算。

14. 悬索桥索鞍

概算定额与预算定额的不同之处在于:

(1)将塔顶门架和鞍罩的消耗已综合在主索鞍定额中,使用定额时不应再另行计算。

(2)定额中钢格栅的计价工程量,按钢格栅与主索鞍顶推反力架的重量之和进行计算;散索鞍的计价工程量按座体、承板、锲块、槽盖、螺杆、压板、隔板、锌质填块的重量之和进行计算;主索鞍的计价工程量按承板、鞍体、安装板、挡块、槽盖、拉杆、隔板、锌质填块等的重量之和进行计算。

15. 悬索桥牵引系统

概算定额与预算定额的不同之处在于:

(1)已将塔顶平台的消耗综合在牵引系统定额中,使用定额时不应再另行计算。

(2)定额的计价工程量按施工组织设计确定的牵引系统的单侧长度进行计算。

16. 悬索桥主缆

概算定额与预算定额的不同之处在于:

(1)已将主缆的缆套和检修道的消耗综合在主缆定额中,使用定额时不应再另行计算。

(2)定额的计价工程量按索股平行钢丝的设计重量进行计算,不包括锚头重量。

17. 钢箱梁

概算定额与预算定额的不同之处在于:

(1)已将场地平整与处理的消耗综合在钢箱梁安装定额中,无索区钢箱梁安装还综合考虑了滑移的消耗,顶推钢箱梁中还综合了顶推用导梁和顶推滑道的消耗,使用定额时均不应再另行计算。

(2)定额中0号块托架的计价工程量,按施工组织设计确定的托架钢构件的重量进行计算,但不包括连接螺栓等连接件的重量;钢箱梁安装的计价工程是按设计钢箱梁(包括箱梁内横隔板)、桥面板(包括横肋)、横梁、钢锚箱的重量之和进行计算。

18. 钢管拱上部构造

概算定额与预算定额的不同之处在于:

(1)已将场地平整与处理的消耗综合在钢拱肋安装定额中,混凝土纵横梁安装定额中已将预制与安装进行了综合,使用定额时均不应再另行计算。

(2)定额中扣索的计价工程量,按设计扣索钢绞线的重量进行计算;钢管拱肋安装的计价工程量按设计拱肋钢管、横撑、腹板、拱脚处外侧钢板、拱脚接头钢板及各种加劲块、加固构件、预埋构件等的重量之和进行计算；拱肋混凝土的计价工程量，按设计混凝土的实体体积进行计算；系杆和吊索的计价工程量按设计系杆或吊索中高强钢丝或钢绞线的重量进行计算；不包括两端锚具和防护材料的重量；钢纵横梁安装的计价工程量按设计钢纵横梁的重量进行计算；混凝土纵横梁的计价工程量按设计混凝土的实体体积进行计算。

19. 支座与伸缩缝

概算定额与预算定额的不同之处在：

(1)已将伸缩缝预留槽混凝土和钢筋综合在模数式伸缩缝安装定额中，使用定额时不应再另行计算。

(2)定额中板式橡胶支座安装的计价工程量，按设计需要的支座的体积进行计算；钢盆式橡胶支座安装的计价工程量，按设计需要的支座的个数进行计算；板式橡胶伸缩缝安装的计价工程量，按设计需要的伸缩缝的长度进行计算，但不包括人行道或安全带部分；模数式伸缩缝安装的计价工程量，按设计需要的伸缩缝的重量进行计算。

20. 木拱盔及钢支架

概算定额与预算定额的不同之处在于：

(1)已将拱盔和拱架拼装时需要的吊装设备综合在定额中，使用定额时不应再另行计算。

(2)定额中木拱盔的计价工程量，按起拱线以上的弓形侧面积(即顺桥方向起拱水平线与拱圈底弧线包围的面积)进行计算，其计算方法见定额节说明；钢拱架的计价工程量按施工组织设计确定的钢拱架与支座金属构件的重量之和进行计算。

21. 钢筋工程

概算定额与预算定额的不同之处在于：

(1)定额中已按不同的结构形式进行了适当综合，如下部构造墩台钢筋定额中已综合考虑桥墩、桥台以及轻型墩台、实体式墩台、柱式墩台、空心墩等因素。

(2)定额计价工程量的计算规定同《公路工程预算定额》。

例 3-17　某桥人工开挖基坑，已知湿处挖基工程量是 3 500m^3，地面水位高 3m，土质为亚黏土，试求人工挖基坑土及抽水等的人工、材料、机械消耗量。

解：(1)根据题意及该章说明 4 和 5，应按湿处 4m 内挖基定额，且定额中已包括人工开挖、清运、砌筑时的排水所需的水泵台班，故不必另计抽水台班。

(2)由概算定额表 5-1-3-2 可知，由于定额中不分土质类别，故题示中土质类别可不必考虑，按已知条件确定 1 000m^3 定额值，并计算 3 500m^3 的工、料、机消耗。

人工：[1] 736.3×3 500/1 000＝2 577.05 工日

材料：无

机械：[1653] 93.83×3 500/1 000＝328.41 台班

例 3-18　某大桥的桩基础工程设计施工项目有：

(1)麻袋围堰 600m、高 3m；

(2)筑岛填芯 1 800m^3；

(3)回旋钻水平平台上钻孔，每根桩孔深 38m，孔径 120cm，砾石共需钻 14 根，求其概算定额中的人工和钻机定额。

2. 机械台班单价的计算

式(6-8)中的机械台班单价应按交通部颁布的《公路工程机械台班费用定额》(JTG/T B06-03-2007),通过 11 表分析计算。

机械台班单价由不变费用和可变费用两部分组成:

(1)不变费用。它包括折旧费、大修理费、经常修理费、安装拆卸费及辅助设施费等。不变费按《编制办法》规定,应直接套用。

(2)可变费用。它包括机上人员的人工费、动力燃料费、养路费及车船使用税。

①人工工日数、动力燃料消耗量,应以机械台班费用定额中的数值为准。

②台班人工费的工日单价按生产工人工日单价计〔即按式(6-1)〕计算。

③动力燃料费用则按材料费计算的有关规定计算。

④当工程用电为自选发电时,电动机械每 kW · h(度)电的单价可由下述近似公式计算:

$$A = 0.24(k/N) \tag{6-11}$$

式中:A——每 kW · h 电单价(元);

k——发电机组的台班单价(元);

N——发电机组的总功率(kW)。

其中: 机械台班单价=不变费用+可变费用 (6-12)

例 6-6 某路基工程土方约为 50 000m^3。推土机施工,普通土天然密实方,功率 90kW 以内,推土运距 60m,按预算定额求算其所需机械台班数及机械使用费总金额,市场调查柴油价格为 4.8 元/kg;人工:59 元/工日。

解:(1)确定推土机施工台班定额值

查《公路工程预算定额》表 1-1-12"推土机推土"得:

$$2.39+4\times0.8=5.59(台班)/1\,000m^3$$

(2)确定推土机台班费用定额

查《机械台班费用定额》,其代号 1004 即为 90kW 推土机。

不变费用:311.14 元,(包括折旧费 128.75 元、大修理费 50.44 元、经常修理费 131.14 元、安装拆卸费及辅助设施费 0.81 元。)

可变费用:人工:2 工日/台班;柴油:65.37kg/台班。

(3)确定机械台班单价

$$311.14+2\times59\times4.8\times65.37=742.92 元$$

(4)求机械台班使用费总金额

$$50\,000\div1\,000\times5.59\times742.92=207\,646.14 元$$

二、其他工程费

(一)基本概念

其他工程费是指直接工程费以外、施工过程中发生的、直接用于工程的费用。内容包括:冬季施工增加费、雨季施工增加费、夜间施工增加费、特殊地区施工增加费、行车干扰工程施工增加费、安全及文明施工措施费、临时设施费、施工辅助费、工地转移费 9 项。公路工程中的水、电费及因场地狭小等特殊情况而发生的材料二次搬运等其他工程费已包括在概、预算定额中,不再另计。

(二)其他工程费及间接费取费标准的工程类别划分

具体划分如下：

(1)人工土方：系指人工施工的路基、改河等土方工程，以及人工施工的砍树、挖根、除草、平整场地、挖盖山土等工程项目，并适用于无路面的便道工程。

(2)机械土方：系指机械施工的路基、改河等土方工程，以及机械施工的砍树、挖根、除草等工程项目。

(3)汽车运输：系指汽车、拖拉机、机动翻斗车等运送的路基、改河土(石)方、路面基层和面层混合料、水泥混凝土及预制构件、绿化苗、木等。

(4)人工石方：系指人工施工的路基、改河等石方工程，以及人工施工挖盖山石项目。

(5)机械石方：系指机械施工的路基、改河等石方工程(机械打眼即属机械施工)。

(6)高级路面：系指沥青混凝土路面、厂拌沥青碎石路面和水泥混凝土路面的面层。

(7)其他路面：系指除高级路面以外的其他路面面层，各等级路面的基层、底基层、垫层、透层、黏层、封层，采用结合料稳定的路基和软土等特殊路基处理等工程，以及有路面的便道工程。

(8)构造物Ⅰ：系指无夜间施工的桥梁、涵洞、防护(包括绿化)及其他工程，交通工程及沿线设施工程(设备安装及金属标志牌、防撞钢护栏、防眩板(网)、隔离栅、防护网除外)，以及临时工程中的便桥、电力电信线路、轨道铺设等工程项目。

(9)构造物Ⅱ：系指有夜间施工的桥梁工程。

(10)构造物Ⅲ：系指商品混凝土(包括沥青混凝土和水泥混凝土)的浇筑和外购构件及设备的安装工程。商品混凝土和外购构件及设备的费用不作为其他工程费和间接费的计算基数。

(11)技术复杂大桥：系指单孔跨径在120m以上(含120m)和基础水深在10m以上(含10m)的大桥主桥部分的基础、下部和上部工程。

(12)隧道：系指隧道工程的洞门及洞内土建工程。

(13)钢材及钢结构：系指钢桥及钢吊桥的上部构造，钢沉井、钢围堰、钢套箱及钢护筒等基础工程，钢索塔、钢锚箱、钢筋及预应力钢材、模数式及橡胶板式伸缩缝，钢盆式橡胶支座、四氟板式橡胶支座、金属标志牌、防撞钢护栏、防眩板(网)、隔离栅、防护网等工程项目。

购买路基填料的费用不作为其他工程费和间接费的计算基数。

(三)冬季施工增加费

1. 定义

冬季施工增加费是指按照公路工程施工及验收规范所规定的冬季施工要求，为保证工程质量和安全生产所需采取的防寒保温设施、工效降低和机械作业率降低以及技术操作过程的改变等所增加的有关费用。

2. 冬季施工增加费内容

(1)因冬季施工所需增加的一切人工、机械与材料的支出。

(2)施工机具所需修建的暖棚(包括拆、移)，增加油脂及其他保温设备费用。

(3)因施工组织设计确定，需增加的一切保温、加温及照明等有关支出。

(4)与冬季施工有关的其他各项费用，如清除工作地点的冰雪等费用。

3. 冬季气温区的划分

其划分是根据气象部门提供的满15年以上的气温资料确定的。自每年秋季第一次连续5天出现室外日平均温度在5℃以下、日最低温度在－3℃以下的第一天算起，至第二年春夏最后一次连续5天出现同样温度的最末一天为冬季期。冬季期内平均气温在－1℃以上者为冬一区，－1～－4℃者为冬二区，－4～－7℃者为冬三区，－7～－10℃者为冬四区，－10～－14℃者为冬五区，－14℃以下者为冬六区。冬一区内平均气温低于0℃的连续天数在70天以内的为I副区，70天以上的为II副区；冬二区内平均气温低于0℃的连续天数在100天以内的为I副区，100天以上的为II副区。

气温高于冬一区，但砖石混凝土工程施工须采取一定措施的地区为准冬季区。准冬季区分两个副区，简称准一区和准二区。凡一年内日最低气温在0℃以下的天数多于20天的，日平均气温在0℃以下的天数少于15天的为准一区，多于15天的为准二区。全国各地的冬季区划分见表6-3。若当地气温资料与表6-3划定的冬季气温区划分有较大出入时，可按当地气温资料及上述划分标准确定工程所在地的冬季气温区。

4.费率和计算

冬季施工增加费＝∑各类工程的直接工程费×冬季施工增加费费率(%)　　(6-13)

说明：(1)各类工程的直接工程费的计算方法是根据各类工程的特点，规定各气温区的取费标准的。

(2)为了简化计算手续，采用全年平均摊销的方法，即不论是否在冬季施工，均按规定的取费标准计取冬季施工增加费。

(3)一条路线穿过两个以上的气温区时，可分段计算或按各区的工程量比例求得全线的平均增加率，计算冬季施工增加费。

(4)工程所在地的冬季施工增加费费率按表6-3选用。

冬季施工增加费费率表(%)　　表6-3

气温区 / 工程类别	冬季期平均气温(℃)								准一区	准二区
	－1以上		－1～－4		－4～－7	－7～－10	－10～－14	－14以下		
	冬一区		冬二区		冬三区	冬四区	冬五区	冬六区		
	I	II	I	II						
人工土方	0.28	0.44	0.59	0.76	1.44	2.05	3.07	4.61	—	—
机械土方	0.43	0.67	0.93	1.17	2.21	3.14	4.71	7.07	—	—
汽车运土	0.08	0.12	0.17	0.21	0.40	0.56	0.84	1.27	—	—
人工石方	0.06	0.10	0.13	0.15	0.30	0.44	0.65	0.98	—	—
机械石方	0.08	0.13	0.18	0.21	0.42	0.61	0.91	1.37	—	—
高级路面	0.37	0.52	0.72	0.81	1.48	2.00	3.00	4.50	0.06	0.16
其他路面	0.11	0.20	0.29	0.37	0.62	0.80	1.20	1.80	—	—
构造物I	0.34	0.49	0.65	0.75	1.36	1.84	2.76	4.14	0.06	0.15
构造物II	0.42	0.60	0.81	0.92	1.67	2.27	3.40	5.10	0.08	0.19
构造物III	0.83	1.18	1.60	1.81	3.29	4.46	6.69	10.03	0.15	0.37
技术复杂大桥	0.48	0.68	0.93	1.05	1.91	2.58	3.87	5.81	0.08	0.21
隧道	0.10	0.19	0.27	0.35	0.58	0.75	1.12	1.69	—	—
钢材及钢结构	0.02	0.05	0.07	0.09	0.15	0.19	0.29	0.43	—	—

(四)雨季施工增加费

1.定义

雨季施工增加费是指雨季期间施工，为保证工程质量和安全生产所需采取的防雨、排水、防潮和防护措施、工效降低和机械作业率降低以及技术作业过程的改变等，所需增加的有关费用。

2. 雨季施工增加费的内容

具体内容包括：

(1)因雨季施工所需增加的工、料、机费用的支出，包括工作效率的降低及易被雨水冲毁的工程所增加的工作内容等（如基坑坍塌和排水沟等堵塞的清理、路基边坡冲沟的填补等）。

(2)路基土方工程的开挖和运输，因雨季施工（非土壤中水影响）而引起的黏附工具，降低工效所增加的费用。

(3)因防止雨水必须采取的防护措施的费用，如挖临时排水沟、防止基坑坍塌所需的支撑、挡板等。

(4)材料因受潮、受湿的耗损费用。

(5)增加防雨、防潮设备的费用。

(6)其他有关雨季施工所需增加的费用，如因河水高涨致工作困难而增加的费用等。

3. 雨量区和雨季期的划分

根据气象部门提供的满 15 年以上的降雨资料确定的。凡月平均降雨天数在 10 天以上，月平均日降雨量在 3.5～5mm 之间者为 I 区，月平均日降雨量在 5mm 以上者为 II 区。全国各地雨量区及雨季期的划分见表 6-4。若当地气象资料与上表所划定的雨量区及雨季期出入较大时，可按当地气象资料及上述划分标准确定工程所在地的雨量区及雨季期。

4. 费率和计算

$$雨季施工增加费 = \sum 各类工程的直接工程费 \times 雨季施工增加费费率(\%) \quad (6\text{-}14)$$

说明：

(1)根据类工程的特点选定各雨量区和雨季期的取费标准，采用全年平均摊销的方法，即不论是否在雨季施工，均按规定的取费标准计取雨季施工增加费。

(2)一条路线通过不同的雨量区和雨季期时，应分别计算雨季施工增加费或按工程量比例求得平均的增加率，计算全线雨季施工增加费。

(3)工程所在地的雨量区、雨季期的费率按表 6-4 选用。

(4)室内管道及设备安装工程不计雨季施工增加费。

雨季施工增加费费率表(%)　　表 6-4

雨季期(月数)	1	1.5	2		2.5		3		3.5		4		4.5		5		6		7	8
工程类别 \ 雨量区	I	I	I	II	I	II	I	II	I	II	I	II	I	II	I	II	I	II	II	II
人工土方	0.04	0.05	0.07	0.11	0.09	0.13	0.11	0.15	0.13	0.17	0.15	0.20	0.17	0.23	0.19	0.26	0.21	0.31	0.36	0.42
机械土方	0.04	0.05	0.07	0.11	0.09	0.13	0.11	0.15	0.13	0.17	0.15	0.20	0.17	0.23	0.19	0.27	0.22	0.32	0.37	0.43
汽车运土	0.04	0.05	0.07	0.11	0.09	0.13	0.11	0.16	0.13	0.19	0.15	0.22	0.17	0.25	0.19	0.27	0.22	0.32	0.37	0.43
人工石方	0.02	0.03	0.05	0.07	0.06	0.09	0.07	0.11	0.08	0.13	0.09	0.15	0.1	0.17	0.12	0.19	0.15	0.23	0.27	0.32
机械石方	0.03	0.04	0.06	0.1	0.08	0.12	0.1	0.14	0.12	0.16	0.14	0.19	0.16	0.22	0.18	0.25	0.2	0.29	0.34	0.39
高级路面	0.03	0.04	0.06	0.1	0.08	0.13	0.1	0.15	0.12	0.17	0.14	0.19	0.16	0.22	0.18	0.25	0.2	0.29	0.34	0.39

续上表

工程类别 \ 雨量区 \ 雨季期（月数）	1	1.5	2		2.5		3		3.5		4		4.5		5		6		7	8
	Ⅰ	Ⅰ	Ⅰ	Ⅱ	Ⅰ	Ⅱ	Ⅰ	Ⅱ	Ⅰ	Ⅱ	Ⅰ	Ⅱ	Ⅰ	Ⅱ	Ⅰ	Ⅱ	Ⅰ	Ⅱ	Ⅱ	Ⅱ
其他路面	0.03	0.04	0.06	0.09	0.08	0.12	0.09	0.14	0.1	0.16	0.12	0.18	0.14	0.21	0.16	0.24	0.19	0.28	0.32	0.37
构造物Ⅰ	0.03	0.04	0.05	0.08	0.06	0.09	0.07	0.11	0.08	0.13	0.1	0.15	0.12	0.17	0.14	0.19	0.16	0.23	0.27	0.31
构造物Ⅱ	0.03	0.04	0.05	0.08	0.07	0.1	0.08	0.12	0.09	0.14	0.11	0.16	0.13	0.18	0.15	0.21	0.17	0.25	0.3	0.34
构造物Ⅲ	0.06	0.08	0.11	0.17	0.14	0.21	0.17	0.25	0.2	0.3	0.23	0.35	0.27	0.4	0.31	0.45	0.35	0.52	0.6	0.69
技术复杂大桥	0.03	0.05	0.07	0.1	0.08	0.12	0.1	0.14	0.12	0.16	0.14	0.19	0.16	0.22	0.18	0.25	0.2	0.29	0.34	0.39
隧道	—	—	—	—	—	—	—	—	—	—	—	—			—	—	—	—	—	
钢材及钢结构	—	—	—	—	—	—	—	—	—	—	—	—			—	—	—	—	—	

(五)夜间施工增加费

1. 定义

夜间施工增加费是指根据设计、施工的技术要求和合理的施工进度要求，必须在夜间连续施工而发生的工效降低、夜班津贴以及有关照明设施(包括所需照明设施的安拆、摊销、维修及油燃料、电)等增加的费用。

2. 费率和计算

夜间施工增加费，以夜间施工工程项目(如桥梁工程项目包括上、下部构造全部工程)的直接工程费之和为基数，按表 6-5 的费率计算。即：

$$夜间施工增加费=\sum 夜间施工工程项目的直接工程费\times 夜间施工增加费费率(\%) \quad (6\text{-}15)$$

说明：设备安装工程及金属标志牌、防撞钢护栏、防眩板(网)、隔离栅、防护网等不计夜间施工增加费。

夜间施工增加费费率表(%) 表 6-5

工程类别	费率	工程类别	费率
构造物Ⅱ	0.35	技术复杂大桥	0.35
构造物Ⅲ	0.70	钢材及钢结构	0.35

注：设备安装工程及金属标志牌、防撞钢护栏、防眩板(网)、隔离栅、防护网等不计夜间施工增加费。

(六)特殊地区施工增加费

1. 高原地区施工增加费

1)定义

高原地区施工增加费，是指在海拔高度 1 500m 以上地区施工，由于受气候、气压的影响，致使人工、机械效率降低而增加的费用。

2)费率和计算

$$高原地区施工增加费=\sum(各类工程人工费+机械使用费)\times 高原地区施工增加费费率(\%) \quad (6\text{-}16)$$

说明：一条路线通过两个以上（含两个）不同的海拔高度分区时，应分别计算高原地区施工增加费或按工程量比例求得平均的增加率，计算全线高原地区施工增加费。

增加费费率按表 6-6 选用。

高原地区施工增加费费率表（%） 表 6-6

工程类别	海拔高度（m）							
	1501～2000	2001～2500	2501～3000	3001～3500	3501～4000	4001～4500	4501～5000	5000 以上
人工土方	7.00	13.25	19.75	29.75	43.25	60.00	80.00	110.00
机械土方	6.56	12.60	18.66	25.60	36.05	49.08	64.72	83.80
汽车运土	6.50	12.50	18.50	25.00	35.00	47.50	62.50	80.00
人工石方	7.00	13.25	19.75	29.75	43.25	60.00	80.00	110.00
机械石方	6.71	12.82	19.03	27.01	38.50	52.80	69.92	92.72
高级路面	6.58	12.61	18.69	25.72	36.26	49.41	65.17	84.58
其他路面	6.73	12.84	19.07	27.15	38.74	53.17	70.44	93.60
构造物 I	6.87	13.06	19.44	28.56	41.18	56.86	75.61	102.47
构造物 II	6.77	12.90	19.17	27.54	39.41	54.18	71.85	96.03
构造物 III	6.73	12.85	19.08	27.19	38.81	53.27	70.57	93.84
技术复杂大桥	6.70	12.81	19.01	26.94	38.37	52.61	69.65	92.27
隧道	6.76	12.90	19.16	27.50	39.35	54.09	71.72	95.81
钢材及钢结构	6.78	12.92	19.20	27.66	39.62	54.50	72.30	96.80

2. 风沙地区施工增加费

1）定义

风沙地区施工增加费，是指在沙漠地区施工时，由于受风沙影响，按照施工及验收规范的要求，为保证工程质量和安全生产而增加的有关费用。内容包括防风、防沙及气候影响的措施费，人工、机械效率降低增加的费用，以及积沙、风蚀的清理修复等费用。

2）风沙地区的划分

根据《公路自然区划标准》、《沙漠地区公路建设成套技术研究报告》的公路自然区划和沙漠公路区划，结合风沙地区的气候状况将风沙地区分为三区九类：半干旱、半湿润沙地为风沙一区；干旱、极干旱寒冷沙漠地区为风沙二区；极干旱炎热沙漠地区为风沙三区；

根据覆盖度（沙漠中植被、戈壁等覆盖程度）又将每区分为固定沙漠（覆盖度＞50%）、半固定沙漠（覆盖度 10%～50%）、流动沙漠（覆盖度＜10%）三类，覆盖度由工程勘察设计人员在公路工程勘察设计时确定。

全国风沙地区公路施工区划见附录。若当地气象资料及自然特征与附录中的风沙地区划分有较大出入时，由项目所在省、自治区、直辖市公路（交通）工程造价（定额）管理站按当地气象资料和自然特征及上述划分标准确定工程所在地的风沙区划，并抄送交通部公路司备案。

一条路线穿过两个以上不同风沙区时，按路线长度经过不同的风沙区加权计算项目全线风沙地区施工增加费，增加费费率按表 6-7 选用。

风沙地区施工增加费费率表(%) 表 6-7

风沙区划 / 工程类别	风沙一区			风沙二区			风沙三区		
	沙漠类型								
	固定	半固定	流动	固定	半固定	流动	固定	半固定	流动
人工土方	6.00	11.00	18.00	7.00	17.00	26.00	11.00	24.00	37.00
机械土方	4.00	7.00	12.00	5.00	11.00	17.00	7.00	15.00	24.00
汽车运输	4.00	8.00	13.00	5.00	12.00	18.00	8.00	17.00	26.00
人工石方	—	—	—	—	—	—	—	—	—
机械石方	—	—	—	—	—	—	—	—	—
高级路面	0.50	1.00	2.00	1.00	2.00	3.00	2.00	3.00	5.00
其他路面	2.00	4.00	7.00	3.00	7.00	10.00	4.00	10.00	15.00
构造物 I	4.00	7.00	12.00	5.00	11.00	17.00	7.00	16.00	24.00
构造物 II	—	—	—	—	—	—	—	—	—
构造物 III	—	—	—	—	—	—	—	—	—
技术复杂大桥	—	—	—	—	—	—	—	—	—
隧道	—	—	—	—	—	—	—	—	—
钢材及钢结构	1.00	2.00	4.00	1.00	3.00	5.00	2.00	5.00	7.00

3)费率和计算

风沙地区施工增加费=∑(各类工程的人工费+机械使用费)×费率(%) (6-17)

3. 沿海地区工程施工增加费

1)定义

沿海地区工程施工增加费,是指工程项目在沿海地区施工受海风、海浪和潮汐的影响,致使人工、机械效率降低等所需增加的费用。本项费用,由沿海各省、自治区、直辖市交通厅(局)制定具体的适用范围(地区),并抄送交通部公路司备案。

2)费率和计算

沿海地区工程施工增加费=∑各类工程的直接工程费×费率(%) (6-18)

式中费率按表 6-8 计算。

沿海地区工程施工增加费费率表(%) 表 6-8

工程类别	费率	工程类别	费率
构造物 II	0.15	技术复杂大桥	0.15
构造物 III	0.15	钢材及钢结构	0.15

(七)行车干扰工程施工增加费

行车干扰工程施工增加费系指由于边施工边维持通车,受行车干扰的影响,致使人工、机械效率降低而增加的费用。该费用以受行车影响部分的工程项目的人工费和机械使用费之和为基数,按表 6-9 的费率计算。即:

行车干扰工程施工增加费=∑(受行车影响部分的工程项目的人工费+机械使用费)×费率(%) (6-19)

行车干扰工程施工增加费费率表(%) 表 6-9

工程类别	施工期间平均每昼夜双向行车次数(汽车畜力车合计)							
	51～100	101～500	501～1000	1001～2000	2001～3000	3001～4000	4001～5000	5000以上
人工土方	1.64	2.46	3.28	4.10	4.76	5.29	5.86	6.44
机械土方	1.39	2.19	3.00	3.89	4.51	5.02	5.56	6.11
汽车运输	1.36	2.09	2.85	3.75	4.35	4.84	5.36	5.89
人工石方	1.66	2.40	3.33	4.06	4.71	5.24	5.81	6.37
机械石方	1.16	1.71	2.38	3.19	3.70	4.12	4.56	5.01
高级路面	1.24	1.87	2.50	3.11	3.61	4.01	4.45	4.88
其他路面	1.17	1.77	2.36	2.94	3.41	3.79	4.20	4.62
构造物 I	0.94	1.41	1.89	2.36	2.74	3.04	3.37	3.71
构造物 II	0.95	1.43	1.90	2.37	2.75	3.06	3.39	3.72
构造物 III	0.95	1.42	1.90	2.37	2.75	3.05	3.38	3.72
技术复杂大桥	—	—	—	—	—	—	—	—
隧道	—	—	—	—	—	—	—	—
钢材及钢结构	—	—	—	—	—	—	—	—

(八)安全及文明施工措施费

安全及文明施工措施费，是指工程施工期间为满足安全生产、文明施工、职工健康生活所发生的费用。它不包括施工期间为保证交通安全而设置的临时安全设施和标志、标牌的费用，需要时，应根据设计要求计算。安全及文明施工措施费以各类工程的直接工程费之和为基数，按表 6-10 的费率计算。即：

$$安全及文明施工措施费=\sum 各类工程的直接工程费\times 费率(\%) \quad (6\text{-}20)$$

安全及文明施工措施费费率表(%) 表 6-10

工程类别	费率	工程类别	费率
人工土方	0.59	构造物 I	0.72
机械土方	0.59	构造物 II	0.78
汽车运输	0.21	构造物 III	1.57
人工石方	0.59	技术复杂大桥	0.86
机械石方	0.59	隧道	0.73
高级路面	1.00	钢材及钢结构	0.53
其他路面	1.02		

注：设备安装工程按表中费率的 50%计算。

(九)临时设施费

1. 定义

临时设施，是指施工企业为进行建筑安装工程施工所必需的生活和生产用的临时建筑物、构筑物和其他临时设施的费用等，但不包括概、预算定额中临时工程在内。

2. 临时设施

临时设施包括:临时生活及居住房屋(包括职工家属房屋及探亲房屋)、文化福利及公用房屋(如广播室、文体活动室等)和生产、办公房屋(如仓库、加工厂、加工棚、发电站、变电站、空压机站、停机棚等),工地范围内的各种临时的工作便道(包括汽车、马车、架子车道)、人行便道,工地临时用水、用电的水管支线和电线支线,临时构筑物(如水井、水塔等)以及其他小型临时设施。

3. 临时设施费用内容

临时设施费用内容包括:临时设施的搭设、维修、拆除费或摊销费。

4. 费率和计算

$$临时设施费=\sum各类工程的直接工程费\times临时设施费费率(\%) \tag{6-21}$$

式中临时设施费费率按表 6-11 计算。

临时设施费费率表(%) 表 6-11

工 程 类 别	费 率	工 程 类 别	费 率
人工土方	1.57	构造物 I	2.65
机械土方	1.42	构造物 II	3.14
汽车运输	0.92	构造物 III	5.81
人工石方	1.60	技术复杂大桥	2.92
机械石方	1.97	隧道	2.57
高级路面	1.92	钢材及钢结构	2.48
其他路面	1.87		

(十)施工辅助费

1. 定义

施工辅助费包括:生产工具用具使用费、检验试验费和工程定位复测、工程点交、场地清理等费用。生产工具用具使用费,是指施工所需不属于固定资产的生产工具、检验、试验用具及仪器、仪表等的购置、摊销和维修费,以及支付给生产工人自备工具的补贴费。检验试验费,是指施工企业对建筑材料、构件和建筑安装工程进行一般鉴定、检查所发生的费用,包括自设试验室进行试验所耗用的材料和化学药品的费用,以及技术革新和研究试验费。但不包括新结构、新材料的试验费和建设单位要求对具有出厂合格证明的材料进行检验、对构件破坏性试验及其他特殊要求检验的费用。

2. 费率和计算

$$施工辅助费=\sum各类工程的直接工程费\times施工辅助费费率(\%) \tag{6-22}$$

式中的施工辅助费费率按表 6-12 计算。

施工辅助费费率表(%) 表 6-12

工 程 类 别	费 率	工 程 类 别	费 率
人工土方	0.89	构造物 I	1.30
机械土方	0.49	构造物 II	1.56
汽车运输	0.16	构造物 III	3.03
人工石方	0.85	技术复杂大桥	1.68
机械石方	0.46	隧道	1.23
高级路面	0.80	钢材及钢结构	0.56
其他路面	0.74		

(十一)工地转移费

1. 定义

工地转移费，是指施工企业根据建设任务的需要，由已竣工的工地或后方基地迁至新工地的搬迁费用。

2. 费用内容

费用内容包括：

(1)施工单位全体职工及随职工迁移的家属向新工地转移的车费、途中住宿费、行程补助费、杂费及工资与工资附加费等；

(2)公物、工具、施工设备器材、施工机械的运杂费，以及外租机械的往返费及本工程内部各工地之间施工机械、设备、公物、工具的转移费等；

(3)非固定工人进退场及一条路线中各工地转移的费用。

3. 费率和计算

$$工地转移费=\sum 各类工程的直接工程费\times 工地转移费费率(\%) \tag{6-23}$$

式中的工地转移费费率按表 6-13 计算。

工地转移费费率表(%) 表 6-13

工程类别	工地转移距离(km)					
	50	100	300	500	1000	每增加 100
人工土方	0.15	0.21	0.32	0.43	0.56	0.03
机械土方	0.50	0.67	1.05	1.37	1.82	0.08
汽车运输	0.31	0.40	0.62	0.82	1.07	0.05
人工石方	0.16	0.22	0.33	0.45	0.58	0.03
机械石方	0.36	0.43	0.74	0.97	1.28	0.06
高级路面	0.61	0.83	1.30	1.70	2.27	0.12
其他路面	0.56	0.75	1.18	1.54	2.06	0.10
构造物 I	0.56	0.75	1.18	1.54	2.06	0.11
构造物 II	0.66	0.89	1.40	1.83	2.45	0.13
构造物 III	1.31	1.77	2.77	3.62	4.85	0.25
技术复杂大桥	0.75	1.01	1.58	2.06	2.76	0.14
隧道	0.52	0.71	1.11	1.45	1.94	0.10
钢材及钢结构	0.72	0.97	1.51	1.97	2.64	0.13

说明：(1)转移距离，以工程承包单位(如工程处、工程公司等)转移前后驻地距离或两路线中点的距离为准；

(2)编制概(预)算时，如施工单位不明确，高速、一级公路及独立大桥、隧道按省城(自治区首府)至工地的里程；

(3)二级及以下公路按地(市、盟)至工地的里程计算工地转移费；

(4)工地转移里程数在表列里程之间时，费率可内插计算；

(5)工地转移距离在 50km 以内的工程不计取本项费用。

例 6-7 某公路桥桩基础工程，卷扬机带冲抓锥冲孔施工，已知桩径 1.5m，水深 30m，全桥共 40 根桩。经概算分析其人二费：20 万元；材料费 46 万元；机械费 75 万元。该桥位于东部沿海地区，地理位置为冬一区 II，雨季期 2 个月雨量区 II。由于工期紧张，工程需昼夜连续施工，施工期间有行车干扰，昼夜双向行车 800 辆。施工单位为本地企业距离工地 30km，试按《编制办法》的规定计算其应计的其他工程费。

解：(1)根据题意，由工程类别划分，可知该工程项目属构造物 II。应该计算的内容是：冬季施工增加费、雨季施工增加费、夜间施工增加费、沿海地区工程施工增加费、行车干扰工程施工增加费、安全及文明施工措施费、临时设施费、施工辅助费。而高原地区、风沙地区施工增加费不计、工地转移费不足 50km 可不计。

(2)各项内容计算如下：

①冬季施工增加费：(20＋46＋75)×0.6％＝0.8 万元

②雨季施工增加费：(20＋46＋75)×0.08％＝0.112 8 万元

③夜间施工增加费：(20＋46＋75)×0.35％＝0.493 5 万元

④沿海地区工程施工增加费：(20＋46＋75)×0.15％＝0.211 5 万元

⑤行车干扰工程施工增加费：(20＋75)×1.9％＝1.805 万元

⑥安全及文明施工措施费：(20＋46＋75)×0.72％＝1.015 2 万元

⑦临时设施费：(20＋46＋75)×3.14％＝4.426 4 万元

⑧施工辅助费：(20＋46＋75)×1.56％＝2.199 6 万元

(3)其他工程费合计：

0.8＋0.112 8＋0.493 5＋0.211 5＋1.805＋1.015 2＋4.426 4＋2.199 6＝11.064 万元

例 6-8 某高原道路的沥青混凝土路面摊铺工程，共 600km。其中在海拔 2 500～3 000m 的路段为 400km，在海拔 3 000～3 500m 的路段达 200km。本路段路面工程预算造价为 2 400 万元，其中人工、机械两项约占总价的 40％，求其所在高原地区平均施工增加费率。

解：(1)根据题意，该路段跨越两个不同海拔高度区，由表 6-6 可知高原地区施工增加费率分别为 18.69％和 25.72％。

(2)根据人工、机械两项费用所占路面总预算价的比例 40％，则：

$$人工+机械费用=2\,400\times 40\%=960\ 万元$$

(3)按工程量比例求得其平均增加率：

$$960\times\frac{400}{600}\times 18.69\%+960\times\frac{200}{600}\times 25.72\%=201.92\ 万元$$

例 6-9 某机械化施工的路基土方工程共 480km，穿越风沙二区和风沙三区，分别为 280km 和 200km，道路所经路段为半固定沙漠。该工程总预算价格为 15 000 万元，其中人工、机械两项费用占 80％，试计算其风沙地区施工增加费。

解：(1)根据题意，该路段穿越两个沙区的半固定沙漠，查表 6-7，增加费率分别为：11％和 15％。

(2)人工、机械两项费用：15 000×80％＝12 000 万元

(3)计算全线平均施工增加费率：

$$12\,000\times\frac{200}{480}\times 11\%+12\,000\times\frac{280}{480}\times 15\%=1\,600\ 万元$$

第五节　材料运距的确定与计算

在计算材料费时，要涉及材料运距计算问题，《编制办法》规定："一种材料如有两个以上的供应点时，都应根据不同的运距、运量、运价采用加权平均的方法计算运费"。下面就材料供应经济范围的确定和平均运距的计算做一介绍。

一、运料终点的确定

由于路线工程是线形构造物，所以材料运料终点的确定对运距的确定影响极大。原则上，运料终点是工地仓库或工地堆料点。但是，当施工组织设计不能提供工地仓库或堆料地点的具体位置时，其运料终点为：

(1)独立大中桥为桥梁中心桩号，大型隧道为中心桩号，集中型工程为范围中心的桩号。

(2)路线工程，对于外购材料一般以路线中心点桩号作为运料终点，当工程用料分布不均衡时，可按加权平均法确定某种材料的卸料重心点位置作为运料终点；对于自采材料，则应根据料场供应范围及各工程点用料量、距料场运距等情况具体计算确定。

二、材料经济供应范围的确定

自采材料料场对路线经济范围的划分，有两种方法可供选择，即最大运距相等法和平均运距相等法。这两种方法的计算结果相差不大，下面介绍比较直观的最大运距相等法。

当一条路线工程，在其沿线有多个供应同种材料的料场，则应在各相邻料场间确定一个经济供应分界点，即经济合理地确定各自采材料料场的经济供应范围。

料场供应范围的经济划分，与料场开采价格、沿路线(各段)各点的用料量、料场到卸料点的运距、运价等有关。

用最大运距相等法确定料场(或供料点)间的经济分界点 K 时，一般认为：

(1)各料场的开采价格(供应价格)相等；

(2)某种材料沿路线的用量是比较均匀的(个别用量特别大的路段材料用量超出平均用量的部分，应另按点式卸料计算其运距)，而且设计阶段无法细算；

(3)各料场至用料地点间的运价是相等的。

按最大运距相等法确定料场间分界点的原则是：当 A 料场与 B 料场相邻，且料价、运价相等，沿线材料用量均匀，则 A、B 两料场至分界点 K 的运距相等(见图 6-3)。

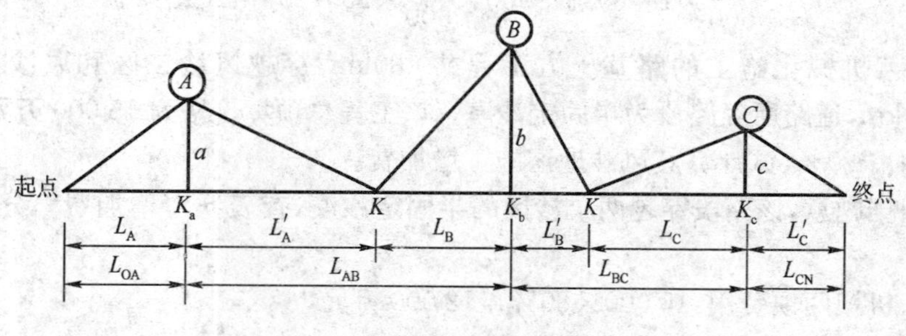

图　6-3

如图：当 $a>(b+L_{AB})$ 时，取消 A 料场，由 B 料场供料；

当$b>(a+L_{AB})$时，取消B料场，由A料场供料；

当$a<(b+L_{AB})$或$b<(a+L_{AB})$时，应确定两料场的经济分界点K，其计算表达式如下：

$$L_{max}=a+L'_A=b+L_B$$

根据定义：

则

$$L'_A=\frac{1}{2}[L_{AB}+(b-a)]$$

$$L_B=\frac{1}{2}[L_{AB}-(b-a)]$$

式中：a——A料场至上路桩号运距；

b——B料场至上路桩号运距；

L_{AB}——A料场支线上路点K_a至B料场支线上路点K_b之间的运距；

L'_A——K_a点至K点运距；

L_B——K点至K_b点运距；

L_{max}——最大运距。

确定相邻料场间的经济分界点的注意事项：

(1)路线起点或终点之外无料场时，则路线的起点和终点为自然分界点；若有料场，则应视为路线供应料场之一，按上述方法确定经济分界点。

(2)计算运距时，要考虑断链影响。

(3)支线等运距以调查的实际运距为准(不是距离)。

(4)确定料场的取舍，尚应充分考虑料场开发、运输的可行性；还要考虑运料重载升坡的影响。

(5)若料场料价、运价差异很大时，可按两料场至分界点间加权最大运距相等的原则来划分。

例 6-10 某公路工程的料场分布如图 6-4 所示。已知A料场的上路桩号为 K2＋100，支线运距 1.60km；B料场上路桩号为 K7＋900，支线运距 2.5km。试确定A、B料场间的经济分界点桩号。

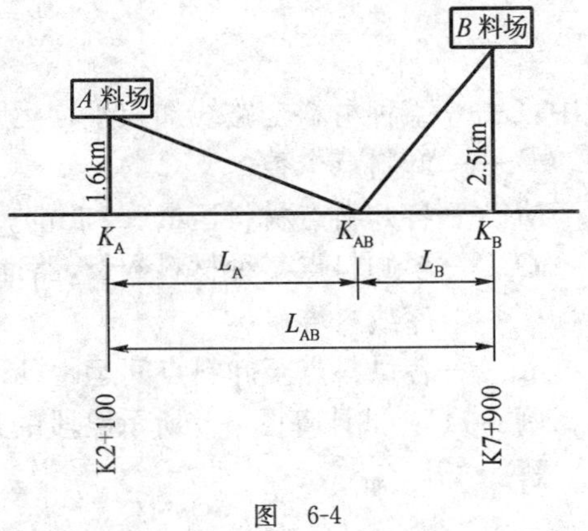

图 6-4

解： 由图 6-4 知：

$$L_{AB}=7.9-2.1=5.8\text{km}$$

$$b-a=2.5-1.6=0.9\text{km}$$

$$L_A=0.5\times(5.8+0.9)=3.35\text{km}$$

$$L_B=5.8-3.35=2.45\text{km}$$

分界点K_{AB}桩号＝(2＋100)＋(3＋350)

＝K5＋450

复核：1.6＋3.35＝2.5＋2.45＝4.95km(正确)

三、路线材料平均运距计算

为了计算构成材料单价的运杂费，必须首先确定各种材料的平均运距。当一种材料有多个供应点时，必须首先确定各供应点的经济供应范畴；一种材料有多个卸料点时，必须计算其平均运距。

(一)自采材料平均运距计算

当一种自采材料沿路线有多个供料点且有多个用料点时，可用下列两种方法确定该种材料的平均运距(见图 6-5)。

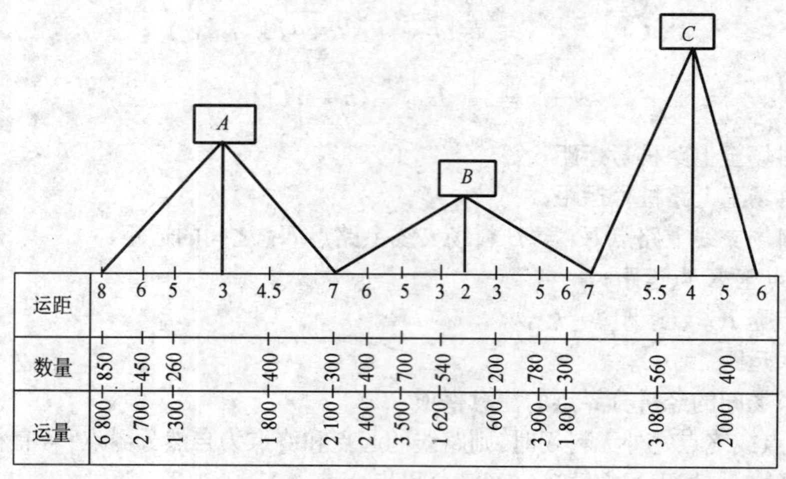

图 6-5

1. 加权平均法

当料场供应范围及各卸料点的位置、运距、用料数量确定后，可按下式计算该种材料的全路线加权平均运距。

$$L=\frac{\sum_{i=1}^{n}M_i}{\sum_{i=1}^{n}Q_i}=\frac{\sum_{i=1}^{n}Q_iL_i}{\sum_{i=1}^{n}Q_i}$$

式中：L——某种材料全路线加权平均运距(km)；

n——卸料点个数；

M_i——各卸料点材料运量(t・km)；

Q_i——各卸料点某种材料数量，路面材料卸料点为路段中心点，构造物用料卸料点为仓库或料堆；

L_i——各供料点至卸料点间运距(km)。

例 6-11 试计算图 6-5 所示路段的某种自采材料的加权平均运距。

解：

$$L=\frac{\sum_{i=1}^{n}Q_iL_i}{\sum_{i=1}^{n}Q_i}=\frac{6\ 800+2\ 700+\cdots+3\ 080+2\ 000}{850+450+\cdots+560+400}=5.47\text{km}$$

2. 算术平均值法

图 6-5 所示路线材料平均运距可采用算术平均值法计算：

$$L'=\frac{\sum_{i=1}^{n}L_i}{n}$$

式中：L'——某种材料全路线算术平均运距(km)；

其他符号意义同前。

例 6-12 试计算上例的算术平均运距。

解：

$$L'=\frac{\sum_{i=1}^{n}L_i}{n}=\frac{8+6+\cdots+5.5+5}{13}=5.31\text{km}$$

由上述两例可知：加权平均运距与算术平均运距仅相差3%左右，考虑到运距不一定经过丈量，本身的误差就可能大于计算误差，特别是加权平均法需待各分项预算编完后才有条件计算运距，故在工程用料量分布大致均衡的情况下，以用算术平均法较为简便。

(二)外购材料平均运距计算

外购材料一般只有一个供应点，却具有一个或多个用料点(仓库、料堆)，如图 6-6 所示。

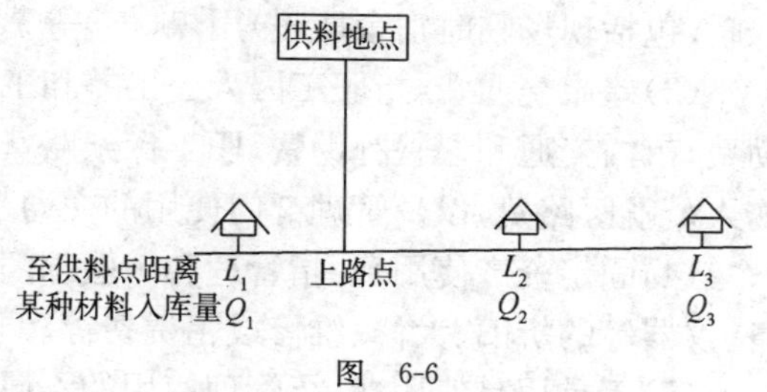

图 6-6

外购材料平均运距可按下列公式计算：

1. 加权平均运距

$$L=\frac{\sum_{i=1}^{n}Q_iL_i}{\sum_{i=1}^{n}Q_i}$$

2. 算术平均运距

$$L'=\frac{\sum_{i=1}^{n}L_i}{n}$$

上述式中：L——某种外购材料全线加权平均运距(km)；

n——卸料仓库(或料堆)个数；

Q_i——某种材料各仓库入库量(t)；

L_i——卸料仓库距供料地点运距(km)；

L'——某种外购材料全线算术平均运距(km)。

第六节 间接费的内容及计算

间接费由规费和企业管理费两项组成。

一、规　　费

1. 定义

规费，是指政府和有关权力部门规定施工企业必须缴纳的费用(简称规费)。

2. 费用内容

(1)养老保险费：指施工企业按规定标准为职工缴纳的基本养老保险费。

(2)失业保险费：指施工企业按国家规定标准为职工缴纳的失业保险费。

(3)医疗保险费：指施工企业按规定标准为职工缴纳的基本医疗保险费和生育保险费。

(4)住房公积金：指施工企业按规定标准为职工缴纳的住房公积金。

(5)工伤保险费：指施工企业按规定标准为职工缴纳的工伤保险费。

3. 计算

各项规费以各类工程的人工费之和为基数，按国家或工程所在地相关部门规定的标准计算。

二、企业管理费

企业管理费由基本费用、主副食运费补贴、职工探亲路费、职工取暖补贴和财务费用 5 项组成。

1. 基本费用

企业管理基本费用，是指施工企业为组织施工生产和经营管理所需的费用。其内容包括：

(1)管理人员工资：指人员工资、工资性补贴、职工福利费、劳动保护费以及缴纳的养老、失业、医疗、生育、工伤保险费和住房公积金等。

(2)办公费：指企业办公用的文具、纸张、账表、印刷、邮电、书报、会议、水、电、烧水和集体取暖(包括现场临时宿舍取暖)用煤(气)等费用。

(3)差旅交通费：指职工因人公出差和工作调动(包括随行家属的旅费)的差旅费、住勤补助费，市内交通和误餐补助费，职工探亲路费，劳动力招募费，职工离退休、退职一次性路费、工伤人员就医路费，以及管理部门使用的交通工具的油料、燃料、养路费及牌照费。

(4)固定资产使用费：指管理和试验部门及附属生产单位使用的属于固定资产的房屋、设备、仪器等的折旧、大修、维修或租赁费等。

(5)工具用具使用费：指管理使用的不属于固定资产的生产工具、器具、家具、交通工具和检验、试验、测绘、消防用具等的购置、维修和摊销费。

(6)劳动保险费：指企业支付离退休职工的易地安家补助费、职工退职金、6 个月以上的病假人员工资、职工死亡丧葬、抚恤费、按规定支付给离休干部的各项经费。

(7)工会经费：指企业按职工工资总额计提的工会费。

(8)职工教育经费：指企业为职工学习先进技术和提高文化水平，按职工工资总额计提的费用。

(9)保险费：指企业财产保险、管理用车辆等保险费用。

(10)工程保修费：指工程竣工交付使用后，在规定保修期以内的修理费用。

(11)工程排污费：指施工现场按规定缴纳的排污费用。

(12)税金：指企业按规定缴纳的房产税、车船使用税、土地使用税、印花税等。

(13)其他：指上述项目以外的其他必要的费用支出，包括技术转让费、技术开发费、业务招待费、广告费、投标费、公证费、定额测定费、法律顾问费、审计费、咨询费等。

其计算公式为：

$$基本费用=\sum 各类工程的直接费\times 基本费用费率(\%) \tag{6-24}$$

基本费用费率见表 6-14。

基本费用费费率表(%) 表 6-14

工程类别	费率	工程类别	费率
人工土方	3.36	构造物 I	4.44
机械土方	3.26	构造物 II	5.53
汽车运输	1.44	构造物 III	9.79
人工石方	3.45	技术复杂大桥	4.72
机械石方	3.28	隧道	4.22
高级路面	1.91	钢材及钢结构	2.42
其他路面	3.28		

2. 主副食运费补贴

主副食运费补贴，指施工企业在远离城镇及乡村的野外施工购买生活必需品所需增加的费用。

其计算公式为：

$$主副食运费补贴=\sum各类工程的直接费\times主副食运费补贴费率(\%) \tag{6-25}$$

主副食运费补贴费费率见表6-15。

主副食运费补贴费费率表(%) 表6-15

工程类别	综合里程(km)											
	1	3	5	8	10	15	20	25	30	40	50	每增加10
人工土方	0.17	0.25	0.31	0.39	0.45	0.56	0.67	0.76	0.89	1.06	1.22	0.16
机械土方	0.13	0.19	0.24	0.30	0.35	0.43	0.52	0.59	0.69	0.81	0.95	0.13
汽车运输	0.14	0.20	0.25	0.32	0.37	0.45	0.55	0.62	0.73	0.86	1.00	0.14
人工石方	0.13	0.19	0.24	0.30	0.34	0.42	0.51	0.58	0.67	0.80	0.92	0.12
机械石方	0.12	0.18	0.22	0.28	0.33	0.41	0.49	0.55	0.65	0.76	0.89	0.12
高级路面	0.08	0.12	0.15	0.20	0.22	0.28	0.33	0.38	0.44	0.52	0.60	0.08
其他路面	0.09	0.12	0.15	0.20	0.22	0.28	0.33	0.38	0.44	0.52	0.61	0.09
构造物I	0.13	0.18	0.23	0.28	0.32	0.40	0.49	0.55	0.65	0.76	0.89	0.12
构造物II	0.14	0.20	0.25	0.30	0.35	0.43	0.52	0.60	0.70	0.83	0.96	0.13
构造物III	0.25	0.36	0.45	0.55	0.64	0.79	0.96	1.09	1.28	1.51	1.76	0.24
技术复杂大桥	0.11	0.16	0.20	0.25	0.29	0.36	0.43	0.49	0.57	0.68	0.79	0.11
隧道	0.11	0.16	0.19	0.24	0.28	0.34	0.42	0.48	0.56	0.66	0.77	0.10
钢材及钢结构	0.11	0.16	0.20	0.26	0.30	0.37	0.44	0.50	0.59	0.69	0.80	0.11

说明：(1)综合里程=粮食运距×0.06+燃料运距×0.09+蔬菜运距×0.15+水运距×0.70；

(2)粮食、燃料、蔬菜、水的运距均为全线平均运距；

(3)综合里程数在表列里程之间时，费率可内插；

(4)综合里程在1km以内的工程不计取本项费用。

3. 职工探亲路费

职工探亲路费，指按照有关规定施工企业职工在探亲期间发生的往返车船费、市内交通费和途中住宿费等费用。

其计算公式为：

$$职工探亲路费=\sum各类工程的直接费\times职工探亲路费费率(\%) \tag{6-26}$$

职工探亲路费费率见表6-16。

职工探亲路费费率表(%) 表6-16

工程类别	费率	工程类别	费率
人工土方	0.10	构造物I	0.29
机械土方	0.22	构造物II	0.34
汽车运输	0.14	构造物III	0.55
人工石方	0.10	技术复杂大桥	0.20
机械石方	0.22	隧道	0.27
高级路面	0.14	钢材及钢结构	0.16
其他路面	0.16		

4. 职工取暖补贴

职工取暖补贴，指按规定发放给职工的冬季取暖费或在施工现场设置的临时取暖设施的费用。

其计算公式为：

$$职工取暖补贴 = \sum 各类工程的直接费 \times 职工取暖补贴费率(\%) \tag{6-27}$$

职工取暖补贴费费率见表 6-17。

职工取暖补贴费费率表(%) 表 6-17

工程类别	气温区						
	准二区	冬一区	冬二区	冬三区	冬四区	冬五区	冬六区
人工土方	0.03	0.06	0.10	0.15	0.17	0.26	0.31
机械土方	0.06	0.13	0.22	0.33	0.44	0.55	0.66
汽车运输	0.06	0.12	0.21	0.31	0.41	0.51	0.62
人工石方	0.03	0.06	0.10	0.15	0.17	0.25	0.31
机械石方	0.05	0.11	0.17	0.26	0.35	0.44	0.53
高级路面	0.04	0.07	0.13	0.19	0.25	0.31	0.38
其他路面	0.04	0.07	0.12	0.18	0.24	0.30	0.36
构造物 I	0.06	0.12	0.19	0.28	0.36	0.46	0.56
构造物 II	0.06	0.13	0.20	0.30	0.41	0.51	0.62
构造物 III	0.11	0.23	0.37	0.56	0.74	0.93	1.13
技术复杂大桥	0.05	0.10	0.17	0.26	0.34	0.42	0.51
隧道	0.04	0.08	0.14	0.22	0.28	0.36	0.43
钢材及钢结构	0.04	0.07	0.12	0.19	0.25	0.31	0.37

5. 财务费用

财务费用是指施工企业为筹集资金而发生的各项费用，包括企业经营期间发生的短期贷款利息净支出、汇兑净损失、调剂外汇手续费、金融机构手续费，以及企业筹集资金发生的其他财务费用。

财务费用以各类工程的直接费之和为基数，按表 6-18 所示的费率计算：

$$财务费用 = \sum 类工程的直接费 \times 财务费用费率(\%) \tag{6-28}$$

财务费用费率表(%) 表 6-18

工程类别	费率	工程类别	费率
人工土方	0.23	构造物 I	0.37
机械土方	0.21	构造物 II	0.40
汽车运输	0.21	构造物 III	0.82
人工石方	0.22	技术复杂大桥	0.46
机械石方	0.20	隧道	0.39
高级路面	0.27	钢材及钢结构	0.48
其他路面	0.30		

三、辅助生产间接费

辅助生产间接费，指由施工单位自行开采加工的砂、石等自采材料及施工单位自办的人工装卸和运输的间接费。

辅助生产间接费按人工费的5%计。该项费用并入材料预算单价内构成材料费，不直接出现在概(预)算中。

说明：(1)高原地区施工单位的辅助生产，可按其他工程费中高原地区施工增加费费率，以直接工程费为其数计算高原地区施工增加费(其中：人工采集、加工材料、人工装卸、运输材料按人工土方费率计算；机械采集、加工材料按机械石方费率计算；机械装、运输材料按汽车运输费率计算)。

(2)辅助生产高原地区施工增加费不作为辅助生产间接费的计算基数。

例6-13　关于其他工程费率及其相关费用的列表计算方法。

解：(1) 假定某道路土方工程上述11项费率都需计算，且经预算分析，人工费为500万元，材料费为900万元，机械使用费600万元，各项费率如表6-19填写所示。

其他工程费费率(%)　　表6-19

序号	工程类别	冬季施工增加费	雨季施工增加费	夜间施工增加费	高原地区施工增加费	风沙地区施工增加费	沿海地区施工增加费	行车干扰工程施工增加费	安全及文明施工增加费	临时设施费	施工辅助费	工地转程费	综合费率	
													I	II
1	2	3	4	5	6	7	8	9	10	11	12	13	14	15
一	土方工程	0.28	0.3	0.35			0.15		0.78	3.14	1.56	0.89	7.45%	
					7	7		2.36						16.36%

(2) 计算各项费用时，要把计算基数相同的费率加在一起，形成了综合费率I和II。

(3) 综合费率I＝0.28%＋0.3%＋0.35%＋0.15%＋0.78%＋3.14%＋1.56%＋0.89%
　　＝7.45%

所对应的费用I＝直接工程费(人＋材＋机)×i%
　　＝(500＋900＋600)×7.45%＝149万元

综合费率II＝7＋7＋2.36＝16.36%

所对应的费用II＝(人＋机)×i%
　　＝(500＋600)×16.36%＝179.96万元

则该项工程的其他工程费总计为149＋179.96＝328.96万元。

例6-14　某省公路工程公司，承包沥青混凝土路面施工(冬三区)，公司驻地距工地75km，其中粮食运距75km，燃料运距60km，蔬菜运距40km，水运距20km。经预算分析其人工费25万元、材料费100万元、机械费80万元、其他工程费40万元。试计算企业管理费。

解：(1)根据题意，其基本费用费率、职工探亲路费费率、职工取暖补贴费率、财务费用费率，可直接查相应费率表。

(2)主副食运费补贴先求算综合里程后，再查表内插计算。

(3)计算主副食运费综合里程为：

75×0.06＋60×0.09＋40×0.15＋20×0.7＝4.5＋5.4＋6＋14＝29.9≈30km

(4)基本费用=(25+100+80+40)×1.91%=4.679 5 万元

(5)主副食运费补贴=(25+100+80+40)×0.44%=1.078 万元

(6)职工探亲路费=(25+100+80+40)×0.14%=0.343 万元

(7)职工取暖补贴=(25+100+80+40)×0.19%=0.465 5 万元

(8)财务费用=(25+100+80+40)×0.27%=0.661 5 万元

(9)企业管理费=4.679 5+1.078+0.343+0.465 5+0.615 5=7.227 5 万元

例 6-15 关于间接费费率及其相关费用的列表计算方法。

解:(1)假设某技术复杂大桥,地处冬三区,主副食运费综合里程 80km,经预算分析人工费为 600 万元,材料费为 3 500 万元,机械使用费为 1 300 万元,其他工程费 860 万元,各项费率如表 6-20 所示。

(2)计算其规费:综合费率为 33%,计算基数为人工费。

即规费为 600×33%=198 万元。

(3)计算企业管理费,综合费率为 6.76%,计算基数为直接费。

即企业管理费为(600+3 500+1 300+860)×6.76%=423.176 万元。

(4)该工程间接费=规费+企业管理费

=198+423.176=621.176 万元

间接费率(%) 表 6-20

序号	工程类别	规费						企业管理费					
1	2	3	4	5	6	7	8	9	10	11	12	13	14
四	技术复杂大桥工程	养老保险费	失业保险费	医疗保险费	住房公积金	工伤保险费	综合费率	基本费用	主副食运费补贴	职工探亲路费	职工取暖补贴	财务费用	综合费率
		12	1	8	10	2	33	4.72	1.12	0.2	0.26	0.46	6.76

第七节 企业的利润及税金

一、利 润

利润是施工企业完成所承包工程应取得的盈利。其计算公式为:

$$利润=(直接费+间接费-规费)\times 7\% \qquad (6\text{-}29)$$

二、税 金

税金,是指按照国家税法规定应计入建筑安装工程造价内的营业税、城市维护建设税及教育费附加等。其计算公式为:

$$综合税金额=(直接费+间接费+利润)\times 综合税率$$

式中综合税率的确定分以下几种情况:

(1)纳税地点在市区的企业,其综合税率公式为:

$$综合税率(\%)=\left(\frac{1}{1-3\%-(3\%\times 7\%)-(3\%\times 3\%)}-1\right)\times 100=3.41(\%) \qquad (6\text{-}30)$$

(2)纳税地点在县城、乡镇的企业,其综合税率公式为:

$$综合税率(\%)=\left(\frac{1}{1-3\%-(3\%\times5\%)-(3\%\times3\%)}-1\right)\times100=3.35(\%) \quad (6\text{-}31)$$

(3)纳税地点不在市区、县城、乡镇的企业,其综合税率公式为:

$$综合税率(\%)=\left(\frac{1}{1-3\%-(3\%\times1\%)-(3\%\times3\%)}-1\right)\times100=3.22(\%) \quad (6\text{-}32)$$

例 6-16 某矿区矿山公路上的中桥,桥型为装配式钢筋混凝土空心板桥,跨径为 3×16m,工程属于冬三区,雨量Ⅰ区,雨季期 1.5 个月,构造物Ⅱ类。无行车干扰,夜间连续施工,主副食综合里程 50km,工地转移 100km,工、料、机费为 555 000 元。按当地社会保险的规定施工企业所缴纳的各项规费 125 600 元,综合税率 3.22%。试计算其直接费、间接费、利润、税金。

解:(1)由于直接费=直接工程费+其他直接费,而

直接费工程费=人工费+材料费+机械使用费=555 000 元(已知)

其他直接费=555 000×(1.67+0.04+0.35+0.78+3.14+1.56+0.89)%

=46 786.5 元(根据题意,特殊地区施工增加费和行车干扰增加费不计。)

所以直接费=555 000+46 786.5=601 786.5 元。

(2)由于间接费=规费+企业管理费,而

规费=125 600 元(已知)

企业管理费=(555 000+46 786.5)×(5.53+0.96+0.34+0.3+0.4)%=45 314.5 元

间接费=125 600+45 314.5=170 914.5 元

(3)利润=(直接费+间接费-规费)×7%=(601 786.5+170 914.5-125 600)×7%=45 297 元

(4)税金=(直接费+间接费+利润)×3.22%=(601 786.5+170 914.5+45 297)×3.22%

=817 998×3.22%=26 339.53 元

第八节 设备、工具、器具及家具购置费

一、设备购置费

设备购置费是指为满足公路的营运、管理、养护需要,购置的构成固定资产标准的设备和虽低于固定资产标准,但属于设计明确列入设备清单的设备的费用。它包括渡口设备;隧道照明、消防、通风的动力设备;高等级公路的收费、监控、通信、供电设备,养护用的机械、设备和工具、器具等的购置费用。

设备购置费应由设计单位列出计划购置的清单(包括设备的规格、型号、数量),以设备原价加综合业务费和运杂费按以下公式计算:

设备购置费=设备原价+运杂费(运输费+装卸费+搬运费)+
运输保险费+采购及保管费 (6-33)

需要安装的设备,应在第一部分,“建筑安装工程费”的有关项目内另计设备的安装工程费。

1.国产设备原价的构成及计算

国产设备的原价一般是指设备制造厂的交货价,即出厂价或订货合同价。它一般根据生

产厂或供应商的询价、报价、合同价确定，或采用一定的方法计算确定。其内容包括：按专业标准规定的在运输过程中不受损失的一般包装费，及按产品设计规定配戴的工具、附件和易损件的费用。即：

设备原价＝出厂价(或供货地点价)＋包装费＋手续费　(6-34)

2.进口设备原价的构成及计算

进口设备的原价是指进口设备的抵岸价，即抵达买方边境港口或边境车站，且交完关税为止形成的价格。即：

进口设备原价＝货价＋国际运费＋运输保险费＋银行财务费＋外贸手续费＋关税＋增值税＋消费税＋商检费＋检疫费＋车辆购置附加费　(6-35)

(1)货价一般是指装运港船上交货价(FOB，习惯称离岸价)。设备货价分为原币货价和人民币货价，原币货价一律折算为美元表示，人民币货价按原币货价乘以外汇市场美元兑换人民币的中间价确定。进口设备货价按有关生产厂商询价、报价、订货合同价计算。

(2)国际运费是指从装运港(站)到达我国抵达港(站)的运费。即：

国际运费＝原币货价(FOB价)×运费费率　(6-36)

我国进口设备大多采用海洋运输，小部分采用铁路运输，个别采用航空运输。运费费率参照有关部门或进出口公司的规定执行，海运费费率一般为6%。

(3)运输保险费。对外贸易货物运输保险是由保险人(保险公司)与被保险人(出口人或进口人)订立保险契约，在被保险人交付议定的保险费后，保险人根据保险契约的规定对货物在运输过程中发生的承保责任范围内的损失给予经济上的补偿。这是一种财产保险。其计算公式为：

运输保险费＝[原币货价(FOB价)＋国际运费]÷(1－保险费费率)×保险费费率　(6-37)

保险费费率按保险公司规定的进口货物保险费费率计算，一般为0.35%。

(4)银行财务费一般是指中国银行手续费，它可按下式简化计算：

银行财务费＝人民币货价(FOB价)×银行财务费费率　(6-38)

银行财务费费率一般为0.4%～0.5%。

(5)外贸手续费是指按规定计取的外贸手续费，其计算公式为：

外贸手续费＝[人民币货价(FOB价)＋国际运费＋运输保险费]×外贸手续费费率　(6-39)

外贸手续费费率一般为1%～1.5%。

(6)关税是指海关对进出国境或关境的货物和物品征收的一种税，其计算公式为：

关税＝[人民币货价(FOB价)＋国际运费＋运输保险费]×进口关税税率　(6-40)

进口关税税率按我国海关总署发布的进口关税税率计算。

(7)增值税是一种对从事进口贸易的单位和个人，在进口商品报关进口后征收的税种。按照《中华人民共和国增值税条例》的规定，进口应税产品均按组成计税价格和增值税税率直接计算应纳税额。即：

增值税＝[人民币货价(FOB价)＋国际运费＋运输保险费＋关税＋消费税]×增值税税率　(6-41)

增值税税率根据规定的税率计算，目前进口设备适用的税率为17%。

(8)消费税是一种对部分进口设备(如轿车、摩托车等)征收的税种，一般计算公式为：

应纳消费税率=[人民币货价(FOB价)+国际运费+运输保险费+关税]÷(1−消费税税率)×消费税税率　(6-42)

消费税税率根据规定的税率计算。

(9)商检费是指进口设备按规定付给商品检查部门的进口设备检验鉴定费。其计算公式为：

商检费=[人民币货价(FOB价)+国际运费+运输保险费]×商检费费率　(6-43)

商检费费率一般为0.8%。

(10)检疫费是指进口设备按规定付给商品检疫部门的进口设备检验鉴定费。其计算公式为：

检疫费=[人民币(FOB价)+国际运费+运输保险费]×检疫费费率　(6-44)

检疫费费率一般为0.17%。

(11)车辆购置附加费是指进口车辆需缴纳的进口车辆购置附加费,其计算公式为：

进口车辆购置附加费=[人民币货价(FOB价)+国际运费+运输保险费+关税+消费税+增值税]×进口车辆购置附加费费率　(6-45)

在计算进口设备原价时,应注意工程项目的性质,有无按国家有关规定减免进口环节税的可能。

3.设备运杂费的构成及计算

国产设备运杂费是指由设备制造厂交货地点起至土地仓库(或施工组织设计指定的需要安装设备的堆放地点)止所发生的运费和装卸费。

进口设备运杂费是指由我国到岸港口或边境车站起至工地仓库(或施工组织设计指定的需要安装设备的堆放地点)止所发生的运费和装卸费。

其计算公式为：

运杂费=设备原价×运杂费费率　(6-46)

运杂费费率见表6-21。

设备运杂费费率表(%)　表6-21

运输里程(km)	100以内	101～200	201～300	301～400	401～500	501～750	751～1000	1001～1250	1251～1500	1501～1750	1751～2000	2000以上每增250
费率(%)	0.8	0.9	1.0	1.1	1.2	1.5	1.7	2.0	2.2	2.4	2.6	0.2

4.设备运输保险费的构成及计算

设备运输保险费是指国内运输保险费,其计算公式为：

运输保险费=设备原价×保险费费率　(6-47)

设备运输保险费费率一般为1%。

5.设备采购及保管费的构成及计算

设备采购及保管费是指采购、验收、保管和收发设备所发生的各种费用,它包括设备采购人员、保管人员和管理人员的工资、工资附加费、差旅交通费,设备供应部门办公和仓库所占固定资产使用费、工具用具使用费、劳动保护费、检验试验费等。其计算公式为：

采购及保管费=设备原价×采购及保管费费率　(6-48)

需要安装的设备的采购保管费费率为2.4%,不需要安装的设备的采购保管费费率为1.2%。

例 6-17 某路桥公司拟从国外进口一台沥青摊铺机，质量 100t，装运港船上交货价（即离岸价 FOB）为 200 万美元。国外海运运费率 6%，运输保险费率 0.35%，银行财务费率 0.5%，外贸手续费率 1.5%，关税税率 15%，增值税率 17%，消费税率 10%，商检费率 0.8%，检疫费率 0.17%，车辆购置附加费率 8%。试计算该进口设备原价。（当时美元的牌价为 7.56 元人民币）

解：根据《编制办法》关于进口设备的各项费用的计算公式，则有：

(1)进口设备货价(FOB)＝200 万美元×7.56＝1 512 万元(人民币)

(2)国际运费＝ FOB×运费费率＝1 512×6%＝90.72 万元

(3)运输保险费$=\dfrac{(\text{FOB}+\text{国际运费})}{(1-\text{保险费率})}\times$保险费费率$=\dfrac{(1\,512+90.72)}{(1-0.35\%)}\times 0.35\%$

＝5.629 万元

(4)银行财务费＝ FOB×银行财务费率

＝1 512×0.5%＝7.56 万元

(5)外贸手续费＝(FOB＋国际运费＋运输保险费)×外贸手续费率

＝(1 512＋90.72＋5.629)×1.5%＝24.125 万元

(6)关税＝(FOB＋国际运费＋运输保险费)×进口关税税率

＝(1 512＋90.72＋5.629)×15%＝241.252 万元

(7)消费税$=\dfrac{[\text{FOB}+\text{国际运费}+\text{运输保险费}+\text{关税}]}{1-\text{消费税率}}\times$消费税率

$=\dfrac{1\,512+90.72+5.629+241.252}{1-10\%}\times 10\%=$ 205.511 万元

(8)增值税＝(FOB＋国际运费＋运输保险费＋关税＋消费率)×增值税税率

＝(1 512＋90.72＋5.629＋241.252＋205.511)×17% ＝349.369 万元

(9)商检费＝(FOB＋国际运费＋运输保险费)×商检费率

＝(1 512＋90.72＋5.629)×0.8% ＝12.867 万元

(10)检疫费＝(FOB＋国际运费＋运输保险费)×检疫费费率

＝(1 512＋90.72＋5.629)×0.17% ＝2.734 万元

(11)车辆购置附加费

＝(FOB＋国际运费＋运输保险费＋关税＋消费率＋增值税)×车辆购置附加费费率

＝(1 512＋90.72＋5.629＋241.252＋205.511＋349.369)×8% ＝192.358 万元

进口设备原价＝货价＋国际运费＋运输保险费＋银行财务费＋外贸手续费＋关税＋消费税＋增值税＋商检费＋检疫费＋车辆购置附加费

＝1 512＋90.72＋5.629＋7.56＋24.125＋241.252＋205.511＋349.369＋12.867＋2.734＋192.358

＝2 644.125 万元

例 6-18 按上题，若该设备到达我国某港口后，再运输到工地，

求：(1)其设备运杂费(运距 800km)；

(2)设备国内运输保险费；

(3)设备采购及保管费率；

(4)进口设备的购置费总价。

解：根据编制办法所列的表 6-19，国内设备运杂费费率为 1.7%；

国内运输保险费费率为1%,采购保管费费率按不需安装的设备取1.2%。

则有:

(1)国内运杂费=设备原价×运杂费率=2 644.125×1.7%=44.95万元

(2)设备国内运输保险费=2 644.125×1%=26.44万元

(3)采购及保管费率=2 644.125×1.2%=31.73万元

(4)设备的购置费总价=2 644.125+44.95+26.44+31.73=2 747.25万元

二、工器具及生产家具(简称工器具)购置费

工器具购置费是指建设项目交付使用后,为满足初期正常营运必须购置的第一套不构成固定资产的设备、仪器、仪表、工卡模具、器具、工作台(框、架、柜)等的费用。它不包括构成固定资产的设备、工器具和备品、备件和已列入设备购置费中的专用工具和备品、备件。工器具购置应由设计单位列出计划购置的清单(包括规格、型号、数量),购置费的计算方法同设备购置费。

三、办公和生活用家具购置费

办公和生活用家具购置费是指为保证新建、改建项目初期正常生产、使用和管理所必须购置的办公和生活用家具、用具的费用。

其使用范围包括:行政、生产部门的办公室、会议室、资料档案室、阅览室、单身宿舍及生活福利设施等的家具、用具。办公和生活用家具购置费按表6-22所示的规定计算。

办公和生活用家具购置费标准表　　表6-22

工程所在地	路线(元/公路公里)				有看桥房的独立大桥(元/座)	
	高速公路	一级公路	二级公路	三、四级公路	一般大桥	技术复杂大桥
内蒙古、黑龙江、青海、新疆、西藏	21 500	15 600	7 800	4 000	24 000	60 000
其他省、自治区、直辖市	17 500	14 600	5 800	2 900	19 800	49 000

注:改建工程按表列数80%计。

例6-19　东南沿海某省高速公路,全长125km。该工程施工图设计规定配置现代化监控和自动指挥系统、通信系统、路政电脑管理系统、自动收费管理系统、急救系统、多功能养路机械等设备,全部在国内购置。试计算工程预算中的设备、工具、器具及家具购置费。

解:1)设备、工具、器具购置费

(1)根据设计单位提供的各种设备、工、具器的购置计划清单,确定购买。

(2)按购置计划清单逐项调查,确定各种设备的出厂价、运输方式、运输里程、运价率等资料,并按式(6-33)计算购置费。

计算结果如下:(计算过程从略)

①监控和自动指挥系统设备购置费3 060 000元;

②通信系统设备1 250 000元;

③路政电脑管理设备310 000元;

④自动收费设备240 000元;

⑤急救系统设备170 000元;

⑥多功能养路机械 2 600 000 元；

⑦非固定资产的工、器具购置费 185 000 元。

(3)设备、工器具购置费＝①＋…＋⑦＝7 815 000 元

2)办公和生活用家具购置费

根据工程所在地，按表 6-22 查得的购置费标准，计算如下：

办公和生活用家具购置费＝125×17 500＝2 187 500 元

3)购置费总计金额

购置费总计金额＝7 815 000＋2 187 500＝10 002 500 元

4)设备安装费在建安费内另计。

第九节　工程建设其他费用

一、土地征用及拆迁补偿费

土地征用及拆迁补偿费是指按照《中华人民共和国土地管理法》及其实施条例、《中华人民共和国基本农田保护条例》等法律、法规的规定，为进行公路建设需征用土地所支付的土地征用及拆迁补偿费等费用。

1.费用内容

(1)土地补偿费是指被征用土地地上、地下附着物及青苗补偿费，征用城市郊区的菜地等缴纳的菜地开发建设基金，租用土地费，耕地占用税，用地图编制费及勘界费，征地管理费等。

(2)征用耕地安置补助费是指征用耕地需要安置农业人口的补助费。

(3)拆迁补偿费是指被征用或占用土地上的房屋及附属构筑物、城市公用设施等拆除、迁建补偿费，拆迁管理费等。

(4)复耕费是指临时占用的耕地、鱼塘等，待工程竣工后将其恢复到原有标准所发生的费用。

(5)耕地开垦费是指公路建设项目占用耕地的，应由建设项目法人(业主)负责补充耕地所发生的费用；没有条件开垦或者开垦的耕地不符合要求的，按规定缴纳的耕地开垦费。

(6)森林植被恢复费是指公路建设项目需要占用、征用或者临时占用林地的，经县级以上林业主管部门审核同意或批准，建设项目法人(业主)单位按照有关规定向县级以上林业主管部门预缴的森林植被恢复费。

2.计算方法

土地征用及拆迁补偿费，应根据审批单位批准的建设工程用地和临时用地面积及其附着物的情况，以及实际发生的费用项目，按国家有关规定及工程所在地的省(自治区、直辖市)人民政府颁发的有关规定和标准计算。

森林植被恢复费应根据审批单位批准的建设工程占用林地的类型及面积，按国家有关规定及工程所地的省(自治区、直辖市)人民政府颁发的有关规定和标准计算。

当与原有的电力电信设施、水利工程、铁路及铁路设施互相干扰时，应与有关部门联系，商定合理的解决方案和补偿金额，也可由这些部门按规定编制费用以确定补偿金额。

例 6-20 试计算某路线工程经过市郊某乡时，占用其土地、青苗补偿的费用。

已知的调查资料：该乡现有耕地 17 065 亩，人口 5 294 人，旱田前 3 年平均产量 755kg/亩，旱田玉米征收价 0.64 元/kg；菜田前 3 年平均亩产值 960 元/亩。公路永久占地为旱田 507 亩，菜田 78 亩。

解：1)计算前 3 年平均产值

(1)旱田：$755 \times 0.64 = 496$ 元/亩

(2)菜田：960 元/亩

2)土地补偿费

按国家土地管理条例及有关规定，取旱田被征用前 3 年平均年产值 5 倍，菜田被征用前 3 年平均年产值 8 倍计算补偿费。即：

$$507 \times 496 \times 5 + 78 \times 960 \times 8 = 1\,866\,400 \text{ 元}$$

3)安置补助费

按国家土地管理法的有关规定，每个安置人口的安置补助费为该地被征用前 3 年平均每亩年产值的 5 倍计算安置补助费。

(1)占旱田须安置的人口数为：

$$\frac{5\,294}{17\,065} \times 507 = 157.3 \text{ 人}$$

(2)占菜田须安置的人口数为：

$$\frac{5\,294}{17\,065} \times 78 = 24.2 \text{ 人}$$

(3)安置补助费金额：

$$157.3 \times 496 \times 5 + 24.2 \times 960 \times 5 = 506\,264 \text{ 元}$$

4)新菜田开发建设基金

按土地管理条例的有关规定，为该地被征用前 3 年平均年产值的 8 倍，即

$$78 \times 960 \times 8 = 599\,040 \text{ 元}$$

5)土地管理费

按国家有关文件规定，每平方米土地，一次性征收 0.6 元(1 亩=667 平方米)，即

$$(507 + 78) \times 667 \times 0.6 = 234\,117 \text{ 元}$$

6)占地补偿费总计

$$\text{占地补偿费总计} = 1\,866\,400 + 506\,264 + 599\,040 + 234\,117 = 3\,205\,821 \text{ 元}$$

例 6-21 某一公路工程建设项目，需要征用耕地 100 亩，被征用前第一年平均每亩产值 1 200元，征用前第二年平均每亩产值 1 100 元，征用前第 3 年平均每亩产值 1 000 元，该乡镇人均耕地 2.5 亩，地上附着物共有树木 3 000 棵，按照 20 元/棵补偿，青苗补偿按照 100 元/亩计取，试对该土地费用进行估价。

解：根据国家有关规定，取被征用前 3 年平均产值的 8 倍计算土地补偿费，则有：

$$\text{土地补偿费} = \frac{1\,200 + 1\,100 + 1\,000}{3} \times 100 \times 8 = 88 \text{ 万元}$$

取该耕地被征用前 3 年平均产值的 5 倍计算安置补助费，则：

需要安置的农业人口数为：

$$\frac{100}{2.5} = 40 \text{ 人}$$

$$人均安置补助费=\frac{1\,200+1\,100+1\,000}{3}\times 2.5\times 5=1.375\ 万元$$

安置补助费=1.375万×40人=55万元

地上附着物补偿费=3 000×20=6万元

青苗补偿费为:100×100=1万元

则该土地费用估价为:88+55+6+1=150万元

二、建设项目管理费

建设项目管理费,包括建设单位(业主)管理费、工程质量监督费、工程监理费、工程定额测定费、设计文件审查费和竣(交)工验收试验检测费。

(一)建设单位(业主)管理费

1.定义

建设单位(业主)管理费是指建设单位(业主)为建设项目的立项、筹建、建设、竣(交)工验收、总结等工作所发生的费用。不包括应计入设备、材料预算价格的建设单位采购及保管设备、材料所需的费用。

2.费用内容

费用内容包括:

(1)工作人员的工资、工资性补贴、施工现场津贴、社会保障费用(基本养老、其本医疗、失业、工伤保险)、住房公积金、职工福利费、工会经费、劳动保护费;

(2)办公费、会议费、差旅交通费、固定资产使用费(包括办公及生活房屋折旧、维修或租赁费,车辆折旧、维修、使用或租赁费,通讯设备购置、使用费,测量、试验设备仪器折旧、维修或租赁费,其他设备折旧、维修或租赁费等)、零星固定资产购置费、招募生产工人费;

(3)技术图书资料费、职工教育经费、工程招标费(不含招标文件及标底或编制费);

(4)合同契约公证费、法律顾问费、咨询费;

(5)建设单位的临时设施费、完工清理费、竣(交)工验收费(含其他行业或部门要求的竣工验收费用)、各种税费(包括房产税、车船使用税、印花税等);

(6)建设项目审计费、境内外内外融资费用(不含建设期货款利息)、业务招待费、安全生产管理费和其他管理性开支。

(7)由施工企业代建设单位(业主)办理“土地、青苗等补偿费”的工作人员所发生的费用,应在建设单位(业主)管理费项目中支付。

(8)当建设单位(业主)委托有资质的单位代理招标时,其代理费应在建设单位(业主)管理费中支出。

3.计算方法

建设单位(业主)管理费以建筑安装工程费总额为基数,按下表的费率,以累进办法计算。

说明:(1)水深>15m、跨度≥400m的斜拉桥和跨度≥800m的悬索桥等独立特大型桥梁工程的建设单位(业主)管理费按表6-23中的费率乘以1.0~1.2的系数计算;

建设单位管理费费率表　　表 6-23

第一部分　建筑安装工程费（万元）	费率（%）	算　　例　（万元）	
		建筑安装工程费	建设单位（业主）管理费
500 以下	3.48	500	500 × 3.48% = 17.4
501 ～ 1 000	2.73	1 000	17.4 + 500 × 2.73% = 31.05
1 001 ～ 5 000	2.18	5 000	31.05 + 4 000 × 2.18% = 118.25
5 001 ～ 10 000	1.84	10 000	118.25 + 5 000 × 1.84% = 210.25
10 001 ～ 30 000	1.52	30 000	210.25 + 20 000 × 1.52% = 514.25
30 001 ～ 50 000	1.27	50 000	514.25 + 20 000 × 1.27% = 768.25
50 001 ～ 100 000	0.94	100 000	768.25 + 50 000 × 0.94% = 1 238.25
100 001 ～ 150 000	0.76	150 000	1 238.25 + 50 000 × 0.76% = 1 618.25
150 001 ～ 200 000	0.59	200 000	1 618.25 + 50 000 × 0.59% = 1 913.25
200 001 ～ 300 000	0.43	300 000	1 913.25 + 100 000 × 0.43% = 2 343.25
300 000 以上	0.32	310 000	2 343.25 + 10 000 × 0.32% = 2 375.25

(2)海上工程(指由于风浪影响,工程施工期(不包括封冻期)全年月平均工作日少于 15 天的工程)的建设单位(业主)管理费按表 6-23 中的费率乘以 1.0～1.3 的系数计算。

(二)工程质量监督费

工程质量监督费,指根据国家有关部门规定,各级公路工程质量监督机构对工程建设质量和安全生产实施监督应收取的管理费用。

$$工程质量监督费=建筑安装工程费总额\times 0.15\% \tag{6-49}$$

(三)工程监理费

1. 定义

工程监理费是指建设单位(业主)委托具有公路工程监理资格的单位,按施工监理规范进行全面的监督和管理所发生的费用。

2. 费用内容

费用内容包括:

(1)工作人员的基本工资、工资性津贴、社会保障费用(基本养老、基本医疗失业、工伤保险)、住房公积金、职工福利费、工会经费、劳动保护费;

(2)办公费、会议费、差旅交通费、固定资产使用费(包括办公及生活房屋折旧、维修或租赁费,车辆折旧、维修、使用或租赁费,通讯设备购置、使用量,测量、试验、检测设备仪器折旧、维修或租赁费,其他设备折旧、维修或租赁费等)、零星固定资产购置费、招募生产工人费;

(3)技术图书资料费、职工教育经费、投标费用;

(4)合同契约公证费、咨询费、业务招待费;

(5)财务费用、监理单位的临时设施费、各种税费和其他管理性开支。

3.计算方法

工程监理费＝建筑安装工程费总额×工程监理费费率(％)　　(6-50)

工程监理费费率见表 6-24。

工程监理费费率　　表 6-24

工程类别	高速公路	一级及二级公路	三级及四级公路	桥梁及隧道
费率(％)	2.0	2.5	3.0	2.5

说明:表 6-24 中的桥梁指水深＞15m 的斜拉桥和悬索桥等独立特大型桥梁工程;隧道指水下隧道工程。

建设单位(业主)管理费和工程监理费均为实施建设项目管理的费用,执行时可根据建设单位(业主)和施工监理单位所实际承担的工作内容和工作量统筹使用。

(四)工程定额测定费

工程定额测定费是指各级公路(交通)工程定额(造价管理)站为测定劳动定额、搜集定额资料、编制工程定额及定额管理所需要的工作经费。其计算公式为:

工程定额测定费＝建筑安装工程费总额×0.12％　　(6-51)

(五)设计文件审查费

设计文件审查费是指国家和省级交通主管部门在项目审批前,为保证勘察设计工作的质量,组织有关专家或委托有资质的单位,对设计单位提交的建设项目可行性研究报告和勘察设计文件以及对设计变更、调整概算进行审查所需要的相关费用。其计算公式为:

设计文件审查费＝建筑安装工程费总额×0.1％　　(6-52)

(六)竣(交)工验收试验检测费

竣(交)工验收验检测费,指在公路建设项目交工验收和竣工验收前,由建设单位(业主)或工程质量监督机构,委托有资质的公路工程质量检测单位,按照有关规定对建设项目的工程质量进行检测,并出具检测意见所需要的相关费用。

竣(交)工验收试验检测费按表 6-25 的规定计算。

竣(交)工验收试验检测费标准　　表 6-25

项　目	路线(元/公路公里)				独立大桥(元/座)	
	高速公路	一级公路	二级公路	三、四级公路	一般大桥	技术复杂大桥
试验检测费	15 000	12 000	10 000	5 000	30 000	100 000

说明:竣(交)工验收试验检测费,高速公路、一级公路按四车道计算;二级及以下等级公路按二车道计算,每增加一条车道,按表 6-25 的费用增加 10％。

例 6-22　某一级公路工程,全长 220km,建筑安装工程费为 654 321 000 元。

试计算该工程的建设单位管理费;工程质量监督费;工程监理费;工程定额测定费;设计文

件审查费以及竣(交)工验收试验检测费。

解:1)建设单位管理费

(1)由题意已知该项目建筑安装费为65 432.1万元。

(2)按表6-23的费率累进计算。

建设单位管理费=768.25+(65 432.1−50 000)×0.76%=885.53万元

2)工程质量监督费

按0.15%计,即工程质量监督费=65 432.1×0.15%=98.15万元。

3)工程质量监理费

按2.5%计,即工程质量监理费=65 432.1×2.5%=1 635.81万元。

4)工程定额测定费

按0.12%计,即工程定额测定费=65 432.1×0.12%=78.52万元。

5)设计文件审查费

按0.1%计,即设计文件审查费=65 432.1×0.1%=65.43万元。

6)竣(交)工验收试验检测费

按表6-25的规定标准,一级公路为12 000元/km。

即竣(交)工验收试验检测费=220×12 000=264万元。

三、研究试验费

研究试验费是指为本建设项目提供或验证设计数据、资料进地必要的研究试验和按照设计规定在施工过程中必须进行试验、验证所需的费用,以及支付科技成果、先进技术的一次性技术转让费。但它不包括:

(1)应由科技三项费用(即新产品试制费、中间试验费和重要科学研究补助费)开支的项目;

(2)应由施工辅助费开支的施工企业对建筑材料、构件和建筑物进行一般鉴定、检查所发生的费用及技术革新研究试验费;

(3)应由勘察设计费或建筑安装工程费用中开支的项目。

其计算方法为:按照设计提出的研究试验内容和要求进行编制,不需验证设计基础资料的不计本项费用。

四、建设项目前期工作费

建设项目前期工作费是指委托勘察设计、咨询单位对建设项目进行可行性研究、工程勘察设计,以及设计、监理、施工招标文件及招标标底或造价控制值文件编制时,按规定应支付的费用。它包括:

(1)编制项目建议书(或预可行性研究报告)、可行性研究报告、投资估算,以及相应的勘察、设计、专题研究等所需的费用。

(2)初步设计和施工图设计的勘察费(包括测量、水文调查、地质勘探等)、设计费、概(预)算及调整概算编制费等。

(3)设计、监理、施工招标文件及招标标底(或造价控制值或清单预算)文件编制费等。

其计算方法为:依据委托合同计列,或按国家颁发的收费标准和有关规定进行编制。

五、专项评价(估)费

专项评价(估)费是指依据国家法律、法规规定须进行评价(评估)、咨询,按规定应支付的费用。它包括环境影响评价费、水土保持评估费、地震安全性评价费、地质灾害危险性评价费、压覆重要矿床评估费、文物勘察费、通航论证费、行洪论证(评估)费、使用林地可行性研究报告编制费、用地预审报告编制费等费用。

其计算方法是:按国家颁发的收费标准和有关规定进行编制。

六、施工机构迁移费

施工机构迁移费是指施工机构根据建设任务的需要,经有关部门决定成建制地(指工程处等)由原驻地迁移到另一地区所发生的一次性搬迁费用。但它不包括:

(1)应由施工企业自行负担的,在规定距离范围内调动施工力量以及内部平衡施工力量所发生的迁移费用;

(2)由于违反基建程序,盲目调迁队伍所发生的迁移费;

(3)因中标而引起施工机构迁移所发生的迁移费。

施工机构迁移费内容包括:职工及随同家属的差旅费,调迁期间的工资,施工机械、设备、工具、用具和周转性材料的搬运费。

其计算方法是:施工机构迁移费应经建设项目的主管部门同意按实计算。

当计算施工机构迁移费后,如迁移地点即新工地地点(如独立大桥),则其他工程费内的工地转移费应不再计算;如施工机构迁移地点至新工地地点尚有部分距离,则工地转移费的距离,应以施工机构新地点为计算起点。

七、供电贴费(停止征收)

供电贴费是指按照国家规定,建设项目应交付的供电工程贴费、施工临时用电贴费。其计算方法是:按国家有关规定计列。

八、联合试运转费

联合试运转费是指新建、改(扩)建工程项目,在竣工验收前按照设计规定的工程质量标准,进行动(静)载荷载实验所需的费用,或进行整套设备带负荷联合试运转其间所需的全部费用抵扣试车期间收入的差额。但它不包括应由设备安装工程项下开支的调试费的费用。

联合试运转费内容包括:联合试运转期间所需的材料、油燃料和动力的消耗,机械和检测设备使用费,工具用具和低值易耗品费,参加联合试运转人员工资及其他费用等。

联合试运转费以建筑安装工程费总额为基数,独立特大型桥梁按0.075%、其他工程按0.05%计算。

九、生产人员培训费

生产人员培训费是指新建、改(扩)建公路工程项目,为保证生产的正常运行,在工程竣工验收交付使用前对运营部门生产人员和管理人员进行培训所必需的费用。

生产人员培训费内容包括：培训人员的工资、工资性补贴、职工福利费、差旅交通费、劳动保护费、培训及教学实习费等。

生产人员培训费按设计定员和 2 000 元/人的标准计算。

十、固定资产投资方向调节税（暂停征收）

固定资产投资方向调节税是指为了贯彻国家产业政策，控制投资规模，引导投资方向，调整投资结构，加强重点建设，促进国民经济持续稳定协调发展，依照《中华人民共和国固定资产投资方向调节税暂行条例》规定，公路建设项目应缴纳的固定资产投资方向调节税。

固定资产投资方向调节税应按国家有关规定计算。

十一、建设期贷款利息

建设期贷款利息是指建设项目中分年度使用国内货款或国外货款部分，在建设期内应归还的贷款利息。费用内容包括：各种金融机构贷款、企业集资、建设债券和外汇贷款等利息。

建设期贷款利息应根据不同的资金来源按需付息的分年度投资计算。

其计算公式如下：

建设期贷款利息＝∑（上年末付息贷款本息累计＋本年度付息贷款额÷2）×年利率

即：

$$S=\sum_{n=1}^{N}(F_{n-1}+b_n/2)\times i \tag{6-53}$$

式中：S——建设期贷款利息；

N——项目建设期（年）；

n——施工年度；

F_{n-1}——建设期第（$n-1$）年末需付息贷款本息累计；

b_n——建设期第 n 年度付息贷款额；

i——建设期贷款年利率。

例 6-23 某省新建高速公路项目，建设期 3 年，利用世行贷款。第一年贷款 300 万元，第二年贷款 600 万元，第三年贷款 400 万元，年利率 6%，试计算该项目建设期贷款利息。

解：根据式（6-53）的计算方法，

第一年贷款利息：

$$S_1=\frac{b_1}{2}\times i=\frac{300}{2}\times 6\%=9\text{ 万元}$$

第二年贷款利息：

$$S_2=\frac{\left(F_1+\frac{b_2}{2}\right)}{2}\times i=\left(300+9+\frac{600}{2}\right)\times 6\%=36.54\text{ 万元}$$

第三年贷款利息：

$$S_3=\frac{\left(F_2+\frac{b_3}{2}\right)}{2}\times i=\left(300+9+600+36.54+\frac{400}{2}\right)\times 6\%=68.73\text{ 万元}$$

所以，该项目建设期贷款利息为：

$$S=S_1+S_2+S_3=9+36.54+68.73=114.27\text{ 万元}$$

第十节　预　备　费

预备费由价差预备费和基本预备费两部分组成。在公路工程建设期限内，凡需动用预备费时，属于公路交通部门投资的项目，需经建设单位提出，按建设项目隶属关系，报交通部或交通厅(局)基建主管部门核定批准。属于其他部门投资的建设项目，按其隶属关系报有关部门核定批准。

一、价差预备费

价差预备费是指设计文件编制年至工程竣工年期间，第一部分费用的人工费、材料费、机械使用费、其他工程费、间接费等以及第二、三部分费用由于政策、价格变化可能发生上浮而预留的费用及外资货款汇率变动部分的费用。

(1)价差预备费的计算方法是：价差预备费以概(预)算或修正概算第一部分建筑安装工程费总额为基数，按设计文件编制年始至建设项目工程竣工年终的年数和年工程造价增涨率计算。

其计算公式如下：

$$价差预备费 = P \times [(1+i)^{n-1} - 1] \tag{6-54}$$

式中：P——建筑安装工程费总额；

i——年工程造价增涨率(%)；

n——设计文件编制年至建设项目开工年＋建设项目建设期限。

(2)年工程造价增涨率为：按有关部门公布的工程投资价格指数计算，或由设计单位会同建设单位根据该工程人工费、材料费、施工机械使用费、其他工程费、间接费，以及第二、三部分费用可能发生的上浮等因素，以第一部分建安费为基数进行综合分析预测。

(3)设计文件编制至工程完工在一年以内的工程，不列此项费用。

二、基本预备费

基本预备费是指在初步设计和概算中难以预料的工程和费用，其用途如下：

(1)在进行技术设计、施工图设计和施工过程中，在批准的初步设计和概算范围内所增加的工程费用。

(2)在设备订货时，由于规格、型号改变的价差；材料货源变更、运输距离或方式的改变以及因规格不同而代换使用等原因发生的价差。

(3)由于一般自然灾害所造成的损失和预防自然灾害所采取的措施费用。

(4)在项目主管部门组织竣(交)工验收时，验收委员会(或小组)为鉴定工程质量必须开挖和修复隐蔽工程的费用。

(5)投保的工程根据工程特点和保险合同发生的工程保险费用。

其计算方法是：以第一、二、三部分费用之和(扣除固定资产投资方向调节税和建设期贷款利息两项费用)为基数按下列费率计算：

①设计概算按5%计列；

②修正概算按4%计列；

③施工图预算按3%计列。

即：　　基本预备费＝[（七）＋（八）＋（九）－固定资产投资方向调节税－建设期贷款利息]×费率　(6-55)

采用施工图预算加系数包干承包的工程，包干系数为施工图预算中直接费与间接费之和的3%。施工图预算包干费用由施工单位包干使用。

即：　　施工图预算加系数包干费＝(直接费＋间接费)×3%　(6-56)

该包干费用的具体内容为：

(1)在施工过程中，设计单位对分部分项工程修改设计而增加的费用。但不包括因水文地质条件变化造成的基础变更、结构变更、标准提高、工程规模改变而增加的费用。

(2)预算审定后，施工单位负责采购的材料由于货源变更、运输距离或方式的改变以及因规格不同而代换使用等原因发生的价差。

(3)由于一般自然灾害所造成的损失和预防自然灾害所采取的措施的费用(例如一般防台风、防洪的费用)等。

例 6-24　某特大隧道工程，于1992年3月开始设计、于1994年6月开工，1998年9月竣工，隧道的建安费3.8亿元，经预测，年工程造价增涨率为4.8%，计算该工程价差预备费。

解：由题意可知，$n=3+4=7$ 年。按式(6-54)计算：

价差预备费＝3.8×{(1＋4.8%)7－1－1}＝1.235亿元

例 6-25　某高速公路工程，预算总金额21.6亿元，扣除固定资产投资方向调节税和建设期贷款利息两项费用之后为19.2亿元；施工图预算中直接工程费与间接费之和为13.2亿元。试求：(1)施工图预算的基本预备费；

(2)加系数包干时的预备费；

解：根据式(6-55)、式(6-56)的计算方法为：

(1)施工图预算基本预备费＝19.2×3%＝0.576亿元

(2)施工图预算加系数包干费＝13.2×3%＝0.396亿元

第十一节　回收金额及相关的一些费用、指标

一、回 收 金 额

概、预算定额所列材料一般不计回收，只对按全部材料计价的一些临时工程项目和由于工程规模或工期限制达不到规定周转次数的拱盔、支架及施工金属设备的材料计算回收金额。其回收率见表6-26。

回 收 率 表　　表6-26

回收项目	使用年限或周转次数				计算基数
	一年或一次	两年或两次	三年或三次	四年或四次	
临时电力、电信线路	50%	30%	10%	—	材料原价
拱盔、支架	60%	45%	30%	15%	
施工金属设备	65%	65%	50%	30%	

注：施工金属设备指钢壳沉井、钢护筒等。

二、公路交工前养护费指标

公路交工前养护费是指陆续完工的路段，在路段交工初验时止，以路面为主包括路基、构造物在内的养护费用。按全线里程及平均养护月数，以下列标准计算：

(1)三、四级公路每月养护费按每公里每月 60 个工日计算；

(2)二级及以上公路每月养护费按每公里每月 30 个工日计算；

(3)另按路面工程类别计算其他工程费和间接费。

例 6-26 某改建二级公路全长 75km，平均养护月数为 2 个月，人工费单价 50 元/工日，养护材料费 150 000 元；各种养护机械费 85 000 元；其他工程费综合费率Ⅰ为 12.2%，企业管理费综合费率为 23.8%，各类规费 78 000 元。试计算该段公路交工前养护工程的建安工程费。

解：(1)根据题示条件、养护费指标计算：人工费＝75×2×30×50＝225 000 元

(2)直接工程费＝(人＋材＋机费用)＝225 000＋150 000＋85 000＝460 000 元

(3)其他工程费＝460 000×12.2%＝56 120 元

(4)直接费＝直接工程费＋其他工程费＝460 000＋56 120＝516 120 元

(5)间接费＝78 000＋516 120×23.8%＝200 836.56 元

(6)利润＝(516 120＋200 836.56－78 000)×7%＝44 726.96 元

(7)综合税金额＝(直接费＋间接费＋利润)×3.41%(纳税地在市区)

＝(516 120＋200 836.56＋44 726.96)×3.41%＝25 897.24 元

(8)养护定额建安费＝直接费＋间接费＋利润＋税金

＝516 120＋200 836.56＋44 726.96＋25 897.24＝787 580.76 元

三、绿化补助费指标

新建公路的绿化补助费指标如下：

(1)平原微丘陵区：5 000 元/公里；

(2)山岭重丘陵区：1 000 元/公里。

以上费用标准内已包括其他工程费和间接费。

本指标仅适用于无绿化设计的二级以下等级公路建设项目。

四、冬雨季及夜间施工增工百分率、临时设施用工指标

(1)冬、雨季及夜间施工增工百分率按表 6-27 计算。

表 6-27

项 目	雨季施工		冬 季 施 工							
	(雨量区)		冬一区		冬二区		冬三区	冬四区	冬五区	冬六区
	Ⅰ	Ⅱ	Ⅰ	Ⅱ	Ⅰ	Ⅱ				
路线	0.30	0.45	0.70	1.00	1.40	1.80	2.40	3.00	4.50	6.75
独立大中桥	0.30	0.45	0.30	0.40	0.50	0.60	0.80	1.00	1.50	2.25

说明:①冬、雨季施工增加工以各类工程概、预算工数之和为依据,表中雨季施工增工百分率为每个雨季月的增加率,如雨季期(不是施工期)为两个半月时,表列数值应乘 2.5,余类推。

②夜间施工增加工按夜间施工工程项目概、预算工数的 4%计。

(2)临时设施用工指标按表 6-28 计算。

表 6-28

项目	路　线　(1km)					独立大中桥 (100m² 桥面)
	公　路　等　级					
	高速公路	一级公路	二级公路	三级公路	四级公路	
工日	2340	1160	340	160	100	60

上述冬、雨季、夜间及临时设施用工经计算后列入概、预算的 02 表内。

例 6-27　某独立大桥工程,基础砌筑用工计 1 385 工日,冬四区,雨量区 I,雨季期 2 个月,全部砌筑均按夜间施工计,试计算该工程项目的冬季、雨季及夜间施工的增工数。

解:(1)冬季施工增工数按表 6-25 的增工率,则

冬季施工增工数=1 385×1%=14

(2)雨季施工增工数按表 6-25 的增工率,则

雨季施工增工数=1 385×2×0.3%=8 工日

(3)夜间施工增工数:

夜间施工增工数=1 385×4%=55 工日

第十二节　设备与材料的划分标准

工程建设设备与材料的划分,直接关系到投资构成的合理划分、概(预)算的编制以及施工产值的计算等方面,为合理确定工程造价,加强对建设过程投资管理,统一概(预)算编制口径,现对交通工程中设备与材料的划分提出如下划分原则和规定。本规定如与国家主管部门新颁布的规定相抵触时,按国家规定执行。

一、设备与材料的划分原则

1. 设备

凡是经过加工制造,由多种材料和部件按各自用途组成生产加工、动力、传送、储存、运输、科研等功能的机器、容器和其他机械、成套装置等均为设备。

设备分为标准设备和非标准设备。

(1)标准设备(包括通用设备和专用设备):是指按国家规定的产品标准批量生产的、已进入设备系列的设备。

(2)非标准设备:是指国家未定型、非批量生产的、由设计单位提供制造图纸,委托承制单位或施工企业在工厂或施工现场制作的设备。

设备一般包括以下各项:

①各种设备的本体及随设备到货的配件、备件和附属于设备本体制作成型的梯子、平台、栏杆及管道等。

②各种计量器、仪表及自动化控制装置、实验的仪器及属于设备本体部分的仪器仪表等。

③附属于设备本体的油类、化学药品等设备的组成部分。

④无论用于生产或生活或附属于建筑物的水泵、锅炉及水处理设备、电气、通风设备等。

2. 材料

为完成建筑、安装工程所需的原料和经过工业加工,在工艺生产过程中不起单元工艺生产用的设备本体以外的零配件、附件、成品、半成品等均为材料。

材料一般包括以下各项:

①设备本体以外的不属于设备配套供货,需由施工企业进行加工制作或委托加工的平台、梯子、栏杆及其他金属构件等,以及成品、半成品形式供货的管道、管件、阀门、法兰等。

②设备本体以外的各种行车轨道、滑触线、电梯的滑轨等均为材料。

二、设备与材料的划分界限

1. 设备

(1)通信系统:指市内、长途电话交换机、程控电话交换机、微波、载波通信设备,电报和传真设备,中、短波通信设备及中短波电视天馈线装置,移动通信设备、卫星地球站设备,通信电源设备,光纤通信数字设备,有线广播设备等各种生产及配套设备和随机附件等。

(2)监控和收费系统:指自动化控制装置、计算机及其终端、工业电视、检测控制装置、各种探测器、除尘设备、分析仪表、显示仪表、基地式仪表、单元组合仪表、变送器、传送器及调节阀、盘上安装器、压力、温度、流量、差压、物位仪表、基地式仪表、单元组合仪表、变送器、传送器及调节阀、盘上安装器、压力、温度、流量、差压、物位仪表,成套供应的盘、箱、柜、屏(包括箱和已经安装就位的仪表、元件等)及随主机配套供应的仪表等。

(3)电气系统:指各种电力变压器、互感器、调压器、感应移相器、电抗器、高压断路器、高压熔断器、稳压器、电源调整器、高压隔离开关、装置式空气开关、电力电容器、蓄电池、磁力启动器、交直流报警报、成套箱式变电站、共箱母线、密封式线槽、成套供应的箱、盘、柜、屏及其随设备带来的线和支持瓷瓶等。

(4)通风及管道系统:指空气加热器、冷却器、各种空调机、风尘管、过滤器、制冷机组、空调机组、空调器械、各类风机、除尘设备、风机盘管、净化工作台、风淋室、冷却塔、公称直径300mm 以上的人工阀门和电动阀门等。

(5)房屋建筑:指电梯、成套或散装到货的锅炉及其附属设备、汽轮发电机及其附属设备、电动机、污水处理装置、电子秤、地电衡、开水炉、冷藏箱,热力系统的除氧器水箱和疏水箱,工业水系统的工业水箱,油冷却系统的油箱,酸碱系统的酸碱储存槽,循环水系统的旋转滤网、启闭装置的启闭机等。

(6)消防及安全系统:指隔膜式气压水罐(气压罐)、泡沫发生器、比例混合器、报警控制器、报警信号前端传输设备、无线报警发送设备、报警信号接收机、可视对讲主机、联动控制器、报警联动一体机、重复显示器、远程控制器、消防广播控制柜、广播功放、录音机、广播分配器、消防通信电话交换机、消防报警备用电源、X 射线安全检查设备、金属武器探测门、成像设备、监视器、镜头、云台、控制台、监视器柜、云台控制器、视频切换器、全电脑视频切换设备、音频、视频、脉冲分配器、视频补偿器、视频传输设备、汉字发生设备、录像、录音设备、电源、CRT 显示终端、模拟盘等。

(7)炉窑砌筑:指装置在炉窑中的成品炉管、电机、鼓风机和炉窑传动、提升装置,属于炉窑本体的金属铸体、锻件、加工件及测温装置、仪器仪表,消烟、回收、除尘装置,随炉供应已安装就位的金具、耐火衬里、炉体金属预埋件等。

(8)各种机动车辆。

(9)各种工艺设备在试车时必须填充的一次性填充材料(如各种瓷环、钢环、塑料环、钢球等),各种化学药品(如树脂、珠光砂、触煤、干燥剂、催化剂等)及变压器油等,不论是随设备带来的,还是单独订货购置的,均视为设备的组成部分。

2. 材料

材料包括:

(1)各种管道、管件、配件、公称直径 300mm 以内的人工阀门、水表、防腐保温及绝缘材料、油漆、支架、消火栓、空气泡沫枪、泡沫炮、灭火器、灭火机、灭火剂、泡沫液、水泵接合器、可弯曲橡胶接头、消防喷头、卫生器具、钢制排水漏斗、水箱、分气缸、疏水器、减压器、压力表、温度计、调压板、散热器、供暖器具、凝结水箱、膨胀水箱、冷热水混合器、除污器、分水缸(器)、各种风管及其附件和各种调节阀、风口、风帽、罩类、消声器及其部(构)件、散流器、保护壳、风机减振台座、减振器、凝结水收集器、单双人焊接装置、煤气灶、煤气表、烘箱灶、火管式沸水器、水型热水器、开关、引火棒、防雨帽、放散管拉紧装置等。

(2)各种电线、母线、绞线、电缆、电缆终端头、电缆中间头、吊车滑触线、接地母线,接地线、避雷线、避雷装置(包括各种避雷器、避雷针等)、高低压绝缘子、线夹、穿墙套管、灯具、开关、灯头盒、开关盒、接线盒、插座、闸盒保险器、电杆、横担、铁塔、各种支架、仪表插座、桥架、梯架、立柱、托臂、人孔手孔、挂墙照明配电箱、局部照明变压器、按钮、行程开关、刀闸开关、组合开关、转换开关、铁壳开关、电扇、电铃、电表、蜂鸣器、电笛、信号灯、低音扬声器、电话单机、熔断器等。

(3)循环水系统的钢板闸门及拦污栅、启闭构架等。

(4)现场制作与安装的炉管及其他所需的材料或填料、现场砌筑用的耐火、耐酸、保温、防腐、捣打料、绝热纤维、天然白泡石、玄武岩、金具、炉门及窥视孔、预埋件等。

(5)所有随管线(路)同时组合安装的一次性仪表、配件、部件及元件(包括就地安装的温度计、压力表)等。

(6)制造厂以散件或分段分片供货的塔、器、罐等,在现场拼接、组装、焊接、安装内件或改制时所消耗的物料均为材料。

(7)各种金属材料、金属制品、焊接材料、非金属材料、化工辅助材料、其他材料等。

对于一些在制造厂未整体制作完成的设备,或分片压制成型,或分段散装供货的设备,需要建安工人在施工现场加工、拼装、焊接的,按上述划分原则和其投资构成应属于设备购置费。为合理反映建安工人付出的劳动和创造的价值,可按其在现场加工组装焊接的工作量,将其分片或组装件按其设备价值的一部分以加工费的形式计入安装工程费内。

供应原材料,在施工现场制作安装或施工企业附属生产单位为本单元承包工程制作并安装的非标准设备,除配套的电机、减速机外,其加工制作消耗的工、料(包括主材)、机等均应计入安装工程费内。

凡是制造厂未制造完成的设备，已分片压制成型、散装或分段供货，需要建安工人在施工现场拼装、组装、焊接及安装内件的，其制作、安装所需的物料为材料，内件、塔盘为设备。

第十三节　概、预算编制方法简述

一、概、预算编制的基本要求

(1)在编制概、预算时，首先要学习、掌握和执行《公路工程基本建设项目概算预算编制办法》的总则。

(2)对编制办法的适用范围要全面了解。

2008 年 1 月 1 日起施行的《公路工程基本建设项目概算预算编制办法》(JTG B06—2007)明确规定了，其适用于新建和改建的公路工程基本建设项目。但是，各省、自治区、直辖市交通厅(局)一般都制定和公布了执行编制办法的补充规定，都明确规定了可参照执行范围。例如有的省规定：补充规定对于养路费投资的新建改建工程、公路养护大中修工程可以参照执行等。编制办法具有法令性，对其适范围不可超越。

(3)根据“干什么工程执行什么定额和取费标准的”原则，公路工程概、预算的工程费中属于非公路专业的工程：

①应执行有关部门和工程所在地地区统一的直接费定额和相应的间接费定额编制；

②对于其他费用应按公路工程其他费用项目及计算办法编制。

(4)概算和预算的编制必须严格执行党和国家的方针、政策和有关制度，符合公路设计、施工技术规范。

(5)概、预算文件应达到的质量要求是：符合规定、结合实际、经济合理、提交及时、不重不漏、计算正确、字迹打印清晰、装订整齐完善。

(6)设计单位应加强基本建设经济管理工作，配备和充实工程造价专业人员，提高其业务水平，切实做好概、预算的编制工作。

(7)工程造价专业人员应具备本专业的业务能力，掌握设计、施工情况，做好设计方案的经济比较，使技术工作和经济工作结合起来，以全面、有效地提高设计质量。

(8)概、预算编制工作要符合市场经济的规律和特点，要切实反映实际。为构建节约型公路行业，进一步适应公路交通建设发展的需要，合理确定和有效控制工程造价，提高公路建设项目工程造价的编制质量，规范工程造价文件的编制。

二、概、预算中各项费用的计算程序及计算方式

在前面几节已对各项费用的计算方法和费率取费标准做了说明，在本节中对各项费用的计算程序和计算方式加以归纳，如表 6-29。认真学习和掌握该表，对于复习、巩固前几节的基础知识以及学习概、预算的编制方法都是非常重要的，具有实际操作的指导意义。

公路工程建设各项费用的计算程序及计算方式 表 6-29

代号	项目	说明及计算式
(一)	直接工程费(即工、料、机费)	按编制年工程所在地的预算价格计算
(二)	其他工程费	(一)×其他工程费综合费率或各类工程人工费和机械费之和×其他工程费综合费率
(三)	直接费	(一)+(二)
(四)	间接费	各类工程人工费×规费综合费率+(三)×企业管理费综合费率
(五)	利润	[(三)+(四)-规费]×利润率
(六)	税金	[(三)+(四)+(五)]×综合税率
(七)	建筑安装工程费	(三)+(四)+(五)+(六)
(八)	设备、工具、器具购置费(包括备品备件)	Σ(设备、工具、器具购置数量×单价+运杂费)×(1+采购保管费率)
	办公和生活用家具购置费	按有关规定计算
(九)	工程建设其他费用	
	土地征用及拆迁补偿费	按有关规定计算
	建设单位(业主)管理费	(七)×费率
	工程质量监督费	(七)×费率
	工程监理费	(七)×费率
	工程定额测定费	(七)×费率
	设计文件审查费	(七)×费率
	竣(交)工验收试验检测费	按有关规定计算
	研究试验费	按批准的计划编制
	前期工作费	按有关规定计算
	专项评价(估)费	按有关规定计算
	施工机构迁移费	按实计算
	供电贴费	按有关规定计算
	联合试运转费	(七)×费率
	生产人员培训费	按有关规定计算
	固定资产投资方向调节税	按有关规定计算
	建设期贷款利息	按实际贷款数及利率计算
(十)	预备费	包括价差预备费和基本预备费两项
	价差预备费	按规定的公式计算
	基本预备费	[(七)+(八)+(九)-固定资产投资方向调节税-建设期贷款利息]×费率
	预备费中施工图预算包干系数	[(三)+(四)]×费率
(十一)	建设项目总费用	(七)+(八)+(九)+(十)

三、概、预算表格的填表说明

组成概、预算的各种表格及填表说明详见本章"附录"的:01-1 表、02-1 表、01 表、02 表、03 表、04 表、05 表、06 表、07 表、08-1 表、08-2 表、09 表、10 表、11 表、12 表。本书将这些表格列在本章之后,以便读者学习使用。

关于计量单位及小数位数的规定与概、预算定额的该项规定应一致。

在填表时,应对照图 6-1、图 6-2 所示的各种表格的计算顺序和相互关系图以及表 6-27 所示的各项费用计算程序及计算方式来进行。

四、概、预算的编制步骤

1. 认真掌握相关资料

在编制概、预算文件之前，应认真掌握设计文件、设计图纸、施工组织设计，以及概、预算调查资料，对工程的全局做到融会贯通、心中有数。

2. 准备文件、工具书和表格

在编制概、预算文件之前，应将有关文件如《概预算编制办法》、《设计文件编制办法》、国家及地方的有关文件等准备齐全。同时也要把定额等工具书以及概、预算表格准备好。

3. 列项

即根据工程设计，参照“项目表”，结合定额的分析，将工程项、目、节列出，经复核后，再一一算出工程数量一并填入项目表的相应栏内。

4. 初编 08-1 表和 08-2 表

首先要根据工程项目的内容和有关要求，填好 08-1 表（建筑安装工程费计算数据表）。“项”“目”“节”“细目”“定额”等的代号，应根据实际需要按编制办法、概、预算定额的序列及内容填写。

在 08-2 表中按具体分项工程名称、数量、对应概预算定额的子目填写，单价由 07 表转来。并在该表中计算各分项工程的其他工程费、规费、企业管理费、利润、税金。

5. 编制 10 表

根据初编 08-2 表所发生的自采材料规格、名称，并结合外业料场调查资料编制自采材料料场价格计算表（10 表）。

该表主要用于分析计算自采材料料场价格，应将选用的定额人工、材料、机械台班数量全部列出，包括相应的工、料、机单价。

材料规格用途相同而生产方式不同（如人工捶碎石、机械轧碎石），应分别计算单价，再以各种生产方式所占比重根据合计价格加权平均计算料场价格。

定额中机械台班有调整系数时，应在该表内计算。

6. 编制 09 表

根据初编 08-2 表所出现的各种材料名称及其来源，先在 09 表上按调拨、外购、自采加工顺序并考虑其材料代号次序进行记录、填表计算，然后随着 08-2 表编制的需要不断记录、计算，最后在前面工作的基础上正式编制材料预算单价计算表（09 表）。该表一次是编不成的，要与 08-2 表的编制交叉进行，相辅相成。

该表是计算各种材料自供应地点或料场至工地的全部运杂费，并与材料原价及其他费用组成预算单价。运输方式按火车、汽车、船舶等及所占比重填写。

7. 编制 11 表

根据编制 08-2 表、10 表所出现的机械规格、名称，先在 11 表上按机械的代号次序记录、计算；然后再不断记录、计算；最后正式编制机械台班单价计算表（11 表）。该表应根据公路工程机械台班费用定额进行计算。不变费用如有调整系数，应填入调整值。人工、动力燃料单价由 09 表转来。

8. 编制 07 表

将人工单价及 09 表材料预算单价、11 表机械台班单价汇总于 07 表，形成人工、材料、机械单价汇总表。

9. 编制 04 表

根据工程的自然条件、施工条件、工程分类等具体情况，将其他工程费、间接费所包含的分项内容，按各自相应的费率，填入其他工程费及间接费综合费率计算表(04 表)中，计算其综合费率。注意：其他工程费率共 11 项内容，其计算基数不完全相同，表中的 6、7、9 这三项的计算基数是人工费，其余 8 项内容的计算基数是直接工程费所以其综合费率有 I、II 之分。

10. 编制 05 表

根据工程的实际需要，按编制办法的规定，编制设备、工具、器具购置费计算表，并按购置清单进行计算，各种设备的规格、数量、单位、单价以及需说明的有关问题都应在表中反映。

11. 详细编制 08 表

根据工程项目表、08-1 表、07 表、09 表、10 表、11 表、04 表、05 表，在初编 08-1 表的过程中经过各表间的相互补充、交叉，最后完成分项工程概(预)算表(08-1 表)。

12. 编制 03 表

根据 08-1 表、04 表的计算结果，按分项工程内容把直接工程费、其他工程费(I、II)、间接费(规费、企业管理费)、利润费、税金，填入并做计算即可编制建筑安装工程费计算表(03 表)。

13. 编制 06 表

根据施工组织设计和外业调查资料(包括协议书)，以及有关的政策性文件规定，编制工程建设其他费用及回收金额计算表(06 表)。本表按具体发生的工程建设其他费用项目填写，需要说明和具体计算的费用项目，依次在说明及计算式栏内填写或计算。

14. 编制 01 表及 01-1 表

根据经过复核的 03 表、05 表、06 表、08 表即可汇编总概(预)算表(01 表)。该表反映一个单项或单位工程的各项费用组成、概、预算金额、技术经济指标等。

技术经济指标＝(各项目概算、预算总金额)÷相应数量

各项费用比例＝(各项概算、预算金额)÷总概算、预算金额

01-1 表是指一个建设项目分若干单项工程编制概(预)算时，尚应根据各××××总概(预)算表通过本表汇总全部建设项目概(预)算金额。

至此，概(预)算总费用金额已得出结果，计算完毕。

15. 编制 12 表

根据 10 表所列的自采材料规格和名称及其他辅助生产项目，按所用定额编制辅助生产工、料、机械台班单位数量表(12 表)，以供 02 表计算辅助生产工、料、机数量之用。

16. 编制 02 表及 02-1 表

02 表根据(08)表各分项工程概预算基础数据表，及辅助生产工、料、机台班单位数量(12 表)，经分析计算后统计而来的。发生的冬、雨季及夜施工增工及临时设施用工，按照有关规定计算后列入本表有关项目内。

02-1 表是指一个建设项目分若干单项工程编制概(预)算时，应各通过本表汇总全部建设项目的人工、主要材料、机械台班数量。该表各栏数据均由各单项或单位工程概(预)算中的人工、主要材料、机械台班数量汇总表(02 表)转来。“编制范围”指单项或单位工程。

17. 编写“编制说明”

当概、预算各表格全部编制完成后，应根据编制过程和内容，参照第一节所述有关编制说明的主要内容和要求，编写本概(预)算的“编制说明”。

18.复核、印刷、装订、报批

当概(预)算各表及编制说明全部完成后，应再进行一次全面的复核，当确认无误并签字后，即可按规定对甲、乙组文件印制规定份数，并对甲、乙组文件分别装订成册，上报待批。

上述步骤并非一成不变。不仅有些表可以按规定不编，而且各表的编制次序也是可以变换的。为了正确地编制概、预算，最根本的还是要掌握编制办法的各项规定，明确各表的作用和相互关系，精通表中各栏的填列方法。具体的填写和计算可认真阅读各表附注的填写说明和表 6-27 的计算程序。

五、注 意 事 项

(1)若材料价格可按各地交通厅(局)规定的价格计列时，则 10 表可以不必编制；若工程中不发生某表内容的费用，则可不编该表。

(2)对各项、目、节的工程量计算一定要严格按照定额的口径、要求以及工程计算规则，既不要多算也不要少算，这是编好概、预算至关重要的一环。工程量出错，修改工作费时费力。计算与分列工程量时，要与技术设计人员紧密配合，在设计阶段最好就能按照定额分项口径"对号入座"。

(3)要加强复核工作，这是由于概、预算编制是一项系统工程，须环环相扣的特点所决定的。每个表格均应由"编制"与"复核"两人完成，并应分步完成，每步复核无误后再进行下步，不要未复核就引用。

(4)08 表与 09 表、11 表、10 表、07 表在编制过程中是交叉进行、相互补充的。09 表与 10 表之间、09 表与 11 表之间也是相互利用、相互补充的关系。

(5)进行 02 表编制时，不要忘记汇总那些按费率或指标计算的增工、增料数量。如自办运输、人工装卸用工、公路交工前用工，冬雨夜增工、临时设施用工及辅助生产所需工、料、机数量等。为了统计汇总这些工、料、机数量，最主要的是不要忘记在 02 表的"分项"中列项，特别是对 12 表单位数量的应用更应注意。

(6)编制概、预算的原始资料均应有据可查。特别是对 06 表的计算内容、05 表中设备购置内容以及年工程造价增涨率等伸缩性较大的项目、数量、指标、费率的确定，更应项项有据。

(7)引用定额值要瞻前顾后，注意章节说明和表下的小注。

(8)要全面地、全过程地遵循编制概、预算的总则以及国家和地方的有关规定；特别是在每次编制之前都要查询有无新的有关文件或规定下达。

六、概(预)算计算软件的应用

前面介绍的内容都是建立在手工计算的基础上，编制一份造价文件费时费工，最耗费工作量的就是材料、机械台班的计算。2008 年 3 月，交通部已通过招标的形式确定可行的公路工程造价管理软件系统。有了这些可用的软件后，计算速度和准确率均有大幅度提高。软件系统应建立定额和材料价格数据库，设置材料运输的起讫地点，免去逐个材料录入的麻烦，将其导入到造价文件中，批量进行计算，大大提高编制、审核的效率。

软件系统可以对项目级的工、料、机汇总(即汇总多个造价文件的工料机)，提供多种查询条件，查询所需的工、料、机信息，可以批量调整不同造价文件的材料价格，一次完成所有造价文件的工、料、机分析计算工作。

同时软件系统还应有汇总报表，包括编制和审核汇总报表。并批量打印的功能。

附录　封面、目录及概(预)算表格样式

一、扉页的次页格式

××公路初步设计概算

(K××+×××~K××+×××)

第　　册共　　册

编制:[签字并加盖执业(从业)资格印章]
复核:[签字并加盖执业(从业)资格印章]
(编制单位)
年　　月

二、目录格式

目　　录

（甲组文件）

三、概（预）算表格样式

总概（预）算汇总表

建设项目名称：　　　　　　　　　　　　　　　　　　第　　页 共　　页　　01-1 表

项次	工程或费用名称	单位	总数量	概（预）算金额（元）				技术经济指标	各项费用比例（%）	备　注
							合计			

填表说明：1. 一个建设项目分若干单项工程编制概（预）算时，应通过本表汇总全部建设项目概（预）算金额。

2. 本表反映一个建设项目的各项费用组成，概（预）算总值和技术经济指标。

3. 本表项次、工程费用名称、单位、总数量、概（预）算金额应由各单项或单位工程总概（预）算表（01 表）转来，"目"、"节"可视需要增减，"项"应保留。

4. "技术经济指标"以各项概（预）算金额汇总合计除以相应总数量计算；"各项费用比例"以汇总的各项目概（预）算金额合计除以总概（预）算金额合计计算

编制：　　　　　　　　　　　　　　　　　　　　　　　　复核：

总概(预)算人工、主要材料、机械台班数量汇总表

建设项目名称：　　　　　　　　　　　　　　　　第　页 共　页　02-1表

序号	规格名称	单位	总数量	编制范围								

填表说明：1. 一个建设项目分若干个单项工程编制概(预)算时，应通过本表汇总全部建设项目的人工、主要材料、机械台班数量。

2. 本表各栏数据均由各单项或单位工程概(预)算中的人工、主要材料、机械台班数量汇总表(02表)转来，编制范围指单项或单位工程

编制：　　　　　　　　　　　　　　　　复核：

总概(预)算表

建设项目名称：

编制范围：　　　　　　　　　　　　　　　　第　页　共页　01表

项	目	节	细目	工程或费用名称	单位	数量	概(预)算金额(元)	技术经济指标	各项费用比例(%)	备注

填表说明：1. 本表反映一个单项或单位工程的各项费用组成，概(预)算金额、技术经济指标等。

2. 本表“项”、“目”、“节”、“细目”、“工程或费用名称”、“单位”等应按概(预)算项目表的序列及内容填写。“目”、“节”、“细目”可视需要增减，但“项”应保留。

3. “数量”、“概(预)算金额”由建筑工程费计算表(03表)，设备、工具、器具购置费计算表(05表)、工程建设其他费用及回收金额计算表(06表)转来。

4. “技术经济指标”以各项目概(预)算金额除以相应数量计算；“各项费用比例”以各项概(预)算金额除以总概(预)算金额计算

编制：　　　　　　　　　　　　　　　　复核：

人工、主要材料、机械台班数量汇总表

建设项目名称：

编 制 范 围：　　　　　　　　　　　　　　　　　　　第 页 共 页 02表

序号	规格名称	单位	总数量	分项统计								场外运输损耗	
												%	数量

填表说明：1. 本表各栏数据由分项工程概(预)算基础数据表(08表)及辅助生产工、料、机械台班单位数量表(12表)经分析计算后统计而来。

2. 发生的冬、雨季及夜间施工增工及临时设施用工，根据有关附录规定计算后列入本表有关项目内

编制：　　　　　　　　　　　　　　　　　　　　　　复核：

建筑安装工程费计算表

建设项目名称：

编 制 范 围：　　　　　　　　　　　　　　　　　　　第 页 共 页 03表

序号	工程名称	单位	工程量	直接费(元)						间接费(元)	利润(元)费率%	税金(元)综合税率%	建筑安装工程费	
				直接工程费				其他工程费	合计				合计(元)	单价(元)
				人工费	材料费	机械使用费	合计							
1	2	3	4	5	6	7	8	9	10	11	12	13	14	15

填表说明：本表各栏数据之间关系，5～7均由08表经计算转来；8=5+6+7；9=8×9的费率或(5+7)×9的费率；10=8+9；11=5×规费综合费率+10×企业管理费综合费率；12=(10+11-规费)×12的费率；13=(10+11+12)×综合税率；14=10+11+12+13；15=14÷4

编制：　　　　　　　　　　　　　　　　　　　　　　复核：

其他工程费及间接费综合费率计算表

建设项目名称：

编 制 范 围：　　　　　　　　　　　　　　　　　第　页　共　页　04表

序号	工程类别	其他工程费费率(%)													间接费费率(%)											
		冬季施工增加费	雨季施工增加费	夜间施工增加费	高原地区施工增加费	风沙地区施工增加费	沿海地区施工增加费	行车干扰工程施工增加费	安全文明施工措施费	临时设施费	施工辅助费	工地转移费	综合费率		规费						企业管理费					
													I	II	养老保险费	失业保险费	医疗保险费	住房公积金	工伤保险费	综合费率	基本费用	主副食运费补贴	职工探亲路费	职工取暖补贴	财务费用	综合费率
1	2	3	4	5	6	7	8	9	10	11	12	13	14	15	16	17	18	19	20	21	22	23	24	25	26	27

填表说明：本表应根据建设工程项目具体情况，按概(预)算编制办法有关规定填入数据计算。其中：14＝3＋4＋5＋8＋10＋11＋12＋13；15＝6＋7＋9；21＝16＋17＋18＋19＋20；27＝22＋23＋24＋25＋26

编制：　　　　　　　　　　　　　　　　　　复核：

设备、工具、器具购置费计算表

建设项目名称：

编 制 范 围：　　　　　　　　　　　　　　　　　第　页　共　页　05表

序号	设备、工具、器具规格名称	单位	数量	单价(元)	金额(元)	说　明

填表说明：本表应根据具体的设备、工具、器具购置清单进行计算，包括设备规格、单位、数量、单价以及需要说明的有关问题

编制：　　　　　　　　　　　　　　　　　　复核：

工程建设其他费用及回收金额计算表

建设项目名称：

编 制 范 围：　　　　　　　　　　　　　　　　　　　　　　第　页　共　页　06表

序号	费用名称及回收金额项目	说明及计算式	金额(元)	备　注

填表说明：本表应按具体发生的工程建设其他费用项目填写，需要说明和具体计算的费用项目依次相应在说明及计算式栏内填写或具体计算，各项费用具体填写如下：

1. 土地征用及拆迁补偿费应填写土地补偿单价、数量和安置补助费标准、数量等，列式计算所需费用，填入金额栏。
2. 建设项目管理费包括建设单位(业主)管理费、工程质量监督费、工程监理费、工程定额测定费、设计文件审查费、竣(交)工验收试验检测费，按"建筑安装工程费×费率"或有关定额列式计算。
3. 研究试验费应根据设计需要进行研究试验的项目分别填写项目名称及金额或列式计算或进行说明。
4. 建设项目前期工作费按国家有关规定填入本表，列式计算。
5. 其余有关工程建设其他费用的填入和计算方法，根据规定依次类推

编制：　　　　　　　　　　　　　　　　　　　　　　　　　　复核：

人工、材料、机械台班单价汇总表

建设项目名称：

编 制 范 围：　　　　　　　　　　　　　　　　　　　　　　第　页　共　页　07表

序号	名　称	单位	代号	预算单价(元)	备注	序号	名　称	单位	代号	预算单价(元)	备　注

填表说明：本表预算单价主要由材料预算单价计算表(09表)和机械台班单价计算表(11表)转来

编制：　　　　　　　　　　　　　　　　　　　　　　　　　　复核：

目　　录

（乙组文件）

建筑安装工程费计算数据表

建设项目名称：　　编制范围：　　数据文件编号：　　公路等级：

路线或桥梁长度(km)：　　路基或桥梁宽度(m)：　　第　页 共　页　08-1 表

项的代号	本项目数	目的代号	本目节数	节的代号	本节细目数	细目的代号	费率编号	定额个数	定额代号	项或目或节或细目或定额的名称	单位	数量	定额调整情况

填表说明：1. 本表应逐行从左到右横向跨栏填写。

2. “项”、“目”、“节”、“细目”、“定额”等的代号应根据实际需要按本办法附录四“概、预算项目表”及现行《公路工程概算定额》(JTG/T B06-01)、《公路工程预算定额》(JTG/T B06-02)的序列及内容填写。

3. 本表主要是为利用计算机软件编制概、预算提供基础数据，具体填表规则由软件用户手册详细制定

编制：　　复核：

分项工程概（预）算表

编制范围：

工程名称：　　　　　　　　　　　　　　　　　　第　页共　页　08-2表

<table>
<tr><td rowspan="6">编号</td><td colspan="3">工程项目</td><td colspan="3"></td><td colspan="3"></td><td colspan="3"></td><td colspan="2" rowspan="5">合计</td></tr>
<tr><td colspan="3">工程细目</td><td colspan="3"></td><td colspan="3"></td><td colspan="3"></td></tr>
<tr><td colspan="3">定额单位</td><td colspan="3"></td><td colspan="3"></td><td colspan="3"></td></tr>
<tr><td colspan="3">工程数量</td><td colspan="3"></td><td colspan="3"></td><td colspan="3"></td></tr>
<tr><td colspan="3">定额表号</td><td colspan="3"></td><td colspan="3"></td><td colspan="3"></td></tr>
<tr><td>工、料、机名称</td><td>单位</td><td>单价（元）</td><td>定额</td><td>数量</td><td>金额（元）</td><td>定额</td><td>数量</td><td>金额（元）</td><td>定额</td><td>数量</td><td>金额（元）</td><td>数量</td><td>金额（元）</td></tr>
<tr><td>1</td><td>人工</td><td>工日</td><td></td><td></td><td></td><td></td><td></td><td></td><td></td><td></td><td></td><td></td><td></td><td></td></tr>
<tr><td>2</td><td>……</td><td></td><td></td><td></td><td></td><td></td><td></td><td></td><td></td><td></td><td></td><td></td><td></td><td></td></tr>
<tr><td></td><td>定额基价</td><td>元</td><td colspan="10" rowspan="8">填表说明：1. 本表按具体分项工程项目数量、对应概（预）算定额子目填写，单价由07表转来，金额＝工、料、机各项的单价×定额×数量。
2. 其他工程费按相应项目的直接工程费或人工费与施工机械使用费之和×规定费率计算。
3. 规费按相应项目的人工费×规定费率计算。
4. 企业管理费按相应项目的直接费×规定费率计算。
5. 利润按相应项目的（直接费＋间接费－规费）×利润率计算。
6. 税金按相应项目的（直接费＋间接费＋利润）×税率计算</td><td></td><td></td></tr>
<tr><td></td><td></td><td></td><td></td><td></td></tr>
<tr><td></td><td>直接工程费</td><td>元</td><td></td><td></td></tr>
<tr><td></td><td>其他工程费 Ⅰ</td><td>元</td><td></td><td></td></tr>
<tr><td></td><td>其他工程费 Ⅱ</td><td>元</td><td></td><td></td></tr>
<tr><td></td><td>间接费 规费</td><td>元</td><td></td><td></td></tr>
<tr><td></td><td>间接费 企业管理费</td><td>元</td><td></td><td></td></tr>
<tr><td></td><td>利润及税金</td><td>元</td><td></td><td></td></tr>
<tr><td></td><td>建筑安装工程费</td><td>元</td><td></td><td></td><td></td><td></td><td></td><td></td><td></td><td></td><td></td><td></td><td></td><td></td></tr>
</table>

编制：　　　　　　　　　　　　　　　　　　　　　复核：

材料预算单价计算表

建设项目名称：

编 制 范 围：　　　　　　　　　　　　　　　　　　第　页　共页　09表

<table>
<tr><td rowspan="2">序号</td><td rowspan="2">规格名称</td><td rowspan="2">单位</td><td rowspan="2">原价（元）</td><td colspan="5">运杂费</td><td rowspan="2">原价运费合计（元）</td><td colspan="2">场外运输损耗</td><td colspan="2">采购及保管费</td><td rowspan="2">预算单价（元）</td></tr>
<tr><td>供应地点</td><td>运输方式、比重及运距</td><td>毛重系数或单位毛重</td><td>运杂费构成说明或计算式</td><td>单位运费（元）</td><td>费率（%）</td><td>金额（元）</td><td>费率（%）</td><td>金额（元）</td></tr>
<tr><td></td><td></td><td></td><td></td><td></td><td></td><td></td><td></td><td></td><td></td><td></td><td></td><td></td><td></td><td></td></tr>
<tr><td></td><td></td><td></td><td></td><td></td><td></td><td></td><td></td><td></td><td></td><td></td><td></td><td></td><td></td><td></td></tr>
<tr><td></td><td></td><td></td><td colspan="10" rowspan="6">填表说明：1. 本表计算各种材料自供应地点或料场至工地的全部运杂费与材料原价及其他费用组成预算单价。
2. 运输方式按火车、汽车、船舶等及所占运输比重填写。
3. 毛重系数、场外运输损耗、采购及保管费按规定填写。
4. 根据材料供应地点、运输方式、运输单价、毛重系数等，通过运杂费构成说明或计算式，计算得出材料单位运费。
5. 材料原价与单位运费、场外运输损耗、采购及保管费组成材料预算单价</td><td></td><td></td></tr>
<tr><td></td><td></td><td></td><td></td><td></td></tr>
<tr><td></td><td></td><td></td><td></td><td></td></tr>
<tr><td></td><td></td><td></td><td></td><td></td></tr>
<tr><td></td><td></td><td></td><td></td><td></td></tr>
<tr><td></td><td></td><td></td><td></td><td></td></tr>
<tr><td></td><td></td><td></td><td></td><td></td><td></td><td></td><td></td><td></td><td></td><td></td><td></td><td></td><td></td><td></td></tr>
<tr><td></td><td></td><td></td><td></td><td></td><td></td><td></td><td></td><td></td><td></td><td></td><td></td><td></td><td></td><td></td></tr>
</table>

编制：　　　　　　　　　　　　　　　　　　　　　复核：

自采材料料场价格计算表

建设项目名称：

编 制 范 围：　　　　　　　　　　　　　　　　　　第　页　共　页　10表

序号	定额号	材料规格名称	单位	料场价格(元)	人工(工日) 单价　(元)		间接费(元)(占人工费　%)	(　) 单价　(元)		(　) 单价　(元)		(　) 单价　(元)		(　) 单价　(元)	
					定额	金额		定额	金额	定额	金额	定额	金额	定额	金额

填表说明：1. 本表主要用于分析计算自采材料料场价格，应将选用的定额人工、材料、机械台班数量全部列出，包括相应的工、料、机单价。

2. 材料规格用途相同而生产方式(如人工捶碎石、机械轧碎石)不同时，应分别计算单价，再以各种生产方式所占比重根据合计价格加权平均计算料场价格。

3. 定额中机械台班有调整系数时，应在本表内计算

编制：　　　　　　　　　　　　　　　　　　　　复核：

机械台班单价计算表

建设项目名称：

编 制 范 围：　　　　　　　　　　　　　　　　　　第　页　共　页　11表

序号	定额号	机械规格名称	台班单价(元)	不变费用(元) 调整系数：		可变费用(元) 人工：(元/工日)		汽油：(元/kg)		柴油：(元/kg)		……		合计
				定额	调整值	定额	金额	定额	金额	定额	金额	定额	金额	

填表说明：1. 本表应根据公路工程机械台班费用定额进行计算。不变费用如有调整系数应填入调整值；可变费用各栏填入定额数量。

2. 人工、动力燃料的单价由材料预算单价计算表(09表)中转来

编制：　　　　　　　　　　　　　　　　　　　　复核：

辅助生产工、料、机械台班单位数量表

建设项目名称：

编 制 范 围：　　　　　　　　　　　　　　　　　　　　　　　　　　第　页　共页　12表

序号	规格名称	单位	人工(工日)						
			填表说明：本表各栏数据由自采材料料场价格计算表(10表)统计而来						

编制：　　　　　　　　　　　　　　　　　　　　　　　　　　复核：

第七章　公路工程预算编制实例

工程项目概况及说明如下。

一、技 术 标 准

全线采用一级公路标准设计。计算行车速度 100km/h，路基宽度 25.5m，路基断面形式采用(0.5m 混凝土预制块＋3.25m 硬路肩＋2×3.75m 行车道＋0.5m 路缘带)×2＋2.0m 中央分隔带。桥梁宽度：特大、大、中桥 2×(净 11.25m＋2×0.5m 防撞墙)，小桥、涵洞与路基同宽。桥涵设计荷载采用公路—I 级，设计洪水频率特大桥 0.3%、大中桥 1%、小桥涵 1%。

二、沿线自然地理概况

(一)地形、地貌

该项目所在区位于大兴安岭山地向松辽平原过渡的大斜坡地带，地势为西北高东南低。路线所经地区穿越两大地貌类型，南段为松辽平原西端边缘部分的西辽河冲积平原，北段为科尔沁沙地中北部的坨甸区。

(二)沿线气候概况

1. 气候特征

属温带大陆季风气候区。总的特点是四季明显，春季干旱多大风；夏季湿热，雨热同期；秋季短暂而霜早；冬季漫长而寒冷。

2. 气温

本项目所经地区夏日月平均最高气温 23.7℃以上，冬季月平均最低气温－14.7℃；年极端最高气温 38.8℃，极端最低气温－33.9℃。

3. 降水、蒸发

项目所在区域西南向东北逐渐倾斜，地面略有起伏。地面坡度均小于 6 度。年平均降水量为 394.9mm，年际变化较大，最多的降水量 611.8mm(1957 年)，最少的为 237.6mm(1982 年)。季降水量的分布是冬少夏多，89%的降水集中于夏季，而冬季的降水量只占全年的 2%左右。降水的月季变化具有单峰型，7 月为峰，雨量 117.6mm，1 月为谷，雪量 1.0mm。年平均降水日数为 64.7 天，其时间分布和降水量大致相同。

本地区降雪日数不多，降雪量也不大。年平均降雪日数在 9～14 天之间，降雪初日一般在 10 月下旬，降雪终日一般在 4 月上旬。积雪日数一般在 20～40 天左右，积雪深度一般在 10～17cm 左右，本地区年平均蒸发量为 1 887.7mm。

项目所在区冬季盛行风向为西北风，夏季盛行风向为偏南风。月平均风速以 4 月最大，为 5.2m/s；8 月最小，为 2.7m/s。累年平均风速为 3.6m/s，累年最大风速为 29m/s。

三、总 体 设 计

(一)路基

1.路基宽度

全线公路等级为四车道一级公路,计算行车速度为100km/h,路基宽25.5m。

2.路基边坡

一般地质路段填方采用1∶1.5,挖方边坡采用1∶1.0。当路基填方高度大于8m而小于20m时,在路基边缘以下8.0m设一级2.0m宽边坡平台,平台上下边坡坡率一致,均为1∶1.5。在地面自然横坡度陡于1∶5的斜坡填筑路堤时,基底挖成2.0m宽向内倾斜2%的坡度的台阶,再填筑路基。

3.边沟

边沟采用梯形断面,底宽和深均为0.6m,内侧边坡率采用1∶1.5,外侧边坡率采用1∶1。

4.路基压实标准及压实度

路基压实度采用重型击实标准。高速公路:上、下路床0～80cm≥96%;上路堤80～150cm≥94%,下路堤150cm以下≥93%,零填及路堑路床0～80cm≥96%,路基基底的压实度≥90%。路基应分层铺筑,均匀压实。

5.不良工程地质及特殊路基处理

对于路线位于草滩易积水段内,地下水位较高,在雨季地表有临时积水,土质表层0～80cm多为含有机质低液限黏土时,采取挖除、换填砂砾及风积沙,提高路堤高度,填筑渗水性土处理办法。对于部分低填浅不宜压实段落,采取路床翻松碾压处理。

6.路基取、弃土

取土采用集中取土,主要从河槽、沙坨及低产田取土。

(二)路面

1.路面宽度

全线路基断面形式采用:(0.5m混凝土预制块+3.25m硬路肩+2×3.75m行车道+0.5m路缘带)×2+2.0m中央分隔带。

2.路拱坡度

路面路拱及路肩横坡均采用1.5%。

3.路面结构及材料要求

面层:上面层采用3cmAC-13I型细粒式沥青混凝土,下面层采用4cmAC-16I型中粒式沥青混凝土。面层用油采用改性石油沥青(基质沥青采用AH-90重交通道路石油沥青,改性剂采用热塑性橡胶类SBS,用量按5%控制)。油石比按5.0%作为控制作用,施工时根据实际情况调整。为增加矿料与沥青的黏附性,按沥青用量的0.3%掺抗剥落剂。粗集料中石料压碎值不大于28%,吸水率不大于2%。

面层之间设黏层,黏层沥青采用改性乳化石油沥青(基质沥青采用乳化石油沥青PC-3,改性剂采用热塑性橡胶类SBS,用量按4%控制)。下面层与基层之间设透层,透层沥青采用慢裂的洒布型乳化石油沥青PC-2。

基层采用20cm厚水泥稳定级配碎石,材料配合比采用水泥∶级配碎石=5∶95

(重量比),7天成型抗压强度不小于3.0MPa,其集料压碎值不大于30%。

底基层采用20cm厚水泥稳定级配碎石,材料配合比采用水泥:级配碎石=4:96(重量比),7天成型抗压强度不小于2.0MPa,其集料压碎值不大于30%。

路面面层采用集中厂拌、热拌热铺机械摊铺施工工艺,基层、底基层采用集中厂拌,摊铺机摊铺施工工艺。

路面基层、底基层用水泥采用32.5级,石灰质量不低于III级。

土路肩及中央分隔带路牙采用25#混凝土预制块。

4.中央分隔带

一般路基,中央分隔带采用凸起式,中央分隔带宽2.0m,分隔带内填筑种植土,并植草防护、植树防眩目。在中央分隔带内铺设防水土工布,以防止分隔带内雨水侵蚀路基、路面。为抢险、急救和维修方便,中央分隔带每隔2km左右设开口一处,开口长度25m。

超高路段,考虑到本项目属干旱少雨地区,降雨量较少,故仅中央分隔带设过水槽,雨水由超高外侧通过中央分隔带过水槽,排至超高段内侧由泄水口经边坡急流槽排入路堤排水沟或坡脚以外。

(三)排水及防护工程

1.路基排水

(1)本项目设计根据因地制宜、经济适用的原则设置。路基排水设施有边沟、急流槽等。

(2)在挖方路段及路基高度小于等于0.6m的填方路段均设置边沟,边沟坡度与路线纵坡一致,边沟采用梯形断面,深度及底宽均为0.6m。

2.路面排水

(1)路基填土高度大于2.5m的路段均设置沥青砂拦水带和相应的边坡急流槽,急流槽进水口及消力部分采用C25混凝土现浇结构,槽身采用钢筋混凝土预制块。

(2)边坡急流槽设置间距为20m一道,施工时可根据实际情况适当调整。超高路段雨水由超高外侧通过中央分隔带过水槽,排至超高段内侧由泄水口经边坡急流槽排到坡脚以外。

3.路基防护工程

(1)本项目根据不同的防护坡需要设有:浆砌片石护坡、混凝土预制块菱形骨架护坡、拱形骨架防护、加筋挡土墙,以混凝土预制块骨架植草与浆砌片石配合设置的防护为主。

(2)浆砌片石护坡适用于积水严重和受水冲刷的路段,所有浆砌片石砌体每隔10m设一道伸缩缝,缝宽2cm,深约10cm,缝内用沥青麻絮或木板填塞,基底土质变化处设置沉降缝,沉降缝与伸缩缝可合并设置。

(3)混凝土预制块拱型骨架防护适用于填土较高的路段,并在拱型骨架内植草,确保路基稳定。

(4)加筋挡土墙设置于路线穿越肖家窝棚村设跨线桥外K3+360~3+640段。

4.排水构造物与路基防护主要材料

石料应质地均匀,具有耐风化和抗侵蚀性能,强度不低于MU30的石料做为砌筑材料。浆砌片石砌体采用M7.5砂浆,勾缝抹面采用M10砂浆。混凝土:采用C25。

(四)桥梁涵洞

1. 设计标准

设计荷载:公路　—I级;

桥梁宽度:大中桥2×(净11.25m+2×0.5m防撞墙);小桥、涵洞与路基同宽;

设计洪水频率:特大桥1/300,大、中、小桥、涵洞1/100;

地震基本烈度:起点~K21+850段为7度;K21+850~终点段为6度。

2. 特大桥概况

桥梁概况:本项目有一座特大桥,其结构类型按照地质、水文、就地取材,便于施工和养护的原则选用,桥位的选择服从路线的走向,两岸均为人工堤坝。河床宽而浅,下游通霍铁路桥位18孔32.7m特大桥,由于两桥很近,故采用桥长18孔35m箱梁桥,较下游铁路桥、公路桥要长。桥位处的河床质为粉细砂,桥墩采用桩柱式墩,见桥梁表。

桥　梁　表

桩号	汇水面积(km^2)	斜交角度(°)	设计流量(m^3/s)	孔数-孔径(孔-m)	桥长(m)	上部结构形式	下部结构形式	
							墩及基础	台及基础
K5+617.5	35 896	90	3 081	18-35	639	35m连续箱梁	柱式墩桩基础	肋式台桩基础

3. 小桥、涵洞

小桥、涵洞的水文计算采用《内蒙古自治区暴雨洪峰流量计算方法》及《公路工程水文勘测设计规范》(JTG C30—2003)中的经验公式进行计算。小桥、涵洞的孔径主要根据水文计算结果,结合现场实际情况最终确定。

小桥的跨径为13m,其中均为空心板结构,下部结构采用薄壁桥台或桩柱式台、桩基础,柱式墩、桩基础,视具体情况而定。涵洞采用4m、2m的暗板,暗板的上部结构为梯形板,下部结构为轻型台、扩大基础。

(五)交通工程及沿线设施

根据《道路交通标志和标线》(GB 5768—1999),本着"安全、高速、舒适、经济、美观"的原则,本项目局部地段设置波型防撞护栏,同时设置齐全的交通标志、标线、里程碑、界碑、界桩等设施,以满足高等级公路的使用需要。

(六)环境保护

公路绿化是美化环境、保护水土的首选措施,具体绿化方案如下:

(1)中央分隔带表面植草防护;

(2)全线路基边坡在采用骨架护坡的基础上,结合植草,以达到防护与美化的双重目的;

(3)路基护坡道上植草防护;

(4)公路用地范围内以4m间距种植常绿乔木。

本项目设计上通过比较完善的处理措施,可以有效地改善运营期学校教学、村镇居民生活、城乡工矿企业生产的环境质量,对沿线水资源的污染及对工农业生产的影响降低至最低程度。同时可以达到净化空气、吸附灰尘、美化环境、保护水土和生态环境的目的,而且通过绿化措施可以稳固路基，改善旅行条件，有利于行车安全。

（七）筑路材料

沿线为平原区，砂石材料缺乏，砂石料需外购。石料岩性以花岗岩为主，石质坚硬致密，规格齐全，储量丰富，是较理想的筑路材料，主要用于桥涵、基层、底基层。玻璃山石料岩性为玄武岩，石质坚硬致密，黑色，无气孔，碎石料规格齐全，储量丰富，主要用于路面面层及大桥上部。工程及生活用水主要靠沿线已有农灌机井及新打机井。

该段设面层拌和厂1处，占地为30亩。

基层及底基层拌和厂1处，占地为30亩。

设大中桥预制场1处，兼顾小桥涵预制构件，共占地50亩。

（八）施工组织

施工组织以施工生产过程中的连续、平行，协调和均衡为基本原则，主要考虑了以下几方面：

(1)合理而最低限度地配置施工现场，既保证施工生产的需要，又避免频繁调动。

(2)尽量减少机械设备、工具、周转性消耗材料，尽量重复使用，以节约费用。

(3)尽量减少施工过程中阶段性的停工、待料。

(4)合理减少临时设施和现场管理费用。

本项目大部分路段位于平原微丘区，沿线地形平坦，根据具体情况，需做以下组织工作：

(1)鉴于本工程的特殊性，承包商应具有规定的技术力量和机械设备，同时还应具有一级公路施工的丰富经验。

(2)路线在304国道附近，给施工及生活带来很多方便，施工便道、工程用水、施工场地等施工条件较好。宜尽早统一安排，以利于本项目及时开工和工程的顺利实施。

（九）主要工程施工方案

路基土石方全部采用机械化施工，考虑到取土场设置的特殊性，施工机械以中型为主，废弃土石方和施工垃圾应弃在指定的弃土场，并按设计做好防护，以利水土保持。路面基层水泥稳定级配碎石、底基层水泥稳定级配碎石均以集中厂拌和摊铺机摊铺法施工，沥青混凝土面层分上、下二层，均采用拌和厂集中拌和、热拌热铺摊铺机摊铺法施工；路面施工应安排在4月与10月之间，避免季节性气候的不利影响。

桥梁工程的施工安排应考虑冬季对进度的不利影响，对于箱梁桥方案，采用预制吊装，先简支后连续施工方案，对于桩基础采用钻机钻孔施工方法，盖板涵采用预制安装施工。

（十）临时工程

本项目可利用原有国道做为施工便道，部分段落需新修施工便道，便道路基宽按4.5m考虑。

沿线电力、电信线路发布情况：一般在各标段主要工点、预制场、拌和厂等均设置了接通社会电网的临时电力干线长度和电信线路，至于各工地的电力支线可根据各标段场地布置情况灵活安排，其费用已综合在规定的临时设施费中，不再单独计列。

本项目预算文件见以下01～04、04-1、06、07、08-2、09～12表。

总 预 算 表

建设项目名称:路线工程　　　　单价文件名:1

编 制 范 围:路线工程　　　　费率文件名:1　　　　编制日期:2008年03月22日　　　　第1页　共4页　　01表

项	目	节	细目	工程或费用名称	单位	数量	预算金额(元)	技术经济指标	各项费用比例(%)	备注
				第一部分　建筑安装工程费	公路公里	6	39494996	6582499.3	80.778	
一				临时工程	公路公里	6	1104904	184150.7	2.26	
	10			临时道路	km	6.3	694672	110265.4	1.421	
			10	临时便道的修建与维护	km	6.3	694672	110265.4	1.421	
	30			临时轨道铺设	km	0.5	65131	130262	0.133	
	40			临时电力线路	km	2	79101	39550.5	0.162	
	50			临时电信线路	km	1	6044	6044	0.012	
	51			预制场设施	处	1	259956	259956	0.532	
二				路基工程	km	6	22308643		45.627	
	20			挖方	m^3	230	684	3	0.001	
		10		挖土方	m^3	230	684	3	0.001	
			10	挖路基土方	m^3	230	684	3	0.001	
	30			填方	m^3	361402	7419777	20.5	15.175	
		10		路基填方			7419777		15.175	
			20	利用土方填筑	m^3	230	1337	5.8	0.003	
			30	借土方填筑	m^3	361172	7418440	20.5	15.173	
	40			特殊路基处理	km	3.8	12917261	3399279.2	26.419	
		10		软土处理	km	3.8	12917261	3399279.2	26.419	
			20	砂、砂砾垫层	m^3	92111	12917261	140.2	26.419	
	50			排水工程	km	6	190020	31670	0.389	
		10		边沟	m	80	29778	372.2	0.061	
			30	浆砌片石边沟	m	80	29778	372.2	0.061	
		40		急流槽	m	950	160242	168.7	0.328	

编制:徐连铭　　　　　　　　复核:邢凤岐

总 预 算 表

建设项目名称:路线工程　　单价文件名:1

编 制 范 围:路线工程　　费率文件名:1　　编制日期:2008 年 03 月 22 日　　第 2 页　共 4 页　　01 表

项	目	节	细目	工程或费用名称	单位	数量	预算金额(元)	技术经济指标	各项费用比例(%)	备注
			20	浆砌片石急流槽	m	950	160242	168.7	0.328	
	60			防护与加固工程	km	6	1780901	296816.8	3.642	
		20		坡面圬工防护	m^3	9820	1780901	181.4	3.642	
			20	预制块混凝土护坡	m^3	9820	1780901	181.4	3.642	
三				路面工程	km	6	10547865	1757977.5	21.573	
	20			路面底基层	m^2	51936	2537316	48.9	5.189	
		20		水泥稳定类底基层	m^2	51936	2537316	48.9	5.189	
	30			路面基层	m^2	49576	2506266	50.6	5.126	
		20		水泥稳定类基层	m^2	49576	2506266	50.6	5.126	
	40			透层、黏层、封层	m^2	97864	258259	2.6	0.528	
		10		透层	m^2	49576	180153	3.6	0.368	
		20		黏层	m^2	48288	78106	1.6	0.16	
	50			沥青混凝土面层	m^2	48288	3516448	72.8	7.192	
		40		改性沥青混凝土面层	m^2	48288	3516448	72.8	7.192	
	80			路槽、路肩及中央分隔带	km	6	626641	104440.2	1.282	
		20		培路肩	m^2	2146	10229	4.8	0.021	
		30		土路肩加固			352451		0.721	
			20	铺砌混凝土预制块	m^2	2146	352451	164.2	0.721	
		40		中央分隔带回填土	m^3	2020	69530	34.4	0.142	
		50		路缘石	m^3	187.98	194431	1034.3	0.398	
	90			路面排水	km	6	1102935	183822.5	2.256	
		10		拦水带	m	950	1102935	1161	2.256	
			10	沥青混凝土	m	950	1102935	1161	2.256	

编制:徐连铭　　复核:邢凤岐

总 预 算 表

建设项目名称:路线工程　　　　单价文件名:1

编 制 范 围:路线工程　　　　费率文件名:1　　　　编制日期:2008年03月22日　　　　第3页　共4页　　01表

项	目	节	细目	工程或费用名称	单位	数量	预算金额(元)	技术经济指标	各项费用比例(%)	备注
四				桥梁涵洞工程	km	6	4435254	739209	9.071	
	20			涵洞工程	m/道	156.5/4	1638186	10467.6/409547	3.351	
		20		盖板涵	m/道	156.5/4	1638186	10467.6/409547	3.351	
			20	2.0×2.0m 钢筋混凝土盖板涵	m/道	156.5/4	1638186	10467.6/409547	3.351	
	30			小桥工程	m/座	30.64/1	2797068	91288.1/2797068	5.721	
		50		预应力混凝土空心板桥	m/座	30.64/1	2797068	91288.1/2797068	5.721	
七				公路设施及预埋管线工程	公路公里	6	122009	20334.8	0.25	
	10			安全设施	公路公里	6	122009	20334.8	0.25	
		60		公路标线	km	6	76695	12782.5	0.157	
		61		里程碑、百米桩、公路界碑	块	68	1572	23.1	0.003	
		62		各类标志牌	块	3	43742	14580.7	0.089	
八				绿化及环境保护工程	公路公里	6	976321	162720.2	1.997	
	10			撒播草种和铺植草皮			976321		1.997	
		10		撒播草种			976321		1.997	
				第二部分　设备、工具、器具购置费	公路公里	0	0	0	0	
				第三部分　工程建设其他费用	公路公里	6	9398527	1566421.2	19.222	
一				土地征用及拆迁补偿费	公路公里	6	5082270	847045	10.395	
	10			土地补偿费	公路公里	6	3154570	525761.7	6.452	
	20			征用耕地安置补助费	公路公里	6	122600	20433.3	0.251	
	30			拆迁补偿费	公路公里	6	1302900	217150	2.665	
	40			复耕费	公路公里	6	301080	50180	0.616	
	60			森林植被恢复费	公路公里	6	201120	33520	0.411	
二				建设项目管理费	公路公里	6	1133506	188917.7	2.318	
	20			工程质量监督费	公路公里	6	59242	9873.7	0.121	

编制:徐连铭　　　　复核:邢凤岐

总 预 算 表

建设项目名称:路线工程　　单价文件名:1

编 制 范 围:路线工程　　费率文件名:1　　编制日期:2008 年 03 月 22 日　　第 4 页　共 4 页　　01 表

项	目	节	细目	工程或费用名称	单位	数量	预算金额(元)	技术经济指标	各项费用比例(%)	备注
	30			工程监理费	公路公里	6	987375	164562.5	2.019	
	40			工程定额测定费	公路公里	6	47394	7899	0.097	
	50			设计文件审查费	公路公里	6	39495	6582.5	0.081	
八				联合试运转费	公路公里	6	19747	3291.2	0.04	
十一				建设期贷款利息	公路公里	6	3163004	527167.3	6.469	
				第一、二、三部分费用合计	公路公里	6	48893523	8148920.5	100	
				概(预)算总金额	公路公里	6	48893523		100	
				公路基本造价	公路公里	6	48893523	8148920.5	100	

编制:徐连铭　　复核:邢凤岐

人工、主要材料、机械台班数量汇总表

建设项目名称:路线工程　　单价文件名:1

编　制　范　围:路线工程　　费率文件名:1　　编制日期:2008 年 03 月 22 日　　第 1 页　共 6 页　　02 表

序号	材料规格名称	单位	代号	总数量	分项统计											场外运输损耗	
					临时工程	路基工程	路面工程	桥梁涵洞工程	公路设施及预埋管线工程	绿化及环境保护工程				辅助生产	其他	%	数量
1	人工	工日	1	48461	3201	14222	8857	10999	83	1238				82	9778		
2	机械工	工日	2	10731	214	8188	1439	867	23								
3	原木		101	26	14			11	0								
4	锯材		102	52	5	1	11	36	0								
5	枕木		103	17	17												
6	光圆钢筋	t	111	50	0	3		47	0								
7	带肋钢筋	t	112	109		1		108									
8	钢绞线	t	125	6				6									
9	型钢	t	182	14	0		1	13	0								
10	钢板	t	183	1	0		0	1									
11	钢管	t	191	2				2									
12	钢丝绳	t	221	0	0			0									
13	电焊条	kg	231	1234	0		13	1221	0								
14	钢管立柱	t	247	0					0								
15	钢护筒	t	263	1				1									
16	钢模板	t	271	1		0		0									
17	组合钢模板	t	272	9	0	2	0	7	0								
18	门式钢支架	t	273	0				0									
19	板式橡胶支座	d	402	253				253									
20	毛勒伸缩缝	t	541	2				2									
21	铸铁	kg	561	1322				1322									
22	铁件	kg	651	4755	193	295	260	4001	5								
23	镀锌铁件	kg	652	325					325								

编制:徐连铭　　复核:邢凤岐

人工、主要材料、机械台班数量汇总表

建设项目名称:路线工程　　单价文件名:1

编　制　范　围:路线工程　　费率文件名:1　　编制日期:2008年03月22日　　第2页　共6页　　02表

序号	材料规格名称	单位	代号	总数量	分项统计											场外运输损耗	
					临时工程	路基工程	路面工程	桥梁涵洞工程	公路设施及预埋管线工程	绿化及环境保护工程				辅助生产	其他	%	数量
24	铁钉	kg	653	576	1		468	107									
25	8～12号铁丝	kg	655	206	155			52									
26	20～22号铁丝	kg	656	543		13		530	0								
27	铝合金标志	t	668	1					1								
28	铸铁管	kg	682	168				168									
29	皮线	m	714	6400	6400												
30	油漆	kg	732	21				16	5								
31	标线漆	kg	733	1352					1352								
32	反光膜	m^2	740	97					97								
33	土工布	m^2	770	4421			4421										
34	草籽	kg	821	16014		101				15755						1	159
35	油毛毡	m^2	825	278				278									
36	32.5级水泥	t	832	4718	37	630	2456	1546	2							1	47
37	42.5级水泥	t	833	95				94								1	1
38	石油沥青	t	851	594		6	564	24									
39	乳化沥青	t	853	68			68										
40	重油	kg	861	57307			56718	589									
41	汽油	kg	862	2469			1886	156	427								
42	柴油	kg	863	487888	4629	422759	50434	10066									
43	电	kW·h	865	119048	923	760	53039	64325	2								
44	水	m^3	866	43068	691	25693	5010	6039	9	5627							
45	青(红)砖	千块	877	89	86											3	3
46	砂	m^3	897	2103			2032	19								2.5	51

编制:徐连铭　　复核:邢凤岐

人工、主要材料、机械台班数量汇总表

建设项目名称:路线工程　　单价文件名:1

编　制　范　围:路线工程　　费率文件名:1　　编制日期:2008 年 03 月 22 日　　第 3 页　共 6 页　　02 表

序号	材料规格名称	单位	代号	总数量	分项统计											场外运输损耗	
					临时工程	路基工程	路面工程	桥梁涵洞工程	公路设施及预埋管线工程	绿化及环境保护工程				辅助生产	其他	%	数量
47	中(粗)砂	m^3	899	6060	80	1981	1131	2717	3							2.5	148
48	砂砾	m^3	902	122603	85	121000		303								1	1214
49	天然级配	m^3	908	4556	4511											1	45
50	黏土	m^3	911	335				325								3	10
51	片石	m^3	931	7090		4851	898	1342									
52	矿粉	t	949	598			575	5								3	17
53	碎石(2cm)	m^3	951	235		61		171	1							1	2
54	碎石(4cm)	m^3	952	3835	65	559	608	2559	5							1	38
55	碎石(6cm)	m^3	953	107	106											1	1
56	碎石(8cm)	m^3	954	764				756	0							1	8
57	碎石	m^3	958	32277			30385	1572								1	320
58	石屑	m^3	961	1806			1778	11								1	18
59	路面用碎石(1.5cm)	m^3	965	1741			1694	30								1	17
60	路面用碎石(2.5cm)	m^3	966	1015			1005									1	10
61	块石	m^3	981	1098			1098										
62	其他材料费	元	996	47623	1509	5328	3082	20460	28	17218							
63	设备摊销费	元	997	60986	20276		37812	2899									
64	75kW 以内履带式推土机	台班	1003	237	47	187		3									
65	135kW 以内履带式推土机	台班	1006	1		1											
66	165kW 以内履带式推土机	台班	1007	0		0											
67	0.6m^3 以内履带式单斗挖掘机	台班	1027	22			22										
68	1.0m^3 以内履带式单斗挖掘机	台班	1035	16				16									
69	2.0m^3 以内履带式单斗挖掘机	台班	1037	453		453											

编制:徐连铭　　复核:邢凤岐

人工、主要材料、机械台班数量汇总表

建设项目名称:路线工程　　单价文件名:1

编 制 范 围:路线工程　　费率文件名:1　　编制日期:2008 年 03 月 22 日　　第 4 页　共 6 页　02 表

序号	材料规格名称	单位	代号	总数量	分项统计										场外运输损耗	
					临时工程	路基工程	路面工程	桥梁涵洞工程	公路设施及预埋管线工程	绿化及环境保护工程			辅助生产	其他	%	数量
70	1.0m³ 以内轮胎式装载机	台班	1048	4				4								
71	2.0m³ 以内轮胎式装载机	台班	1050	21			21									
72	3.0m³ 以内轮胎式装载机	台班	1051	64			64									
73	120kW 以内自行式平地机	台班	1057	541		540		0								
74	6～8t 光轮压路机	台班	1075	679	4	620	54	1								
75	8～10t 光轮压路机	台班	1076	34	13	21										
76	10～12t 光轮压路机	台班	1077	1				1								
77	12～15t 光轮压路机	台班	1078	267	24		242	1								
78	18～21t 光轮压路机	台班	1080	693		693										
79	0.6t 以内手扶式振动碾	台班	1083	48	36		12									
80	15t 以内振动压路机	台班	1088	389		389										
81	235kW 以内稳定土拌和机	台班	1155	0				0								
82	300t/h 内稳定土厂拌设备	台班	1160	35			35									
83	12.5m 以内稳定土摊铺机	台班	1166	37			37									
84	4000L 以内沥青洒布车	台班	1193	5			5									
85	15t/h 内电动黑色粒料拌和机	台班	1197	31			31									
86	30t/h 内沥青混合料拌和设备	台班	1201	1				1								
87	160t/h 内沥青混合料拌和设备	台班	1205	9			9									
88	9.0m 内沥青混合料摊铺机	台班	1213	10			10									
89	16～20t 轮胎式压路机	台班	1224	4			4									
90	20～25t 轮胎式压路机	台班	1225	6			6									
91	汽车式划线车	台班	1232	11					11							
92	250L 以内混凝土搅拌机	台班	1272	55	3	14	29	9	0							

编制:徐连铭　　复核:邢凤岐

人工、主要材料、机械台班数量汇总表

建设项目名称:路线工程　　单价文件名:1

编 制 范 围:路线工程　　费率文件名:1　　编制日期:2008 年 03 月 22 日　　第 5 页　共 6 页　　02 表

序号	材料规格名称	单位	代号	总数量	分项统计											场外运输损耗	
					临时工程	路基工程	路面工程	桥梁涵洞工程	公路设施及预埋管线工程	绿化及环境保护工程				辅助生产	其他	%	数量
93	$3m^3$ 内混凝土搅拌运输车	台班	1304	20				20									
94	$60m^3/h$ 以内混凝土搅拌站	台班	1327	4				4									
95	90t 以内预应力拉伸机	台班	1344	3				3									
96	500t 以内预应力拉伸机	台班	1347	3				3									
97	4t 以内载货汽车	台班	1372	39			39		0								
98	15t 以内载货汽车	台班	1378	3				3									
99	3t 以内自卸汽车	台班	1382	4				4									
100	5t 以内自卸汽车	台班	1383	9			9										
101	15t 以内自卸汽车	台班	1388	3580		3353	227										
102	20t 以内平板拖车组	台班	1393	74			17	57									
103	40t 以内平板拖车组	台班	1395	3	3												
104	6000L 以内洒水汽车	台班	1405	32			31	1									
105	8000L 以内洒水汽车	台班	1406	335		335											
106	1t 以内机动翻斗车	台班	1408	46			28	18									
107	15t 以内履带式起重机	台班	1432	3				3									
108	20t 以内轮胎式起重机	台班	1442	26				26									
109	5t 以内汽车式起重机	台班	1449	2				1	0								
110	8t 以内汽车式起重机	台班	1450	2				2									
111	12t 以内汽车式起重机	台班	1451	51	2		4	45									
112	20t 以内汽车式起重机	台班	1453	29			18	11									
113	30t 以内汽车式起重机	台班	1455	17	5			11									
114	40t 以内汽车式起重机	台班	1456	12			12										
115	75t 以内汽车式起重机	台班	1458	30			30										

编制:徐连铭　　　　复核:邢凤岐

人工、主要材料、机械台班数量汇总表

建设项目名称:路线工程　　单价文件名:1

编 制 范 围:路线工程　　费率文件名:1　　编制日期:2008 年 03 月 22 日　　第 6 页　共 6 页　　02 表

序号	材料规格名称	单位	代号	总数量	分项统计										场外运输损耗	
					临时工程	路基工程	路面工程	桥梁涵洞工程	公路设施及预埋管线工程	绿化及环境保护工程			辅助生产	其他	%	数量
116	30kN 内单筒慢动卷扬机	台班	1499	31	20			11								
117	50kN 内单筒慢动卷扬机	台班	1500	79				79								
118	Φ1500mm 以内回旋钻机	台班	1600	73				73								
119	泥浆搅拌机	台班	1624	16				16								
120	32kVA 内交流电弧焊机	台班	1726	166	0		2	164	0							
121	小型机具使用费	元	1998	14973	113	2983	5065	6472	3	338						
122	基价	元	1999	20689081												

编制:徐连铭　　复核:邢凤岐

建筑安装工程费计算表

建设项目名称:路线工程　　单价文件名:1

编 制 范 围:路线工程　　费率文件名:1　　第1页　共2页　　编制日期:2008年03月22日　03表

序号	工程名称	单位	工程量	直接费（元）						间接费（元）	利润（元）费率7%	税金（元）综合税率3.41%	建筑安装工程费	
				直接工程费				其他工程费	合计				合计（元）	单价（元）
				人工费	材料费	机械使用费	合计							
1	2	3	4	5	6	7	8	9	10	11	12	13	14	15
1	临时便道的修建与维护	km	6.3	60783	416606	49752	527141	48649	575790	53339	42635	22907	694672	110265.4
2	临时轨道铺设	km	0.5	6052	43436		49488	4394	53882	5111	3990	2148	65131	130262
3	临时电力线路	km	2	4822	56054		60876	5300	66176	5416	4900	2608	79101	39550.5
4	临时电信线路	km	1	728	3813		4541	410	4951	526	367	199	6044	6044
5	预制场设施	处	1	85128	74350	18700	178178	19102	197281	39495	14608	8572	259956	259956
6	挖路基土方	m^3	230	57		460	516	58	575	44	42	23	684	3
7	利用土方填筑	m^3	230	34		996	1030	117	1147	62	84	44	1337	5.8
8	借土方填筑	m^3	361172	221068	46474	5466731	5734273	626924	6361197	348075	464542	244627	7418440	20.5
9	砂、砂砾垫层	m^3	92111	72057	10350099	93258	10515413	666829	11182242	493433	815633	425954	12917261	140.2
10	浆砌片石边沟	m	80	6672	14528	222	21422	2073	23495	3560	1740	982	29778	372.2
11	浆砌片石急流槽	m	950	35407	78316	1694	115417	11168	126584	19001	9373	5284	160242	168.7
12	预制块混凝土护坡	m^3	9820	364441	905552	21516	1291510	123796	1415306	202070	104798	58726	1780901	181.4
13	水泥稳定类底基层	m^2	51936	49212	1695114	305379	2049705	136428	2186134	108058	159457	83669	2537316	48.9
14	水泥稳定类基层	m^2	49576	47947	1683649	293378	2024975	134602	2159577	106525	157520	82645	2506266	50.6
15	透层	m^2	49576	732	142669	3298	146699	9337	156036	6795	11381	5941	180153	3.6
16	黏层	m^2	48288		62765	940	63705	4039	67744	2845	4941	2576	78106	1.6
17	改性沥青混凝土面层	m^2	48288	111105	2355647	368423	2835175	223258	3058433	121995	220063	115957	3516448	72.8
18	培路肩	m^2	2146	5427		1281	6708	557	7266	2096	530	337	10229	4.8
19	铺砌混凝土预制块	m^2	2146	85477	173894	2720	262091	18302	280393	39984	20452	11622	352451	164.2

编制:徐连铭　　复核:邢凤岐

建筑安装工程费计算表

建设项目名称:路线工程　　单价文件名:1

编 制 范 围:路线工程　　费率文件名:1　　第2页　共2页　　编制日期:2008年03月22日　03表

序号	工程名称	单位	工程量	直接费(元)						间接费(元)	利润(元)	税金(元)	建筑安装工程费	
				直接工程费				其他工程费	合计		费率7%	综合税率3.41%	合计(元)	单价(元)
				人工费	材料费	机械使用费	合计							
1	2	3	4	5	6	7	8	9	10	11	12	13	14	15
20	中央分隔带回填土	m^3	2020	43720			43729	3634	47363	16420	3455	2293	69530	34.4
21	路缘石	m^3	187.98	67821	69558	1070	138449	10114	148563	28621	10836	6411	194431	1034.3
22	沥青混凝土	m	950	24305	794435	72505	891245	58174	949419	47896	69251	36370	1102935	1161
23	2.0×2.0m钢筋混凝土盖板涵	m/道	156.5	243282	1138979	51686	1433947	21041	1454988	26301	102877	54020	1638186	10467.6
24	预应力混凝土空心板桥	m/座	30.64	297884	1493766	310544	2102193	200711	2302904	231409	170521	92235	2797068	91288.1
25	公路标线	km	6	2987	51121	5239	59347	5308	64655	4723	4787	2529	76695	12782.5
26	里程碑、百米桩、公路界碑	块	68	372	705	46	1124	111	1235	194	91	52	1572	23.1
27	各类标志牌	块	3	727	34510	265	35502	2379	37881	1668	2752	1442	43742	14580.7
28	撒播草种			60903	689697	338	750937	65453	816390	67285	60450	32195	976321	976321
	合计	公路公里	6	1899158	22375738	7070441	31345337	2402269	33747606	1982949	2462075	1302369	39494996	6582499.33

编制:徐连铭　　复核:邢凤岐

其他工程费及间接费综合费率计算表

建设项目名称:路线工程

编 制 范 围:路线工程　　　　费率文件:1　　　　编制日期:2008 年 03 月 22 日　　第 1 页　共 1 页　　04 表

序号	工程类别	其他工程费费率(%)													间接费费率(%)											
		冬季施工增加费	雨季施工增加费	夜间施工增加费	高原地区施工增加费	风沙地区施工增加费	沿海地区施工增加费	行车干扰工程施工增加费	安全及文明施工措施费	临时设施费	施工辅助费	工地转移费	综合费率		规费						企业管理费					
													I	II	养老保险费	失业保险费	医疗保险费	住房公积金	工伤保险费	综合费率	基本费用	主副食运费补贴	职工探亲路费	职工取暖补贴	财务费用	综合费率
1	2	3	4	5	6	7	8	9	10	11	12	13	14	15	16	17	18	19	20	21	22	23	24	25	26	27
1	人工土方	2.05	0.04			6			0.59	1.57	0.89	0.51	5.65	6	20	2	10		1	33	3.36	0.44	0.1	0.17	0.23	4.3
2	机械土方	3.14	0.04			4			0.59	1.42	0.49	1.64	7.32	4	20	2	10		1	33	3.26	0.34	0.22	0.44	0.21	4.47
3	汽车运土	0.56	0.04			4			0.21	0.92	0.16	0.97	2.86	4	20	2	10		1	33	1.44	0.37	0.14	0.41	0.21	2.57
4	人工石方	0.44	0.02						0.59	1.6	0.85	0.53	4.03		20	2	10		1	33	3.45	0.34	0.1	0.17	0.22	4.28
5	机械石方	0.61	0.03						0.59	1.97	0.46	1.16	4.82		20	2	10		1	33	3.28	0.33	0.22	0.35	0.2	4.38
6	高级路面	2	0.03			0.5			1	1.92	0.8	2.04	7.79	0.5	20	2	10		1	33	1.91	0.22	0.14	0.25	0.27	2.79
7	其他路面	0.8	0.03			2			1.02	1.87	0.74	1.85	6.31	2	20	2	10		1	33	3.28	0.22	0.16	0.24	0.3	4.2
8	构造物 I	1.84	0.03			4			0.72	2.65	1.3	1.85	8.39	4	20	2	10		1	33	4.44	0.32	0.29	0.36	0.37	5.78
9	构造物 II	2.27	0.03	0.35					0.78	3.14	1.56	2.2	10.33		20	2	10		1	33	5.53	0.34	0.34	0.41	0.4	7.02
10	构造物 III	4.46	0.06	0.7					1.57	5.81	3.03	4.36	19.99		20	2	10		1	33	9.79	0.63	0.55	0.74	0.82	12.53
11	技术复杂大桥	2.58	0.03	0.35					0.86	2.92	1.68	2.48	10.9		20	2	10		1	33	4.72	0.29	0.2	0.34	0.46	6.01
12	隧道	0.75							0.73	2.57	1.23	1.74	7.02		20	2	10		1	33	4.22	0.28	0.27	0.28	0.39	5.44
13	钢材及钢结构	0.19		0.35		1			0.53	2.48	0.56	2.37	6.48	1	20	2	10		1	33	2.42	0.3	0.16	0.25	0.48	3.61

编制:徐连铭　　　　复核:邢凤岐

其他工程费、间接费综合费用计算表

建设项目:路线工程

编制范围:路线工程　　　　编制日期:2008 年 03 月 22 日　　　　第 1 页　共 2 页　　　　04-1 表

序号	工程名称	单位	工程量	其他工程费(元)													间接费(元)	
				冬季施工增加费	雨季施工增加费	夜间施工增加费	高原地区施工增加费	风沙地区施工增加费	沿海地区施工增加费	行车干扰工程施工增加费	安全及文明施工措施费	临时设施费	施工辅助费	工地转移费	综合费用		规费	企业管理费
															I	II		
1	2			3	4	5	6	7	8	9	10	11	12	13	14	15	21	27
1	临时便道的修建与维护	km	6.3	9699	158			4421			3795	13969	6853	9752	44227	4421	20058	33281
2	临时轨道铺设	km	0.5	911	15			242			356	1311	643	916	4152	242	1997	3114
3	临时电力线路	km	2	1120	18			193			438	1613	791	1126	5107	193	1591	3825
4	临时电信线路	km	1	84	1			29			33	120	59	84	381	29	240	286
5	预制场设施	处	1	3278	53			4153			1283	4722	2316	3296	14949	4153	28092	11403
6	挖路基土方	m^3	230	16				21			3	7	3	8	38	21	19	26
7	利用土方填筑	m^3	230	32				41			6	15	5	17	75	41	11	51
8	借土方填筑	m^3	361172	168292	2294			227512			32099	79147	26593	90987	399412	227512	72952	275123
9	砂、砂砾垫层	m^3	92111	84123	3155			3306			107257	196638	77814	194535	663523	3306	23779	469654
10	浆砌片石边沟	m	80	394	6			276			154	568	278	396	1797	276	2202	1358
11	浆砌片石急流槽	m	950	2124	35			1484			831	3059	1500	2135	9683	1484	11684	7317
12	预制块混凝土护坡	m^3	9820	23764	387			15438			9299	34225	16790	23893	108358	15438	120266	81805
13	水泥稳定类底基层	m^2	51936	16398	615			7092			20907	38329	15168	37920	129336	7092	16240	91818
14	水泥稳定类基层	m^2	49576	16200	607			6827			20655	37867	14985	37462	127776	6827	15822	90702
15	透层	m^2	49576	1174	44			81			1496	2743	1086	2714	9257	81	241	6554
16	黏层	m^2	48288	510	19			19			650	1191	471	1179	4020	19		2845
17	改性沥青混凝土面层	m^2	48288	56704	851			2398			28352	54435	22681	57838	220860	2398	36665	85330

编制:徐连铭　　　　复核:邢凤岐

其他工程费、间接费综合费用计算表

建设项目:路线工程

编制范围:路线工程　　　　编制日期:2008年03月22日　　　　第2页　共2页　　　　04-1表

序号	工程名称	单位	工程量	其他工程费(元)													间接费(元)	
				冬季施工增加费	雨季施工增加费	夜间施工增加费	高原地区施工增加费	风沙地区施工增加费	沿海地区施工增加费	行车干扰工程施工增加费	安全及文明施工措施费	临时设施费	施工辅助费	工地转移费	综合费用		规费	企业管理费
															I	II		
1	2			3	4	5	6	7	8	9	10	11	12	13	14	15	21	27
18	培路肩	m^2	2146	54	2			134			68	125	50	124	423	134	1791	305
19	铺砌混凝土预制块	m^2	2146	2097	79			1764			2673	4901	1939	4849	16538	1764	28207	11777
20	中央分隔带回填土	m^3	2020	350	13			875			446	818	324	809	2759	875	14431	1989
21	路缘石	m^3	187.98	1108	42			1378			1412	2589	1025	2561	8736	1378	22381	6240
22	沥青混凝土	m	950	7130	267			1936			9091	16666	6595	16488	56238	1936	8021	39876
23	2.0×2.0m钢筋混凝土盖板涵	m/道	156.5	15630	430			7428			13427	29934	12850	26528	98799	7428	80283	14682
24	预应力混凝土空心板桥	m/座	30.64	38680	631			24337			15136	55708	27329	38891	176374	24337	98302	133108
25	公路标线	km	6	1092	18			329			427	1573	772	1098	4979	329	986	3737
26	里程碑、百米桩、公路界碑	块	68	21				17			8	30	15	21	94	17	123	71
27	各类标志牌	块	3	109	1	115		30			193	885	218	828	2349	30	240	1428
28	撒播草种			13817	225			2450			5407	19900	9762	13892	63004	2450	20098	47187
	合计	公路公里	6	464911	9966	115		314211			457386	484811	248915	570347	2173244	314211	626722	1424892

编制:徐连铭　　　　复核:邢凤岐

工程建设其他费用及回收金额计算表

建设项目名称:路线工程

编 制 范 围:路线工程　　编制日期:2008年03月22日　　第1页　共2页　　06表

序号	费用名称及回收金额项目	说明及计算式	金额(元)	备注
	第三部分　工程建设其他费用		9398527	
一	土地征用及拆迁补偿费		5082270	
1	土地补偿费		3154570	
2	征用耕地安置补助费		122600	
3	拆迁补偿费		1302900	
4	复耕费		301080	
5	森林植被恢复费		201120	
(1)	林地	50.28亩×5000元/亩	251400	
(2)	宅基地	14.99亩×15000元/亩	224850	
(3)	草地	37.52亩×4000元/亩	150080	
(4)	耕地	75.27亩×12000元/亩	903240	
(5)	临时占地	812.5亩×2000元/亩	1625000	
(6)	树木<5cm	20棵×10元/棵	200	
(7)	5~15cm	1300棵×50元/棵	65000	
(8)	>15cm	440棵×100元/棵	44000	
(9)	成果树	30棵×180元/棵	5400	
(10)	树苗	800棵×10元/棵	8000	
(11)	砖房	$1770m^2$×600元/m^2	1062000	
(12)	大棚	$1350m^2$×50元/m^2	67500	
(13)	围墙	390m×20元/m	7800	
(14)	围栏	220m×30元/m	6600	
(15)	机井	3眼×10000元/眼	30000	
(16)	坟	8座×500元/座	4000	

编制:徐连铭　　复核:邢凤岐

工程建设其他费用及回收金额计算表

建设项目名称:路线工程

编 制 范 围:路线工程　　编制日期:2008年03月22日　　第2页　共2页　　06表

序号	费用名称及回收金额项目	说 明 及 计 算 式	金额(元)	备　注
(17)	电力线	7处×15000元/处	105000	
(18)	电讯线	4处×5000元/处	20000	
(19)	复垦费	75.27亩×4000元/亩	301080	
(20)	森林植被恢复费	50.28亩×4000元/亩	201120	
二	建设项目管理费		1133506	
1	工程质量监督费	39494996元×0.15%	59242	
2	工程监理费	39494996元×2.5%	987375	
3	工程定额测定费	39494996元×0.12%	47394	
4	设计文件审查费	39494996元×0.1%	39495	
八	联合试运转费	39494996元×0.05%	19747	
十一	建设期贷款利息		3163004	
1	银行贷款	Σ(上年度付息贷款本息累计+本年度付息贷款额÷2)×年利率	3163004	
(1)	第1年	贷款额:8920000元,利率:6.84%	305064	
(2)	第2年	贷款额:11890000元,利率:6.84%	1037632	
(3)	第3年	贷款额:8920000元,利率:6.84%	1820308	
	第一、二、三部分费用合计		48893523	
	概(预)算总金额		48893523	
	公路基本造价		48893523	

编制:徐连铭　　复核:邢凤岐

人工、材料、机械台班单价汇总表

建设项目名称:路线工程

编 制 范 围:路线工程　　　单价文件名:1　　　编制日期:2008 年 03 月 22 日　　　第 1 页　共 3 页　　　07 表

序号	名称	单位	代号	预算单价(元)	备注	序号	名称	单位	代号	预算单价(元)	备注
1	人工	工日	1	49.2		23	铁件	kg	651	5.76	
2	人工	工日	1	49.2		24	镀锌铁件	kg	652	6.9	
3	机械工	工日	2	49.2		25	铁钉	kg	653	5.76	
4	原木	m^3	101	1252.26		26	8～12 号铁丝	kg	655	5.76	
5	锯材	m^3	102	1332.5		27	20～22 号铁丝	kg	656	5.76	
6	枕木	m^3	103	1354.76		28	铝合金标志	t	668	10323.93	
7	光圆钢筋	t	111	4327.26		29	铸铁管	kg	682	4.12	
8	带肋钢筋	t	112	4378.51		30	皮线	m	714	6.16	
9	钢绞线	t	125	6787.26		31	油漆	kg	732	13.04	
10	型钢	t	182	4327.26		32	标线漆	kg	733	37.8	
11	钢板	t	183	4737.26		33	反光膜	m^2	740	225.51	
12	钢管	t	191	4737.26		34	土工布	m^2	770	8.21	
13	钢丝绳	t	221	6172.26		35	草籽	kg	821	36.26	
14	电焊条	kg	231	12.32		36	油毛毡	m^2	825	3.14	
15	钢管立柱	t	247	5677.93		37	32.5 级水泥	t	832	343.63	
16	钢护筒	t	263	5071.93		38	42.5 级水泥	t	833	343.63	
17	钢模板	t	271	5576.93		39	石油沥青	t	851	3734.07	
18	组合钢模板	t	272	5071.93		40	乳化沥青	t	853	2801.32	
19	门式钢支架	t	273	5071.93		41	乳化沥青	t	853	4100	
20	板式橡胶支座	d	402	87.2		42	重油	kg	861	2.29	
21	毛勒伸缩缝	t	541	22241.93		43	汽油	kg	862	6.43	
22	铸铁	kg	561	3.1		44	柴油	kg	863	5.89	

编制:徐连铭　　　复核:邢凤岐

人工、材料、机械台班单价汇总表

建设项目名称:路线工程

编 制 范 围:路线工程　　单价文件名:1　　编制日期:2008年03月22日　　第2页　共3页　　07表

序号	名　称	单位	代号	预算单价(元)	备注	序号	名　称	单位	代号	预算单价(元)	备注
45	煤	t	864	436.58		67	块石	m^3	981	97.19	
46	电	kW·h	865	1.2		68	其他材料费	元	996	1	
47	水	m^3	866	2		69	设备摊销费	元	997	1	
48	水	m^3	866	18		70	75kW以内履带式推土机	台班	1003	667.31	
49	木柴	kg	867	0.5		71	135kW以内履带式推土机	台班	1006	1280.66	
50	青(红)砖	千块	877	200		72	165kW以内履带式推土机	台班	1007	1502.39	
51	砂	m^3	897	88.36		73	0.6m^3以内履带式单斗挖掘机	台班	1027	536.7	
52	中(粗)砂	m^3	899	87.08		74	1.0m^3以内履带式单斗挖掘机	台班	1035	889.63	
53	砂砾	m^3	902	86.43		75	2.0m^3以内履带式单斗挖掘机	台班	1037	1496.78	
54	天然级配	m^3	908	90.67		76	1.0m^3以内轮胎式装载机	台班	1048	453.53	
55	黏土	m^3	911	45.39		77	2.0m^3以内轮胎式装载机	台班	1050	801.71	
56	片石	m^3	931	68.64		78	3.0m^3以内轮胎式装载机	台班	1051	1024.59	
57	矿粉	t	949	149.61		79	120kW以内自行式平地机	台班	1057	996.75	
58	碎石(2cm)	m^3	951	93.92		80	6~8t光轮压路机	台班	1075	251.49	
59	碎石(4cm)	m^3	952	94.31		81	6~8t光轮压路机	台班	1075	270.62	
60	碎石(6cm)	m^3	953	93.46		82	8~10t光轮压路机	台班	1076	303.35	
61	碎石(8cm)	m^3	954	93.46		83	10~12t光轮压路机	台班	1077	394.62	
62	碎石	m^3	958	84.3		84	12~15t光轮压路机	台班	1078	451.83	
63	石屑	m^3	961	65		85	18~21t光轮压路机	台班	1080	590.09	
64	石屑	m^3	961	110.18		86	0.6t以内手扶式振动碾	台班	1083	104.73	
65	路面用碎石(1.5cm)	m^3	965	110.18		87	15t以内振动压路机	台班	1088	846.95	
66	路面用碎石(2.5cm)	m^3	966	110.18		88	235kW以内稳定土拌和机	台班	1155	1890.9	

编制:徐连铭　　复核:邢凤岐

人工、材料、机械台班单价汇总表

建设项目名称:路线工程

编 制 范 围:路线工程　　　　单价文件名:1　　　　编制日期:2008 年 03 月 22 日　　　　第 3 页　共 3 页　　　　07 表

序号	名　称	单位	代号	预算单价(元)	备注	序号	名　称	单位	代号	预算单价(元)	备注
89	300t/h 内稳定土厂拌设备	台班	1160	1299.91		110	20t 以内平板拖车组	台班	1393	934.57	
90	12.5m 以内稳定土摊铺机	台班	1166	2630.21		111	40t 以内平板拖车组	台班	1395	1419.6	
91	4000L 以内沥青洒布车	台班	1193	406.6		112	6000L 以内洒水汽车	台班	1405	599.44	
92	4000L 以内沥青洒布车	台班	1193	486.52		113	8000L 以内洒水汽车	台班	1406	766.31	
93	15t/h 内电动黑色粒料拌和机	台班	1197	1601.32		114	1t 以内机动翻斗车	台班	1408	140.93	
94	30t/h 内沥青混合料拌和设备	台班	1201	3968.4		115	15t 以内履带式起重机	台班	1432	625.7	
95	160t/h 内沥青混合料拌和设备	台班	1205	19149.27		116	20t 以内轮胎式起重机	台班	1442	966.01	
96	9.0m 内沥青混合料摊铺机	台班	1213	2309.3		117	5t 以内汽车式起重机	台班	1449	470.07	
97	16～20t 轮胎式压路机	台班	1224	660.53		118	8t 以内汽车式起重机	台班	1450	628.21	
98	20～25t 轮胎式压路机	台班	1225	810.06		119	12t 以内汽车式起重机	台班	1451	863.55	
99	汽车式划线车	台班	1232	462.97		120	20t 以内汽车式起重机	台班	1453	1271.14	
100	250L 以内混凝土搅拌机	台班	1272	131.07		121	30t 以内汽车式起重机	台班	1455	1649.55	
101	$3m^3$ 内混凝土搅拌运输车	台班	1304	801.96		122	40t 以内汽车式起重机	台班	1456	2357.15	
102	$60m^3/h$ 以内混凝土搅拌站	台班	1327	2386.42		123	75t 以内汽车式起重机	台班	1458	3587.24	
103	90t 以内预应力拉伸机	台班	1344	61.09		124	30kN 内单筒慢动卷扬机	台班	1499	111.52	
104	500t 以内预应力拉伸机	台班	1347	223.1		125	50kN 内单筒慢动卷扬机	台班	1500	135.41	
105	4t 以内载货汽车	台班	1372	381.48		126	Φ1500mm 以内回旋钻机	台班	1600	1459.77	
106	15t 以内载货汽车	台班	1378	887.6		127	泥浆搅拌机	台班	1624	68.55	
107	3t 以内自卸汽车	台班	1382	376.33		128	32kVA 内交流电弧焊机	台班	1726	161.6	
108	5t 以内自卸汽车	台班	1383	485.42		129	小型机具使用费	元	1998	1	
109	15t 以内自卸汽车	台班	1388	914.82							

编制:徐连铭　　　　复核:邢凤岐

分项工程预算表

编制范围:路线工程　　单价文件:1

工程名称:临时便道的修建与维护　　费率文件:1　　编制日期:2008年03月22日　　第1页　共133页　　08-2表

代号	工程项目			汽车便道			汽车便道						合计		
	工程细目			汽车便道平微区路基宽 4.5m			汽车便道砂砾路面宽 3.5m								
	定额单位			1km			1km								
	工程数量			6.3			6.3								
	定额表号			70101003			70101006								
	工料机名称	单位	单价(元)	定额	数量	金额(元)	定额	数量	金额(元)	定额	数量	金额(元)	定额	数量	金额(元)
1	人工	工日	49.2	28.8	181.44	8927	167.3	1053.99	51856					1235.43	60783
866	水	m^3	18				67	422.1	7598					422.1	7598
908	天然级配	m^3	90.67				716.04	4511.05	409008					4511.05	409008
1003	75kW以内履带式推土机	台班	667.31	7.46	47	31362								47	31362
1075	6～8t光轮压路机	台班	270.62	0.63	3.97	1074								3.97	1074
1076	8～10t光轮压路机	台班	303.35	0.48	3.02	917	0.97	6.11	1854					9.14	2771
1078	12～15t光轮压路机	台班	451.83	1.86	11.72	5295	1.94	12.22	5522					23.94	10817
1083	0.6t以内手扶式振动碾	台班	104.73				5.65	35.6	3728					35.6	3728
1999	基价	元	1	7048		44402	38552		242878						287280
直接工程费					47575			479566						527.141	
其他工程费		I		8.39%	3992		8.39%	40236						44227	
		II		4%	1903		4%	2518						4421	
间接费		规费		33%	2946		33%	17113						20058	
		企业管理费		5.78%	3091		5.78%	30190						33281	
利润及税金					6123			59419						65542	
建筑安装工程费					65630			629042						694672	

编制:徐连铭　　　　复核:邢凤岐

分项工程预算表

编制范围:路线工程　　　　单价文件:1

工程名称:临时轨道铺设　　　　费率文件:1　　　　编制日期:2008年03月22日　　　　第2页　共133页　　08-2表

代号	工程项目			轨道铺设											
	工程细目			钢轨重32kg/m在路基上											
	定额单位			100m									合计		
	工程数量			5											
	定额表号			70104003											
	工料机名称	单位	单价(元)	定额	数量	金额(元)	定额	数量	金额(元)	定额	数量	金额(元)	定额	数量	金额(元)
1	人工	工日	49.2	24.6	123	6052								123	6052
102	锯材	m^3	1332.5	0.455	2.28	3031								2.28	3031
103	枕木	m^3	1354.76	3.375	16.88	22862								16.88	22862
953	碎石(6cm)	m^3	93.46	21.27	106.35	9940								106.35	9940
997	设备摊销费	元	1	1520.7	7603.5	7604								7603.5	7604
1999	基价	元	1	7695		38475									38475
直接工程费				49488									49488		
其他工程费			I	8.39%	4152									4152	
			II	4%	242									242	
间接费		规费		33%	1997									1997	
		企业管理费		5.78%	3114									3114	
利润及税金				6137									6137		
建筑安装工程费				65131									65131		

编制:徐连铭　　　　复核:邢凤岐

分 项 工 程 预 算 表

编制范围:路线工程　　单价文件:1

工程名称:临时电力线路　　费率文件:1　　编制日期:2008 年 03 月 22 日　　第 3 页　共 133 页　　08-2 表

代号	工程项目			架设输电、电讯线路									合计		
	工程细目			支线输电线路											
	定额单位			100m											
	工程数量			20											
	定额表号			70105003											
	工料机名称	单位	单价(元)	定额	数量	金额(元)	定额	数量	金额(元)	定额	数量	金额(元)	定额	数量	金额(元)
1	人工	工日	49.2	4.9	98	4822								98	4822
101	原木	m^3	1252.26	0.572	11.44	14326								11.44	14326
102	锯材	m^3	1332.5	0.033	0.66	879								0.66	879
183	钢板	t	4737.26	0.002	0.04	189								0.04	189
651	铁件	kg	5.76	2.7	54	311								54	311
655	8～12 号铁丝	kg	5.76	3.5	70	403								70	403
714	皮线	m	6.16	320	6400	39403								6400	39403
996	其他材料费	元	1	27	540	540								540	540
1999	基价	元	1	2723		54460									54460
	直接工程费			60876									60876		
	其他工程费		I	8.39%	5107									5107	
			II	4%	193									193	
	间接费	规费		33%	1591									1591	
		企业管理费		5.78%	3825									3825	
	利润及税金			7508									7508		
	建筑安装工程费			79101									79101		

编制:徐连铭　　复核:邢凤岐

分项工程预算表

编制范围:路线工程　　单价文件:1

工程名称:临时电信线路　　费率文件:1　　编制日期:2008年03月22日　　第4页　共133页　　08-2表

代号	工料机名称	单位	单价(元)	定额	数量	金额(元)	定额	数量	金额(元)	定额	数量	金额(元)	定额	数量	金额(元)
代号	工程项目				架设输电、电讯线路										
	工程细目				双线通讯线路										
	定额单位				1000m									合计	
	工程数量				1										
	定额表号				70105004										
1	人工	工日	49.2	14.8	14.8	728								14.8	728
101	原木	m^3	1252.26	2.261	2.26	2831								2.26	2831
655	8～12号铁丝	kg	5.76	72.7	72.7	419								72.7	419
996	其他材料费	元	1	562.9	562.9	563								562.9	563
1999	基价	元	1	4267		4267									4267
直接工程费					4541									4541	
其他工程费			I	8.39%	381										381
			II	4%	29										29
间接费		规费		33%	240										240
		企业管理费		5.78%	286										286
利润及税金					566									566	
建筑安装工程费					6044									6044	

编制:徐连铭　　复核:邢凤岐

分项工程预算表

编制范围:路线工程　　单价文件:1

工程名称:预制场设施　　费率文件:1　　编制日期:2008 年 03 月 22 日　　第 5 页　共 133 页　　08-2 表

代号	工程项目			金属结构吊装设备			混凝土拌和及运输						合计		
	工程细目			跨墩门架高 9m			混凝土搅拌站(楼)安拆(60m³/h内)								
	定额单位			10t			1座								
	工程数量			3.52			1								
	定额表号			40731003			41111008								
	工料机名称	单位	单价(元)	定额	数量	金额(元)	定额	数量	金额(元)	定额	数量	金额(元)	定额	数量	金额(元)
1	人工	工日	49.2	82.6	290.75	14305	1439.5	1439.5	70823					1730.25	85128
101	原木	m^3	1252.26	0.117	0.41	516	0.1	0.1	125					0.51	641
102	锯材	m^3	1332.5	0.44	1.55	2064	0.024	0.02	32					1.57	2096
111	光圆钢筋	t	4327.26				0.119	0.12	515					0.12	515
182	型钢	t	4327.26				0.096	0.1	415					0.1	415
221	钢丝绳	t	6172.26	0.021	0.07	456								0.07	456
231	电焊条	kg	12.32	0.1	0.35	4								0.35	4
272	组合钢模板	t	5071.93				0.207	0.21	1050					0.21	1050
651	铁件	kg	5.76	17	59.84	345	79.3	79.3	457					139.14	802
653	铁钉	kg	5.76	0.3	1.06	6								1.06	6
655	8～12 号铁丝	kg	5.76	3.3	11.62	67	0.6	0.6	3					12.22	70
832	32.5 级水泥	t	343.63				36.759	36.76	12632					36.76	12632
866	水	m^3	18				269	269	4842					269	4842
877	青(红)砖	千块	200				86.06	86.06	17212					86.06	17212
899	中(粗)砂	m^3	87.08				80.24	80.24	6987					80.24	6987
902	砂砾	m^3	86.43				85.28	85.28	7371					85.28	7371
952	碎石(4cm)	m^3	94.31				65.44	65.44	6172					65.44	6172

编制:徐连铭　　复核:邢凤岐

分项工程预算表

编制范围:路线工程　　单价文件:1

工程名称:预制场设施　　费率文件:1　　编制日期:2008年03月22日　　第6页　共133页　　08-2表

代号	工程项目			金属结构吊装设备			混凝土拌和及运输						合计		
	工程细目			跨墩门架高9m			混凝土搅拌站(楼)安拆(60m³/h内)								
	定额单位			10t			1座								
	工程数量			3.52			1								
	定额表号			40731003			41111008								
	工料机名称	单位	单价(元)	定额	数量	金额(元)	定额	数量	金额(元)	定额	数量	金额(元)	定额	数量	金额(元)
996	其他材料费	元	1	39	137.28	137	269	269	269					406.28	406
997	设备摊销费	元	1	3600	12672	12672								12672	12672
1076	8～10t光轮压路机	台班	303.35				3.93	3.93	1192					3.93	1192
1272	250L以内混凝土搅拌机	台班	131.07				2.87	2.87	376					2.87	376
1395	40t以内平板拖车组	台班	1419.6				2.88	2.88	4088					2.88	4088
1451	12t以内汽车式起重机	台班	863.55				2.09	2.09	1805					2.09	1805
1455	30t以内汽车式起重机	台班	1649.55				5.37	5.37	8858					5.37	8858
1499	30kN内单筒慢动卷扬机	台班	111.52	5.69	20.03	2234								20.03	2234
1726	32kVA内交流电弧焊机	台班	161.6	0.06	0.21	34								0.21	34
1998	小型机具使用费	元	1	13.7	48.22	48	64.4	64.4	64					112.62	113
1999	基价	元	1	9164		32257	128246		128246						160503

编制:徐连铭　　复核:邢凤岐

分项工程预算表

编制范围:路线工程　　单价文件:1

工程名称:预制场设施　　费率文件:1　　编制日期:2008 年 03 月 22 日　　第 7 页　共 133 页　　08-2 表

代号	工程项目			金属结构吊装设备			混凝土拌和及运输						合计		
	工程细目			跨墩门架高 9m			混凝土搅拌站(楼)安拆(60m³/h内)								
	定额单位			10t			1 座								
	工程数量			3.52			1								
	定额表号			40731003			41111008								
	工料机名称	单位	单价(元)	定额	数量	金额(元)	定额	数量	金额(元)	定额	数量	金额(元)	定额	数量	金额(元)
直接工程费					32888			145290						178178	
其他工程费			I	8.39%		2759	8.39%		12190						14949
			II	4%		665	4%		3488						4153
间接费		规费		33%		4721	33%		23372						28092
		企业管理费		5.78%		2099	5.78%		9304						11403
利润及税金					4251			18929						23180	
建筑安装工程费					47383			212573						259956	

编制:徐连铭　　复核:邢凤岐

分项工程预算表

编制范围:路线工程　　单价文件:1

工程名称:挖路基土方　　费率文件:1　　编制日期:2008年03月22日　　第8页　共133页　　08-2表

代号	工程项目			推土机推土											
	工程细目			65kW内推土机第1个20m硬土											
	定额单位			$1000m^3$									合计		
	工程数量			0.23											
	定额表号			10112019											
	工料机名称	单位	单价(元)	定额	数量	金额(元)	定额	数量	金额(元)	定额	数量	金额(元)	定额	数量	金额(元)
1	人工	工日	49.2	5	1.15	57								1.15	57
1007	165kW以内履带式推土机	台班	1502.39	1.33	0.31	460								0.31	460
1999	基价	元	1	2086		480									480
	直接工程费			516									516		
	其他工程费		I	7.32%		38									38
			II	4%		21									21
	间接费	规费		33%		19									19
		企业管理费		4.47%		26									26
	利润及税金			65									65		
	建筑安装工程费			684									684		

编制:徐连铭　　复核:邢凤岐

分项工程预算表

编制范围:路线工程　　单价文件:1

工程名称:利用土方填筑　　费率文件:1　　编制日期:2008 年 03 月 22 日　　第 9 页　共 133 页　　08-2 表

代号	工程项目			机械碾压路基			机械碾压路基			洒水汽车洒水			合计		
	工程细目			高速一级路 18～21t 压路机压土			高速一级路 15t 内振动压路机压土			8000L 内洒水车洒水第 1 个 1km					
	定额单位			$1000m^3$			$1000m^3$			$1000m^3$					
	工程数量			0.115			0.115			0					
	定额表号			10118002			10118004			10122009(辅助定额调整)					
	工料机名称	单位	单价(元)	定额	数量	金额(元)	定额	数量	金额(元)	定额	数量	金额(元)	定额	数量	金额(元)
1	人工	工日	49.2	3	0.35	17	3	0.35	17					0.69	34
866	水	m^3	18							1000					
1057	120kW 以内自行式平地机	台班	996.75	1.63	0.19	187	1.63	0.19	187					0.37	374
1075	6～8t 光轮压路机	台班	270.62	1.55	0.18	48	1.55	0.18	48					0.36	96
1080	18～21t 光轮压路机	台班	590.09	4.29	0.49	291								0.49	291
1088	15t 以内振动压路机	台班	846.95				2.41	0.28	235					0.28	235
1406	8000L 以内洒水汽车	台班	766.31							14.4					
1999	基价	元	1	4299		494	3884		447	11546					941
直接工程费				543			487						1030		
其他工程费			I	7.32%	40		7.32%	36		2.86%				75	
			II	4%	22		4%	19		4%				41	
间接费		规费		33%	6		33%	6		33%				11	
		企业管理费		4.47%	27		4.47%	24		2.57%				51	
利润及税金				67			60						128		
建筑安装工程费				705			632						1337		

编制:徐连铭　　复核:邢凤岐

分项工程预算表

编制范围:路线工程　　单价文件:1

工程名称:借土方填筑　　费率文件:1　　编制日期:2008年03月22日　　第10页　共133页　　08-2表

代号	工程项目			挖掘机挖装土、石方			挖掘机挖装土、石方			自卸车运土、石方			洒水汽车洒水		
	工程细目			1.0m³内挖掘机挖装土方普通土			2.0m³内挖掘机挖装土方硬土			15t内自卸车运土第1个1km			8000L内洒水车洒水第1个1km		
	定额单位			1000m³			1000m³			1000m³			1000m³		
	工程数量			178.451			167.452			345.903			23.237		
	定额表号			10109008			10109009			10111021(辅助定额调整)			10122009(辅助定额调整)		
	工料机名称	单位	单价(元)	定额	数量	金额(元)	定额	数量	金额(元)	定额	数量	金额(元)	定额	数量	金额(元)
1	人工	工日	49.2	4.5	803.03	39509	5	837.26	41193						
866	水	m³	18										1000	23237	46474
1003	75kW以内履带式推土机	台班	667.31	0.25	44.61	29771	0.28	46.89	31288						
1037	2.0m³以内履带式单斗挖掘机	台班	1496.78	1.15	205.22	307167	1.29	216.01	323324						
1057	120kW以内自行式平地机	台班	996.75												
1075	6~8t光轮压路机	台班	270.62												
1076	8~10t光轮压路机	台班	303.35												
1080	18~21t光轮压路机	台班	590.09												
1088	15t以内振动压路机	台班	846.95												
1388	15t以内自卸汽车	台班	914.82							9.21	3185.77	2914410			
1406	8000L以内洒水汽车	台班	766.31										14.4	334.61	256416
1999	基价	元	1	1991		355296	2231		373585	6309		2182302	11546		268294

编制:徐连铭　　复核:邢凤岐

分项工程预算表

编制范围:路线工程　　单价文件:1

工程名称:借土方填筑　　费率文件:1　　编制日期:2008年03月22日　　第11页　共133页　　08-2表

代号	工程项目			挖掘机挖装土、石方			挖掘机挖装土、石方			自卸车运土、石方			洒水汽车洒水		
	工程细目			1.0m³ 内挖掘机挖装土方普通土			2.0m³ 内挖掘机挖装土方硬土			15t 内自卸车运土第1个1km			8000L 内洒水车洒水第1个1km		
	定额单位			1000m³			1000m³			1000m³			1000m³		
	工程数量			178.451			167.452			345.903			23.237		
	定额表号			10109008			10109009			10111021(辅助定额调整)			10122009(辅助定额调整)		
	工料机名称	单位	单价(元)	定额	数量	金额(元)	定额	数量	金额(元)	定额	数量	金额(元)	定额	数量	金额(元)
直接工程费				376447			395805			2914409			302890		
其他工程费			I	7.32%	27556		7.32%	28973		7.32%	213335		2.86%	8663	
			II	4%	15058		4%	15832		4%	116576		4%	10257	
间接费		规费		33%	13038		33%	13594		33%			33%		
		企业管理费		4.47%	18732		4.47%	19695		4.47%	145021		2.57%	8271	
利润及税金				47064			49480			360921			35149		
建筑安装工程费				497894			523379			3750262			365230		

编制:徐连铭　　复核:邢凤岐

分项工程预算表

编制范围:路线工程　　　　单价文件:1

工程名称:借土方填筑　　　　费率文件:1　　　　编制日期:2008年03月22日　　　　第12页　共133页　　08-2表

代号															
	工程项目			挖掘机挖装土、石方			自卸车运土、石方			机械碾压路基			机械碾压路基		
	工程细目			1.0m³内挖掘机挖装土方普通土			15t内自卸车运土第1个1km			高速一级路18～21t压路机压土			高速一级路15t内振动压路机压土		
	定额单位			1000m³			1000m³			1000m³			1000m³		
	工程数量			15.269			15.269			161.367			161.368		
	定额表号			10109008			10111021(辅助定额调整)			10118002			10118004		
	工料机名称	单位	单价(元)	定额	数量	金额(元)	定额	数量	金额(元)	定额	数量	金额(元)	定额	数量	金额(元)
1	人工	工日	49.2	5.22	79.7	3921				3	484.1	23818	3	484.1	23818
866	水	m³	18												
1003	75kW以内履带式推土机	台班	667.31	0.29	4.43	2955									
1037	2.0m³以内履带式单斗挖掘机	台班	1496.78	1.334	20.37	30488									
1057	120kW以内自行式平地机	台班	996.75							1.63	263.03	262172	1.63	263.03	262174
1075	6～8t光轮压路机	台班	270.62							1.55	250.12	67688	1.55	250.12	67689
1076	8～10t光轮压路机	台班	303.35												
1080	18～21t光轮压路机	台班	590.09							4.29	692.26	408497			
1088	15t以内振动压路机	台班	846.95										2.41	388.9	329378
1388	15t以内自卸汽车	台班	914.82				10.96	167.35	153092						
1406	8000L以内洒水汽车	台班	766.31												
1999	基价	元	1	2310		35271	7508		114640	4299		693717	3884		626753

编制:徐连铭　　　　复核:邢凤岐

分项工程预算表

编制范围:路线工程　　单价文件:1

工程名称:借土方填筑　　费率文件:1　　编制日期:2008年03月22日　　第13页　共133页　　08-2表

代号	工程项目			挖掘机挖装土、石方			自卸车运土、石方			机械碾压路基			机械碾压路基		
	工程细目			1.0m³ 内挖掘机挖装土方普通土			15t 内自卸车运土第 1 个 1km			高速一级路 18～21t 压路机压土			高速一级路 15t 内振动压路机压土		
	定额单位			1000m³			1000m³			1000m³			1000m³		
	工程数量			15.269			15.269			161.367			161.368		
	定额表号			10109008			10111021(辅助定额调整)			10118002			10118004		
	工料机名称	单位	单价(元)	定额	数量	金额(元)	定额	数量	金额(元)	定额	数量	金额(元)	定额	数量	金额(元)
	直接工程费					37364			153092			762175			683058
	其他工程费	I		7.32%		2735	2.86%		4378	7.32%		55791	7.32%		50000
		II		4%		1495	4%		6124	4%		30487	4%		27322
	间接费	规费		33%		1294	33%			33%		7860	33%		7860
		企业管理费		4.47%		1859	2.57%		4204	4.47%		37926	4.47%		33989
	利润及税金					4671			17868			94656			84858
	建筑安装工程费					49418			185667			988895			887087

编制:徐连铭　　复核:邢凤岐

分项工程预算表

编制范围:路线工程　　　　单价文件:1

工程名称:借土方填筑　　　　费率文件:1　　　　编制日期:2008年03月22日　　　　第14页　共133页　　08-2表

代号	工程项目			整修路基			整修路基						合计		
	工程细目			机械整修路拱			整修边坡二级及以上等级公路								
	定额单位			1000m²			1km								
	工程数量			153			5.361								
	定额表号			10120001			10120003								
	工料机名称	单位	单价(元)	定额	数量	金额(元)	定额	数量	金额(元)	定额	数量	金额(元)	定额	数量	金额(元)
1	人工	工日	49.2				336.7	1805.05	88808					4493.25	221068
866	水	m³	18											23237	46474
1003	75kW以内履带式推土机	台班	667.31											95.93	64014
1037	2.0m³以内履带式单斗挖掘机	台班	1496.78											441.6	660979
1057	120kW以内自行式平地机	台班	996.75	0.09	13.77	13725								539.83	538071
1075	6～8t光轮压路机	台班	270.62											500.24	135377
1076	8～10t光轮压路机	台班	303.35	0.14	21.42	6498								21.42	6498
1080	18～21t光轮压路机	台班	590.09											692.26	408497
1088	15t以内振动压路机	台班	846.95											388.9	329378
1388	15t以内自卸汽车	台班	914.82											3353.11	3067502
1406	8000L以内洒水汽车	台班	766.31											334.61	256416
1999	基价	元	1	121		18513	16566		88810						4757182

编制:徐连铭　　　　复核:邢凤岐

分项工程预算表

编制范围:路线工程　　单价文件:1
工程名称:借土方填筑　　费率文件:1　　编制日期:2008年03月22日　　第15页　共133页　　08-2表

代号	工程项目			整修路基			整修路基						合计		
	工程细目			机械整修路拱			整修边坡二级及以上等级公路								
	定额单位			$1000m^2$			1km								
	工程数量			153			5.361								
	定额表号			10120001			10120003								
	工料机名称	单位	单价(元)	定额	数量	金额(元)	定额	数量	金额(元)	定额	数量	金额(元)	定额	数量	金额(元)
直接工程费					20223			88808						5734273	
其他工程费			I	7.32%		1480	7.32%		6501						399412
			II	4%		809	4%		3552						227512
间接费		规费		33%			33%		29307						72952
		企业管理费		4.47%		1006	4.47%		4419						275123
利润及税金					2504			11997						709169	
建筑安装工程费					26023			144585						7418440	

编制:徐连铭　　复核:邢凤岐

分项工程预算表

编制范围:路线工程　　单价文件:1

工程名称:砂、砂砾垫层　　费率文件:1　　编制日期:2008年03月22日　　第16页　共133页　　08-2表

代号	工程项目			软土地基垫层									合计		
	工程细目			软基砂砾垫层											
	定额单位			$1000m^3$											
	工程数量			92.111											
	定额表号			10312002											
	工料机名称	单位	单价(元)	定额	数量	金额(元)	定额	数量	金额(元)	定额	数量	金额(元)	定额	数量	金额(元)
1	人工	工日	49.2	15.9	1464.56	72057								1464.56	72057
902	砂砾	m^3	86.43	1300	119744.3	10350079								119744.3	10350079
1003	75kW以内履带式推土机	台班	667.31	0.99	91.19	60852								91.19	60852
1075	6~8t光轮压路机	台班	270.62	1.3	119.74	32406								119.74	32406
1999	基价	元	1	42016		3870136									3870136
直接工程费				10515413									10515413		
其他工程费			I	6.31%	663523									663523	
			II	2%	3306									3306	
间接费		规费		33%	23779									23779	
		企业管理费		4.20%	469654									469654	
利润及税金				1241586									1241586		
建筑安装工程费				12917261									12917261		

编制:徐连铭　　复核:邢凤岐

分项工程预算表

编制范围:路线工程　　单价文件:1

工程名称:浆砌片石边沟　　费率文件:1　　编制日期:2008 年 03 月 22 日　　第 17 页　共 133 页　　08-2 表

代号	工程项目			石砌边沟排水沟截水沟急流槽			基础垫层			浆砌片石			机械挖基坑土、石方		
	工程细目			浆砌片石边沟排水沟截水沟			填砂砾(砂)垫层			基础、护底、截水墙			基坑≤1500m³135kW 内推土机挖土		
	定额单位			10m³			10m³			10m³			1000m³		
	工程数量			6.08			2.89			0.13			0.087		
	定额表号			10203001			41105001			40502001			40103008		
	工料机名称	单位	单价(元)	定额	数量	金额(元)	定额	数量	金额(元)	定额	数量	金额(元)	定额	数量	金额(元)
1	人工	工日	49.2	15.8	96.06	4726	5.9	17.05	839	9.5	1.24	61	226.7	19.72	970
832	32.5 级水泥	t	343.63	0.869	5.28	1816				0.931	0.12	42			
866	水	m³	18	18	109.44	1970				4	0.52	9			
899	中(粗)砂	m³	87.08	4.27	25.96	2261				3.82	0.5	43			
902	砂砾	m³	86.43				13	37.57	3247						
931	片石	m³	68.64	11.5	69.92	4799				11.5	1.5	103			
996	其他材料费	元	1	2.4	14.59	15				1.2	0.16				
1006	135kW 以内履带式推土机	台班	1280.66										1.98	0.17	221
1998	小型机具使用费	元	1							7	0.91	1			
1999	基价	元	1	1714		10421	693		2003	1396		181	13497		1174
直接工程费				15587			4086			259			1191		
其他工程费			I	8.39%	1308		8.39%	343		8.39%	22		8.39%	100	
			II	4%	189		4%	34		4%	2		4%	48	
间接费		规费		33%	1560		33%	277		33%	20		33%	320	
		企业管理费		5.78%	987		5.78%	258		5.78%	16		5.78%	77	
利润及税金				1977			512			33			162		
建筑安装工程费				21608			5510			352			1898		

编制:徐连铭　　复核:邢凤岐

分项工程预算表

编制范围:路线工程　　单价文件:1

工程名称:浆砌片石边沟　　费率文件:1　　编制日期:2008年03月22日　　第18页　共133页　　08-2表

代号	工程项目			水泥砂浆勾缝及抹面									合计		
	工程细目			水泥砂浆抹面(厚 2cm)											
	定额单位			$100m^2$											
	工程数量			0.28											
	定额表号			41106017											
	工料机名称	单位	单价(元)	定额	数量	金额(元)	定额	数量	金额(元)	定额	数量	金额(元)	定额	数量	金额(元)
1	人工	工日	49.2	5.5	1.54	76								135.61	6672
832	32.5级水泥	t	343.63	0.837	0.23	81								5.64	1938
866	水	m^3	18	15	4.2	76								114.16	2055
899	中(粗)砂	m^3	87.08	2.78	0.78	68								27.24	2372
902	砂砾	m^3	86.43											37.57	3247
931	片石	m^3	68.64											71.42	4902
996	其他材料费	元	1											14.75	15
1006	135kW以内履带式推土机	台班	1280.66											0.17	221
1998	小型机具使用费	元	1											0.91	1
1999	基价	元	1	713		200									13979
直接工程费					300									21422	
其他工程费		I		8.39%	25									1797	
		II		4%	3									276	
间接费	规费			33%	25									2202	
	企业管理费			5.78%	19									1358	
利润及税金					38									2722	
建筑安装工程费					410									29778	

编制:徐连铭　　复核:邢凤岐

分项工程预算表

编制范围:路线工程　　单价文件:1

工程名称:浆砌片石急流槽　　费率文件:1　　编制日期:2008 年 03 月 22 日　　第 19 页　共 133 页　　08-2 表

代号	工程项目			浆砌片石			混凝土边沟排(截)水沟急流槽			混凝土边沟排(截)水沟急流槽			混凝土边沟排(截)水沟急流槽		
	工程细目			基础、护底、截水墙			现浇混凝土急流槽			预制混凝土预制块急流槽			铺砌混凝土预制块急流槽		
	定额单位			$10m^3$			$10m^3$			$10m^3$			$10m^3$		
	工程数量			20.82			1.63			4.12			4.12		
	定额表号			40502001			10204014(辅助定额调整)			10204012			10204013		
	工料机名称	单位	单价(元)	定额	数量	金额(元)	定额	数量	金额(元)	定额	数量	金额(元)	定额	数量	金额(元)
1	人工	工日	49.2	9.5	197.79	9731	52.4	85.41	4202	47.9	197.35	9710	17.6	72.51	3568
111	光圆钢筋	t	4327.26												
112	带肋钢筋	t	4378.51										0.154	0.63	2778
271	钢模板	t	5576.93							0.094	0.39	2160			
272	组合钢模板	t	5071.93				0.02	0.03	165						
651	铁件	kg	5.76				6.1	9.94	57						
656	20~22 号铁丝	kg	5.76												
832	32.5 级水泥	t	343.63	0.931	19.38	6661	6.967	11.36	3902	3.182	13.11	4505	0.177	0.73	251
866	水	m^3	18	4	83.28	1499	12	19.56	352	16	65.92	1187	13	53.56	964
899	中(粗)砂	m^3	87.08	3.82	79.53	6926	9.896	16.13	1405	4.95	20.39	1776	0.61	2.51	219
902	砂砾	m^3	86.43												
931	片石	m^3	68.64	11.5	239.43	16435									
951	碎石(2cm)	m^3	93.92				16.52	26.93	2529	8.28	34.11	3204			
996	其他材料费	元	1	1.2	24.98	25	15.3	24.94	25	56.7	233.6	234			
1006	135kW 以内履带式推土机	台班	1280.66												
1272	250L 以内混凝土搅拌机	台班	131.07				0.38	0.62	81	0.37	1.52	200			
1998	小型机具使用费	元	1	7	145.74	146				7.8	32.14	32			

编制:徐连铭　　复核:邢凤岐

分项工程预算表

编制范围:路线工程　　单价文件:1

工程名称:浆砌片石急流槽　　费率文件:1　　编制日期:2008年03月22日　　第20页　共133页　　08-2表

代号	工程项目			浆砌片石			混凝土边沟排(截)水沟急流槽			混凝土边沟排(截)水沟急流槽			混凝土边沟排(截)水沟急流槽		
	工程细目			基础、护底、截水墙			现浇混凝土急流槽			预制混凝土预制块急流槽			铺砌混凝土预制块急流槽		
	定额单位			$10m^3$			$10m^3$			$10m^3$			$10m^3$		
	工程数量			20.82			1.63			4.12			4.12		
	定额表号			40502001			10204014(辅助定额调整)			10204012			10204013		
	工料机名称	单位	单价(元)	定额	数量	金额(元)	定额	数量	金额(元)	定额	数量	金额(元)	定额	数量	金额(元)
1999	基价	元	1	1396		29065	6509		10610	4797		19764	1489		6135
直接工程费				41422			12719			23006			7779		
其他工程费			I	8.39%	3475		8.39%	1067		8.39%	1930		8.39%	653	
			II	4%	395		4%	171		4%	398		4%	143	
间接费		规费		33%	3211		33%	1387		33%	3204		33%	1177	
		企业管理费		5.78%	2618		5.78%	807		5.78%	1464		5.78%	496	
利润及税金				5211			1619			2963			1006		
建筑安装工程费				56333			17770			32965			11253		

编制:徐连铭　　复核:邢凤岐

分项工程预算表

编制范围:路线工程　　单价文件:1
工程名称:浆砌片石急流槽　　费率文件:1　　编制日期:2008年03月22日　　第21页　共133页　　08-2表

代号	工程项目			基础垫层			预制小型构件			机械挖基坑土、石方			水泥砂浆勾缝及抹面		
	工程细目			填砂砾(砂)垫层			小型构件钢筋			基坑≤1500m³135kW内推土机挖土			水泥砂浆抹面(厚2cm)		
	定额单位			10m³			1t			1000m³			100m²		
	工程数量			6.47			2.979			0.471			0.63		
	定额表号			41105001			40728011			40103008			41106017		
	工料机名称	单位	单价(元)	定额	数量	金额(元)	定额	数量	金额(元)	定额	数量	金额(元)	定额	数量	金额(元)
1	人工	工日	49.2	5.9	38.17	1878	6.1	18.17	894	226.7	106.78	5253	5.5	3.47	170
111	光圆钢筋	t	4327.26				1.025	3.05	13213						
112	带肋钢筋	t	4378.51										0.154	0.63	2778
271	钢模板	t	5576.93												
272	组合钢模板	t	5071.93												
651	铁件	kg	5.76												
656	20～22号铁丝	kg	5.76				4.2	12.51	72						
832	32.5级水泥	t	343.63										0.837	0.53	181
866	水	m³	18										15	9.45	170
899	中(粗)砂	m³	87.08										2.78	1.75	153
902	砂砾	m³	86.43	13	84.11	7270									
931	片石	m³	68.64												
951	碎石(2cm)	m³	93.92												
996	其他材料费	元	1												
1006	135kW以内履带式推土机	台班	1280.66							1.98	0.93	1194			
1272	250L以内混凝土搅拌机	台班	131.07												
1998	小型机具使用费	元	1				13.8	41.11	41						

编制:徐连铭　　复核:邢凤岐

分项工程预算表

编制范围:路线工程　　单价文件:1

工程名称:浆砌片石急流槽　　费率文件:1　　编制日期:2008年03月22日　　第22页　共133页　　08-2表

代号	工程项目			基础垫层			预制小型构件			机械挖基坑土、石方			水泥砂浆勾缝及抹面		
	工程细目			填砂砾(砂)垫层			小型构件钢筋			基坑≤$1500m^3$135kW内推土机挖土			水泥砂浆抹面(厚2cm)		
	定额单位			$10m^3$			1t			$1000m^3$			$100m^2$		
	工程数量			6.47			2.979			0.471			0.63		
	定额表号			41105001			40728011			40103008			41106017		
	工料机名称	单位	单价(元)	定额	数量	金额(元)	定额	数量	金额(元)	定额	数量	金额(元)	定额	数量	金额(元)
1999	基价	元	1	693		4484	3723		11091	13497		6357	713		449
直接工程费				9148			14220			6448			674		
其他工程费			I	8.39%	768		8.39%	1193		8.39%	541		8.39%	57	
			II	4%	75		4%	37		4%	258		4%	7	
间接费		规费		33%	620		33%	295		33%	1734		33%	56	
		企业管理费		5.78%	577		5.78%	893		5.78%	419		5.78%	43	
利润及税金				1147			1750			875			85		
建筑安装工程费				12335			18390			10274			922		

编制:徐连铭　　复核:邢凤岐

分项工程预算表

编制范围:路线工程　　单价文件:1
工程名称:浆砌片石急流槽　　费率文件:1　　编制日期:2008年03月22日　　第23页　共133页　　08-2表

代号	工程项目												合计		
	工程细目														
	定额单位														
	工程数量														
	定额表号														
	工料机名称	单位	单价(元)	定额	数量	金额(元)	定额	数量	金额(元)	定额	数量	金额(元)	定额	数量	金额(元)
1	人工	工日	49.2											719.65	38974
111	光圆钢筋	t	4327.26											3.05	13213
112	带肋钢筋	t	4378.51											0.63	5556
271	钢模板	t	5576.93											0.39	2160
272	组合钢模板	t	5071.93											0.03	165
651	铁件	kg	5.76											9.94	57
656	20～22号铁丝	kg	5.76											12.51	72
832	32.5级水泥	t	343.63											45.11	15750
866	水	m^3	18											231.77	5136
899	中(粗)砂	m^3	87.08											120.32	10696
902	砂砾	m^3	86.43											84.11	7270
931	片石	m^3	68.64											239.43	16435
951	碎石(2cm)	m^3	93.92											61.04	5733
996	其他材料费	元	1											283.53	284
1006	135kW以内履带式推土机	台班	1280.66											0.93	1194
1272	250L以内混凝土搅拌机	台班	131.07											2.14	281
1998	小型机具使用费	元	1											218.99	219

编制:徐连铭　　复核:邢风岐

分项工程预算表

编制范围:路线工程　　　　单价文件:1

工程名称:浆砌片石急流槽　　　　费率文件:1　　　　编制日期:2008 年 03 月 22 日　　　　第 24 页　共 133 页　　08-2 表

代号	工程项目												合计		
	工程细目														
	定额单位														
	工程数量														
	定额表号														
	工料机名称	单位	单价(元)	定额	数量	金额(元)	定额	数量	金额(元)	定额	数量	金额(元)	定额	数量	金额(元)
1999	基价	元	1												94088
直接工程费															115417
其他工程费	I														9683
	II														1484
间接费	规费														11684
	企业管理费														7317
利润及税金															14657
建筑安装工程费															160242

编制:徐连铭　　　　复核:邢凤岐

分项工程预算表

编制范围:路线工程　　单价文件:1

工程名称:预制块混凝土护坡　　费率文件:1　　编制日期:2008年03月22日　　第25页　共133页　　08-2表

代号	工程项目			预制混凝土护坡			预制混凝土护坡			防风固沙			浆砌片石		
	工程细目			预制混凝土菱形格			码砌菱形格护坡			播草籽			基础、护底、截水墙		
	定额单位			$10m^3$			$100m^2$			$1000m^2$			$10m^3$		
	工程数量			33.16			33.16			9.82			394.78		
	定额表号			50106004(辅助定额调整)			50106006			50113003			40502001		
	工料机名称	单位	单价(元)	定额	数量	金额(元)	定额	数量	金额(元)	定额	数量	金额(元)	定额	数量	金额(元)
1	人工	工日	49.2	44.3	1468.99	72274	6.9	228.8	11257	15	147.3	7247	9.5	3750.41	184520
102	锯材		1332.5	0.031	1.03	1370									
272	组合钢模板	t	5071.93	0.065	2.16	10932									
651	铁件	kg	5.76	8.6	285.18	1644									
821	草籽	kg	36.26							10.3	101.15	3667			
832	32.5级水泥	t	343.63	6.394	212.01	72853							0.931	367.54	126299
851	石油沥青	t	3734.07												
866	水	m^3	18	16	530.56	9550							4	1579.12	28424
899	中(粗)砂	m^3	87.08	9.798	324.9	28292							3.82	1508.06	131320
902	砂砾	m^3	86.43												
931	片石	m^3	68.64										11.5	4539.97	311628
952	碎石(4cm)	m^3	94.31	16.863	559.18	52737									
996	其他材料费	元	1	7.6	252.02	252				90	883.8	884	1.2	473.74	474
1037	$2.0m^3$以内履带式单斗挖掘机	台班	1496.78												
1272	250L以内混凝土搅拌机	台班	131.07	0.37	12.27	1608									
1998	小型机具使用费	元	1										7	2763.46	2763
1999	基价	元	1	6243		207018	339		11241	1652		16223	1396		551113

编制:徐连铭　　复核:邢凤岐

分项工程预算表

编制范围:路线工程　　单价文件:1

工程名称:预制块混凝土护坡　　费率文件:1　　编制日期:2008 年 03 月 22 日　　第 26 页　共 133 页　　08-2 表

代号	工程项目			预制混凝土护坡			预制混凝土护坡			防风固沙			浆砌片石		
	工程细目			预制混凝土菱形格			码砌菱形格护坡			播草籽			基础、护底、截水墙		
	定额单位			$10m^3$			$100m^2$			$1000m^2$			$10m^3$		
	工程数量			33.16			33.16			9.82			394.78		
	定额表号			50106004(辅助定额调整)			50106006			50113003			40502001		
	工料机名称	单位	单价(元)	定额	数量	金额(元)	定额	数量	金额(元)	定额	数量	金额(元)	定额	数量	金额(元)
直接工程费				251512			11257			11798			785428		
其他工程费			I	8.39%	21102		8.39%	944		8.39%	990		8.39%	65897	
			II	4%	2955		4%	450		4%	290		4%	7491	
间接费		规费		33%	23850		33%	3715		33%	2392		33%	60892	
		企业管理费		5.78%	15928		5.78%	731		5.78%	756		5.78%	49640	
利润及税金				31854			1552			1555			98815		
建筑安装工程费				347202			18650			17780			1068164		

编制:徐连铭　　复核:邢风岐

分项工程预算表

编制范围：路线工程　　单价文件：1

工程名称：预制块混凝土护坡　　费率文件：1　　编制日期：2008年03月22日　　第27页　共133页　　08-2表

代号	工料机名称	单位	单价(元)	定额	数量	金额(元)	定额	数量	金额(元)	定额	数量	金额(元)	定额	数量	金额(元)
	工程项目			基础垫层			机械挖基坑土、石方			伸缩缝及泄水管			合计		
	工程细目			填砂砾(砂)垫层			基坑>1500m^3 2.0m^3内挖掘机挖土			沥青麻絮伸缩缝					
	定额单位			10m^3			1000m^3			1m					
	工程数量			87.26			5.997			198.82					
	定额表号			41105001			40103012			41107013					
1	人工	工日	49.2	5.9	514.83	25330	199.7	1197.6	58922	0.5	99.41	4891		7407.35	364441
102	锯材	m^3	1332.5											1.03	1370
272	组合钢模板	t	5071.93											2.16	10932
651	铁件	kg	5.76											285.18	1644
821	草籽	kg	36.26											101.15	3667
832	32.5级水泥	t	343.63											579.55	199152
851	石油沥青	t	3734.07							0.032	6.36	23757		6.36	23757
866	水	m^3	18											2109.68	37974
899	中(粗)砂	m^3	87.08											1832.96	159612
902	砂砾	m^3	86.43	13	1134.38	98050								1134.38	98050
931	片石	m^3	68.64											4539.97	311628
952	碎石(4cm)	m^3	94.31											559.18	52737
996	其他材料费	元	1							17.2	3419.7	3420		5029.26	5029
1037	2.0m^3以内履带式单斗挖掘机	台班	1496.78				1.91	11.45	17145					11.45	17145
1272	250L以内混凝土搅拌机	台班	131.07											12.27	1608
1998	小型机具使用费	元	1											2763.46	2763
1999	基价	元	1	693		60471	12510		75022	163		32408			953496

编制：徐连铭　　复核：邢凤岐

分项工程预算表

编制范围：路线工程　　　　单价文件：1

工程名称：预制块混凝土护坡　　　　费率文件：1　　　　编制日期：2008年03月22日　　　　第28页　共133页　　　　08-2表

代号	工料机名称	单位	单价(元)	定额	数量	金额(元)	定额	数量	金额(元)	定额	数量	金额(元)	定额	数量	金额(元)
代号	工程项目				基础垫层			机械挖基坑土、石方			伸缩缝及泄水管				
	工程细目				填砂砾(砂)垫层			基坑>1500m^{3}2.0m^{3}内挖掘机挖土			沥青麻絮伸缩缝				
	定额单位				10m^3			1000m^3			1m			合计	
	工程数量				87.26			5.997			198.82				
	定额表号				41105001			40103012			41107013				
	工料机名称	单位	单价(元)	定额	数量	金额(元)	定额	数量	金额(元)	定额	数量	金额(元)	定额	数量	金额(元)
直接工程费					123380			76066			32068			1291510	
其他工程费			I	8.39%	10352		8.39%	6382		8.39%	2690			108358	
			II	4%	1013		4%	3043		4%	196			15438	
间接费		规费		33%	8359		33%	19444		33%	1614			120266	
		企业管理费		5.78%	7788		5.78%	4941		5.78%	2020			81805	
利润及税金					15463			10293			3992			163524	
建筑安装工程费					166355			120170			42580			1780901	

编制：徐连铭　　　　复核：邢凤岐

分项工程预算表

编制范围:路线工程　　单价文件:1

工程名称:水泥稳定类底基层　　费率文件:1　　编制日期:2008 年 03 月 22 日　　第 29 页　共 133 页　　08-2 表

代号	工程项目			厂拌基层稳定土混合料			厂拌基层稳定土混合料运输			机械铺筑厂拌基层稳定土混合料			基层稳定土厂拌设备安装、拆除		
	工程细目			厂拌水泥碎石 5:95 厚度 15cm			稳定土运输 15t 内第 1 个 1km			摊铺机铺筑底基层(12.5m 内)			厂拌设备安拆(300t/h 内)		
	定额单位			1000m²			1000m²			1000m²			1 座		
	工程数量			51.936			10.387			51.936			0.5		
	定额表号			20107005(辅助定额调整)			20108021(辅助定额调整)			20109012(调整压实机械台班)			20110004		
	工料机名称	单位	单价(元)	定额	数量	金额(元)	定额	数量	金额(元)	定额	数量	金额(元)	定额	数量	金额(元)
1	人工	工日	49.2	3.8	197.36	9710				7.1	368.75	18142	868.3	434.15	21360
102	锯材	m^3	1332.5										0.01	0.01	7
182	型钢	t	4327.26										0.04	0.02	87
272	组合钢模板	t	5071.93										0.086	0.04	218
651	铁件	kg	5.76										85.3	42.65	246
832	32.5 级水泥	t	343.63	17.872	928.2	318959							69.04	34.52	11862
866	水	m^3	18	26	1350.34	24306							353	176.5	3177
899	中(粗)砂	m^3	87.08										230.01	115.01	10014
931	片石	m^3	68.64										288.18	144.09	9890
952	碎石(4cm)	m^3	94.31										80.36	40.18	3789
958	碎石	m^3	84.3	296.862	15417.84	1299707									
981	块石	m^3	97.19										263.12	131.56	12786
996	其他材料费	元	1										126.5	63.25	63
1027	0.6m³ 以内履带式单斗挖掘机	台班	536.7										5.08	2.54	1363
1051	3.0m³ 以内轮胎式装载机	台班	1024.59	0.63	32.72	33524									
1075	6～8t 光轮压路机	台班	270.62							0.28	14.54	3935			
1078	12～15t 光轮压路机	台班	451.83							2.18	113.22	51156			

编制:徐连铭　　复核:邢凤岐

分项工程预算表

编制范围:路线工程　　单价文件:1

工程名称:水泥稳定类底基层　　费率文件:1　　编制日期:2008年03月22日　　第30页　共133页　　08-2表

代号	工程项目			厂拌基层稳定土混合料			厂拌基层稳定土混合料运输			机械铺筑厂拌基层稳定土混合料			基层稳定土厂拌设备安装、拆除		
	工程细目			厂拌水泥碎石5:95厚度15cm			稳定土运输15t内第1个1km			摊铺机铺筑底基层(12.5m内)			厂拌设备安拆(300t/h内)		
	定额单位			$1000m^2$			$1000m^2$			$1000m^2$			1座		
	工程数量			51.936			10.387			51.936			0.5		
	定额表号			20107005(辅助定额调整)			20108021(辅助定额调整)			20109012(调整压实机械台班)			20110004		
	工料机名称	单位	单价(元)	定额	数量	金额(元)	定额	数量	金额(元)	定额	数量	金额(元)	定额	数量	金额(元)
1160	300t/h内稳定土厂拌设备	台班	1299.91	0.34	17.66	22954									
1166	12.5m以内稳定土摊铺机	台班	2630.21							0.36	18.7	49177			
1272	250L以内混凝土搅拌机	台班	131.07										4.06	2.03	266
1388	15t以内自卸汽车	台班	914.82				9.86	102.42	93692						
1393	20t以内平板拖车组	台班	934.57										7.74	3.87	3617
1405	6000L以内洒水汽车	台班	599.44							0.31	16.1	9651			
1451	12t以内汽车式起重机	台班	863.55										1.88	0.94	812
1456	40t以内汽车式起重机	台班	2357.15										11.79	5.9	13895
1458	75t以内汽车式起重机	台班	3587.24										11.79	5.9	21147
1998	小型机具使用费	元	1										376.3	188.15	188
1999	基价	元	1	14975		777742	6754		70154	2375		123348	186424		93212

编制:徐连铭　　复核:邢凤岐

分项工程预算表

编制范围：路线工程　　单价文件：1

工程名称：水泥稳定类底基层　　费率文件：1　　编制日期：2008 年 03 月 22 日　　第 31 页　共 133 页　　08-2 表

代号	工程项目			厂拌基层稳定土混合料			厂拌基层稳定土混合料运输			机械铺筑厂拌基层稳定土混合料			基层稳定土厂拌设备安装、拆除		
	工程细目			厂拌水泥碎石 5:95 厚度 15cm			稳定土运输 15t 内第 1 个 1km			摊铺机铺筑底基层(12.5m 内)			厂拌设备安拆(300t/h 内)		
	定额单位			$1000m^2$			$1000m^2$			$1000m^2$			1 座		
	工程数量			51.936			10.387			51.936			0.5		
	定额表号			20107005(辅助定额调整)			20108021(辅助定额调整)			20109012(调整压实机械台班)			20110004		
	工料机名称	单位	单价(元)	定额	数量	金额(元)	定额	数量	金额(元)	定额	数量	金额(元)	定额	数量	金额(元)
直接工程费				1709162			93692			132062			114789		
其他工程费			I	6.31%	107848		6.31%	5912		6.31%	8333		6.31%	7243	
			II	2%	1324		2%	1874		2%	2641		2%	1253	
间接费		规费		33%	3204		33%			33%	5987		33%	7049	
		企业管理费		4.20%	76370		4.20%	4262		4.20%	6008		4.20%	5178	
利润及税金				201871			11260			16075			13920		
建筑安装工程费				2099779			117000			171106			149431		

编制：徐连铭　　复核：邢凤岐

分项工程预算表

编制范围:路线工程　　单价文件:1

工程名称:水泥稳定类底基层　　费率文件:1　　编制日期:2008年03月22日　　第32页　共133页　　08-2表

代号	工程项目														
	工程细目														
	定额单位												合计		
	工程数量														
	定额表号														
	工料机名称	单位	单价(元)	定额	数量	金额(元)	定额	数量	金额(元)	定额	数量	金额(元)	定额	数量	金额(元)
1	人工	工日	49.2											1000.25	49212
102	锯材	m^3	1332.5											0.01	7
182	型钢	t	4327.26											0.02	87
272	组合钢模板	t	5071.93											0.04	218
651	铁件	kg	5.76											42.65	246
832	32.5级水泥	t	343.63											962.72	330822
866	水	m^3	18											1526.84	27483
899	中(粗)砂	m^3	87.08											115.01	10014
931	片石	m^3	68.64											144.09	9890
952	碎石(4cm)	m^3	94.31											40.18	3789
958	碎石	m^3	84.3											15417.84	1299707
981	块石	m^3	97.19											131.56	12786
996	其他材料费	元	1											63.25	63
1027	0.6m^3以内履带式单斗挖掘机	台班	536.7											2.54	1363
1051	3.0m^3以内轮胎式装载机	台班	1024.59											32.72	33524
1075	6～8t光轮压路机	台班	270.62											14.54	3935
1078	12～15t光轮压路机	台班	451.83											113.22	51156

编制:徐连铭　　复核:邢凤岐

分项工程预算表

编制范围:路线工程　　单价文件:1

工程名称:水泥稳定类底基层　　费率文件:1　　编制日期:2008 年 03 月 22 日　　第 33 页　共 133 页　　08-2 表

代号	工程项目											合计			
	工程细目														
	定额单位														
	工程数量														
	定额表号														
	工料机名称	单位	单价(元)	定额	数量	金额(元)	定额	数量	金额(元)	定额	数量	金额(元)	定额	数量	金额(元)
1160	300t/h 内稳定土厂拌设备	台班	1299.91											17.66	22954
1166	12.5m 以内稳定土摊铺机	台班	2630.21											18.7	49177
1272	250L 以内混凝土搅拌机	台班	131.07											2.03	266
1388	15t 以内自卸汽车	台班	914.82											102.42	93692
1393	20t 以内平板拖车组	台班	934.57											3.87	3617
1405	6000L 以内洒水汽车	台班	599.44											16.1	9651
1451	12t 以内汽车式起重机	台班	863.55											0.94	812
1456	40t 以内汽车式起重机	台班	2357.15											5.9	13895
1458	75t 以内汽车式起重机	台班	3587.24											5.9	21147
1998	小型机具使用费	元	1											188.15	188
1999	基价	元	1												1064455

编制:徐连铭　　复核:邢凤岐

分项工程预算表

编制范围:路线工程　　单价文件:1

工程名称:水泥稳定类底基层　　费率文件:1　　编制日期:2008年03月22日　　第34页　共133页　　08-2表

代号														
工程项目														
工程细目														
定额单位												合计		
工程数量														
定额表号														
工料机名称	单位	单价(元)	定额	数量	金额(元)	定额	数量	金额(元)	定额	数量	金额(元)	定额	数量	金额(元)
直接工程费														2049705
其他工程费 I														129336
其他工程费 II														7092
间接费 规费														16240
间接费 企业管理费														91818
利润及税金														243126
建筑安装工程费														2537316

编制:徐连铭　　复核:邢凤岐

分项工程预算表

编制范围:路线工程　　单价文件:1

工程名称:水泥稳定类基层　　费率文件:1　　编制日期:2008年03月22日　　第35页　共133页　　08-2表

代号	工程项目			厂拌基层稳定土混合料			厂拌基层稳定土混合料运输			机械铺筑厂拌基层稳定土混合料			基层稳定土厂拌设备安装、拆除		
	工程细目			厂拌水泥碎石 5:95 厚度 15cm			稳定土运输 15t 内第 1 个 1km			摊铺机铺筑底基层(12.5m 内)			厂拌设备安拆(300t/h 内)		
	定额单位			$1000m^2$			$1000m^2$			$1000m^2$			1座		
	工程数量			49.576			9.915			49.576			0.5		
	定额表号			20107005(辅助定额调整)			20108021(辅助定额调整)			20109012(调整压实机械台班)			20110004		
	工料机名称	单位	单价(元)	定额	数量	金额(元)	定额	数量	金额(元)	定额	数量	金额(元)	定额	数量	金额(元)
1	人工	工日	49.2	3.8	188.39	9269				7.1	351.99	17318	868.3	434.15	21360
102	锯材	m^3	1332.5										0.01	0.01	7
182	型钢	t	4327.26										0.04	0.02	87
272	组合钢模板	t	5071.93										0.086	0.04	218
651	铁件	kg	5.76										85.3	42.65	246
832	32.5级水泥	t	343.63	22.34	1107.53	380582							69.04	34.52	11862
866	水	m^3	18	26	1288.98	23202							353	176.5	3177
899	中(粗)砂	m^3	87.08										230.01	115.01	10014
931	片石	m^3	68.64										288.18	144.09	9890
952	碎石(4cm)	m^3	94.31										80.36	40.18	3789
958	碎石	m^3	84.3	293.77	14563.94	1227724									
981	块石	m^3	97.19										263.12	131.56	12786
996	其他材料费	元	1										126.5	63.25	63
1027	$0.6m^3$ 以内履带式单斗挖掘机	台班	536.7										5.08	2.54	1363
1051	$3.0m^3$ 以内轮胎式装载机	台班	1024.59	0.63	31.23	32001									
1075	6～8t 光轮压路机	台班	270.62							0.28	13.88	3757			
1078	12～15t 光轮压路机	台班	451.83							2.18	108.08	48832			

编制:徐连铭　　复核:邢凤岐

分项工程预算表

编制范围:路线工程　　单价文件:1

工程名称:水泥稳定类基层　　费率文件:1　　编制日期:2008 年 03 月 22 日　　第 36 页　共 133 页　　08-2 表

代号	工程项目			厂拌基层稳定土混合料			厂拌基层稳定土混合料运输			机械铺筑厂拌基层稳定土混合料			基层稳定土厂拌设备安装、拆除		
	工程细目			厂拌水泥碎石 5∶95 厚度 15cm			稳定土运输 15t 内第 1 个 1km			摊铺机铺筑底基层(12.5m 内)			厂拌设备安拆(300t/h 内)		
	定额单位			$1000m^2$			$1000m^2$			$1000m^2$			1 座		
	工程数量			49.576			9.915			49.576			0.5		
	定额表号			20107005(辅助定额调整)			20108021(辅助定额调整)			20109012(调整压实机械台班)			20110004		
	工料机名称	单位	单价(元)	定额	数量	金额(元)	定额	数量	金额(元)	定额	数量	金额(元)	定额	数量	金额(元)
1160	300t/h 内稳定土厂拌设备	台班	1299.91	0.34	16.86	21911									
1166	12.5m 以内稳定土摊铺机	台班	2630.21							0.36	17.85	46942			
1272	250L 以内混凝土搅拌机	台班	131.07										4.06	2.03	266
1388	15t 以内自卸汽车	台班	914.82				9.86	97.76	89435						
1393	20t 以内平板拖车组	台班	934.57										7.74	3.87	3617
1405	6000L 以内洒水汽车	台班	599.44							0.31	15.37	9213			
1451	12t 以内汽车式起重机	台班	863.55										1.88	0.94	812
1456	40t 以内汽车式起重机	台班	2357.15										11.79	5.9	13895
1458	75t 以内汽车式起重机	台班	3587.24										11.79	5.9	21147
1998	小型机具使用费	元	1										376.3	188.15	188
1999	基价	元	1	16320		809080	6754		66966	2375		117743	186424		93212

编制:徐连铭　　复核:邢凤岐

分项工程预算表

编制范围:路线工程　　　　单价文件:1

工程名称:水泥稳定类基层　　　　费率文件:1　　　　编制日期:2008 年 03 月 22 日　　　　第 37 页　共 133 页　　08-2 表

代号	工料机名称	单位	单价(元)	定额	数量	金额(元)	定额	数量	金额(元)	定额	数量	金额(元)	定额	数量	金额(元)
	工程项目			厂拌基层稳定土混合料			厂拌基层稳定土混合料运输			机械铺筑厂拌基层稳定土混合料			基层稳定土厂拌设备安装、拆除		
	工程细目			厂拌水泥碎石 5∶95 厚度 15cm			稳定土运输 15t 内第 1 个 1km			摊铺机铺筑底基层(12.5m 内)			厂拌设备安拆(300t/h 内)		
	定额单位			$1000m^2$			$1000m^2$			$1000m^2$			1 座		
	工程数量			49.576			9.915			49.576			0.5		
	定额表号			20107005(辅助定额调整)			20108021(辅助定额调整)			20109012(调整压实机械台班)			20110004		
	工料机名称	单位	单价(元)	定额	数量	金额(元)	定额	数量	金额(元)	定额	数量	金额(元)	定额	数量	金额(元)
直接工程费				1694690			89435			126061			114789		
其他工程费			Ⅰ	6.31%	106935		6.31%	5643		6.31%	7954		6.31%	7243	
			Ⅱ	2%	1264		2%	1789		2%	2521		2%	1253	
间接费		规费		33%	3059		33%			33%	5715		33%	7049	
		企业管理费		4.20%	75721		4.20%	4068		4.20%	5735		4.20%	5178	
利润及税金				200152			10748			15345			13920		
建筑安装工程费				2081821			111683			163331			149431		

编制:徐连铭　　　　复核:邢凤岐

分 项 工 程 预 算 表

编制范围:路线工程　　　　单价文件:1

工程名称:水泥稳定类基层　　　　费率文件:1　　　　编制日期:2008 年 03 月 22 日　　　　第 38 页　共 133 页　　08-2 表

代号	工程项目														
	工程细目														
	定额单位												合计		
	工程数量														
	定额表号														
	工料机名称	单位	单价(元)	定额	数量	金额(元)	定额	数量	金额(元)	定额	数量	金额(元)	定额	数量	金额(元)
1	人工	工日	49.2											974.53	47947
102	锯材	m^3	1332.5											0.01	7
182	型钢	t	4327.26											0.02	87
272	组合钢模板	t	5071.93											0.04	218
651	铁件	kg	5.76											42.65	246
832	32.5 级水泥	t	343.63											1142.05	392444
866	水	m^3	18											1465.48	26379
899	中(粗)砂	m^3	87.08											115.01	10014
931	片石	m^3	68.64											144.09	9890
952	碎石(4cm)	m^3	94.31											40.18	3789
958	碎石	m^3	84.3											14563.94	1227724
981	块石	m^3	97.19											131.56	12786
996	其他材料费	元	1											63.25	63
1027	0.6m^3 以内履带式单斗挖掘机	台班	536.7											2.54	1363
1051	3.0m^3 以内轮胎式装载机	台班	1024.59											31.23	32001
1075	6～8t 光轮压路机	台班	270.62											13.88	3757
1078	12～15t 光轮压路机	台班	451.83											108.08	48832

编制:徐连铭　　　　复核:邢凤岐

分项工程预算表

编制范围:路线工程　　单价文件:1

工程名称:水泥稳定类基层　　费率文件:1　　编制日期:2008年03月22日　　第39页　共133页　　08-2表

代号	工程项目														
	工程细目														
	定额单位												合计		
	工程数量														
	定额表号														
	工料机名称	单位	单价(元)	定额	数量	金额(元)	定额	数量	金额(元)	定额	数量	金额(元)	定额	数量	金额(元)
1160	300t/h内稳定土厂拌设备	台班	1299.91											16.86	21911
1166	12.5m以内稳定土摊铺机	台班	2630.21											17.85	46942
1272	250L以内混凝土搅拌机	台班	131.07											2.03	266
1388	15t以内自卸汽车	台班	914.82											97.76	89435
1393	20t以内平板拖车组	台班	934.57											3.87	3617
1405	6000L以内洒水汽车	台班	599.44											15.37	9213
1451	12t以内汽车式起重机	台班	863.55											0.94	812
1456	40t以内汽车式起重机	台班	2357.15											5.9	13895
1458	75t以内汽车式起重机	台班	3587.24											5.9	21147
1998	小型机具使用费	元	1											188.15	188
1999	基价	元	1												1087001

编制:徐连铭　　复核:邢凤岐

分项工程预算表

编制范围:路线工程　　单价文件:1

工程名称:水泥稳定类基层　　费率文件:1　　编制日期:2008 年 03 月 22 日　　第 40 页　共 133 页　　08-2 表

代号	工程项目												合计		
	工程细目														
	定额单位														
	工程数量														
	定额表号														
	工料机名称	单位	单价(元)	定额	数量	金额(元)	定额	数量	金额(元)	定额	数量	金额(元)	定额	数量	金额(元)
直接工程费															2024975
其他工程费			I												127776
			II												6827
间接费		规费													15822
		企业管理费													90702
利润及税金															240165
建筑安装工程费															2506266

编制:徐连铭　　复核:邢凤岐

分项工程预算表

编制范围:路线工程　　单价文件:1

工程名称:透层　　费率文件:1　　编制日期:2008年03月22日　　第41页　共133页　　08-2表

代号	工程项目			透层、黏层、封层									合计		
	工程细目			乳化沥青半刚性基层透层											
	定额单位			1000m²											
	工程数量			49.576											
	定额表号			20216004											
	工料机名称	单位	单价(元)	定额	数量	金额(元)	定额	数量	金额(元)	定额	数量	金额(元)	定额	数量	金额(元)
1	人工	工日	49.2	0.3	14.87	732								14.87	732
853	乳化沥青	t	2801.32	0.927	45.96	128740								45.96	128740
961	石屑	m³	110.18	2.55	126.42	13929								126.42	13929
1075	6~8t 光轮压路机	台班	270.62	0.12	5.95	1610								5.95	1610
1193	4000L 以内沥青洒布车	台班	486.52	0.07	3.47	1688								3.47	1688
1999	基价	元	1	4040		200287									200287
直接工程费				146699									146699		
其他工程费		I		6.31%	9257									9257	
		II		2%	81									81	
间接费		规费		33%	241									241	
		企业管理费		4.20%	6554									6554	
利润及税金				17322									17322		
建筑安装工程费				180153									180153		

编制:徐连铭　　复核:邢凤岐

分项工程预算表

编制范围:路线工程　　单价文件:1

工程名称:黏层　　费率文件:1　　编制日期:2008 年 03 月 22 日　　第 42 页　共 133 页　　08-2 表

代号	工程项目			透层、黏层、封层									合计		
	工程细目			乳化沥青沥青层黏层											
	定额单位			$1000m^2$											
	工程数量			48.288											
	定额表号			20216006											
	工料机名称	单位	单价(元)	定额	数量	金额(元)	定额	数量	金额(元)	定额	数量	金额(元)	定额	数量	金额(元)
853	乳化沥青	t	2801.32	0.464	22.41	62765								22.41	62765
1193	4000L 以内沥青洒布车	台班	486.52	0.04	1.93	940								1.93	940
1999	基价	元	1	1919		92665									92665
直接工程费						63705									63705
其他工程费		I		6.31%		4020									4020
		II		2%		19									19
间接费		规费		33%											
		企业管理费		4.20%		2845									2845
利润及税金						7517									7517
建筑安装工程费						78106									78106

编制:徐连铭　　复核:邢凤岐

分项工程预算表

编制范围:路线工程　　单价文件:1

工程名称:改性沥青混凝土面层　　费率文件:1　　编制日期:2008年03月22日　　第43页　共133页　　08-2表

代号	工程项目			沥青混凝土混合料拌和			沥青混合料运输			沥青混合料路面铺筑			沥青混凝土混合料拌和		
	工程细目			中粒沥青混凝土拌和(160t/h内)			混合料运输15t内第1个1km			机铺沥青混凝土中粒式(160t/h内)			细粒沥青混凝土拌和(160t/h内)		
	定额单位			1000m³			1000m³			1000m³			1000m³		
	工程数量			1.932			1.932			1.932			1.448		
	定额表号			20211010			20213021			20214043			20211016		
	工料机名称	单位	单价(元)	定额	数量	金额(元)	定额	数量	金额(元)	定额	数量	金额(元)	定额	数量	金额(元)
1	人工	工日	49.2	36.7	70.9	3488				33.2	64.14	3156	36.6	53	2607
102	锯材	m³	1332.5												
182	型钢	t	4327.26												
272	组合钢模板	t	5071.93												
651	铁件	kg	5.76												
832	32.5级水泥	t	343.63												
851	石油沥青	t	3734.07	113.47	219.21	818561							122.536	177.43	662543
866	水	m³	18												
897	砂	m³	88.36	389.79	753.07	66540							471.22	682.33	60289
899	中(粗)砂	m³	87.08												
931	片石	m³	68.64												
949	矿粉	t	149.61	117.72	227.44	34028							128.404	185.93	27818
952	碎石(4cm)	m³	94.31												
961	石屑	m³	110.18	226.75	438.08	48268							261.18	378.19	41669
965	路面用碎石(1.5cm)	m³	110.18	334.74	646.72	71255							723.22	1047.22	115383
966	路面用碎石(2.5cm)	m³	110.18	520.05	1004.74	110702									
981	块石	m³	97.19												

编制:徐连铭　　复核:邢凤岐

分项工程预算表

编制范围:路线工程　　单价文件:1

工程名称:改性沥青混凝土面层　　费率文件:1　　编制日期:2008 年 03 月 22 日　　第 44 页　共 133 页　　08-2 表

代号	工程项目			沥青混凝土混合料拌和			沥青混合料运输			沥青混合料路面铺筑			沥青混凝土混合料拌和		
	工程细目			中粒沥青混凝土拌和(160t/h 内)			混合料运输 15t 内第 1 个 1km			机铺沥青混凝土中粒式(160t/h 内)			细粒沥青混凝土拌和(160t/h 内)		
	定额单位			$1000m^3$			$1000m^3$			$1000m^3$			$1000m^3$		
	工程数量			1.932			1.932			1.932			1.448		
	定额表号			20211010			20213021			20214043			20211016		
	工料机名称	单位	单价(元)	定额	数量	金额(元)	定额	数量	金额(元)	定额	数量	金额(元)	定额	数量	金额(元)
996	其他材料费	元	1	230	444.36	444							287.5	416.3	416
997	设备摊销费	元	1	2869.5	5543.87	5544							3098.9	4487.21	4487
1027	$0.6m^3$ 以内履带式单斗挖掘机	台班	536.7												
1050	$2.0m^3$ 以内轮胎式装载机	台班	801.71	6.19	11.96	9588							6.17	8.93	7163
1075	6～8t 光轮压路机	台班	270.62							5.65	10.92	2954			
1078	12～15t 光轮压路机	台班	451.83							5.65	10.92	4932			
1205	160t/h 内沥青混合料拌和设备	台班	19149.27	2.64	5.1	97670							2.63	3.81	72925
1213	9.0m 内沥青混合料摊铺机	台班	2309.3							2.87	5.54	12805			
1224	16～20t 轮胎式压路机	台班	660.53							1.1	2.13	1404			
1225	20～25t 轮胎式压路机	台班	810.06							1.66	3.21	2598			
1272	250L 以内混凝土搅拌机	台班	131.07												
1383	5t 以内自卸汽车	台班	485.42	2.6	5.02	2438							2.59	3.75	1820
1388	15t 以内自卸汽车	台班	914.82				7.99	15.44	14122						
1393	20t 以内平板拖车组	台班	934.57												
1451	12t 以内汽车式起重机	台班	863.55												
1453	20t 以内汽车式起重机	台班	1271.14												
1458	75t 以内汽车式起重机	台班	3587.24												

编制:徐连铭　　复核:邢凤岐

分项工程预算表

编制范围:路线工程　　单价文件:1

工程名称:改性沥青混凝土面层　　费率文件:1　　编制日期:2008 年 03 月 22 日　　第 45 页　共 133 页　　08-2 表

代号	工程项目			沥青混凝土混合料拌和			沥青混合料运输			沥青混合料路面铺筑			沥青混凝土混合料拌和		
	工程细目			中粒沥青混凝土拌和(160t/h内)			混合料运输 15t 内第 1 个 1km			机铺沥青混凝土中粒式(160t/h内)			细粒沥青混凝土拌和(160t/h内)		
	定额单位			$1000m^3$			$1000m^3$			$1000m^3$			$1000m^3$		
	工程数量			1.932			1.932			1.932			1.448		
	定额表号			20211010			20213021			20214043			20211016		
	工料机名称	单位	单价(元)	定额	数量	金额(元)	定额	数量	金额(元)	定额	数量	金额(元)	定额	数量	金额(元)
1998	小型机具使用费	元	1												
1999	基价	元	1	597675		1154708	5473		10574	13676		26422	631306		914131
直接工程费				1268527			14122			27848			997121		
其他工程费			I	7.79%	98818		7.79%	1100		7.79%	2169		7.79%	77676	
			II	0.50%	566		0.50%	71		0.50%	139		0.50%	423	
间接费		规费		33%	1151		33%		1041	33%	1041		33%	860	
		企业管理费		2.79%	38165		2.79%	427		2.79%	841		2.79%	29999	
利润及税金				149768			1674			3336			117721		
建筑安装工程费				1556995			17393			35376			1223799		

编制:徐连铭　　复核:邢凤岐

分项工程预算表

编制范围:路线工程　　单价文件:1

工程名称:改性沥青混凝土面层　　费率文件:1　　编制日期:2008年03月22日　　第46页　共133页　　08-2表

代号	工程项目			沥青混合料运输			沥青混合料路面铺筑			沥青混合料拌和设备安装、拆除			合计		
	工程细目			混合料运输15t内第1个1km			机铺沥青混凝土细粒式(160t/h内)			混合料拌和设备安拆(160t/h内)					
	定额单位			$1000m^3$			$1000m^3$			1座					
	工程数量			1.448			1.448			1					
	定额表号			20213021			20214044			20215004					
	工料机名称	单位	单价(元)	定额	数量	金额(元)	定额	数量	金额(元)	定额	数量	金额(元)	定额	数量	金额(元)
1	人工	工日	49.2				34.8	50.39	2479	2019.8	2019.8	99374		2258.23	111105
102	锯材	m^3	1332.5							0.012	0.01	16		0.01	16
182	型钢	t	4327.26							0.049	0.05	212		0.05	212
272	组合钢模板	t	5071.93							0.105	0.11	533		0.11	533
651	铁件	kg	5.76							81.3	81.3	469		81.3	469
832	32.5级水泥	t	343.63							165.348	165.35	56819		165.35	56819
851	石油沥青	t	3734.07											396.65	1481104
866	水	m^3	18							1057	1057	19026		1057	19026
897	砂	m^3	88.36											1435.4	126830
899	中(粗)砂	m^3	87.08							578.19	578.19	50348		578.19	50348
931	片石	m^3	68.64							609.55	609.55	41840		609.55	41840
949	矿粉	t	149.61											413.36	61845
952	碎石(4cm)	m^3	94.31							97.93	97.93	9236		97.93	9236
961	石屑	m^3	110.18											816.27	89937
965	路面用碎石(1.5cm)	m^3	110.18											1693.94	186639
966	路面用碎石(2.5cm)	m^3	110.18											1004.74	110702
981	块石	m^3	97.19							834.82	834.82	81135		834.82	81135

编制:徐连铭　　复核:邢凤岐

分项工程预算表

编制范围:路线工程　　单价文件:1

工程名称:改性沥青混凝土面层　　费率文件:1　　编制日期:2008年03月22日　　第47页　共133页　　08-2表

代号	工程项目			沥青混合料运输			沥青混合料路面铺筑			沥青混合料拌和设备安装、拆除			合计		
	工程细目			混合料运输15t内第1个1km			机铺沥青混凝土细粒式(160t/h内)			混合料拌和设备安拆(160t/h内)					
	定额单位			$1000m^3$			$1000m^3$			1座					
	工程数量			1.448			1.448			1					
	定额表号			20213021			20214044			20215004					
	工料机名称	单位	单价(元)	定额	数量	金额(元)	定额	数量	金额(元)	定额	数量	金额(元)	定额	数量	金额(元)
996	其他材料费	元	1							285.1	285.1	285		1145.76	1146
997	设备摊销费	元	1							27780.9	27780.9	27781		37811.98	37812
1027	$0.6m^3$以内履带式单斗挖掘机	台班	536.7							16.78	16.78	9006		16.78	9006
1050	$2.0m^3$以内轮胎式装载机	台班	801.71											20.89	16750
1075	6～8t光轮压路机	台班	270.62				5.69	8.24	2230					19.15	5184
1078	12～15t光轮压路机	台班	451.83				5.69	8.24	3723					19.15	8655
1205	160t/h内沥青混合料拌和设备	台班	19149.27											8.91	170596
1213	9.0m内沥青混合料摊铺机	台班	2309.3				2.89	4.18	9664					9.73	22469
1224	16～20t轮胎式压路机	台班	660.53				1.11	1.61	1062					3.73	2465
1225	20～25t轮胎式压路机	台班	810.06				1.67	2.42	1959					5.63	4557
1272	250L以内混凝土搅拌机	台班	131.07							4.95	4.95	649		4.95	649
1383	5t以内自卸汽车	台班	485.42											8.77	4259
1388	15t以内自卸汽车	台班	914.82	7.99	11.57	10584								27.01	24706
1393	20t以内平板拖车组	台班	934.57							9.09	9.09	8495		9.09	8495
1451	12t以内汽车式起重机	台班	863.55							2.29	2.29	1978		2.29	1978
1453	20t以内汽车式起重机	台班	1271.14							18.04	18.04	22931		18.04	22931
1458	75t以内汽车式起重机	台班	3587.24							18.04	18.04	64714		18.04	64714

编制:徐连铭　　复核:邢凤岐

分项工程预算表

编制范围:路线工程　　单价文件:1

工程名称:改性沥青混凝土面层　　费率文件:1　　编制日期:2008年03月22日　　第48页　共133页　　08-2表

代号	工程项目			沥青混合料运输			沥青混合料路面铺筑			沥青混合料拌和设备安装、拆除			合计		
	工程细目			混合料运输15t内第1个1km			机铺沥青混凝土细粒式(160t/h内)			混合料拌和设备安拆(160t/h内)					
	定额单位			$1000m^3$			$1000m^3$			1座					
	工程数量			1.448			1.448			1					
	定额表号			20213021			20214044			20215004					
	工料机名称	单位	单价(元)	定额	数量	金额(元)	定额	数量	金额(元)	定额	数量	金额(元)	定额	数量	金额(元)
1998	小型机具使用费	元	1							1010.9	1010.9	1011		1010.9	1011
1999	基价	元	1	5473		7925	13840		20040	405453		405453			2539253
直接工程费						10584			21116			495857			2835175
其他工程费	I			7.79%		824	7.79%		1645	7.79%		38627			220860
	II			0.50%		53	0.50%		106	0.50%		1041			2398
间接费	规费			33%			33%		818	33%		32793			36665
	企业管理费			2.79%		320	2.79%		638	2.79%		14941			85330
利润及税金						1255			2531			59736			336020
建筑安装工程费						13036			26853			642996			3516448

编制:徐连铭　　复核:邢凤岐

分 项 工 程 预 算 表

编制范围:路线工程　　单价文件:1

工程名称:培路肩　　费率文件:1　　编制日期:2008 年 03 月 22 日　　第 49 页　共 133 页　08-2 表

代号	工料机名称	单位	单价(元)	定额	数量	金额(元)	定额	数量	金额(元)	定额	数量	金额(元)	定额	数量	金额(元)
	工程项目			挖路槽、培路肩、修筑泄水槽									合计		
	工程细目			培路肩厚度 20cm											
	定额单位			$1000m^2$											
	工程数量			2.146											
	定额表号			20303005											
1	人工	工日	49.2	51.4	110.3	5427								110.3	5427
1083	0.6t 以内手扶式振动碾	台班	104.73	5.7	12.23	1281								12.23	1281
1999	基价	元	1	3109		6672									6672
直接工程费				6708									6708		
其他工程费	I			6.31%	423									423	
其他工程费	II			2%	134									134	
间接费	规费			33%	1791									1791	
间接费	企业管理费			4.20%	305									305	
利润及税金				867									867		
建筑安装工程费				10229									10229		

编制:徐连铭　　复核:邢凤岐

分 项 工 程 预 算 表

编制范围:路线工程　　单价文件:1

工程名称:铺砌混凝土预制块　　费率文件:1　　编制日期:2008 年 03 月 22 日　　第 50 页　共 133 页　　08-2 表

代号	工程项目			土路肩加固			路面垫层			土工合成材料处理软土地基			合计		
	工程细目			制铺预制块加固土路肩			人工铺碎石垫层厚 15cm			软基土工布处理					
	定额单位			$10m^3$			$1000m^2$			$1000m^2$					
	工程数量			32.07			2.161			4.087					
	定额表号			20306002			20101005			10309001					
	工料机名称	单位	单价(元)	定额	数量	金额(元)	定额	数量	金额(元)	定额	数量	金额(元)	定额	数量	金额(元)
1	人工	工日	49.2	46.2	1481.63	72896	28.3	61.16	3009	47.6	194.54	9571		1737.33	85477
182	型钢	t	4327.26	0.027	0.87	3747								0.87	3747
183	钢板	t	4737.26	0.003	0.1	456								0.1	456
231	电焊条	kg	12.32	0.4	12.83	158								12.83	158
651	铁件	kg	5.76	2.9	93	536								93	536
653	铁钉	kg	5.76							6.8	27.79	160		27.79	160
770	土工布	m^2	8.21							1081.8	4421.32	36282		4421.32	36282
832	32.5 级水泥	t	343.63	3.909	125.36	43078								125.36	43078
866	水	m^3	18	17	545.19	9813	17	36.74	661					581.93	10475
899	中(粗)砂	m^3	87.08	6.66	213.59	18599								213.59	18599
952	碎石(4cm)	m^3	94.31	8.38	268.75	25346								268.75	25346
958	碎石	m^3	84.3				186.66	403.37	34004					403.37	34004
996	其他材料费	元	1	26.9	862.68	863				46.8	191.27	191		1053.95	1054
1075	6～8t 光轮压路机	台班	270.62				0.25	0.54	146					0.54	146
1078	12～15t 光轮压路机	台班	451.83				0.66	1.43	644					1.43	644
1272	250L 以内混凝土搅拌机	台班	131.07	0.37	11.87	1555								11.87	1555
1726	32kVA 内交流电弧焊机	台班	161.6	0.05	1.6	259								1.6	259

编制:徐连铭　　复核:邢凤岐

分 项 工 程 预 算 表

编制范围:路线工程　　单价文件:1

工程名称:铺砌混凝土预制块　　费率文件:1　　编制日期:2008 年 03 月 22 日　　第 51 页　共 133 页　　08-2 表

代号	工程项目			土路肩加固			路面垫层			土工合成材料处理软土地基			合计		
	工程细目			制铺预制块加固土路肩			人工铺碎石垫层厚 15cm			软基土工布处理					
	定额单位			$10m^3$			$1000m^2$			$1000m^2$					
	工程数量			32.07			2.161			4.087					
	定额表号			20306002			20101005			10309001					
	工料机名称	单位	单价(元)	定额	数量	金额(元)	定额	数量	金额(元)	定额	数量	金额(元)	定额	数量	金额(元)
1998	小型机具使用费	元	1	3.6	115.45	115								115.45	115
1999	基价	元	1	4592		147265	6869		14844	12940		52886			214995
直接工程费				177442			38465			46204			262091		
其他工程费			I	6.31%	11195		6.31%	2427		6.31%	2915			16538	
			II	2%	1497		2%	76		2%	191			1764	
间接费		规费		33%	24056		33%	993		33%	3159			28207	
		企业管理费		4.20%	7985		4.20%	1721		4.20%	2071			11777	
利润及税金				21915			4580			5579			32074		
建筑安装工程费				244070			48261			60120			352451		

编制:徐连铭　　复核:邢凤岐

分项工程预算表

编制范围:路线工程　　单价文件:1

工程名称:中央分隔带回填土　　费率文件:1　　编制日期:2008 年 03 月 22 日　　第 52 页　共 133 页　　08-2 表

代号	工程项目			中间带											
	工程细目			中间带填土											
	定额单位			$10m^3$									合计		
	工程数量			202											
	定额表号			60105003											
	工料机名称	单位	单价(元)	定额	数量	金额(元)	定额	数量	金额(元)	定额	数量	金额(元)	定额	数量	金额(元)
1	人工	工日	49.2	4.4	888.8	43729								888.8	43729
1999	基价	元	1	216		43632									43632
直接工程费					43729									43729	
其他工程费			I	6.31%	2759									2759	
			II	2%	875									875	
间接费		规费		33%	14431									14431	
		企业管理费		4.20%	1989									1989	
利润及税金					5747									5747	
建筑安装工程费					69530									69530	

编制:徐连铭　　复核:邢凤岐

分 项 工 程 预 算 表

编制范围:路线工程　　单价文件:1

工程名称:路缘石　　费率文件:1　　编制日期:2008年03月22日　　第53页　共133页　　08-2表

代号	工程项目			中间带			中间带						合计		
	工程细目			预制混凝土中间带			安装混凝土中间带								
	定额单位			$10m^3$			$10m^3$								
	工程数量			18.8			18.8								
	定额表号			60105001			60105002								
	工料机名称	单位	单价(元)	定额	数量	金额(元)	定额	数量	金额(元)	定额	数量	金额(元)	定额	数量	金额(元)
1	人工	工日	49.2	52.823	993.07	48859	20.5	385.4	18962					1378.47	67821
102	锯材	m^3	1332.5	0.567	10.65	14194								10.65	14194
653	铁钉	kg	5.76	23.432	440.52	2539								440.52	2539
832	32.5级水泥	t	343.63	3.04	57.15	19640	0.167	3.14	1079					60.29	20719
866	水	m^3	18	16.16	303.81	5469	4	75.2	1354					379.01	6822
899	中(粗)砂	m^3	87.08	5	93.99	8185	0.8	15.04	1310					109.03	9494
952	碎石(4cm)	m^3	94.31	8.565	161.02	15186								161.02	15186
996	其他材料费	元	1	32.118	603.82	604								603.82	604
1272	250L以内混凝土搅拌机	台班	131.07	0.434	8.16	1070								8.16	1070
1999	基价	元	1	5353		100636	1112		20906						121542
直接工程费				115745			22704						138449		
其他工程费		I		6.31%	7304		6.31%	1433						8736	
		II		2%	999		2%	379						1378	
间接费	规费			33%	16124		33%	6257						22381	
	企业管理费			4.20%	5210		4.20%	1030						6240	
利润及税金				14314			2934						17248		
建筑安装工程费				159695			34736						194431		

编制:徐连铭　　复核:邢凤岐

分 项 工 程 预 算 表

编制范围:路线工程　　单价文件:1

工程名称:沥青混凝土　　费率文件:1　　编制日期:2008 年 03 月 22 日　　第 54 页　共 133 页　　08-2 表

代号	工程项目			机械铺筑拦水带									合计		
	工程细目			沥青混凝土拦水带											
	定额单位			$10m^3$											
	工程数量			95											
	定额表号			60110002											
	工料机名称	单位	单价(元)	定额	数量	金额(元)	定额	数量	金额(元)	定额	数量	金额(元)	定额	数量	金额(元)
1	人工	工日	49.2	5.2	494	24305								494	24305
851	石油沥青	t	3734.07	1.763	167.49	625400								167.49	625400
897	砂	m^3	88.36	6.28	596.6	52715								596.6	52715
949	矿粉	t	149.61	1.7	161.5	24163								161.5	24163
961	石屑	m^3	110.18	8.79	835.05	92006								835.05	92006
996	其他材料费	元	1	1.6	152	152								152	152
1197	15t/h 内电动黑色粒料拌和机	台班	1601.32	0.33	31.35	50201								31.35	50201
1372	4t 以内载货汽车	台班	381.48	0.41	38.95	14859								38.95	14859
1408	1t 以内机动翻斗车	台班	140.93	0.29	27.55	3883								27.55	3883
1998	小型机具使用费	元	1	37.5	3562.5	3563								3562.5	3563
1999	基价	元	1	8816		837520									837520

编制:徐连铭　　复核:邢凤岐

分项工程预算表

编制范围:路线工程　　单价文件:1

工程名称:沥青混凝土　　费率文件:1　　编制日期:2008年03月22日　　第55页　共133页　　08-2表

代号	工程项目			机械铺筑拦水带											
	工程细目			沥青混凝土拦水带									合计		
	定额单位			$10m^3$											
	工程数量			95											
	定额表号			60110002											
	工料机名称	单位	单价(元)	定额	数量	金额(元)	定额	数量	金额(元)	定额	数量	金额(元)	定额	数量	金额(元)
直接工程费						891245									891245
其他工程费		I		6.31%		56238									56238
		II		2%		1936									1936
间接费	规费			33%		8021									8021
	企业管理费			4.20%		39876									39876
利润及税金						105620									105620
建筑安装工程费						1102935									1102935

编制:徐连铭　　复核:邢凤岐

分 项 工 程 预 算 表

编制范围:路线工程　　单价文件:1

工程名称:2.0×2.0m 钢筋混凝土盖板涵　　费率文件:1　　编制日期:2008 年 03 月 22 日　　第 56 页　共 133 页　　08-2 表

代号	工程项目			预制矩形板、空心板、少筋微弯板			安装矩形板、空心板、少筋微弯板			预制矩形板、空心板、少筋微弯板			预制小型构件		
	工程细目			预制矩形板混凝土(跨径 4m 内)			起重机安装矩形板			矩形板钢筋			预制桥涵缘(帽)石混凝土钢模		
	定额单位			$10m^3$			$10m^3$			1t			$10m^3$		
	工程数量			14.923			1.492			20.441			0.284		
	定额表号			40709001			40710002			40709003(改工料机用量)			40728002(定额乘系数)		
	工料机名称	单位	单价(元)	定额	数量	金额(元)	定额	数量	金额(元)	定额	数量	金额(元)	定额	数量	金额(元)
1	人工	工日	49.2	23.5	350.69	17254	6.4	9.55	470	6.9	141.04	6939	47.167	13.4	659
101	原木	m^3	1252.26	0.008	0.12	149							0.056	0.02	20
102	锯材	m^3	1332.5	0.031	0.46	616									
111	光圆钢筋	t	4327.26							0.032	0.65	2831			
112	带肋钢筋	t	4378.51							0.993	20.3	88875			
182	型钢	t	4327.26	0.012	0.18	775							0.009	0	11
191	钢管	t	4737.26												
221	钢丝绳	t	6172.26												
231	电焊条	kg	12.32							0.9	18.4	227			
272	组合钢模板	t	5071.93	0.015	0.22	1135							0.085	0.02	122
651	铁件	kg	5.76	5.4	80.58	465							31.512	8.95	52
653	铁钉	kg	5.76												
655	8～12 号铁丝	kg	5.76												
656	20～22 号铁丝	kg	5.76							4.4	89.94	518			
825	油毛毡	m^2	3.14				19.8	29.54	93						
832	32.5 级水泥	t	343.63	3.998	59.66	20502							3.172	0.9	310
851	石油沥青	t	3734.07												

编制:徐连铭　　复核:邢凤岐

分项工程预算表

编制范围:路线工程　　单价文件:1

工程名称:2.0×2.0m 钢筋混凝土盖板涵　　费率文件:1　　编制日期:2008 年 03 月 22 日　　第 57 页　共 133 页　　08-2 表

代号	工程项目			预制矩形板、空心板、少筋微弯板			安装矩形板、空心板、少筋微弯板			预制矩形板、空心板、少筋微弯板			预制小型构件		
	工程细目			预制矩形板混凝土(跨径 4m 内)			起重机安装矩形板			矩形板钢筋			预制桥涵缘(帽)石混凝土钢模		
	定额单位			$10m^3$			$10m^3$			1t			$10m^3$		
	工程数量			14.923			1.492			20.441			0.284		
	定额表号			40709001			40710002			40709003(改工料机用量)			40728002(定额乘系数)		
	工料机名称	单位	单价(元)	定额	数量	金额(元)	定额	数量	金额(元)	定额	数量	金额(元)	定额	数量	金额(元)
866	水	m^3	18	17	253.69	4566							16.16	4.59	83
899	中(粗)砂	m^3	87.08	5.28	78.79	6861							5.202	1.48	129
902	砂砾	m^3	86.43												
931	片石	m^3	68.64												
951	碎石(2cm)	m^3	93.92										8.363	2.38	223
952	碎石(4cm)	m^3	94.31	8.38	125.05	11794									
954	碎石(8cm)	m^3	93.46												
996	其他材料费	元	1	59.5	887.92	888							18.786	5.34	5
1035	$1.0m^3$ 以内履带式单斗挖掘机	台班	889.63												
1450	8t 以内汽车式起重机	台班	628.21				1.11	1.66	1040						
1451	12t 以内汽车式起重机	台班	863.55												
1500	50kN 内单筒慢动卷扬机	台班	135.41												
1726	32kVA 内交流电弧焊机	台班	161.6							0.18	3.68	595			
1998	小型机具使用费	元	1	6.8	101.48	101				20.2	412.91	413	5.959	1.69	2
1999	基价	元	1	3493		52126	950		1417	3893		79577	4860		1380

编制:徐连铭　　复核:邢凤岐

分项工程预算表

编制范围:路线工程　　单价文件:1

工程名称:2.0×2.0m 钢筋混凝土盖板涵　　费率文件:1　　编制日期:2008 年 03 月 22 日　　第 58 页　共 133 页　　08-2 表

代号	工程项目			预制矩形板、空心板、少筋微弯板			安装矩形板、空心板、少筋微弯板			预制矩形板、空心板、少筋微弯板			预制小型构件		
	工程细目			预制矩形板混凝土(跨径 4m 内)			起重机安装矩形板			矩形板钢筋			预制桥涵缘(帽)石混凝土钢模		
	定额单位			$10m^3$			$10m^3$			1t			$10m^3$		
	工程数量			14.923			1.492			20.441			0.284		
	定额表号			40709001			40710002			40709003(改工料机用量)			40728002(定额乘系数)		
	工料机名称	单位	单价(元)	定额	数量	金额(元)	定额	数量	金额(元)	定额	数量	金额(元)	定额	数量	金额(元)
直接工程费				65108			1603			100397			1615		
其他工程费			I	8.39%	5463		8.39%	134		8.39%	8423		8.39%	135	
			II	4%	694		4%	60		4%	318		4%	26	
间接费		规费		33%	5694		33%	155		33%	2290		33%	217	
		企业管理费		5.78%	4119		5.78%	104		5.78%	6308		5.78%	103	
利润及税金				8222			208			12372			208		
建筑安装工程费				89299			2265			130108			2304		

编制:徐连铭　　复核:邢凤岐

分项工程预算表

编制范围:路线工程　　单价文件:1

工程名称:2.0×2.0m 钢筋混凝土盖板涵　　费率文件:1　　编制日期:2008 年 03 月 22 日　　第 59 页　共 133 页　　08-2 表

代号	工程项目			伸缩缝及泄水管			防水层			浆砌片石			浆砌片石		
	工程细目			沥青麻絮伸缩缝			沥青油毡防水层			基础、护底、截水墙			实体式台、墙高 10m 内		
	定额单位			1m			$10m^2$			$10m^3$			$10m^3$		
	工程数量			381.5			8.5			45.42			7.84		
	定额表号			41107013			41104004			40502001			40502005		
	工料机名称	单位	单价(元)	定额	数量	金额(元)	定额	数量	金额(元)	定额	数量	金额(元)	定额	数量	金额(元)
1	人工	工日	49.2	0.5	190.75	9385	1.2	10.2	502	9.5	431.49	21229	13.2	103.49	5092
101	原木	m^3	1252.26										0.003	0.02	29
102	锯材	m^3	1332.5										0.016	0.13	167
111	光圆钢筋	t	4327.26												
112	带肋钢筋	t	4378.51												
182	型钢	t	4327.26												
191	钢管	t	4737.26										0.004	0.03	149
221	钢丝绳	t	6172.26												
231	电焊条	kg	12.32												
272	组合钢模板	t	5071.93												
651	铁件	kg	5.76												
653	铁钉	kg	5.76										0.1	0.78	5
655	8～12 号铁丝	kg	5.76										0.6	4.7	27
656	20～22 号铁丝	kg	5.76												
825	油毛毡	m^2	3.14				22	187	587						
832	32.5 级水泥	t	343.63							0.931	42.29	14531	0.945	7.41	2546
851	石油沥青	t	3734.07	0.032	12.21	45585	0.051	0.43	1619						

编制:徐连铭　　复核:邢凤岐

分项工程预算表

编制范围:路线工程　　　　单价文件:1

工程名称:2.0×2.0m 钢筋混凝土盖板涵　　　费率文件:1　　　编制日期:2008 年 03 月 22 日　　　第 60 页　共 133 页　　08-2 表

代号	工程项目			伸缩缝及泄水管			防水层			浆砌片石			浆砌片石		
	工程细目			沥青麻絮伸缩缝			沥青油毡防水层			基础、护底、截水墙			实体式台、墙高 10m 内		
	定额单位			1m			$10m^2$			$10m^3$			$10m^3$		
	工程数量			381.5			8.5			45.42			7.84		
	定额表号			41107013			41104004			40502001			40502005		
	工料机名称	单位	单价(元)	定额	数量	金额(元)	定额	数量	金额(元)	定额	数量	金额(元)	定额	数量	金额(元)
866	水	m^3	18							4	181.68	3270	8	62.72	1129
899	中(粗)砂	m^3	87.08							3.82	173.5	15109	3.86	30.26	2635
902	砂砾	m^3	86.43												
931	片石	m^3	68.64							11.5	522.33	35853	11.5	90.16	6189
951	碎石(2cm)	m^3	93.92												
952	碎石(4cm)	m^3	94.31												
954	碎石(8cm)	m^3	93.46												
996	其他材料费	元	1	17.2	6561.8	6562	1.8	15.3	15	1.2	54.5	55	2.8	21.95	22
1035	$1.0m^3$ 以内履带式单斗挖掘机	台班	889.63												
1450	8t 以内汽车式起重机	台班	628.21												
1451	12t 以内汽车式起重机	台班	863.55												
1500	50kN 内单筒慢动卷扬机	台班	135.41												
1726	32kVA 内交流电弧焊机	台班	161.6												
1998	小型机具使用费	元	1							7	317.94	318	7	54.88	55
1999	基价	元	1	163		62185	305		2593	1396		63406	1640		12858

编制:徐连铭　　　　复核:邢凤岐

分项工程预算表

编制范围:路线工程　　单价文件:1

工程名称:2.0×2.0m钢筋混凝土盖板涵　　费率文件:1　　编制日期:2008年03月22日　　第61页　共133页　　08-2表

代号	工程项目			伸缩缝及泄水管			防水层			浆砌片石			浆砌片石		
	工程细目			沥青麻絮伸缩缝			沥青油毡防水层			基础、护底、截水墙			实体式台、墙高10m内		
	定额单位			1m			$10m^2$			$10m^3$			$10m^3$		
	工程数量			381.5			8.5			45.42			7.84		
	定额表号			41107013			41104004			40502001			40502005		
	工料机名称	单位	单价(元)	定额	数量	金额(元)	定额	数量	金额(元)	定额	数量	金额(元)	定额	数量	金额(元)
直接工程费					61532			2723			90365			18044	
其他工程费			I	8.39%		5163	8.39%		228						
			II	4%		375	4%		20						
间接费		规费		33%		3097	33%		166						
		企业管理费		5.78%		3877	5.78%		172						
利润及税金					7661			340			9623			1921	
建筑安装工程费					81704			3650			99987			19965	

编制:徐连铭　　　　复核:邢凤岐

分项工程预算表

编制范围:路线工程　　单价文件:1

工程名称:2.0×2.0m 钢筋混凝土盖板涵　　费率文件:1　　编制日期:2008 年 03 月 22 日　　第 62 页　共 133 页　　08-2 表

代号	工程项目			基础垫层			石砌护坡			机械挖基坑土、石方			水泥砂浆勾缝及抹面		
	工程细目			填砂砾(砂)垫层			浆砌片石护坡			基坑≤$1500m^3$ $1.0m^3$ 内挖掘机挖土			水泥砂浆抹面(厚 2cm)		
	定额单位			$10m^3$			$10m^3$			$1000m^3$			$100m^2$		
	工程数量			7.87			6.7			4.208			0.295		
	定额表号			41105001			50110002(辅助定额调整)			40103003			41106017		
	工料机名称	单位	单价(元)	定额	数量	金额(元)	定额	数量	金额(元)	定额	数量	金额(元)	定额	数量	金额(元)
1	人工	工日	49.2	5.9	46.43	2285	11.4	76.38	3758	228.7	962.37	47349	5.5	1.62	80
101	原木	m^3	1252.26												
102	锯材	m^3	1332.5												
111	光圆钢筋	t	4327.26												
112	带肋钢筋	t	4378.51												
182	型钢	t	4327.26												
191	钢管	t	4737.26												
221	钢丝绳	t	6172.26												
231	电焊条	kg	12.32												
272	组合钢模板	t	5071.93												
651	铁件	kg	5.76												
653	铁钉	kg	5.76												
655	8～12 号铁丝	kg	5.76												
656	20～22 号铁丝	kg	5.76												
825	油毛毡	m^2	3.14												
832	32.5 级水泥	t	343.63				1.797	12.04	4137				0.837	0.25	85
851	石油沥青	t	3734.07												

编制:徐连铭　　复核:邢凤岐

分项工程预算表

编制范围:路线工程　　单价文件:1

工程名称:2.0×2.0m 钢筋混凝土盖板涵　　费率文件:1　　编制日期:2008 年 03 月 22 日　　第 63 页　共 133 页　　08-2 表

代号	工程项目			基础垫层			石砌护坡			机械挖基坑土、石方			水泥砂浆勾缝及抹面		
	工程细目			填砂砾(砂)垫层			浆砌片石护坡			基坑≤1500m³ 1.0m³ 内挖掘机挖土			水泥砂浆抹面(厚 2cm)		
	定额单位			10m³			10m³			1000m³			100m²		
	工程数量			7.87			6.7			4.208			0.295		
	定额表号			41105001			50110002(辅助定额调整)			40103003			41106017		
	工料机名称	单位	单价(元)	定额	数量	金额(元)	定额	数量	金额(元)	定额	数量	金额(元)	定额	数量	金额(元)
866	水	m³	18				18	120.6	2171				15	4.43	80
899	中(粗)砂	m³	87.08				8.075	54.1	4711				2.78	0.82	71
902	砂砾	m³	86.43	13	102.31	8843									
931	片石	m³	68.64				11.5	77.05	5289						
951	碎石(2cm)	m³	93.92												
952	碎石(4cm)	m³	94.31												
954	碎石(8cm)	m³	93.46												
996	其他材料费	元	1				2.4	16.08	16						
1035	1.0m³ 以内履带式单斗挖掘机	台班	889.63							3.14	13.21	11755			
1450	8t 以内汽车式起重机	台班	628.21												
1451	12t 以内汽车式起重机	台班	863.55												
1500	50kN 内单筒慢动卷扬机	台班	135.41												
1726	32kVA 内交流电弧焊机	台班	161.6												
1998	小型机具使用费	元	1												
1999	基价	元	1	693		5454	2023		13554	13845		58260	713		210

编制:徐连铭　　复核:邢凤岐

分 项 工 程 预 算 表

编制范围:路线工程　　单价文件:1

工程名称:2.0×2.0m 钢筋混凝土盖板涵　　费率文件:1　　编制日期:2008 年 03 月 22 日　　第 64 页　共 133 页　　08-2 表

代号	工程项目			基础垫层			石砌护坡			机械挖基坑土、石方			水泥砂浆勾缝及抹面		
	工程细目			填砂砾(砂)垫层			浆砌片石护坡			基坑≤$1500m^3$ $1.0m^3$ 内挖掘机挖土			水泥砂浆抹面(厚 2cm)		
	定额单位			$10m^3$			$10m^3$			$1000m^3$			$100m^2$		
	工程数量			7.87			6.7			4.208			0.295		
	定额表号			41105001			50110002(辅助定额调整)			40103003			41106017		
	工料机名称	单位	单价(元)	定额	数量	金额(元)	定额	数量	金额(元)	定额	数量	金额(元)	定额	数量	金额(元)
直接工程费					11128			20082			59103			316	
其他工程费		I													
		II													
间接费	规费														
	企业管理费														
利润及税金					1185			2138			6294			34	
建筑安装工程费					12313			22221			65397			349	

编制:徐连铭　　复核:邢风岐

分项工程预算表

编制范围：路线工程　　单价文件：1

工程名称：2.0×2.0m 钢筋混凝土盖板涵　　费率文件：1　　编制日期：2008 年 03 月 22 日　　第 65 页　共 133 页　　08-2 表

代号	工程项目			墩、台身			基础、承台及支撑梁			墩、台身			防水层		
	工程细目			轻型墩台钢筋混凝土			轻型墩台基础混凝土（跨径 4m 内）			实体式墩台钢筋			涂沥青防水层		
	定额单位			$10m^3$			$10m^3$			1t			$10m^2$		
	工程数量			78.103			89.239			19.006			140.76		
	定额表号			40602001			40601001（辅助定额调整）			40602008（改工料机用量）			41104005		
	工料机名称	单位	单价(元)	定额	数量	金额(元)	定额	数量	金额(元)	定额	数量	金额(元)	定额	数量	金额(元)
1	人工	工日	49.2	20.2	1577.68	77622	8.5	758.53	37320	7.6	144.45	7107	0.9	126.68	6233
101	原木	m^3	1252.26	0.122	9.53	11932									
102	锯材	m^3	1332.5	0.131	10.23	13633	0.003	0.27	357						
111	光圆钢筋	t	4327.26	0.001	0.08	338				0.707	13.44	58146			
112	带肋钢筋	t	4378.51							0.318	6.04	26463			
182	型钢	t	4327.26	0.02	1.56	6759	0.011	0.98	4248						
191	钢管	t	4737.26	0.017	1.33	6290									
221	钢丝绳	t	6172.26	0.001	0.08	482									
231	电焊条	kg	12.32							3.5	66.52	820			
272	组合钢模板	t	5071.93	0.045	3.51	17826	0.024	2.14	10863						
651	铁件	kg	5.76	26	2030.68	11706	9.4	838.85	4836						
653	铁钉	kg	5.76	0.5	39.05	225									
655	8～12 号铁丝	kg	5.76	0.6	46.86	270									
656	20～22 号铁丝	kg	5.76							2.6	49.42	285			
825	油毛毡	m^2	3.14												
832	32.5 级水泥	t	343.63	3.417	266.88	91708	5.998	535.26	183931				0.837	0.25	85
851	石油沥青	t	3734.07										0.039	5.49	20499

编制：徐连铭　　复核：邢凤岐

分项工程预算表

编制范围:路线工程　　单价文件:1

工程名称:2.0×2.0m 钢筋混凝土盖板涵　　费率文件:1　　编制日期:2008 年 03 月 22 日　　第 66 页　共 133 页　　08-2 表

代号	工程项目			墩、台身			基础、承台及支撑梁			墩、台身			防水层		
	工程细目			轻型墩台钢筋混凝土			轻型墩台基础混凝土（跨径 4m 内）			实体式墩台钢筋			涂沥青防水层		
	定额单位			$10m^3$			$10m^3$			1t			$10m^2$		
	工程数量			78.103			89.239			19.006			140.76		
	定额表号			40602001			40601001(辅助定额调整)			40602008(改工料机用量)			41104005		
	工料机名称	单位	单价(元)	定额	数量	金额(元)	定额	数量	金额(元)	定额	数量	金额(元)	定额	数量	金额(元)
866	水	m^3	18	12	937.24	16870	12	1070.87	19276				15	4.43	80
899	中(粗)砂	m^3	87.08	4.9	382.7	33325	10.506	937.54	81640				2.78	0.82	71
902	砂砾	m^3	86.43												
931	片石	m^3	68.64												
951	碎石(2cm)	m^3	93.92												
952	碎石(4cm)	m^3	94.31	8.47	661.53	62390	8.466	755.5	71253						
954	碎石(8cm)	m^3	93.46				8.47	755.85	70645						
996	其他材料费	元	1	86.2	6732.48	6732	25.6	2284.52	2285				1.5	211.14	211
1035	$1.0m^3$ 以内履带式单斗挖掘机	台班	889.63												
1450	8t 以内汽车式起重机	台班	628.21												
1451	12t 以内汽车式起重机	台班	863.55	0.29	22.65	19559	0.17	15.17	13101						
1500	50kN 内单筒慢动卷扬机	台班	135.41							0.33	6.27	849			
1726	32kVA 内交流电弧焊机	台班	161.6							0.7	13.3	2150			
1998	小型机具使用费	元	1	9.3	726.36	726	7.6	678.22	678	18.1	344.01	344			
1999	基价	元	1	4024		314286	4231		377570	3946		74998	194		27307

编制:徐连铭　　复核:邢凤岐

分 项 工 程 预 算 表

编制范围:路线工程　　单价文件:1

工程名称:2.0×2.0m 钢筋混凝土盖板涵　　费率文件:1　　编制日期:2008 年 03 月 22 日　　第 67 页　共 133 页　　08-2 表

代号	工程项目			墩、台身			基础、承台及支撑梁			墩、台身			防水层		
	工程细目			轻型墩台钢筋混凝土			轻型墩台基础混凝土（跨径 4m 内）			实体式墩台钢筋			涂沥青防水层		
	定额单位			$10m^3$			$10m^3$			1t			$10m^2$		
	工程数量			78.103			89.239			19.006			140.76		
	定额表号			40602001			40601001(辅助定额调整)			40602008(改工料机用量)			41104005		
	工料机名称	单位	单价(元)	定额	数量	金额(元)	定额	数量	金额(元)	定额	数量	金额(元)	定额	数量	金额(元)
直接工程费					378395			500430			96164			26943	
其他工程费			I												
			II												
间接费		规费													
		企业管理费													
利润及税金					40294			53289			10240			2869	
建筑安装工程费					418689			553719			106404			29812	

编制:徐连铭　　复核:邢凤岐

分项工程预算表

编制范围:路线工程　　单价文件:1

工程名称:2.0×2.0m 钢筋混凝土盖板涵　　费率文件:1　　编制日期:2008 年 03 月 22 日　　第 68 页　共 133 页　　08-2 表

代号	工程项目													
	工程细目													
	定额单位											合计		
	工程数量													
	定额表号													
	工料机名称	单位	单价(元)	定额	数量	金额(元)	定额	数量	金额(元)	定额	数量	金额(元)	定额	数量	金额(元)
1	人工	工日	49.2											4944.75	243362
101	原木	m^3	1252.26											9.69	12131
102	锯材	m^3	1332.5											11.09	14774
111	光圆钢筋	t	4327.26											14.17	61315
112	带肋钢筋	t	4378.51											26.34	115338
182	型钢	t	4327.26											2.73	11793
191	钢管	t	4737.26											1.36	6438
221	钢丝绳	t	6172.26											0.08	482
231	电焊条	kg	12.32											84.92	1047
272	组合钢模板	t	5071.93											5.9	29946
651	铁件	kg	5.76											2959.06	17057
653	铁钉	kg	5.76											39.84	230
655	8～12 号铁丝	kg	5.76											51.57	297
656	20～22 号铁丝	kg	5.76											139.36	803
825	油毛毡	m^2	3.14											216.54	680
832	32.5 级水泥	t	343.63											924.68	317834
851	石油沥青	t	3734.07											18.13	67703

编制:徐连铭　　复核:邢凤岐

分项工程预算表

编制范围:路线工程　　单价文件:1

工程名称:2.0×2.0m 钢筋混凝土盖板涵　　费率文件:1　　编制日期:2008 年 03 月 22 日　　第 69 页　共 133 页　　08-2 表

代号	工程项目														
	工程细目														
	定额单位												合计		
	工程数量														
	定额表号														
	工料机名称	单位	单价(元)	定额	数量	金额(元)	定额	数量	金额(元)	定额	数量	金额(元)	定额	数量	金额(元)
866	水	m^3	18											2635.81	47524
899	中(粗)砂	m^3	87.08											1659.21	144553
902	砂砾	m^3	86.43											102.31	8843
931	片石	m^3	68.64											689.54	47331
951	碎石(2cm)	m^3	93.92											2.38	223
952	碎石(4cm)	m^3	94.31											1542.08	145437
954	碎石(8cm)	m^3	93.46											755.85	70645
996	其他材料费	元	1											16791.03	16791
1035	1.0m^3 以内履带式单斗挖掘机	台班	889.63											13.21	11755
1450	8t 以内汽车式起重机	台班	628.21											1.66	1040
1451	12t 以内汽车式起重机	台班	863.55											37.82	32660
1500	50kN 内单筒慢动卷扬机	台班	135.41											6.27	849
1726	32kVA 内交流电弧焊机	台班	161.6											16.98	2744
1998	小型机具使用费	元	1											2637.48	2637
1999	基价	元	1												1147392

编制:徐连铭　　复核:邢凤岐

分项工程预算表

编制范围:路线工程　　单价文件:1

工程名称:2.0×2.0m 钢筋混凝土盖板涵　　费率文件:1　　编制日期:2008 年 03 月 22 日　　第 70 页　共 133 页　　08-2 表

代号	工程项目														
	工程细目														
	定额单位												合计		
	工程数量														
	定额表号														
	工料机名称	单位	单价(元)	定额	数量	金额(元)	定额	数量	金额(元)	定额	数量	金额(元)	定额	数量	金额(元)
直接工程费														1433947	
其他工程费			I												19547
			II												1494
间接费		规费													11619
		企业管理费													14682
利润及税金														156897	
建筑安装工程费														1638186	

编制:徐连铭　　复核:邢凤岐

分项工程预算表

编制范围:路线工程　　单价文件:1

工程名称:预应力混凝土空心板桥　　费率文件:1　　编制日期:2008年03月22日　　第71页　共133页　　08-2表

代号	工程项目			预制、安装预应力空心板			预制、安装预应力空心板			预制、安装预应力空心板			先张法预应力钢筋、钢丝及钢绞线		
	工程细目			预制预应力空心板混凝土非泵送			预应力空心板钢筋			起重机安装空心板跨径20m内			先张法钢绞线		
	定额单位			$10m^3$			1t			$10m^3$			1t		
	工程数量			20.93			18.659			20.93			5.865		
	定额表号			40713001			40713003(改工料机用量)			40713007			40721005		
	工料机名称	单位	单价(元)	定额	数量	金额(元)	定额	数量	金额(元)	定额	数量	金额(元)	定额	数量	金额(元)
1	人工	工日	49.2	23	481.39	23684	8.9	166.07	8170	3.8	79.53	3913	12.6	73.9	3636
101	原木	m^3	1252.26	0.042	0.88	1101									
102	锯材	m^3	1332.5	0.062	1.3	1729									
111	光圆钢筋	t	4327.26				0.357	6.66	28825						
112	带肋钢筋	t	4378.51				0.668	12.46	54575						
125	钢绞线	t	6787.26										1.1	6.45	43788
182	型钢	t	4327.26	0.002	0.04	181							0.003	0.02	76
183	钢板	t	4737.26	0.022	0.46	2181							0.001	0.01	28
191	钢管	t	4737.26												
221	钢丝绳	t	6172.26												
231	电焊条	kg	12.32				1.6	29.85	368						
263	钢护筒	t	5071.93												
271	钢模板	t	5576.93												
272	组合钢模板	t	5071.93	0.009	0.19	955									
273	门式钢支架	t	5071.93												
402	板式橡胶支座	dm^3	87.2												
541	毛勒伸缩缝	t	22241.93												

编制:徐连铭　　复核:邢凤岐

分 项 工 程 预 算 表

编制范围:路线工程　　单价文件:1

工程名称:预应力混凝土空心板桥　　费率文件:1　　编制日期:2008 年 03 月 22 日　　第 72 页　共 133 页　　08-2 表

代号	工程项目			预制、安装预应力空心板			预制、安装预应力空心板			预制、安装预应力空心板			先张法预应力钢筋、钢丝及钢绞线		
	工程细目			预制预应力空心板混凝土非泵送			预应力空心板钢筋			起重机安装空心板跨径 20m 内			先张法钢绞线		
	定额单位			$10m^3$			1t			$10m^3$			1t		
	工程数量			20.93			18.659			20.93			5.865		
	定额表号			40713001			40713003(改工料机用量)			40713007			40721005		
	工料机名称	单位	单价(元)	定额	数量	金额(元)	定额	数量	金额(元)	定额	数量	金额(元)	定额	数量	金额(元)
561	铸铁	kg	3.1												
651	铁件	kg	5.76	8.6	180	1038									
653	铁钉	kg	5.76	0.6	12.56	72									
656	20～22 号铁丝	kg	5.76				4.6	85.83	495						
682	铸铁管	kg	4.12												
732	油漆	kg	13.04												
825	油毛毡	m^2	3.14												
832	32.5 级水泥	t	343.63	0.032	0.67	230									
833	42.5 级水泥	t	343.63	4.474	93.64	32178									
851	石油沥青	t	3734.07												
866	水	m^3	18	16	334.88	6028									
897	砂	m^3	88.36												
899	中(粗)砂	m^3	87.08	4.59	96.07	8366									
902	砂砾	m^3	86.43												
911	黏土	m^3	45.39												
931	片石	m^3	68.64												
949	矿粉	t	149.61												

编制:徐连铭　　复核:邢凤岐

分项工程预算表

编制范围:路线工程　　单价文件:1

工程名称:预应力混凝土空心板桥　　费率文件:1　　编制日期:2008年03月22日　　第73页　共133页　　08-2表

代号	工程项目			预制、安装预应力空心板			预制、安装预应力空心板			预制、安装预应力空心板			先张法预应力钢筋、钢丝及钢绞线		
	工程细目			预制预应力空心板混凝土非泵送			预应力空心板钢筋			起重机安装空心板跨径20m内			先张法钢绞线		
	定额单位			$10m^3$			1t			$10m^3$			1t		
	工程数量			20.93			18.659			20.93			5.865		
	定额表号			40713001			40713003(改工料机用量)			40713007			40721005		
	工料机名称	单位	单价(元)	定额	数量	金额(元)	定额	数量	金额(元)	定额	数量	金额(元)	定额	数量	金额(元)
951	碎石(2cm)	m^3	93.92	8.06	168.7	15843									
952	碎石(4cm)	m^3	94.31												
958	碎石	m^3	84.3												
961	石屑	m^3	110.18												
965	路面用碎石(1.5cm)	m^3	110.18												
996	其他材料费	元	1	51.8	1084.17	1084				0.2	4.19	4	6.3	36.95	37
997	设备摊销费	元	1												
1003	75kW以内履带式推土机	台班	667.31												
1035	$1.0m^3$以内履带式单斗挖掘机	台班	889.63												
1048	$1.0m^3$以内轮胎式装载机	台班	453.53												
1057	120kW以内自行式平地机	台班	996.75												
1075	6～8t光轮压路机	台班	270.62												
1077	10～12t光轮压路机	台班	394.62												
1078	12～15t光轮压路机	台班	451.83												
1155	235kW以内稳定土拌和机	台班	1890.9												
1201	30t/h内沥青混合料拌和设备	台班	3968.4												
1272	250L以内混凝土搅拌机	台班	131.07												

编制:徐连铭　　复核:邢凤岐

分项工程预算表

编制范围：路线工程　　单价文件：1

工程名称：预应力混凝土空心板桥　　费率文件：1　　编制日期：2008 年 03 月 22 日　　第 74 页　共 133 页　　08-2 表

代号	工程项目			预制、安装预应力空心板			预制、安装预应力空心板			预制、安装预应力空心板			先张法预应力钢筋、钢丝及钢绞线		
	工程细目			预制预应力空心板混凝土非泵送			预应力空心板钢筋			起重机安装空心板跨径 20m 内			先张法钢绞线		
	定额单位			$10m^3$			1t			$10m^3$			1t		
	工程数量			20.93			18.659			20.93			5.865		
	定额表号			40713001			40713003(改工料机用量)			40713007			40721005		
	工料机名称	单位	单价(元)	定额	数量	金额(元)	定额	数量	金额(元)	定额	数量	金额(元)	定额	数量	金额(元)
1304	$3m^3$ 内混凝土搅拌运输车	台班	801.96												
1327	$60m^3/h$ 以内混凝土搅拌站	台班	2386.42												
1344	90t 以内预应力拉伸机	台班	61.09										0.52	3.05	186
1347	500t 以内预应力拉伸机	台班	223.1										0.52	3.05	680
1378	15t 以内载货汽车	台班	887.6												
1382	3t 以内自卸汽车	台班	376.33												
1393	20t 以内平板拖车组	台班	934.57												
1405	6000L 以内洒水汽车	台班	599.44												
1408	1t 以内机动翻斗车	台班	140.93												
1432	15t 以内履带式起重机	台班	625.7												
1442	20t 以内轮胎式起重机	台班	966.01												
1449	5t 以内汽车式起重机	台班	470.07												
1451	12t 以内汽车式起重机	台班	863.55												
1453	20t 以内汽车式起重机	台班	1271.14												
1455	30t 以内汽车式起重机	台班	1649.55							0.54	11.3	18643			
1499	30kN 内单筒慢动卷扬机	台班	111.52	0.45	9.42	1050							0.23	1.35	150
1500	50kN 内单筒慢动卷扬机	台班	135.41	1.34	28.05	3798									

编制：徐连铭　　复核：邢凤岐

分 项 工 程 预 算 表

编制范围:路线工程　　单价文件:1

工程名称:预应力混凝土空心板桥　　费率文件:1　　编制日期:2008 年 03 月 22 日　　第 75 页　共 133 页　　08-2 表

代号	工程项目			预制、安装预应力空心板			预制、安装预应力空心板			预制、安装预应力空心板			先张法预应力钢筋、钢丝及钢绞线		
	工程细目			预制预应力空心板混凝土非泵送			预应力空心板钢筋			起重机安装空心板跨径 20m 内			先张法钢绞线		
	定额单位			$10m^3$			1t			$10m^3$			1t		
	工程数量			20.93			18.659			20.93			5.865		
	定额表号			40713001			40713003(改工料机用量)			40713007			40721005		
	工料机名称	单位	单价(元)	定额	数量	金额(元)	定额	数量	金额(元)	定额	数量	金额(元)	定额	数量	金额(元)
1600	ϕ1500mm 以内回旋钻机	台班	1459.77												
1624	泥浆搅拌机	台班	68.55												
1726	32kVA 内交流电弧焊机	台班	161.6				0.31	5.78	935						
1998	小型机具使用费	元	1	8.5	177.91	178	23.4	436.62	437	0.1	2.09	2	1.1	6.45	6
1999	基价	元	1	3997		83657	3980		74263	937		19611	7928		46498
直接工程费				99697			93804			22563			48588		
其他工程费			I	8.39%	8365		8.39%	7870		8.39%	1893		8.39%	4077	
			II	4%	1148		4%	382		4%	902		4%	186	
间接费		规费		33%	7816		33%	2696		33%	1291		33%	1200	
		企业管理费		5.78%	6312		5.78%	5899		5.78%	1466		5.78%	3055	
利润及税金				12568			11588			2900			5994		
建筑安装工程费				135906			122238			31016			63100		

编制:徐连铭　　复核:邢凤岐

分 项 工 程 预 算 表

编制范围:路线工程　　单价文件:1

工程名称:预应力混凝土空心板桥　　费率文件:1　　编制日期:2008 年 03 月 22 日　　第 76 页　共 133 页　　08-2 表

代号	工程项目			桥面铺装			桥面铺装			桥面铺装			桥面铺装		
	工程细目			行车道铺装垫层水泥混凝土			行车道铺装垫层水泥混凝土			水泥及防水混凝土钢筋 φ8mm 内			行车道铺装沥青混凝土		
	定额单位			$10m^3$			$10m^3$			1t			$10m^3$		
	工程数量			4.27			7.29			15.106			4.1		
	定额表号			40613001(辅助定额调整)			40613001(辅助定额调整)			40613009			40613007		
	工料机名称	单位	单价(元)	定额	数量	金额(元)	定额	数量	金额(元)	定额	数量	金额(元)	定额	数量	金额(元)
1	人工	工日	49.2	11.9	50.81	2500	11.9	86.75	4268	9.7	146.53	7209	5.4	22.14	1089
101	原木	m^3	1252.26	0.001	0	5	0.001	0.01	9						
102	锯材	m^3	1332.5												
111	光圆钢筋	t	4327.26							1.025	15.48	67002			
112	带肋钢筋	t	4378.51												
125	钢绞线	t	6787.26												
182	型钢	t	4327.26	0.001	0	18	0.001	0.01	32						
183	钢板	t	4737.26												
191	钢管	t	4737.26												
221	钢丝绳	t	6172.26												
231	电焊条	kg	12.32							8.3	125.38	1545			
263	钢护筒	t	5071.93												
271	钢模板	t	5576.93												
272	组合钢模板	t	5071.93												
273	门式钢支架	t	5071.93												
402	板式橡胶支座	dm^3	87.2												
541	毛勒伸缩缝	t	22241.93												

编制:徐连铭　　复核:邢凤岐

分项工程预算表

编制范围:路线工程　　单价文件:1

工程名称:预应力混凝土空心板桥　　费率文件:1　　编制日期:2008年03月22日　　第77页　共133页　　08-2表

代号	工程项目			桥面铺装			桥面铺装			桥面铺装			桥面铺装		
	工程细目			行车道铺装垫层水泥混凝土			行车道铺装垫层水泥混凝土			水泥及防水混凝土钢筋 ϕ8mm 内			行车道铺装沥青混凝土		
	定额单位			$10m^3$			$10m^3$			1t			$10m^3$		
	工程数量			4.27			7.29			15.106			4.1		
	定额表号			40613001(辅助定额调整)			40613001(辅助定额调整)			40613009			40613007		
	工料机名称	单位	单价(元)	定额	数量	金额(元)	定额	数量	金额(元)	定额	数量	金额(元)	定额	数量	金额(元)
561	铸铁	kg	3.1												
651	铁件	kg	5.76												
653	铁钉	kg	5.76												
656	20～22号铁丝	kg	5.76							3.9	58.91	339			
682	铸铁管	kg	4.12												
732	油漆	kg	13.04												
825	油毛毡	m^2	3.14												
832	32.5级水泥	t	343.63	8.547	36.5	12541	8.547	62.31	21411				0.014	0.06	20
833	42.5级水泥	t	343.63												
851	石油沥青	t	3734.07										1.225	5.02	18754
866	水	m^3	18	15	64.05	1153	15	109.35	1968						
897	砂	m^3	88.36										4.71	19.31	1706
899	中(粗)砂	m^3	87.08	9.076	38.75	3375	9.076	66.16	5761						
902	砂砾	m^3	86.43												
911	黏土	m^3	45.39												
931	片石	m^3	68.64												
949	矿粉	t	149.61										1.284	5.26	788

编制:徐连铭　　复核:邢凤岐

分项工程预算表

编制范围:路线工程　　单价文件:1

工程名称:预应力混凝土空心板桥　　费率文件:1　　编制日期:2008年03月22日　　第78页　共133页　　08-2表

代号	工程项目			桥面铺装			桥面铺装			桥面铺装			桥面铺装		
	工程细目			行车道铺装垫层水泥混凝土			行车道铺装垫层水泥混凝土			水泥及防水混凝土钢筋 φ8mm 内			行车道铺装沥青混凝土		
	定额单位			$10m^3$			$10m^3$			1t			$10m^3$		
	工程数量			4.27			7.29			15.106			4.1		
	定额表号			40613001(辅助定额调整)			40613001(辅助定额调整)			40613009			40613007		
	工料机名称	单位	单价(元)	定额	数量	金额(元)	定额	数量	金额(元)	定额	数量	金额(元)	定额	数量	金额(元)
951	碎石(2cm)	m^3	93.92												
952	碎石(4cm)	m^3	94.31	16.732	71.45	6738	16.732	121.98	11504						
958	碎石	m^3	84.3												
961	石屑	m^3	110.18										2.61	10.7	1179
965	路面用碎石(1.5cm)	m^3	110.18										7.23	29.64	3266
996	其他材料费	元	1	2.9	12.38	12	2.9	21.14	21				11.8	48.38	48
997	设备摊销费	元	1										72.7	298.07	298
1003	75kW以内履带式推土机	台班	667.31												
1035	$1.0m^3$以内履带式单斗挖掘机	台班	889.63												
1048	$1.0m^3$以内轮胎式装载机	台班	453.53										0.15	0.61	279
1057	120kW以内自行式平地机	台班	996.75												
1075	6～8t光轮压路机	台班	270.62										0.17	0.7	189
1077	10～12t光轮压路机	台班	394.62										0.16	0.66	259
1078	12～15t光轮压路机	台班	451.83												
1155	235kW以内稳定土拌和机	台班	1890.9												
1201	30t/h内沥青混合料拌和设备	台班	3968.4										0.16	0.66	2603
1272	250L以内混凝土搅拌机	台班	131.07												

编制:徐连铭　　复核:邢凤岐

分 项 工 程 预 算 表

编制范围:路线工程　　单价文件:1

工程名称:预应力混凝土空心板桥　　费率文件:1　　编制日期:2008 年 03 月 22 日　　第 79 页　共 133 页　　08-2 表

代号	工程项目			桥面铺装			桥面铺装			桥面铺装			桥面铺装		
	工程细目			行车道铺装垫层水泥混凝土			行车道铺装垫层水泥混凝土			水泥及防水混凝土钢筋 φ8mm 内			行车道铺装沥青混凝土		
	定额单位			$10m^3$			$10m^3$			1t			$10m^3$		
	工程数量			4.27			7.29			15.106			4.1		
	定额表号			40613001(辅助定额调整)			40613001(辅助定额调整)			40613009			40613007		
	工料机名称	单位	单价(元)	定额	数量	金额(元)	定额	数量	金额(元)	定额	数量	金额(元)	定额	数量	金额(元)
1304	$3m^3$ 内混凝土搅拌运输车	台班	801.96												
1327	$60m^3/h$ 以内混凝土搅拌站	台班	2386.42												
1344	90t 以内预应力拉伸机	台班	61.09												
1347	500t 以内预应力拉伸机	台班	223.1												
1378	15t 以内载货汽车	台班	887.6												
1382	3t 以内自卸汽车	台班	376.33										0.86	3.53	1327
1393	20t 以内平板拖车组	台班	934.57												
1405	6000L 以内洒水汽车	台班	599.44												
1408	1t 以内机动翻斗车	台班	140.93	0.85	3.63	512	0.85	6.2	873						
1432	15t 以内履带式起重机	台班	625.7												
1442	20t 以内轮胎式起重机	台班	966.01												
1449	5t 以内汽车式起重机	台班	470.07												
1451	12t 以内汽车式起重机	台班	863.55												
1453	20t 以内汽车式起重机	台班	1271.14												
1455	30t 以内汽车式起重机	台班	1649.55												
1499	30kN 内单筒慢动卷扬机	台班	111.52												
1500	50kN 内单筒慢动卷扬机	台班	135.41												

编制:徐连铭　　复核:邢凤岐

分项工程预算表

编制范围:路线工程　　单价文件:1

工程名称:预应力混凝土空心板桥　　费率文件:1　　编制日期:2008年03月22日　　第80页　共133页　　08-2表

代号	工程项目			桥面铺装			桥面铺装			桥面铺装			桥面铺装		
	工程细目			行车道铺装垫层水泥混凝土			行车道铺装垫层水泥混凝土			水泥及防水混凝土钢筋 ϕ8mm 内			行车道铺装沥青混凝土		
	定额单位			$10m^3$			$10m^3$			1t			$10m^3$		
	工程数量			4.27			7.29			15.106			4.1		
	定额表号			40613001(辅助定额调整)			40613001(辅助定额调整)			40613009			40613007		
	工料机名称	单位	单价(元)	定额	数量	金额(元)	定额	数量	金额(元)	定额	数量	金额(元)	定额	数量	金额(元)
1600	ϕ1500mm 以内回旋钻机	台班	1459.77												
1624	泥浆搅拌机	台班	68.55												
1726	32kVA 内交流电弧焊机	台班	161.6							1.6	24.17	3906			
1998	小型机具使用费	元	1	13.2	56.36	56	13.2	96.23	96	25.2	380.67	381	3.4	13.94	14
1999	基价	元	1	4921		21013	4921		35874	4118		62207	7109		29147
直接工程费					26911			45944			80382			31819	
其他工程费			I	8.39%		2258	8.39%		3855	8.39%		6744	8.39%		2670
			II	4%		123	4%		210	4%		460	4%		230
间接费		规费		33%		825	33%		1408	33%		2379	33%		359
		企业管理费		5.78%		1693	5.78%		2891	5.78%		5062	5.78%		2007
利润及税金					3328			5681			9947			3923	
建筑安装工程费					35137			59989			104974			41009	

编制:徐连铭　　复核:邢凤岐

分项工程预算表

编制范围:路线工程　　单价文件:1

工程名称:预应力混凝土空心板桥　　费率文件:1　　编制日期:2008年03月22日　　第81页　共133页　08-2表

代号	工程项目			伸缩缝及泄水管			墙式护栏			墙式护栏			墙式护栏		
	工程细目			模数伸缩缝伸缩量80～480mm			现浇混凝土墙体防撞护栏			铸铁柱及栏杆			墙体护栏钢筋		
	定额单位			1t			$10m^3$			1t			1t		
	工程数量			1.96			3.01			2.028			3.246		
	定额表号			41107001			60102003(辅助定额调整)			60102005			60102004(改工料机用量)		
	工料机名称	单位	单价(元)	定额	数量	金额(元)	定额	数量	金额(元)	定额	数量	金额(元)	定额	数量	金额(元)
1	人工	工日	49.2	1.2	2.35	116	26.5	79.77	3924	15.2	30.83	1517	14.7	47.72	2348
101	原木	m^3	1252.26				0.043	0.13	162						
102	锯材	m^3	1332.5				0.061	0.18	245						
111	光圆钢筋	t	4327.26				0.001	0	13				0.129	0.42	1812
112	带肋钢筋	t	4378.51										0.896	2.91	12735
125	钢绞线	t	6787.26												
182	型钢	t	4327.26												
183	钢板	t	4737.26												
191	钢管	t	4737.26							0.362	0.73	3478			
221	钢丝绳	t	6172.26	0.003	0.01	36									
231	电焊条	kg	12.32	1.3	2.55	31									
263	钢护筒	t	5071.93												
271	钢模板	t	5576.93				0.101	0.3	1695						
272	组合钢模板	t	5071.93												
273	门式钢支架	t	5071.93												
402	板式橡胶支座	dm^3	87.2												
541	毛勒伸缩缝	t	22241.93	1	1.96	43594									

编制:徐连铭　　复核:邢凤岐

分项工程预算表

编制范围:路线工程　　单价文件:1

工程名称:预应力混凝土空心板桥　　费率文件:1　　编制日期:2008年03月22日　　第82页　共133页　　08-2表

代号	工程项目			伸缩缝及泄水管			墙式护栏			墙式护栏			墙式护栏		
	工程细目			模数伸缩缝伸缩量80～480mm			现浇混凝土墙体防撞护栏			铸铁柱及栏杆			墙体护栏钢筋		
	定额单位			1t			$10m^3$			1t			1t		
	工程数量			1.96			3.01			2.028			3.246		
	定额表号			41107001			60102003(辅助定额调整)			60102005			60102004(改工料机用量)		
	工料机名称	单位	单价(元)	定额	数量	金额(元)	定额	数量	金额(元)	定额	数量	金额(元)	定额	数量	金额(元)
561	铸铁	kg	3.1							652	1322.26	4095			
651	铁件	kg	5.76				13.3	40.03	231	90	182.52	1052			
653	铁钉	kg	5.76												
656	20～22号铁丝	kg	5.76										5.1	16.55	95
682	铸铁管	kg	4.12												
732	油漆	kg	13.04							8.1	16.43	214			
825	油毛毡	m^2	3.14												
832	32.5级水泥	t	343.63				7.262	21.86	7512						
833	42.5级水泥	t	343.63												
851	石油沥青	t	3734.07												
866	水	m^3	18				12	36.12	650						
897	砂	m^3	88.36												
899	中(粗)砂	m^3	87.08				9.592	28.87	2514						
902	砂砾	m^3	86.43												
911	黏土	m^3	45.39												
931	片石	m^3	68.64												
949	矿粉	t	149.61												

编制:徐连铭　　复核:邢凤岐

分项工程预算表

编制范围:路线工程　　单价文件:1

工程名称:预应力混凝土空心板桥　　费率文件:1　　编制日期:2008年03月22日　　第83页　共133页　　08-2表

代号	工程项目			伸缩缝及泄水管			墙式护栏			墙式护栏			墙式护栏		
	工程细目			模数伸缩缝伸缩量80～480mm			现浇混凝土墙体防撞护栏			铸铁柱及栏杆			墙体护栏钢筋		
	定额单位			1t			$10m^3$			1t			1t		
	工程数量			1.96			3.01			2.028			3.246		
	定额表号			41107001			60102003(辅助定额调整)			60102005			60102004(改工料机用量)		
	工料机名称	单位	单价(元)	定额	数量	金额(元)	定额	数量	金额(元)	定额	数量	金额(元)	定额	数量	金额(元)
951	碎石(2cm)	m^3	93.92												
952	碎石(4cm)	m^3	94.31				16.936	50.98	4808						
958	碎石	m^3	84.3												
961	石屑	m^3	110.18												
965	路面用碎石(1.5cm)	m^3	110.18												
996	其他材料费	元	1	42	82.32	82	14.6	43.95	44	8.9	18.05	18			
997	设备摊销费	元	1												
1003	75kW以内履带式推土机	台班	667.31												
1035	$1.0m^3$以内履带式单斗挖掘机	台班	889.63												
1048	$1.0m^3$以内轮胎式装载机	台班	453.53												
1057	120kW以内自行式平地机	台班	996.75												
1075	6～8t光轮压路机	台班	270.62												
1077	10～12t光轮压路机	台班	394.62												
1078	12～15t光轮压路机	台班	451.83												
1155	235kW以内稳定土拌和机	台班	1890.9												
1201	30t/h内沥青混合料拌和设备	台班	3968.4												
1272	250L以内混凝土搅拌机	台班	131.07				0.4	1.2	158						

编制:徐连铭　　复核:邢凤岐

分项工程预算表

编制范围:路线工程　　单价文件:1

工程名称:预应力混凝土空心板桥　　费率文件:1　　编制日期:2008 年 03 月 22 日　　第 84 页　共 133 页　　08-2 表

代号	工程项目			伸缩缝及泄水管			墙式护栏			墙式护栏			墙式护栏		
	工程细目			模数伸缩缝伸缩量 80～480mm			现浇混凝土墙体防撞护栏			铸铁柱及栏杆			墙体护栏钢筋		
	定额单位			1t			$10m^3$			1t			1t		
	工程数量			1.96			3.01			2.028			3.246		
	定额表号			41107001			60102003(辅助定额调整)			60102005			60102004(改工料机用量)		
	工料机名称	单位	单价(元)	定额	数量	金额(元)	定额	数量	金额(元)	定额	数量	金额(元)	定额	数量	金额(元)
1304	$3m^3$ 内混凝土搅拌运输车	台班	801.96												
1327	$60m^3/h$ 以内混凝土搅拌站	台班	2386.42												
1344	90t 以内预应力拉伸机	台班	61.09												
1347	500t 以内预应力拉伸机	台班	223.1												
1378	15t 以内载货汽车	台班	887.6												
1382	3t 以内自卸汽车	台班	376.33												
1393	20t 以内平板拖车组	台班	934.57												
1405	6000L 以内洒水汽车	台班	599.44												
1408	1t 以内机动翻斗车	台班	140.93				0.36	1.08	153						
1432	15t 以内履带式起重机	台班	625.7												
1442	20t 以内轮胎式起重机	台班	966.01												
1449	5t 以内汽车式起重机	台班	470.07												
1451	12t 以内汽车式起重机	台班	863.55	0.05	0.1	85									
1453	20t 以内汽车式起重机	台班	1271.14												
1455	30t 以内汽车式起重机	台班	1649.55												
1499	30kN 内单筒慢动卷扬机	台班	111.52												
1500	50kN 内单筒慢动卷扬机	台班	135.41												

编制:徐连铭　　复核:邢凤岐

分 项 工 程 预 算 表

编制范围:路线工程　　单价文件:1

工程名称:预应力混凝土空心板桥　　费率文件:1　　编制日期:2008 年 03 月 22 日　　第 85 页　共 133 页　　08-2 表

代号	工程项目			伸缩缝及泄水管			墙式护栏			墙式护栏			墙式护栏		
	工程细目			模数伸缩缝伸缩量 80～480mm			现浇混凝土墙体防撞护栏			铸铁柱及栏杆			墙体护栏钢筋		
	定额单位			1t			$10m^3$			1t			1t		
	工程数量			1.96			3.01			2.028			3.246		
	定额表号			41107001			60102003(辅助定额调整)			60102005			60102004(改工料机用量)		
	工料机名称	单位	单价(元)	定额	数量	金额(元)	定额	数量	金额(元)	定额	数量	金额(元)	定额	数量	金额(元)
1600	ϕ1500mm 以内回旋钻机	台班	1459.77												
1624	泥浆搅拌机	台班	68.55												
1726	32kVA 内交流电弧焊机	台班	161.6	0.23	0.45	73									
1998	小型机具使用费	元	1	21.1	41.36	41	5.4	16.25	16				12.1	39.28	39
1999	基价	元	1	43305		84878	6040		18180	4717		9566	4240		13763
直接工程费				44059			22125			10374			17029		
其他工程费			I	8.39%	3697		8.39%	1856		8.39%	870		8.39%	1429	
			II	4%	13		4%	170		4%	61		4%	95	
间接费		规费		33%	38		33%	1295		33%	500		33%	775	
		企业管理费		5.78%	2761		5.78%	1396		5.78%	653		5.78%	1072	
利润及税金				5382			2765			1290			2116		
建筑安装工程费				55949			29607			13749			22516		

编制:徐连铭　　复核:邢凤岐

分项工程预算表

编制范围:路线工程　　单价文件:1

工程名称:预应力混凝土空心板桥　　费率文件:1　　编制日期:2008 年 03 月 22 日　　第 86 页　共 133 页　　08-2 表

代号	工程项目			伸缩缝及泄水管			安装支座			盖梁、系梁、耳背墙及墩顶固结			盖梁、系梁、耳背墙及墩顶固结		
	工程细目			泄水管			板式橡胶支座			盖梁混凝土(钢模非泵送)			盖梁钢筋		
	定额单位			10 个			$1dm^3$			$10m^3$			1t		
	工程数量			1.2			253.21			11.86			13.484		
	定额表号			41107014			40730003			40604002			40604011(改工料机用量)		
	工料机名称	单位	单价(元)	定额	数量	金额(元)	定额	数量	金额(元)	定额	数量	金额(元)	定额	数量	金额(元)
1	人工	工日	49.2	0.4	0.48	24	0.2	50.64	2492	22.6	268.04	13187	9	121.36	5971
101	原木	m^3	1252.26							0.042	0.5	624			
102	锯材	m^3	1332.5							0.515	6.11	8139			
111	光圆钢筋	t	4327.26										0.29	3.91	16921
112	带肋钢筋	t	4378.51										0.735	9.91	43394
125	钢绞线	t	6787.26												
182	型钢	t	4327.26							0.044	0.52	2258			
183	钢板	t	4737.26												
191	钢管	t	4737.26												
221	钢丝绳	t	6172.26												
231	电焊条	kg	12.32										4	53.94	665
263	钢护筒	t	5071.93												
271	钢模板	t	5576.93												
272	组合钢模板	t	5071.93							0.026	0.31	1564			
273	门式钢支架	t	5071.93												
402	板式橡胶支座	dm^3	87.2				1	253.21	22079						
541	毛勒伸缩缝	t	22241.93												

编制:徐连铭　　复核:邢凤岐

分 项 工 程 预 算 表

编制范围:路线工程　　单价文件:1

工程名称:预应力混凝土空心板桥　　费率文件:1　　编制日期:2008年03月22日　　第87页　共133页　　08-2表

代号	工程项目			伸缩缝及泄水管			安装支座			盖梁、系梁、耳背墙及墩顶固结			盖梁、系梁、耳背墙及墩顶固结		
	工程细目			泄水管			板式橡胶支座			盖梁混凝土(钢模非泵送)			盖梁钢筋		
	定额单位			10个			1dm³			10m³			1t		
	工程数量			1.2			253.21			11.86			13.484		
	定额表号			41107014			40730003			40604002			40604011(改工料机用量)		
	工料机名称	单位	单价(元)	定额	数量	金额(元)	定额	数量	金额(元)	定额	数量	金额(元)	定额	数量	金额(元)
561	铸铁	kg	3.1												
651	铁件	kg	5.76							26.4	313.1	1805			
653	铁钉	kg	5.76							0.3	3.56	21			
656	20～22号铁丝	kg	5.76										3.7	49.89	287
682	铸铁管	kg	4.12	140	168	693									
732	油漆	kg	13.04												
825	油毛毡	m²	3.14												
832	32.5级水泥	t	343.63							3.845	45.6	15670			
833	42.5级水泥	t	343.63												
851	石油沥青	t	3734.07												
866	水	m³	18							12	142.32	2562			
897	砂	m³	88.36												
899	中(粗)砂	m³	87.08							4.69	55.62	4844			
902	砂砾	m³	86.43												
911	黏土	m³	45.39												
931	片石	m³	68.64												
949	矿粉	t	149.61												

编制:徐连铭　　复核:邢凤岐

分项工程预算表

编制范围:路线工程　　单价文件:1

工程名称:预应力混凝土空心板桥　　费率文件:1　　编制日期:2008年03月22日　　第88页　共133页　　08-2表

代号	工程项目			伸缩缝及泄水管			安装支座			盖梁、系梁、耳背墙及墩顶固结			盖梁、系梁、耳背墙及墩顶固结		
	工程细目			泄水管			板式橡胶支座			盖梁混凝土(钢模非泵送)			盖梁钢筋		
	定额单位			10个			$1dm^3$			$10m^3$			1t		
	工程数量			1.2			253.21			11.86			13.484		
	定额表号			41107014			40730003			40604002			40604011(改工料机用量)		
	工料机名称	单位	单价(元)	定额	数量	金额(元)	定额	数量	金额(元)	定额	数量	金额(元)	定额	数量	金额(元)
951	碎石(2cm)	m^3	93.92												
952	碎石(4cm)	m^3	94.31							8.47	100.45	9474			
958	碎石	m^3	84.3												
961	石屑	m^3	110.18												
965	路面用碎石(1.5cm)	m^3	110.18												
996	其他材料费	元	1	8.7	10.44	10	0.2	50.64	51	75.4	894.24	894			
997	设备摊销费	元	1												
1003	75kW以内履带式推土机	台班	667.31												
1035	$1.0m^3$以内履带式单斗挖掘机	台班	889.63												
1048	$1.0m^3$以内轮胎式装载机	台班	453.53												
1057	120kW以内自行式平地机	台班	996.75												
1075	6～8t光轮压路机	台班	270.62												
1077	10～12t光轮压路机	台班	394.62												
1078	12～15t光轮压路机	台班	451.83												
1155	235kW以内稳定土拌和机	台班	1890.9												
1201	30t/h内沥青混合料拌和设备	台班	3968.4												
1272	250L以内混凝土搅拌机	台班	131.07												

编制:徐连铭　　复核:邢凤岐

分项工程预算表

编制范围:路线工程　　单价文件:1

工程名称:预应力混凝土空心板桥　　费率文件:1　　编制日期:2008 年 03 月 22 日　　第 89 页　共 133 页　　08-2 表

代号	工程项目			伸缩缝及泄水管			安装支座			盖梁、系梁、耳背墙及墩顶固结			盖梁、系梁、耳背墙及墩顶固结		
	工程细目			泄水管			板式橡胶支座			盖梁混凝土(钢模非泵送)			盖梁钢筋		
	定额单位			10 个			$1dm^3$			$10m^3$			1t		
	工程数量			1.2			253.21			11.86			13.484		
	定额表号			41107014			40730003			40604002			40604011(改工料机用量)		
	工料机名称	单位	单价(元)	定额	数量	金额(元)	定额	数量	金额(元)	定额	数量	金额(元)	定额	数量	金额(元)
1304	$3m^3$ 内混凝土搅拌运输车	台班	801.96												
1327	$60m^3/h$ 以内混凝土搅拌站	台班	2386.42												
1344	90t 以内预应力拉伸机	台班	61.09												
1347	500t 以内预应力拉伸机	台班	223.1												
1378	15t 以内载货汽车	台班	887.6												
1382	3t 以内自卸汽车	台班	376.33												
1393	20t 以内平板拖车组	台班	934.57												
1405	6000L 以内洒水汽车	台班	599.44												
1408	1t 以内机动翻斗车	台班	140.93												
1432	15t 以内履带式起重机	台班	625.7												
1442	20t 以内轮胎式起重机	台班	966.01												
1449	5t 以内汽车式起重机	台班	470.07												
1451	12t 以内汽车式起重机	台班	863.55												
1453	20t 以内汽车式起重机	台班	1271.14							0.92	10.91	13870			
1455	30t 以内汽车式起重机	台班	1649.55												
1499	30kN 内单筒慢动卷扬机	台班	111.52												
1500	50kN 内单筒慢动卷扬机	台班	135.41										0.31	4.18	566

编制:徐连铭　　复核:邢凤岐

分 项 工 程 预 算 表

编制范围:路线工程　　单价文件:1

工程名称:预应力混凝土空心板桥　　费率文件:1　　编制日期:2008 年 03 月 22 日　　第 90 页　共 133 页　　08-2 表

代号	工程项目			伸缩缝及泄水管			安装支座			盖梁、系梁、耳背墙及墩顶固结			盖梁、系梁、耳背墙及墩顶固结		
	工程细目			泄水管			板式橡胶支座			盖梁混凝土(钢模非泵送)			盖梁钢筋		
	定额单位			10 个			$1dm^3$			$10m^3$			1t		
	工程数量			1.2			253.21			11.86			13.484		
	定额表号			41107014			40730003			40604002			40604011(改工料机用量)		
	工料机名称	单位	单价(元)	定额	数量	金额(元)	定额	数量	金额(元)	定额	数量	金额(元)	定额	数量	金额(元)
1600	φ1500mm 以内回旋钻机	台班	1459.77												
1624	泥浆搅拌机	台班	68.55												
1726	32kVA 内交流电弧焊机	台班	161.6										0.6	8.09	1307
1998	小型机具使用费	元	1							8.6	102	102	23.7	319.57	320
1999	基价	元	1	308		370	90		22789	5313		63012	4059		54732
直接工程费				727			24621			75013			69431		
其他工程费			I	8.39%	61		8.39%	2066		8.39%	6294		8.39%	5825	
			II	4%	1		4%	100		4%	1086		4%	327	
间接费		规费		33%	8		33%	822		33%	4352		33%	1970	
		企业管理费		5.78%	46		5.78%	1548		5.78%	4762		5.78%	4369	
利润及税金				89			3045			9429			8581		
建筑安装工程费				931			32202			100936			90503		

编制:徐连铭　　复核:邢凤岐

分项工程预算表

编制范围:路线工程　　单价文件:1

工程名称:预应力混凝土空心板桥　　费率文件:1　　编制日期:2008年03月22日　　第91页　共133页　　08-2表

代号	工程项目			墩、台身			墩、台身			盖梁、系梁、耳背墙及墩顶固结			盖梁、系梁、耳背墙及墩顶固结		
	工程细目			圆柱式墩台混凝土(非泵送高10m内)			柱式墩台焊接钢筋(高10m内)			系梁混凝土(地面下非泵送)			系梁钢筋		
	定额单位			$10m^3$			1t			$10m^3$			1t		
	工程数量			0.69			1.308			1.01			0.987		
	定额表号			40602009			40602019(改工料机用量)			40604005			40604012(改工料机用量)		
	工料机名称	单位	单价(元)	定额	数量	金额(元)	定额	数量	金额(元)	定额	数量	金额(元)	定额	数量	金额(元)
1	人工	工日	49.2	19.6	13.52	665	8	10.46	515	11.1	11.21	552	8.3	8.19	403
101	原木	m^3	1252.26							0.018	0.02	23			
102	锯材	m^3	1332.5	0.02	0.01	18				0.023	0.02	31			
111	光圆钢筋	t	4327.26	0.001		3	0.151	0.2	855				0.09	0.09	384
112	带肋钢筋	t	4378.51				0.874	1.14	5005				0.935	0.92	4041
125	钢绞线	t	6787.26												
182	型钢	t	4327.26	0.08	0.06	239				0.009	0.01	39			
183	钢板	t	4737.26	0.001		3									
191	钢管	t	4737.26	0.003	0	10									
221	钢丝绳	t	6172.26	0.002	0	9									
231	电焊条	kg	12.32				4	5.23	64				3.7	3.65	45
263	钢护筒	t	5071.93												
271	钢模板	t	5576.93	0.031	0.02	119									
272	组合钢模板	t	5071.93							0.016	0.02	82			
273	门式钢支架	t	5071.93	0.007	0	24									
402	板式橡胶支座	dm^3	87.2												
541	毛勒伸缩缝	t	22241.93												

编制:徐连铭　　复核:邢凤岐

分项工程预算表

编制范围:路线工程　　单价文件:1

工程名称:预应力混凝土空心板桥　　费率文件:1　　编制日期:2008年03月22日　　第92页　共133页　　08-2表

代号	工程项目			墩、台身			墩、台身			盖梁、系梁、耳背墙及墩顶固结			盖梁、系梁、耳背墙及墩顶固结		
	工程细目			圆柱式墩台混凝土（非泵送高10m内）			柱式墩台焊接钢筋（高10m内）			系梁混凝土(地面下非泵送)			系梁钢筋		
	定额单位			$10m^3$			1t			$10m^3$			1t		
	工程数量			0.69			1.308			1.01			0.987		
	定额表号			40602009			40602019(改工料机用量)			40604005			40604012(改工料机用量)		
	工料机名称	单位	单价(元)	定额	数量	金额(元)	定额	数量	金额(元)	定额	数量	金额(元)	定额	数量	金额(元)
561	铸铁	kg	3.1												
651	铁件	kg	5.76	25	17.25	99				7.8	7.88	45			
653	铁钉	kg	5.76												
656	20～22号铁丝	kg	5.76				2.9	3.79	22				3	2.96	17
682	铸铁管	kg	4.12												
732	油漆	kg	13.04												
825	油毛毡	m^2	3.14												
832	32.5级水泥	t	343.63	3.417	2.36	810				3.845	3.88	1334			
833	42.5级水泥	t	343.63												
851	石油沥青	t	3734.07												
866	水	m^3	18	12	8.28	149				12	12.12	218			
897	砂	m^3	88.36												
899	中(粗)砂	m^3	87.08	4.9	3.38	294				4.69	4.74	412			
902	砂砾	m^3	86.43												
911	黏土	m^3	45.39												
931	片石	m^3	68.64												
949	矿粉	t	149.61												

编制:徐连铭　　复核:邢凤岐

分项工程预算表

编制范围:路线工程　　单价文件:1

工程名称:预应力混凝土空心板桥　　费率文件:1　　编制日期:2008 年 03 月 22 日　　第 93 页　共 133 页　　08-2 表

代号	工程项目			墩、台身			墩、台身			盖梁、系梁、耳背墙及墩顶固结			盖梁、系梁、耳背墙及墩顶固结		
	工程细目			圆柱式墩台混凝土(非泵送高 10m 内)			柱式墩台焊接钢筋(高 10m 内)			系梁混凝土(地面下非泵送)			系梁钢筋		
	定额单位			$10m^3$			1t			$10m^3$			1t		
	工程数量			0.69			1.308			1.01			0.987		
	定额表号			40602009			40602019(改工料机用量)			40604005			40604012(改工料机用量)		
	工料机名称	单位	单价(元)	定额	数量	金额(元)	定额	数量	金额(元)	定额	数量	金额(元)	定额	数量	金额(元)
951	碎石(2cm)	m^3	93.92												
952	碎石(4cm)	m^3	94.31	8.47	5.84	551				8.47	8.55	807			
958	碎石	m^3	84.3												
961	石屑	m^3	110.18												
965	路面用碎石(1.5cm)	m^3	110.18												
996	其他材料费	元	1	15.3	10.56	11				7.9	7.98	8			
997	设备摊销费	元	1												
1003	75kW 以内履带式推土机	台班	667.31												
1035	$1.0m^3$ 以内履带式单斗挖掘机	台班	889.63												
1048	$1.0m^3$ 以内轮胎式装载机	台班	453.53												
1057	120kW 以内自行式平地机	台班	996.75												
1075	6～8t 光轮压路机	台班	270.62												
1077	10～12t 光轮压路机	台班	394.62												
1078	12～15t 光轮压路机	台班	451.83												
1155	235kW 以内稳定土拌和机	台班	1890.9												
1201	30t/h 内沥青混合料拌和设备	台班	3968.4												
1272	250L 以内混凝土搅拌机	台班	131.07												

编制:徐连铭　　复核:邢凤岐

分 项 工 程 预 算 表

编制范围:路线工程　　单价文件:1

工程名称:预应力混凝土空心板桥　　费率文件:1　　编制日期:2008 年 03 月 22 日　　第 94 页　共 133 页　　08-2 表

代号	工程项目			墩、台身			墩、台身			盖梁、系梁、耳背墙及墩顶固结			盖梁、系梁、耳背墙及墩顶固结		
	工程细目			圆柱式墩台混凝土（非泵送高 10m 内）			柱式墩台焊接钢筋（高 10m 内）			系梁混凝土（地面下非泵送）			系梁钢筋		
	定额单位			$10m^3$			1t			$10m^3$			1t		
	工程数量			0.69			1.308			1.01			0.987		
	定额表号			40602009			40602019（改工料机用量）			40604005			40604012（改工料机用量）		
	工料机名称	单位	单价(元)	定额	数量	金额(元)	定额	数量	金额(元)	定额	数量	金额(元)	定额	数量	金额(元)
1304	$3m^3$ 内混凝土搅拌运输车	台班	801.96												
1327	$60m^3/h$ 以内混凝土搅拌站	台班	2386.42												
1344	90t 以内预应力拉伸机	台班	61.09												
1347	500t 以内预应力拉伸机	台班	223.1												
1378	15t 以内载货汽车	台班	887.6												
1382	3t 以内自卸汽车	台班	376.33												
1393	20t 以内平板拖车组	台班	934.57												
1405	6000L 以内洒水汽车	台班	599.44												
1408	1t 以内机动翻斗车	台班	140.93												
1432	15t 以内履带式起重机	台班	625.7												
1442	20t 以内轮胎式起重机	台班	966.01												
1449	5t 以内汽车式起重机	台班	470.07												
1451	12t 以内汽车式起重机	台班	863.55	0.74	0.51	441				0.55	0.56	480			
1453	20t 以内汽车式起重机	台班	1271.14												
1455	30t 以内汽车式起重机	台班	1649.55												
1499	30kN 内单筒慢动卷扬机	台班	111.52												
1500	50kN 内单筒慢动卷扬机	台班	135.41				0.34	0.44	60				0.22	0.22	29

编制:徐连铭　　复核:邢凤岐

分项工程预算表

编制范围:路线工程　　单价文件:1

工程名称:预应力混凝土空心板桥　　费率文件:1　　编制日期:2008年03月22日　　第95页　共133页　　08-2表

代号	工程项目			墩、台身			墩、台身			盖梁、系梁、耳背墙及墩顶固结			盖梁、系梁、耳背墙及墩顶固结		
	工程细目			圆柱式墩台混凝土(非泵送高10m内)			柱式墩台焊接钢筋(高10m内)			系梁混凝土(地面下非泵送)			系梁钢筋		
	定额单位			$10m^3$			1t			$10m^3$			1t		
	工程数量			0.69			1.308			1.01			0.987		
	定额表号			40602009			40602019(改工料机用量)			40604005			40604012(改工料机用量)		
	工料机名称	单位	单价(元)	定额	数量	金额(元)	定额	数量	金额(元)	定额	数量	金额(元)	定额	数量	金额(元)
1600	φ1500mm以内回旋钻机	台班	1459.77												
1624	泥浆搅拌机	台班	68.55												
1726	32kVA内交流电弧焊机	台班	161.6				0.69	0.9	146				0.49	0.48	78
1998	小型机具使用费	元	1	6.7	4.62	5	20.1	26.29	26	8.1	8.18	8	21.8	21.52	22
1999	基价	元	1	4057		2799	4028		5269	3144		3175	4017		3965
直接工程费				3451			6694			4040			5019		
其他工程费		I		8.39%	290		8.39%	562		8.39%	339		8.39%	421	
		II		4%	44		4%	30		4%	42		4%	21	
间接费	规费			33%	220		33%	170		33%	182		33%	133	
	企业管理费			5.78%	219		5.78%	421		5.78%	255		5.78%	316	
利润及税金				434			826			504			620		
建筑安装工程费				4658			8703			5362			6530		

编制:徐连铭　　复核:邢风岐

分项工程预算表

编制范围:路线工程　　单价文件:1

工程名称:预应力混凝土空心板桥　　费率文件:1　　编制日期:2008年03月22日　　第96页　共133页　　08-2表

代号	工程项目			盖梁、系梁、耳背墙及墩顶固结			盖梁、系梁、耳背墙及墩顶固结			灌注桩混凝土			灌注桩混凝土		
	工程细目			耳背墙混凝土			耳背墙钢筋			回旋潜水钻 φ150cm 卷扬机吊斗混凝土			焊接连接钢筋		
	定额单位			$10m^3$			1t			$10m^3$			1t		
	工程数量			2.12			2.039			42.75			31.764		
	定额表号			40604009(辅助定额调整)			40604013(改工料机用量)			40407013			40407022(改工料机用量)		
	工料机名称	单位	单价(元)	定额	数量	金额(元)	定额	数量	金额(元)	定额	数量	金额(元)	定额	数量	金额(元)
1	人工	工日	49.2	34	72.08	3546	8.4	17.13	843	17	726.75	35756	5	158.82	7814
101	原木	m^3	1252.26	0.108	0.23	287									
102	锯材	m^3	1332.5												
111	光圆钢筋	t	4327.26				0.22	0.45	1941				0.096	3.05	13195
112	带肋钢筋	t	4378.51				0.805	1.64	7187				0.929	29.51	129204
125	钢绞线	t	6787.26												
182	型钢	t	4327.26	0.013	0.03	119									
183	钢板	t	4737.26												
191	钢管	t	4737.26												
221	钢丝绳	t	6172.26												
231	电焊条	kg	12.32				1.3	2.65	33				5.1	162	1997
263	钢护筒	t	5071.93												
271	钢模板	t	5576.93												
272	组合钢模板	t	5071.93	0.077	0.16	828									
273	门式钢支架	t	5071.93												
402	板式橡胶支座	dm^3	87.2												
541	毛勒伸缩缝	t	22241.93												

编制:徐连铭　　复核:邢凤岐

分 项 工 程 预 算 表

编制范围:路线工程　　单价文件:1

工程名称:预应力混凝土空心板桥　　费率文件:1　　编制日期:2008 年 03 月 22 日　　第 97 页　共 133 页　　08-2 表

代号	工程项目			盖梁、系梁、耳背墙及墩顶固结			盖梁、系梁、耳背墙及墩顶固结			灌注桩混凝土			灌注桩混凝土		
	工程细目			耳背墙混凝土			耳背墙钢筋			回旋潜水钻 ϕ150cm 卷扬机吊斗混凝土			焊接连接钢筋		
	定额单位			$10m^3$			1t			$10m^3$			1t		
	工程数量			2.12			2.039			42.75			31.764		
	定额表号			40604009(辅助定额调整)			40604013(改工料机用量)			40407013			40407022(改工料机用量)		
	工料机名称	单位	单价(元)	定额	数量	金额(元)	定额	数量	金额(元)	定额	数量	金额(元)	定额	数量	金额(元)
561	铸铁	kg	3.1												
651	铁件	kg	5.76	38.5	81.62	470									
653	铁钉	kg	5.76												
656	20～22 号铁丝	kg	5.76				2.9	5.91	34				2.2	69.88	403
682	铸铁管	kg	4.12												
732	油漆	kg	13.04												
825	油毛毡	m^2	3.14												
832	32.5 级水泥	t	343.63	7.262	15.4	5291				5.128	219.22	75332			
833	42.5 级水泥	t	343.63												
851	石油沥青	t	3734.07												
866	水	m^3	18	12	25.44	458				3	128.25	2309			
897	砂	m^3	88.36												
899	中(粗)砂	m^3	87.08	9.592	20.34	1771				6.01	256.93	22373			
902	砂砾	m^3	86.43												
911	黏土	m^3	45.39												
931	片石	m^3	68.64												
949	矿粉	t	149.61												

编制:徐连铭　　复核:邢凤岐

分项工程预算表

编制范围:路线工程　　单价文件:1

工程名称:预应力混凝土空心板桥　　费率文件:1　　编制日期:2008 年 03 月 22 日　　第 98 页　共 133 页　　08-2 表

代号	工程项目			盖梁、系梁、耳背墙及墩顶固结			盖梁、系梁、耳背墙及墩顶固结			灌注桩混凝土			灌注桩混凝土		
	工程细目			耳背墙混凝土			耳背墙钢筋			回旋潜水钻 φ150cm 卷扬机吊斗混凝土			焊接连接钢筋		
	定额单位			$10m^3$			1t			$10m^3$			1t		
	工程数量			2.12			2.039			42.75			31.764		
	定额表号			40604009(辅助定额调整)			40604013(改工料机用量)			40407013			40407022(改工料机用量)		
	工料机名称	单位	单价(元)	定额	数量	金额(元)	定额	数量	金额(元)	定额	数量	金额(元)	定额	数量	金额(元)
951	碎石(2cm)	m^3	93.92												
952	碎石(4cm)	m^3	94.31	16.936	35.9	3386				9.01	385.18	36327			
958	碎石	m^3	84.3												
961	石屑	m^3	110.18												
965	路面用碎石(1.5cm)	m^3	110.18												
996	其他材料费	元	1	58.2	123.38	123				1.4	59.85	60			
997	设备摊销费	元	1							51.6	2205.9	2206			
1003	75kW 以内履带式推土机	台班	667.31												
1035	$1.0m^3$ 以内履带式单斗挖掘机	台班	889.63												
1048	$1.0m^3$ 以内轮胎式装载机	台班	453.53												
1057	120kW 以内自行式平地机	台班	996.75												
1075	6～8t 光轮压路机	台班	270.62												
1077	10～12t 光轮压路机	台班	394.62												
1078	12～15t 光轮压路机	台班	451.83												
1155	235kW 以内稳定土拌和机	台班	1890.9												
1201	30t/h 内沥青混合料拌和设备	台班	3968.4												
1272	250L 以内混凝土搅拌机	台班	131.07												

编制:徐连铭　　复核:邢凤岐

分项工程预算表

编制范围:路线工程　　单价文件:1

工程名称:预应力混凝土空心板桥　　费率文件:1　　编制日期:2008 年 03 月 22 日　　第 99 页　共 133 页　　08-2 表

代号	工程项目			盖梁、系梁、耳背墙及墩顶固结			盖梁、系梁、耳背墙及墩顶固结			灌注桩混凝土			灌注桩混凝土		
	工程细目			耳背墙混凝土			耳背墙钢筋			回旋潜水钻 ϕ150cm 卷扬机吊斗混凝土			焊接连接钢筋		
	定额单位			$10m^3$			1t			$10m^3$			1t		
	工程数量			2.12			2.039			42.75			31.764		
	定额表号			40604009(辅助定额调整)			40604013(改工料机用量)			40407013			40407022(改工料机用量)		
	工料机名称	单位	单价(元)	定额	数量	金额(元)	定额	数量	金额(元)	定额	数量	金额(元)	定额	数量	金额(元)
1304	$3m^3$ 内混凝土搅拌运输车	台班	801.96												
1327	$60m^3/h$ 以内混凝土搅拌站	台班	2386.42												
1344	90t 以内预应力拉伸机	台班	61.09												
1347	500t 以内预应力拉伸机	台班	223.1												
1378	15t 以内载货汽车	台班	887.6												
1382	3t 以内自卸汽车	台班	376.33												
1393	20t 以内平板拖车组	台班	934.57												
1405	6000L 以内洒水汽车	台班	599.44												
1408	1t 以内机动翻斗车	台班	140.93												
1432	15t 以内履带式起重机	台班	625.7												
1442	20t 以内轮胎式起重机	台班	966.01												
1449	5t 以内汽车式起重机	台班	470.07												
1451	12t 以内汽车式起重机	台班	863.55	1.07	2.27	1959							0.12	3.81	3292
1453	20t 以内汽车式起重机	台班	1271.14												
1455	30t 以内汽车式起重机	台班	1649.55												
1499	30kN 内单筒慢动卷扬机	台班	111.52												
1500	50kN 内单筒慢动卷扬机	台班	135.41							0.93	39.76	5384			

编制:徐连铭　　复核:邢凤岐

分项工程预算表

编制范围:路线工程　　单价文件:1

工程名称:预应力混凝土空心板桥　　费率文件:1　　编制日期:2008年03月22日　　第100页　共133页　　08-2表

代号	工程项目			盖梁、系梁、耳背墙及墩顶固结			盖梁、系梁、耳背墙及墩顶固结			灌注桩混凝土			灌注桩混凝土		
	工程细目			耳背墙混凝土			耳背墙钢筋			回旋潜水钻 ϕ150cm 卷扬机吊斗混凝土			焊接连接钢筋		
	定额单位			$10m^3$			1t			$10m^3$			1t		
	工程数量			2.12			2.039			42.75			31.764		
	定额表号			40604009(辅助定额调整)			40604013(改工料机用量)			40407013			40407022(改工料机用量)		
	工料机名称	单位	单价(元)	定额	数量	金额(元)	定额	数量	金额(元)	定额	数量	金额(元)	定额	数量	金额(元)
1600	ϕ1500mm以内回旋钻机	台班	1459.77												
1624	泥浆搅拌机	台班	68.55												
1726	32kVA内交流电弧焊机	台班	161.6				0.29	0.59	96				0.85	27	4363
1998	小型机具使用费	元	1	11.8	25.02	25	21.9	44.65	45	3.7	158.18	158	15.2	482.81	483
1999	基价	元	1	7113		15080	3953		8060	3484		148941	3949		125436
	直接工程费			18264			10178			179904			160750		
	其他工程费		I	8.39%	1532		8.39%	854		8.39%	15094		8.39%	13487	
			II	4%	221		4%	39		4%	1652		4%	638	
	间接费	规费		33%	1170		33%	278		33%	11800		33%	2579	
		企业管理费		5.78%	1157		5.78%	640		5.78%	11366		5.78%	10108	
	利润及税金			2295			1257			22553			19786		
	建筑安装工程费			24639			13245			242369			207348		

编制:徐连铭　　复核:邢凤岐

分项工程预算表

编制范围:路线工程　　单价文件:1

工程名称:预应力混凝土空心板桥　　费率文件:1　　编制日期:2008年03月22日　　第101页　共133页　　08-2表

代号	工程项目			现浇混凝土桥头搭板			现浇混凝土桥头搭板			路拌法水泥稳定土基层			挡土墙防渗层、泄水层及填内芯		
	工程细目			搭板混凝土			桥头搭板钢筋			水泥碎石5:95稳拌机厚15cm			砂砾泄水层		
	定额单位			$10m^3$			1t			$1000m^2$			$100m^3$		
	工程数量			8.1			15.844			0.42			13.5		
	定额表号			40614001			40614003			20102023(辅助定额调整)			50125002(改工料机用量)		
	工料机名称	单位	单价(元)	定额	数量	金额(元)	定额	数量	金额(元)	定额	数量	金额(元)	定额	数量	金额(元)
1	人工	工日	49.2	13.2	106.92	5260	9.6	152.1	7483	26.5	11.13	548	56.7	765.45	37660
101	原木	m^3	1252.26	0.001	0.01	10									
102	锯材	m^3	1332.5	0.003	0.02	32									
111	光圆钢筋	t	4327.26												
112	带肋钢筋	t	4378.51				1.025	16.24	71107						
125	钢绞线	t	6787.26												
182	型钢	t	4327.26	0.006	0.05	210									
183	钢板	t	4737.26												
191	钢管	t	4737.26												
221	钢丝绳	t	6172.26												
231	电焊条	kg	12.32				1.7	26.93	332						
263	钢护筒	t	5071.93												
271	钢模板	t	5576.93												
272	组合钢模板	t	5071.93	0.008	0.06	329									
273	门式钢支架	t	5071.93												
402	板式橡胶支座	dm^3	87.2												
541	毛勒伸缩缝	t	22241.93												

编制:徐连铭　　复核:邢凤岐

分项工程预算表

编制范围:路线工程　　单价文件:1

工程名称:预应力混凝土空心板桥　　费率文件:1　　编制日期:2008年03月22日　　第102页　共133页　　08-2表

代号	工程项目			现浇混凝土桥头搭板			现浇混凝土桥头搭板			路拌法水泥稳定土基层			挡土墙防渗层、泄水层及填内芯		
	工程细目			搭板混凝土			桥头搭板钢筋			水泥碎石5∶95稳拌机厚15cm			砂砾泄水层		
	定额单位			$10m^3$			1t			$1000m^2$			$100m^3$		
	工程数量			8.1			15.844			0.42			13.5		
	定额表号			40614001			40614003			20102023(辅助定额调整)			50125002(改工料机用量)		
	工料机名称	单位	单价(元)	定额	数量	金额(元)	定额	数量	金额(元)	定额	数量	金额(元)	定额	数量	金额(元)
561	铸铁	kg	3.1												
651	铁件	kg	5.76	1.8	14.58	84									
653	铁钉	kg	5.76												
656	20～22号铁丝	kg	5.76				3	47.53	274						
682	铸铁管	kg	4.12												
732	油漆	kg	13.04												
825	油毛毡	m^2	3.14												
832	32.5级水泥	t	343.63	3.845	31.14	10702				35.392	14.86	5108			
833	42.5级水泥	t	343.63												
851	石油沥青	t	3734.07												
866	水	m^3	18	12	97.2	1750							12	162	2916
897	砂	m^3	88.36												
899	中(粗)砂	m^3	87.08	4.69	37.99	3308									
902	砂砾	m^3	86.43												
911	黏土	m^3	45.39												
931	片石	m^3	68.64												
949	矿粉	t	149.61												

编制:徐连铭　　复核:邢凤岐

分项工程预算表

编制范围:路线工程　　单价文件:1

工程名称:预应力混凝土空心板桥　　费率文件:1　　编制日期:2008 年 03 月 22 日　　第 103 页　共 133 页　　08-2 表

代号	工程项目			现浇混凝土桥头搭板			现浇混凝土桥头搭板			路拌法水泥稳定土基层			挡土墙防渗层、泄水层及填内芯		
	工程细目			搭板混凝土			桥头搭板钢筋			水泥碎石 5∶95 稳拌机厚 15cm			砂砾泄水层		
	定额单位			$10m^3$			1t			$1000m^2$			$100m^3$		
	工程数量			8.1			15.844			0.42			13.5		
	定额表号			40614001			40614003			20102023(辅助定额调整)			50125002(改工料机用量)		
	工料机名称	单位	单价(元)	定额	数量	金额(元)	定额	数量	金额(元)	定额	数量	金额(元)	定额	数量	金额(元)
951	碎石(2cm)	m^3	93.92												
952	碎石(4cm)	m^3	94.31	8.47	68.61	6470									
958	碎石	m^3	84.3							465.32	195.43	16475	102	1377	116080
961	石屑	m^3	110.18												
965	路面用碎石(1.5cm)	m^3	110.18												
996	其他材料费	元	1	23.2	187.92	188									
997	设备摊销费	元	1												
1003	75kW 以内履带式推土机	台班	667.31												
1035	$1.0m^3$ 以内履带式单斗挖掘机	台班	889.63												
1048	$1.0m^3$ 以内轮胎式装载机	台班	453.53												
1057	120kW 以内自行式平地机	台班	996.75							0.74	0.31	310			
1075	6～8t 光轮压路机	台班	270.62							0.54	0.23	61			
1077	10～12t 光轮压路机	台班	394.62												
1078	12～15t 光轮压路机	台班	451.83							2.54	1.07	482			
1155	235kW 以内稳定土拌和机	台班	1890.9							0.63	0.26	500			
1201	30t/h 内沥青混合料拌和设备	台班	3968.4												
1272	250L 以内混凝土搅拌机	台班	131.07												

编制:徐连铭　　复核:邢凤岐

分项工程预算表

编制范围:路线工程　　单价文件:1

工程名称:预应力混凝土空心板桥　　费率文件:1　　编制日期:2008年03月22日　　第104页　共133页　　08-2表

代号	工程项目			现浇混凝土桥头搭板			现浇混凝土桥头搭板			路拌法水泥稳定土基层			挡土墙防渗层、泄水层及填内芯		
	工程细目			搭板混凝土			桥头搭板钢筋			水泥碎石 5∶95 稳拌机厚 15cm			砂砾泄水层		
	定额单位			$10m^3$			1t			$1000m^2$			$100m^3$		
	工程数量			8.1			15.844			0.42			13.5		
	定额表号			40614001			40614003			20102023(辅助定额调整)			50125002(改工料机用量)		
	工料机名称	单位	单价(元)	定额	数量	金额(元)	定额	数量	金额(元)	定额	数量	金额(元)	定额	数量	金额(元)
1304	$3m^3$ 内混凝土搅拌运输车	台班	801.96												
1327	$60m^3/h$ 以内混凝土搅拌站	台班	2386.42												
1344	90t 以内预应力拉伸机	台班	61.09												
1347	500t 以内预应力拉伸机	台班	223.1												
1378	15t 以内载货汽车	台班	887.6												
1382	3t 以内自卸汽车	台班	376.33												
1393	20t 以内平板拖车组	台班	934.57												
1405	6000L 以内洒水汽车	台班	599.44							1.27	0.53	320			
1408	1t 以内机动翻斗车	台班	140.93	0.89	7.21	1016									
1432	15t 以内履带式起重机	台班	625.7												
1442	20t 以内轮胎式起重机	台班	966.01												
1449	5t 以内汽车式起重机	台班	470.07												
1451	12t 以内汽车式起重机	台班	863.55												
1453	20t 以内汽车式起重机	台班	1271.14												
1455	30t 以内汽车式起重机	台班	1649.55												
1499	30kN 内单筒慢动卷扬机	台班	111.52												
1500	50kN 内单筒慢动卷扬机	台班	135.41												

编制:徐连铭　　复核:邢风岐

分项工程预算表

编制范围:路线工程　　单价文件:1

工程名称:预应力混凝土空心板桥　　费率文件:1　　编制日期:2008年03月22日　　第105页　共133页　　08-2表

代号	工程项目			现浇混凝土桥头搭板			现浇混凝土桥头搭板			路拌法水泥稳定土基层			挡土墙防渗层、泄水层及填内芯		
	工程细目			搭板混凝土			桥头搭板钢筋			水泥碎石 5∶95 稳拌机厚 15cm			砂砾泄水层		
	定额单位			$10m^3$			1t			$1000m^2$			$100m^3$		
	工程数量			8.1			15.844			0.42			13.5		
	定额表号			40614001			40614003			20102023(辅助定额调整)			50125002(改工料机用量)		
	工料机名称	单位	单价(元)	定额	数量	金额(元)	定额	数量	金额(元)	定额	数量	金额(元)	定额	数量	金额(元)
1600	φ1500mm以内回旋钻机	台班	1459.77												
1624	泥浆搅拌机	台班	68.55												
1726	32kVA内交流电弧焊机	台班	161.6				0.32	5.07	819						
1998	小型机具使用费	元	1	14.1	114.21	114	29.4	465.81	466						
1999	基价	元	1	2863		23190	4048		64137	29033		12194	5601		75614
直接工程费						29,474			80,482			23,804			156,656
其他工程费			I	8.39%		2,473	8.39%		6,752	8.39%		1,997	8.39%		13,143
			II	4%		256	4%		351	4%		89	4%		1,506
间接费		规费		33%		1,736	33%		2,470	33%		181	33%		12,428
		企业管理费		5.78%		1,861	5.78%		5,062	5.78%		1,496	5.78%		9,901
利润及税金						3,687			9,950			2,922			19,720
建筑安装工程费						39,487			105,067			30,489			213,355

编制:徐连铭　　复核:邢凤岐

分项工程预算表

编制范围:路线工程　　单价文件:1

工程名称:预应力混凝土空心板桥　　费率文件:1　　编制日期:2008年03月22日　　第106页　共133页　　08-2表

代号	工程项目			浆砌片石			浆砌片石			基础垫层			伸缩缝及泄水管		
	工程细目			基础、护底、截水墙			锥坡、沟、槽、池			填砂砾(砂)垫层			沥青麻絮伸缩缝		
	定额单位			$10m^3$			$10m^3$			$10m^3$			1m		
	工程数量			23.4			33.3			12.8			22		
	定额表号			40502001			40502009(辅助定额调整)			41105001			41107013		
	工料机名称	单位	单价(元)	定额	数量	金额(元)	定额	数量	金额(元)	定额	数量	金额(元)	定额	数量	金额(元)
1	人工	工日	49.2	9.5	222.3	10937	15.2	506.16	24903	5.9	75.52	3716	0.5	11	541
101	原木	m^3	1252.26												
102	锯材	m^3	1332.5												
111	光圆钢筋	t	4327.26												
112	带肋钢筋	t	4378.51												
125	钢绞线	t	6787.26												
182	型钢	t	4327.26												
183	钢板	t	4737.26												
191	钢管	t	4737.26												
221	钢丝绳	t	6172.26												
231	电焊条	kg	12.32												
263	钢护筒	t	5071.93												
271	钢模板	t	5576.93												
272	组合钢模板	t	5071.93												
273	门式钢支架	t	5071.93												
402	板式橡胶支座	dm^3	87.2												
541	毛勒伸缩缝	t	22241.93												

编制:徐连铭　　复核:邢凤岐

分项工程预算表

编制范围:路线工程　单价文件:1

工程名称:预应力混凝土空心板桥　费率文件:1　编制日期:2008年03月22日　第107页　共133页　08-2表

代号	工程项目			浆砌片石			浆砌片石			基础垫层			伸缩缝及泄水管		
	工程细目			基础、护底、截水墙			锥坡、沟、槽、池			填砂砾(砂)垫层			沥青麻絮伸缩缝		
	定额单位			$10m^3$			$10m^3$			$10m^3$			1m		
	工程数量			23.4			33.3			12.8			22		
	定额表号			40502001			40502009(辅助定额调整)			41105001			41107013		
	工料机名称	单位	单价(元)	定额	数量	金额(元)	定额	数量	金额(元)	定额	数量	金额(元)	定额	数量	金额(元)
561	铸铁	kg	3.1												
651	铁件	kg	5.76												
653	铁钉	kg	5.76												
656	20～22号铁丝	kg	5.76												
682	铸铁管	kg	4.12												
732	油漆	kg	13.04												
825	油毛毡	m^2	3.14												
832	32.5级水泥	t	343.63	0.931	21.79	7486	1.784	59.41	20414						
833	42.5级水泥	t	343.63												
851	石油沥青	t	3734.07										0.032	0.7	2629
866	水	m^3	18	4	93.6	1685	18	599.4	10789						
897	砂	m^3	88.36												
899	中(粗)砂	m^3	87.08	3.82	89.39	7784	8.045	267.9	23328						
902	砂砾	m^3	86.43							13	166.4	14383			
911	黏土	m^3	45.39												
931	片石	m^3	68.64	11.5	269.1	18471	11.5	382.95	26286						
949	矿粉	t	149.61												

编制:徐连铭　复核:邢凤岐

分 项 工 程 预 算 表

编制范围:路线工程　　单价文件:1

工程名称:预应力混凝土空心板桥　　费率文件:1　　编制日期:2008 年 03 月 22 日　　第 108 页　共 133 页　　08-2 表

代号	工程项目			浆砌片石			浆砌片石			基础垫层			伸缩缝及泄水管		
	工程细目			基础、护底、截水墙			锥坡、沟、槽、池			填砂砾(砂)垫层			沥青麻絮伸缩缝		
	定额单位			$10m^3$			$10m^3$			$10m^3$			1m		
	工程数量			23.4			33.3			12.8			22		
	定额表号			40502001			40502009(辅助定额调整)			41105001			41107013		
	工料机名称	单位	单价(元)	定额	数量	金额(元)	定额	数量	金额(元)	定额	数量	金额(元)	定额	数量	金额(元)
951	碎石(2cm)	m^3	293.92												
952	碎石(4cm)	m^3	94.31												
958	碎石	m^3	84.3												
961	石屑	m^3	110.18												
965	路面用碎石(1.5cm)	m^3	110.18												
996	其他材料费	元	1	1.2	28.08	28	1.2	39.96	40				17.2	378.4	378
997	设备摊销费	元	1												
1003	75kW 以内履带式推土机	台班	667.31												
1035	$1.0m^3$ 以内履带式单斗挖掘机	台班	889.63												
1048	$1.0m^3$ 以内轮胎式装载机	台班	453.53												
1057	120kW 以内自行式平地机	台班	996.75												
1075	6～8t 光轮压路机	台班	270.62												
1077	10～12t 光轮压路机	台班	394.62												
1078	12～15t 光轮压路机	台班	451.83												
1155	235kW 以内稳定土拌和机	台班	1890.9												
1201	30t/h 内沥青混合料拌和设备	台班	3968.4												
1272	250L 以内混凝土搅拌机	台班	131.07												

编制:徐连铭　　复核:邢凤岐

分项工程预算表

编制范围:路线工程　　单价文件:1

工程名称:预应力混凝土空心板桥　　费率文件:1　　编制日期:2008年03月22日　　第109页　共133页　　08-2表

代号	工程项目			浆砌片石			浆砌片石			基础垫层			伸缩缝及泄水管		
	工程细目			基础、护底、截水墙			锥坡、沟、槽、池			填砂砾(砂)垫层			沥青麻絮伸缩缝		
	定额单位			$10m^3$			$10m^3$			$10m^3$			1m		
	工程数量			23.4			33.3			12.8			22		
	定额表号			40502001			40502009(辅助定额调整)			41105001			41107013		
	工料机名称	单位	单价(元)	定额	数量	金额(元)	定额	数量	金额(元)	定额	数量	金额(元)	定额	数量	金额(元)
1304	$3m^3$ 内混凝土搅拌运输车	台班	801.96												
1327	$60m^3/h$ 以内混凝土搅拌站	台班	2386.42												
1344	90t 以内预应力拉伸机	台班	61.09												
1347	500t 以内预应力拉伸机	台班	223.1												
1378	15t 以内载货汽车	台班	887.6												
1382	3t 以内自卸汽车	台班	376.33												
1393	20t 以内平板拖车组	台班	934.57												
1405	6000L 以内洒水汽车	台班	599.44												
1408	1t 以内机动翻斗车	台班	140.93												
1432	15t 以内履带式起重机	台班	625.7												
1442	20t 以内轮胎式起重机	台班	966.01												
1449	5t 以内汽车式起重机	台班	470.07												
1451	12t 以内汽车式起重机	台班	863.55												
1453	20t 以内汽车式起重机	台班	1271.14												
1455	30t 以内汽车式起重机	台班	1649.55												
1499	30kN 内单筒慢动卷扬机	台班	111.52												
1500	50kN 内单筒慢动卷扬机	台班	135.41												

编制:徐连铭　　复核:邢凤岐

分 项 工 程 预 算 表

编制范围:路线工程　　单价文件:1

工程名称:预应力混凝土空心板桥　　费率文件:1　　编制日期:2008 年 03 月 22 日　　第 110 页　共 133 页　　08-2 表

代号	工程项目			浆砌片石			浆砌片石			基础垫层			伸缩缝及泄水管		
	工程细目			基础、护底、截水墙			锥坡、沟、槽、池			填砂砾(砂)垫层			沥青麻絮伸缩缝		
	定额单位			$10m^3$			$10m^3$			$10m^3$			1m		
	工程数量			23.4			33.3			12.8			22		
	定额表号			40502001			40502009(辅助定额调整)			41105001			41107013		
	工料机名称	单位	单价(元)	定额	数量	金额(元)	定额	数量	金额(元)	定额	数量	金额(元)	定额	数量	金额(元)
1600	ϕ1500mm 以内回旋钻机	台班	1459.77												
1624	泥浆搅拌机	台班	68.55												
1726	32kVA 内交流电弧焊机	台班	161.6												
1998	小型机具使用费	元	1	7	163.8	164	7.5	249.75	250						
1999	基价	元	1	1396		32666	2210		73593	693		8870	163		3586
直接工程费				46555			106011			18098			3548		
其他工程费		I		8.39%	3906		8.39%	8894		8.39%	1518		8.39%	298	
		II		4%	444		4%	1006		4%	149		4%	22	
间接费		规费		33%	3609		33%	8218		33%	1226		33%	179	
		企业管理费		5.78%	2942		5.78%	6700		5.78%	1142		5.78%	224	
利润及税金				5857			13337			2268			442		
建筑安装工程费				63314			144165			24402			4712		

编制:徐连铭　　复核:邢凤岐

分 项 工 程 预 算 表

编制范围:路线工程　　单价文件:1

工程名称:预应力混凝土空心板桥　　费率文件:1　　编制日期:2008 年 03 月 22 日　　第 111 页　共 133 页　　08-2 表

代号	工程项目			防水层			机械挖基坑土、石方			回旋钻机钻孔			护筒制作、埋设、拆除		
	工程细目			沥青油毡防水层			基坑≤1500m³1.0m³ 内挖掘机挖土			陆地 φ120cm 内孔深 40m 内砂土			埋设钢护筒干处		
	定额单位			10m³			1000m³			10m			1t		
	工程数量			2.8			0.585			42			8.575		
	定额表号			41104004			40103003			40405017			40408007		
	工料机名称	单位	单价(元)	定额	数量	金额(元)	定额	数量	金额(元)	定额	数量	金额(元)	定额	数量	金额(元)
1	人工	工日	49.2	1.2	3.36	165	228.7	133.79	6582	9.3	390.6	19218	9	77.18	3797
101	原木	m³	1252.26												
102	锯材	m³	1332.5							0.01	0.42	560			
111	光圆钢筋	t	4327.26												
112	带肋钢筋	t	4378.51												
125	钢绞线	t	6787.26												
182	型钢	t	4327.26												
183	钢板	t	4737.26												
191	钢管	t	4737.26												
221	钢丝绳	t	6172.26												
231	电焊条	kg	12.32							0.1	4.2	52			
263	钢护筒	t	5071.93										0.1	0.86	4349
271	钢模板	t	5576.93												
272	组合钢模板	t	5071.93												
273	门式钢支架	t	5071.93												
402	板式橡胶支座	dm³	87.2												
541	毛勒伸缩缝	t	22241.93												

编制:徐连铭　　复核:邢凤岐

分 项 工 程 预 算 表

编制范围:路线工程　　　　单价文件:1

工程名称:预应力混凝土空心板桥　　　　费率文件:1　　　　编制日期:2008 年 03 月 22 日　　　　第 112 页　共 133 页　　08-2 表

代号	工程项目			防水层			机械挖基坑土、石方			回旋钻机钻孔			护筒制作、埋设、拆除		
	工程细目			沥青油毡防水层			基坑≤1500m³1.0m³ 内挖掘机挖土			陆地 φ120cm 内孔深 40m 内砂土			埋设钢护筒干处		
	定额单位			$10m^2$			$1000m^3$			10m			1t		
	工程数量			2.8			0.585			42			8.575		
	定额表号			41104004			40103003			40405017			40408007		
	工料机名称	单位	单价(元)	定额	数量	金额(元)	定额	数量	金额(元)	定额	数量	金额(元)	定额	数量	金额(元)
561	铸铁	kg	3.1												
651	铁件	kg	5.76							0.1	4.2	24			
653	铁钉	kg	5.76												
656	20~22 号铁丝	kg	5.76												
682	铸铁管	kg	4.12												
732	油漆	kg	13.04												
825	油毛毡	m^2	3.14	22	61.6	194									
832	32.5 级水泥	t	343.63												
833	42.5 级水泥	t	343.63												
851	石油沥青	t	3734.07	0.051	0.14	533									
866	水	m^3	18							32	1344	24192			
897	砂	m^3	88.36												
899	中(粗)砂	m^3	87.08												
902	砂砾	m^3	86.43												
911	黏土	m^3	45.39							6.44	270.48	12277	6.41	54.97	2495
931	片石	m^3	68.64												
949	矿粉	t	149.61												

编制:徐连铭　　　　复核:邢凤岐

分项工程预算表

编制范围：路线工程　　单价文件：1

工程名称：预应力混凝土空心板桥　　费率文件：1　　编制日期：2008 年 03 月 22 日　　第 113 页　共 133 页　　08-2 表

代号	工程项目			防水层			机械挖基坑土、石方			回旋钻机钻孔			护筒制作、埋设、拆除		
	工程细目			沥青油毡防水层			基坑≤1500m³1.0m³ 内挖掘机挖土			陆地 φ120cm 内孔深 40m 内砂土			埋设钢护筒干处		
	定额单位			$10m^2$			$1000m^3$			10m			1t		
	工程数量			2.8			0.585			42			8.575		
	定额表号			41104004			40103003			40405017			40408007		
	工料机名称	单位	单价(元)	定额	数量	金额(元)	定额	数量	金额(元)	定额	数量	金额(元)	定额	数量	金额(元)
951	碎石(2cm)	m^3	93.92												
952	碎石(4cm)	m^3	94.31												
958	碎石	m^3	84.3												
961	石屑	m^3	110.18												
965	路面用碎石(1.5cm)	m^3	110.18												
996	其他材料费	元	1	1.8	5.04	5				0.8	33.6	34			
997	设备摊销费	元	1							9.4	394.8	395			
1003	75kW 以内履带式推土机	台班	667.31												
1035	$1.0m^3$ 以内履带式单斗挖掘机	台班	889.63				3.14	1.84	1634	0.03	1.26	1121			
1048	$1.0m^3$ 以内轮胎式装载机	台班	453.53												
1057	120kW 以内自行式平地机	台班	996.75												
1075	6～8t 光轮压路机	台班	270.62												
1077	10～12t 光轮压路机	台班	394.62												
1078	12～15t 光轮压路机	台班	451.83												
1155	235kW 以内稳定土拌和机	台班	1890.9												
1201	30t/h 内沥青混合料拌和设备	台班	3968.4												
1272	250L 以内混凝土搅拌机	台班	131.07												

编制：徐连铭　　复核：邢凤岐

分 项 工 程 预 算 表

编制范围:路线工程　　单价文件:1

工程名称:预应力混凝土空心板桥　　费率文件:1　　编制日期:2008 年 03 月 22 日　　第 114 页　共 133 页　　08-2 表

代号	工程项目			防水层			机械挖基坑土、石方			回旋钻机钻孔			护筒制作、埋设、拆除		
	工程细目			沥青油毡防水层			基坑≤1500m³1.0m³内挖掘机挖土			陆地 φ120cm 内孔深 40m 内砂土			埋设钢护筒干处		
	定额单位			10m²			1000m³			10m			1t		
	工程数量			2.8			0.585			42			8.575		
	定额表号			41104004			40103003			40405017			40408007		
	工料机名称	单位	单价(元)	定额	数量	金额(元)	定额	数量	金额(元)	定额	数量	金额(元)	定额	数量	金额(元)
1304	$3m^3$ 内混凝土搅拌运输车	台班	801.96												
1327	$60m^3/h$ 以内混凝土搅拌站	台班	2386.42												
1344	90t 以内预应力拉伸机	台班	61.09												
1347	500t 以内预应力拉伸机	台班	223.1												
1378	15t 以内载货汽车	台班	887.6							0.08	3.36	2982			
1382	3t 以内自卸汽车	台班	376.33												
1393	20t 以内平板拖车组	台班	934.57												
1405	6000L 以内洒水汽车	台班	599.44												
1408	1t 以内机动翻斗车	台班	140.93												
1432	15t 以内履带式起重机	台班	625.7							0.08	3.36	2102			
1442	20t 以内轮胎式起重机	台班	966.01												
1449	5t 以内汽车式起重机	台班	470.07										0.16	1.37	645
1451	12t 以内汽车式起重机	台班	863.55												
1453	20t 以内汽车式起重机	台班	1271.14												
1455	30t 以内汽车式起重机	台班	1649.55												
1499	30kN 内单筒慢动卷扬机	台班	111.52												
1500	50kN 内单筒慢动卷扬机	台班	135.41												

编制:徐连铭　　复核:邢凤岐

分项工程预算表

编制范围：路线工程　　单价文件：1

工程名称：预应力混凝土空心板桥　　费率文件：1　　编制日期：2008年03月22日　　第115页　共133页　　08-2表

代号	工程项目			防水层			机械挖基坑土、石方			回旋钻机钻孔			护筒制作、埋设、拆除		
	工程细目			沥青油毡防水层			基坑≤1500m³1.0m³内挖掘机挖土			陆地φ120cm内孔深40m内砂土			埋设钢护筒干处		
	定额单位			$10m^2$			$1000m^3$			10m			1t		
	工程数量			2.8			0.585			42			8.575		
	定额表号			41104004			40103003			40405017			40408007		
	工料机名称	单位	单价(元)	定额	数量	金额(元)	定额	数量	金额(元)	定额	数量	金额(元)	定额	数量	金额(元)
1600	φ1500mm以内回旋钻机	台班	1459.77							1.74	73.08	106680			
1624	泥浆搅拌机	台班	68.55							0.38	15.96	1094			
1726	32kVA内交流电弧焊机	台班	161.6							0.01	0.42	68			
1998	小型机具使用费	元	1												
1999	基价	元	1	305		854	13845		8099	2602		109284	1037		8892
直接工程费				897			8217			170799			11286		
其他工程费			I	8.39%	75		8.39%	689		8.39%	14330		8.39%	947	
			II	4%	7		4%	329		4%	5331		4%	178	
间接费		规费		33%	55		33%	2172		33%	6342		33%	1253	
		企业管理费		5.78%	57		5.78%	534		5.78%	11009		5.78%	717	
利润及税金				112			1114			21670			1441		
建筑安装工程费				1202			13055			229479			15822		

编制：徐连铭　　复核：邢凤岐

分项工程预算表

编制范围:路线工程　　单价文件:1

工程名称:预应力混凝土空心板桥　　费率文件:1　　编制日期:2008 年 03 月 22 日　　第 116 页　共 133 页　　08-2 表

代号	工程项目			预应力钢绞线钢筋张拉冷拉台座			混凝土拌和及运输			混凝土拌和及运输			手推车运及垫滚子绞运		
	工程细目			60m 张拉台座 6000kN			混凝土搅拌站拌和(60m³/h 内)			3m³ 内混凝土搅运车运第 1 个 1km			重 15t 内垫滚子绞运第 1 个 10m		
	定额单位			1 座			$100m^3$			$100m^3$			$10m^3$		
	工程数量			2			11.01			8.18			20.93		
	定额表号			41110002			41111012			41111018			40801007(辅助定额调整)		
	工料机名称	单位	单价(元)	定额	数量	金额(元)	定额	数量	金额(元)	定额	数量	金额(元)	定额	数量	金额(元)
1	人工	工日	49.2	373.5	747	36752							2.9	60.7	2986
101	原木	m^3	1252.26												
102	锯材	m^3	1332.5	3.983	7.97	10615							0.191	4	5327
111	光圆钢筋	t	4327.26	1.257	2.51	10879									
112	带肋钢筋	t	4378.51	3.682	7.36	32243									
125	钢绞线	t	6787.26												
182	型钢	t	4327.26	4.705	9.41	40719									
183	钢板	t	4737.26	0.441	0.88	4178									
191	钢管	t	4737.26										0.005	0.1	496
221	钢丝绳	t	6172.26												
231	电焊条	kg	12.32	359.7	719.4	8866									
263	钢护筒	t	5071.93												
271	钢模板	t	5576.93												
272	组合钢模板	t	5071.93												
273	门式钢支架	t	5071.93												
402	板式橡胶支座	dm^3	87.2												
541	毛勒伸缩缝	t	22241.93												

编制:徐连铭　　复核:邢凤岐

分项工程预算表

编制范围:路线工程　　单价文件:1

工程名称:预应力混凝土空心板桥　　费率文件:1　　编制日期:2008年03月22日　　第117页　共133页　　08-2表

代号	工程项目			预应力钢绞线钢筋张拉冷拉台座			混凝土拌和及运输			混凝土拌和及运输			手推车运及垫滚子绞运		
	工程细目			60m张拉台座6000kN			混凝土搅拌站拌和(60m³/h内)			3m³内混凝土搅运车运第1个1km			重15t内垫滚子绞运第1个10m		
	定额单位			1座			100m³			100m³			10m³		
	工程数量			2			11.01			8.18			20.93		
	定额表号			41110002			41111012			41111018			40801007(辅助定额调整)		
	工料机名称	单位	单价(元)	定额	数量	金额(元)	定额	数量	金额(元)	定额	数量	金额(元)	定额	数量	金额(元)
561	铸铁	kg	3.1												
651	铁件	kg	5.76	55.6	111.2	641							1.3	27.21	157
653	铁钉	kg	5.76	25.3	50.6	292									
656	20～22号铁丝	kg	5.76	24.7	49.4	285									
682	铸铁管	kg	4.12												
732	油漆	kg	13.04												
825	油毛毡	m²	3.14												
832	32.5级水泥	t	343.63	42.964	85.93	29528									
833	42.5级水泥	t	343.63												
851	石油沥青	t	3734.07												
866	水	m³	18	123	246	4428									
897	砂	m³	88.36												
899	中(粗)砂	m³	87.08	45.82	91.64	7980									
902	砂砾	m³	86.43	17.35	34.7	2999									
911	黏土	m³	45.39												
931	片石	m³	68.64												
949	矿粉	t	149.61												

编制:徐连铭　　　　复核:邢凤岐

分项工程预算表

编制范围:路线工程　　单价文件:1

工程名称:预应力混凝土空心板桥　　费率文件:1　　编制日期:2008 年 03 月 22 日　　第 118 页　共 133 页　　08-2 表

代号	工程项目			预应力钢绞线钢筋张拉冷拉台座			混凝土拌和及运输			混凝土拌和及运输			手推车运及垫滚子绞运		
	工程细目			60m 张拉台座 6000kN			混凝土搅拌站拌和($60m^3/h$ 内)			$3m^3$ 内混凝土搅运车运第 1 个 1km			重 15t 内垫滚子绞运第 1 个 10m		
	定额单位			1 座			$100m^3$			$100m^3$			$10m^3$		
	工程数量			2			11.01			8.18			20.93		
	定额表号			41110002			41111012			41111018			40801007(辅助定额调整)		
	工料机名称	单位	单价(元)	定额	数量	金额(元)	定额	数量	金额(元)	定额	数量	金额(元)	定额	数量	金额(元)
951	碎石(2cm)	m^3	93.92												
952	碎石(4cm)	m^3	94.31	84.06	168.12	15856									
958	碎石	m^3	84.3												
961	石屑	m^3	110.18												
965	路面用碎石(1.5cm)	m^3	110.18												
996	其他材料费	元	1	158.7	317.4	317									
997	设备摊销费	元	1												
1003	75kW 以内履带式推土机	台班	667.31				0.28	3.08	2057						
1035	$1.0m^3$ 以内履带式单斗挖掘机	台班	889.63												
1048	$1.0m^3$ 以内轮胎式装载机	台班	453.53				0.28	3.08	1398						
1057	120kW 以内自行式平地机	台班	996.75												
1075	6～8t 光轮压路机	台班	270.62												
1077	10～12t 光轮压路机	台班	394.62												
1078	12～15t 光轮压路机	台班	451.83												
1155	235kW 以内稳定土拌和机	台班	1890.9												
1201	30t/h 内沥青混合料拌和设备	台班	3968.4												
1272	250L 以内混凝土搅拌机	台班	131.07	3.67	7.34	962									

编制:徐连铭　　复核:邢凤岐

分 项 工 程 预 算 表

编制范围:路线工程　　单价文件:1

工程名称:预应力混凝土空心板桥　　费率文件:1　　编制日期:2008 年 03 月 22 日　　第 119 页　共 133 页　　08-2 表

代号	工程项目			预应力钢绞线钢筋张拉冷拉台座			混凝土拌和及运输			混凝土拌和及运输			手推车运及垫滚子绞运		
	工程细目			60m 张拉台座 6000kN			砼搅拌站拌和($60m^3/h$ 内)			$3m^3$ 内混凝土搅运车运第 1 个 1km			重 15t 内垫滚子绞运第 1 个 10m		
	定额单位			1 座			$100m^3$			$100m^3$			$10m^3$		
	工程数量			2			11.01			8.18			20.93		
	定额表号			41110002			41111012			41111018			40801007(辅助定额调整)		
	工料机名称	单位	单价(元)	定额	数量	金额(元)	定额	数量	金额(元)	定额	数量	金额(元)	定额	数量	金额(元)
1304	$3m^3$ 内混凝土搅拌运输车	台班	801.96							2.41	19.71	15810			
1327	$60m^3/h$ 以内混凝土搅拌站	台班	2386.42				0.33	3.63	8671						
1344	90t 以内预应力拉伸机	台班	61.09												
1347	500t 以内预应力拉伸机	台班	223.1												
1378	15t 以内载货汽车	台班	887.6												
1382	3t 以内自卸汽车	台班	376.33												
1393	20t 以内平板拖车组	台班	934.57												
1405	6000L 以内洒水汽车	台班	599.44												
1408	1t 以内机动翻斗车	台班	140.93												
1432	15t 以内履带式起重机	台班	625.7												
1442	20t 以内轮胎式起重机	台班	966.01												
1449	5t 以内汽车式起重机	台班	470.07												
1451	12t 以内汽车式起重机	台班	863.55												
1453	20t 以内汽车式起重机	台班	1271.14												
1455	30t 以内汽车式起重机	台班	1649.55												
1499	30kN 内单筒慢动卷扬机	台班	111.52												
1500	50kN 内单筒慢动卷扬机	台班	135.41												

编制:徐连铭　　复核:邢凤岐

分 项 工 程 预 算 表

编制范围:路线工程　　单价文件:1

工程名称:预应力混凝土空心板桥　　费率文件:1　　编制日期:2008 年 03 月 22 日　　第 120 页　共 133 页　　08-2 表

代号	工程项目			预应力钢绞线钢筋张拉冷拉台座			混凝土拌和及运输			混凝土拌和及运输			手推车运及垫滚子绞运		
	工程细目			60m 张拉台座 6000kN			混凝土搅拌站拌和($60m^3/h$ 内)			$3m^3$ 内混凝土搅运车运第 1 个 1km			重 15t 内垫滚子绞运第 1 个 10m		
	定额单位			1 座			$100m^3$			$100m^3$			$10m^3$		
	工程数量			2			11.01			8.18			20.93		
	定额表号			41110002			41111012			41111018			40801007(辅助定额调整)		
	工料机名称	单位	单价(元)	定额	数量	金额(元)	定额	数量	金额(元)	定额	数量	金额(元)	定额	数量	金额(元)
1600	ϕ1500mm 以内回旋钻机	台班	1459.77												
1624	泥浆搅拌机	台班	68.55												
1726	32kVA 内交流电弧焊机	台班	161.6	37.07	74.14	11981									
1998	小型机具使用费	元	1	62.7	125.4	125							6.4	133.95	134
1999	基价	元	1	88309		176618	925		10184	1676		13710	441		9230
直接工程费				219646			12126			15810			9100		
其他工程费			I	8.39%	18428		8.39%	1017		8.39%	1326		8.39%	763	
			II	4%	1993		4%	485		4%	632		4%	125	
间接费		规费		33%	12128		33%			33%			33%	985	
		企业管理费		5.78%	13876		5.78%	788		5.78%	1027		5.78%	577	
利润及税金				27455			1535			2001			1159		
建筑安装工程费				293527			15951			20797			12709		

编制:徐连铭　　复核:邢凤岐

分项工程预算表

编制范围:路线工程　　单价文件:1

工程名称:预应力混凝土空心板桥　　费率文件:1　　编制日期:2008年03月22日　　第121页　共133页　　08-2表

代号	工程项目			平板拖车运输											
	工程细目			重15t内起重机装车第1个1km											
	定额单位			$100m^3$									合计		
	工程数量			20.93											
	定额表号			40804006(辅助定额调整)											
	工料机名称	单位	单价(元)	定额	数量	金额(元)	定额	数量	金额(元)	定额	数量	金额(元)	定额	数量	金额(元)
1	人工	工日	49.2	3.1	64.88	3192								6054.55	297884
101	原木	m^3	1252.26											1.77	2221
102	锯材	m^3	1332.5	0.229	4.79	6387								24.83	33082
111	光圆钢筋	t	4327.26											32.78	141830
112	带肋钢筋	t	4378.51											82.1	359491
125	钢绞线	t	6787.26											6.45	43788
182	型钢	t	4327.26											10.14	43893
183	钢板	t	4737.26											1.35	6391
191	钢管	t	4737.26											0.84	3983
221	钢丝绳	t	6172.26											0.01	45
231	电焊条	kg	12.32											1135.78	13998
263	钢护筒	t	5071.93											0.86	4349
271	钢模板	t	5576.93											0.33	1815
272	组合钢模板	t	5071.93											0.74	3758
273	门式钢支架	t	5071.93											0	24
402	板式橡胶支座	dm^3	87.2											253.21	22079
541	毛勒伸缩缝	t	22241.93											1.96	43594

编制:徐连铭　　复核:邢凤岐

分项工程预算表

编制范围:路线工程　　单价文件:1

工程名称:预应力混凝土空心板桥　　费率文件:1　　编制日期:2008 年 03 月 22 日　　第 122 页　共 133 页　　08-2 表

代号	工程项目			平板拖车运输											
	工程细目			重 15t 内起重机装车第 1 个 1km											
	定额单位			$100m^3$									合计		
	工程数量			20.93											
	定额表号			40804006(辅助定额调整)											
	工料机名称	单位	单价(元)	定额	数量	金额(元)	定额	数量	金额(元)	定额	数量	金额(元)	定额	数量	金额(元)
561	铸铁	kg	3.1											1322.26	4095
651	铁件	kg	5.76	3	62.79	362								1042.38	6009
653	铁钉	kg	5.76											66.72	385
656	20～22 号铁丝	kg	5.76											390.67	2251
682	铸铁管	kg	4.12											168	693
732	油漆	kg	13.04											16.43	214
825	油毛毡	m^2	3.14											61.6	194
832	32.5 级水泥	t	343.63											620.98	213390
833	42.5 级水泥	t	343.63											93.64	32178
851	石油沥青	t	3734.07											5.87	21916
866	水	m^3	18											3403.01	61254
897	砂	m^3	88.36											19.31	1706
899	中(粗)砂	m^3	87.08											1057.78	92110
902	砂砾	m^3	86.43											201.1	17382
911	黏土	m^3	45.39											325.45	14772
931	片石	m^3	68.64											652.05	44757
949	矿粉	t	149.61											5.26	788

编制:徐连铭　　复核:邢凤岐

分项工程预算表

编制范围:路线工程　　单价文件:1

工程名称:预应力混凝土空心板桥　　费率文件:1　　编制日期:2008 年 03 月 22 日　　第 123 页　共 133 页　　08-2 表

代号	工程项目			平板拖车运输									合计		
	工程细目			重 15t 内起重机装车第 1 个 1km											
	定额单位			$100m^3$											
	工程数量			20.93											
	定额表号			40804006(辅助定额调整)											
	工料机名称	单位	单价(元)	定额	数量	金额(元)	定额	数量	金额(元)	定额	数量	金额(元)	定额	数量	金额(元)
951	碎石(2cm)	m^3	93.92											168.7	15843
952	碎石(4cm)	m^3	94.31											1017.06	95921
958	碎石	m^3	84.3											1572.43	132554
961	石屑	m^3	110.18											10.7	1179
965	路面用碎石(1.5cm)	m^3	110.18											29.64	3266
996	其他材料费	元	1	8.1	169.53	170								3668.56	3669
997	设备摊销费	元	1											2898.77	2899
1003	75kW 以内履带式推土机	台班	667.31											3.08	2057
1035	$1.0m^3$ 以内履带式单斗挖掘机	台班	889.63											3.1	2755
1048	$1.0m^3$ 以内轮胎式装载机	台班	453.53											3.7	1677
1057	120kW 以内自行式平地机	台班	996.75											0.31	310
1075	6～8t 光轮压路机	台班	270.62											0.92	250
1077	10～12t 光轮压路机	台班	394.62											0.66	259
1078	12～15t 光轮压路机	台班	451.83											1.07	482
1155	235kW 以内稳定土拌和机	台班	1890.9											0.26	500
1201	30t/h 内沥青混合料拌和设备	台班	3968.4											0.66	2603
1272	250L 以内混凝土搅拌机	台班	131.07											8.54	1120

编制:徐连铭　　复核:邢凤岐

分项工程预算表

编制范围:路线工程　　单价文件:1

工程名称:预应力混凝土空心板桥　　费率文件:1　　编制日期:2008年03月22日　　第124页　共133页　　08-2表

代号	工程项目			平板拖车运输											
	工程细目			重15t内起重机装车第1个1km									合计		
	定额单位			$100m^3$											
	工程数量			20.93											
	定额表号			40804006(辅助定额调整)											
	工料机名称	单位	单价(元)	定额	数量	金额(元)	定额	数量	金额(元)	定额	数量	金额(元)	定额	数量	金额(元)
1304	$3m^3$内混凝土搅拌运输车	台班	801.96											19.71	15810
1327	$60m^3/h$以内混凝土搅拌站	台班	2386.42											3.63	8671
1344	90t以内预应力拉伸机	台班	61.09											3.05	186
1347	500t以内预应力拉伸机	台班	223.1											3.05	680
1378	15t以内载货汽车	台班	887.6											3.36	2982
1382	3t以内自卸汽车	台班	376.33											3.53	1327
1393	20t以内平板拖车组	台班	934.57	2.73	57.14	53400								57.14	53400
1405	6000L以内洒水汽车	台班	599.44											0.53	320
1408	1t以内机动翻斗车	台班	140.93											18.12	2553
1432	15t以内履带式起重机	台班	625.7											3.36	2102
1442	20t以内轮胎式起重机	台班	966.01	1.22	25.53	24667								25.53	24667
1449	5t以内汽车式起重机	台班	470.07											1.37	645
1451	12t以内汽车式起重机	台班	863.55											7.24	6256
1453	20t以内汽车式起重机	台班	1271.14											10.91	13870
1455	30t以内汽车式起重机	台班	1649.55											11.3	18643
1499	30kN内单筒慢动卷扬机	台班	111.52											10.77	1201
1500	50kN内单筒慢动卷扬机	台班	135.41											72.65	9837

编制:徐连铭　　复核:邢凤岐

分项工程预算表

编制范围:路线工程　　单价文件:1

工程名称:预应力混凝土空心板桥　　费率文件:1　　编制日期:2008 年 03 月 22 日　　第 125 页　共 133 页　　08-2 表

代号	工程项目			平板拖车运输									合计		
	工程细目			重 15t 内起重机装车第 1 个 1km											
	定额单位			100m³											
	工程数量			20.93											
	定额表号			40804006(辅助定额调整)											
	工料机名称	单位	单价(元)	定额	数量	金额(元)	定额	数量	金额(元)	定额	数量	金额(元)	定额	数量	金额(元)
1600	ϕ1500mm 以内回旋钻机	台班	1459.77											73.08	106680
1624	泥浆搅拌机	台班	68.55											15.96	1094
1726	32kVA 内交流电弧焊机	台班	161.6											147.1	23771
1998	小型机具使用费	元	1	5.8	121.39	121								3834.32	3834
1999	基价	元	1	3554		74385									1657391
直接工程费				88299									2102193		
其他工程费			I	8.39%	7408								176374		
			II	4%	3255								24337		
间接费		规费		33%	1053								98302		
		企业管理费		5.78%	5720								133108		
利润及税金				11183									262756		
建筑安装工程费				116919									2797068		

编制:徐连铭　　复核:邢凤岐

分 项 工 程 预 算 表

编制范围:路线工程　　单价文件:1

工程名称:公路标线　　费率文件:1　　编制日期:2008 年 03 月 22 日　　第 126 页　共 133 页　08-2 表

代号	工程项目			路面线标											
	工程细目			汽车标线(普通标线)											
	定额单位			$100m^2$									合计		
	工程数量			27.6											
	定额表号			60109003											
	工料机名称	单位	单价(元)	定额	数量	金额(元)	定额	数量	金额(元)	定额	数量	金额(元)	定额	数量	金额(元)
1	人工	工日	49.2	2.2	60.72	2987								60.72	2987
733	标线漆	kg	37.8	49	1352.4	51121								1352.4	51121
1232	汽车式画线车	台班	462.97	0.41	11.32	5239								11.32	5239
1999	基价	元	1	2123		58595									58595
	直接工程费				59347									59347	
	其他工程费	I		8.39%		4979									4979
	其他工程费	II		4%		329									329
	间接费	规费		33%		986									986
	间接费	企业管理费		5.78%		3737									3737
	利润及税金				7317									7317	
	建筑安装工程费				76695									76695	

编制:徐连铭　　复核:邢凤岐

分项工程预算表

编制范围:路线工程　　单价文件:1

工程名称:里程碑、百米桩、公路界碑　　费率文件:1　　编制日期:2008年03月22日　　第127页　共133页　　08-2表

代号	工程项目			里程碑、百米桩、界碑			里程碑、百米桩、界碑			里程碑、百米桩、界碑			合计		
	工程细目			里程碑			百米桩			界碑					
	定额单位			100块			100块			100块					
	工程数量			0.06			0.6			0.02					
	定额表号			60111001			60111002			60111003					
	工料机名称	单位	单价(元)	定额	数量	金额(元)	定额	数量	金额(元)	定额	数量	金额(元)	定额	数量	金额(元)
1	人工	工日	49.2	54.9	3.29	162	6	3.6	177	33.8	0.68	33		7.57	372
101	原木	m^3	1252.26	0.021	0	2	0.004	0	3	0.014				0	5
111	光圆钢筋	t	4327.26	0.267	0.02	69	0.07	0.04	182	0.182	0	16		0.06	267
182	型钢	t	4327.26	0.005		1	0.001		3	0.003					4
272	组合钢模板	t	5071.93	0.032	0	10	0.007	0	21	0.022		2		0.01	33
651	铁件	kg	5.76	18	1.08	6	3.7	2.22	13	12.5	0.25	1		3.55	20
732	油漆	kg	13.04	31.1	1.87	24	4.6	2.76	36	16.4	0.33	4		4.95	65
832	32.5级水泥	t	343.63	3.325	0.2	69	0.188	0.11	39	2.527	0.05	17		0.36	125
866	水	m^3	18	16	0.96	17	1	0.6	11	13	0.26	5		1.82	33
899	中(粗)砂	m^3	87.08	6.19	0.37	32	0.24	0.14	13	5.46	0.11	10		0.62	54
951	碎石(2cm)	m^3	93.92	4.41	0.26	25	0.41	0.25	23	2.2	0.04	4		0.55	52
954	碎石(8cm)	m^3	93.46	5.08	0.3	28				5.93	0.12	11		0.42	40
996	其他材料费	元	1	70.7	4.24	4	4.9	2.94	3	17.7	0.35			7.54	8
1272	250L以内混凝土搅拌机	台班	131.07	0.23	0.01	2	0.02	0.01	2	0.12	0			0.03	4
1372	4t以内载货汽车	台班	381.48	1.12	0.07	26	0.06	0.04	14	0.36	0.01	3		0.11	42
1998	小型机具使用费	元	1	2.1	0.13		0.4	0.24		1.5	0.03			0.4	
1999	基价	元	1	6651		399	773		464	4376		88			950

编制:徐连铭　　复核:邢凤岐

分 项 工 程 预 算 表

编制范围:路线工程　　单价文件:1

工程名称:里程碑、百米桩、公路界碑　　费率文件:1　　编制日期:2008 年 03 月 22 日　　第 128 页　共 133 页　　08-2 表

代号	工程项目			里程碑、百米桩、界碑			里程碑、百米桩、界碑			里程碑、百米桩、界碑			合计		
	工程细目			里程碑			百米桩			界碑					
	定额单位			100 块			100 块			100 块					
	工程数量			0.06			0.6			0.02					
	定额表号			60111001			60111002			60111003					
	工料机名称	单位	单价(元)	定额	数量	金额(元)	定额	数量	金额(元)	定额	数量	金额(元)	定额	数量	金额(元)
直接工程费				478			538			108			1124		
其他工程费			I	8.39%	40		8.39%	45		8.39%	9			94	
			II	4%	8		4%	8		4%	1			17	
间接费		规费		33%	53		33%	58		33%	11			123	
		企业管理费		5.78%	30		5.78%	34		5.78%	7			71	
利润及税金				61			69			14			143		
建筑安装工程费				670			752			150			1572		

编制:徐连铭　　复核:邢凤岐

分项工程预算表

编制范围:路线工程　　单价文件:1

工程名称:各类标志牌　　费率文件:1　　编制日期:2008年03月22日　　第129页　共133页　　08-2表

代号	工程项目			标志牌			标志牌			标志牌			标志牌		
	工程细目			单柱式铝合金标志立柱			单柱式铝合金标志面板			双柱式铝合金标志立柱			双柱式铝合金标志面板		
	定额单位			10t			10t			10t			10t		
	工程数量			0.01			0.001			0.021			0.093		
	定额表号			60107016			60107017			60107018			60107019		
	工料机名称	单位	单价(元)	定额	数量	金额(元)	定额	数量	金额(元)	定额	数量	金额(元)	定额	数量	金额(元)
1	人工	工日	49.2	15.8	0.16	8	38.9	0.04	2	3.8	0.08	4	10.6	0.99	49
102	锯材	m^3	1332.5												
111	光圆钢筋	t	4327.26												
182	型钢	t	4327.26												
231	电焊条	kg	12.32	0.9	0.01					0.6	0.01				
247	钢管立柱	t	5677.93	6.314	0.06	359				7.198	0.15	858			
272	组合钢模板	t	5071.93												
651	铁件	kg	5.76												
652	镀锌铁件	kg	6.9	3759.9	37.6	259	3033.7	3.03	21	2858.3	60.02	414	2416.8	224.76	1551
656	20~22号铁丝	kg	5.76												
668	铝合金标志	t	10323.93				7.026	0.01	73				7.631	0.71	7327
740	反光膜	m^2	225.51				963.1	0.96	217				1028	95.6	21560
832	32.5级水泥	t	343.63												
866	水	m^3	18												
899	中(粗)砂	m^3	87.08												
952	碎石(4cm)	m^3	94.31												
996	其他材料费	元	1												

编制:徐连铭　　复核:邢凤岐

分项工程预算表

编制范围:路线工程　　单价文件:1

工程名称:各类标志牌　　费率文件:1　　编制日期:2008年03月22日　　第130页　共133页　　08-2表

代号	工程项目			标志牌			标志牌			标志牌			标志牌		
	工程细目			单柱式铝合金标志立柱			单柱式铝合金标志面板			双柱式铝合金标志立柱			双柱式铝合金标志面板		
	定额单位			10t			10t			10t			10t		
	工程数量			0.01			0.001			0.021			0.093		
	定额表号			60107016			60107017			60107018			60107019		
	工料机名称	单位	单价(元)	定额	数量	金额(元)	定额	数量	金额(元)	定额	数量	金额(元)	定额	数量	金额(元)
1372	4t以内载货汽车	台班	381.48	3.83	0.04	15	9.46	0.01	4	0.93	0.02	7	2.58	0.24	92
1449	5t以内汽车式起重机	台班	470.07	3.83	0.04	18	9.46	0.01	4	0.93	0.02	9	2.58	0.24	113
1726	32kVA内交流电弧焊机	台班	161.6	0.18	0					0.11	0				
1998	小型机具使用费	元	1												
1999	基价	元	1	66271		663	430829		431	62661		1316	451139		41956
直接工程费					659			321			1294			30690	
其他工程费			I	6.48%		43	6.48%		21	6.48%		84	6.48%		1989
			II	1%			1%			1%			1%		3
间接费		规费		33%		3	33%		1	33%		1	33%		16
		企业管理费		3.61%		25	3.61%		12	3.61%		50	3.61%		1180
利润及税金					78			38			152			3606	
建筑安装工程费					807			392			1581			37483	

编制:徐连铭　　复核:邢凤岐

分项工程预算表

编制范围:路线工程　　单价文件:1

工程名称:各类标志牌　　费率文件:1　　编制日期:2008 年 03 月 22 日　　第 131 页　共 133 页　　08-2 表

代号	工程项目			标志牌			标志牌						合计		
	工程细目			金属标志牌混凝土基础			金属标志牌基础钢筋								
	定额单位			10m³			1t								
	工程数量			0.579			0.066								
	定额表号			60107004			60107005								
	工料机名称	单位	单价(元)	定额	数量	金额(元)	定额	数量	金额(元)	定额	数量	金额(元)	定额	数量	金额(元)
1	人工	工日	49.2	21.7	12.56	618	14.4	0.95	47					14.78	727
102	锯材	m^3	1332.5	0.001		1									1
111	光圆钢筋	t	4327.26				1.025	0.07	293					0.07	293
182	型钢	t	4327.26	0.004	0	10								0	10
231	电焊条	kg	12.32											0.02	
247	钢管立柱	t	5677.93											0.21	1217
272	组合钢模板	t	5071.93	0.007	0	21								0	21
651	铁件	kg	5.76	3.3	1.91	11								1.91	11
652	镀锌铁件	kg	6.9											325.42	2245
656	20～22 号铁丝	kg	5.76				5.1	0.34	2					0.34	2
668	铝合金标志	t	10323.93											0.72	7399
740	反光膜	m^2	225.51											96.57	21777
832	32.5 级水泥	t	343.63	3.417	1.98	680								1.98	680
866	水	m^3	18	12	6.95	125								6.95	125
899	中(粗)砂	m^3	87.08	4.9	2.84	247								2.84	247
952	碎石(4cm)	m^3	94.31	8.47	4.9	463								4.9	463
996	其他材料费	元	1	34.6	20.03	20								20.03	20

编制:徐连铭　　复核:邢凤岐

分项工程预算表

编制范围:路线工程　　单价文件:1

工程名称:各类标志牌　　费率文件:1　　编制日期:2008年03月22日　　第132页　共133页　　08-2表

代号	工程项目			标志牌			标志牌						合计		
	工程细目			金属标志牌混凝土基础			金属标志牌基础钢筋								
	定额单位			$10m^3$			1t								
	工程数量			0.579			0.066								
	定额表号			60107004			60107005								
	工料机名称	单位	单价(元)	定额	数量	金额(元)	定额	数量	金额(元)	定额	数量	金额(元)	定额	数量	金额(元)
1372	4t以内载货汽车	台班	381.48											0.31	117
1449	5t以内汽车式起重机	台班	470.07											0.31	144
1726	32kVA内交流电弧焊机	台班	161.6											0	1
1998	小型机具使用费	元	1	4	2.32	2								2.32	2
1999	基价	元	1	3036		1758	4124		272						46395
直接工程费					2197			341						35502	
其他工程费			I	8.39%		184	8.39%		29						2349
			II	4%		25	4%		2						30
间接费		规费		33%		204	33%		15						240
		企业管理费		5.78%		139	5.78%		21						1428
利润及税金					278			42						4194	
建筑安装工程费					3028			451						43742	

编制:徐连铭　　复核:邢风岐

分 项 工 程 预 算 表

编制范围:路线工程　　单价文件:1

工程名称:撒播草种　　费率文件:1　　编制日期:2008 年 03 月 22 日　　第 133 页　共 133 页　　08-2 表

代号	工程项目			栽植(片植)地被									合计		
	工程细目			散播地被											
	定额单位			100m²											
	工程数量			1125.33											
	定额表号			60705002											
	工料机名称	单位	单价(元)	定额	数量	金额(元)	定额	数量	金额(元)	定额	数量	金额(元)	定额	数量	金额(元)
1	人工	工日	49.2	1.1	1237.86	60903								1237.86	60903
821	草籽	kg	36.26	14	15754.62	571203								15754.62	571203
866	水	m^3	18	5	5626.65	101280								5626.65	101280
996	其他材料费	元	1	15.3	17217.55	17218								17217.55	17218
1998	小型机具使用费	元	1	0.3	337.6	338								337.6	338
1999	基价	元	1	1192		1341393									1341393
	直接工程费				750937									750937	
	其他工程费		I	8.39%	63004									63004	
			II	4%	2450									2450	
	间接费		规费	33%	20098									20098	
			企业管理费	5.78%	47187									47187	
	利润及税金				92645									92645	
	建筑安装工程费				976321									976321	

编制:徐连铭　　复核:邢凤岐

材料预算单价计算表

建设项目名称:路线工程　　单价文件名:1　　编制日期:2008年03月22日　　第1页　共3页　　09表

序号	规格名称	单位	原价(元)	运杂费					原价运费合计(元)	场外运输损耗		采购及保管费		预算单价(元)
				供应地点	运输方式、比重及运距	毛重系数或单位毛重	运杂费构成说明或计算式	单位运费(元)		费率(%)	金额(元)	费率(%)	金额(元)	
1	人工	工日												49.2
2	原木		1200	料场—工地	汽车,28km,100	1	[0.32×(1+0.8208)×28+5.4×1+0]×1×1	21.71	1221.7			2.5	30.54	1252.3
3	锯材		1300	料场—工地	汽车,28km,100	1	[0.32×(1+0.8208)×28+5.4×1+0]×1×1	21.71	1300			2.5	32.5	1332.5
4	枕木		1300	料场—工地	汽车,28km,100	1	[0.32×(1+0.8208)×28+5.4×1+0]×1×1	21.71	1321.7			2.5	33.04	1354.8
5	光圆钢筋	t	4200	料场—工地	汽车,28km,100	1	[0.32×(1+0.8208)×28+5.4×1+0]×1×1	21.71	4221.7			2.5	105.54	4327.3
6	带肋钢筋	t	4250	料场—工地	汽车,28km,100	1	[0.32×(1+0.8208)×28+5.4×1+0]×1×1	21.71	4271.7			2.5	106.79	4378.5
7	钢绞线	t	6600	料场—工地	汽车,28km,100	1	[0.32×(1+0.8208)×28+5.4×1+0]×1×1	21.71	6621.7			2.5	165.54	6787.3
8	波纹管钢带	t	6600	料场—工地	汽车,28km,100	1	[0.32×(1+0.8208)×28+5.4×1+0]×1×1	21.71	6621.7			2.5	165.54	6787.3
9	型钢	t	4200	料场—工地	汽车,28km,100	1	[0.32×(1+0.8208)×28+5.4×1+0]×1×1	21.71	4221.7			2.5	105.54	4327.3
10	钢板	t	4600	料场—工地	汽车,28km,100	1	[0.32×(1+0.8208)×28+5.4×1+0]×1×1	21.71	4621.7			2.5	115.54	4737.3
11	钢管	t	4600	料场—工地	汽车,28km,100	1	[0.32×(1+0.8208)×28+5.4×1+0]×1×1	21.71	4621.7			2.5	115.54	4737.3
12	钢丝绳	t	6000	料场—工地	汽车,28km,100	1	[0.32×(1+0.8208)×28+5.4×1+0]×1×1	21.71	6021.7			2.5	150.54	6172.3
13	电焊条	kg	12	料场—工地	汽车,28km,100	0.0011	[0.32×(1+0.8208)×28+5.4×1+0]×0.0011×1	0.02	12.02			2.5	0.3	12.32
14	钢管立柱	t	5600	料场—工地	汽车,28km,100	1	[0.32×(1+0.8208)×28+5.4×1+0]×1×1	21.71	5621.7			1	56.22	5677.9
15	钢护筒	t	5000	料场—工地	汽车,28km,100	1	[0.32×(1+0.8208)×28+5.4×1+0]×1×1	21.71	5021.7			1	50.22	5071.9
16	钢模板	t	5500	料场—工地	汽车,28km,100	1	[0.32×(1+0.8208)×28+5.4×1+0]×1×1	21.71	5521.7			1	55.22	5576.9
17	组合钢模板	t	5000	料场—工地	汽车,28km,100	1	[0.32×(1+0.8208)×28+5.4×1+0]×1×1	21.71	5021.7			1	50.22	5071.9
18	门式钢支架	t	5000	料场—工地	汽车,28km,100	1	[0.32×(1+0.8208)×28+5.4×1+0]×1×1	21.71	5021.7			1	50.22	5071.9
19	四氟板式橡胶组合支座	dm^3	120	料场—工地	汽车,28km,100	0.0032	[0.32×(1+0.8208)×28+5.4×1+0]×0.0032×1	0.07	120.07			2.5	3	123.07
20	板式橡胶支座	dm^3	85	料场—工地	汽车,28km,100	0.0032	[0.32×(1+0.8208)×28+5.4×1+0]×0.0032×1	0.07	85.07			2.5	2.13	87.2
21	毛勒伸缩缝	t	22000	料场—工地	汽车,28km,100	1	[0.32×(1+0.8208)×28+5.4×1+0]×1×1	21.71	22022			1	220.22	22242

编制:徐连铭　　复核:邢凤岐

材料预算单价计算表

建设项目名称:路线工程　　单价文件名:1　　编制日期:2008年03月22日　　第2页　共3页　　09表

序号	规格名称	单位	原价(元)	运杂费					原价运费合计(元)	场外运输损耗		采购及保管费		预算单价(元)
				供应地点	运输方式、比重及运距	毛重系数或单位毛重	运杂费构成说明或计算式	单位运费(元)		费率(%)	金额(元)	费率(%)	金额(元)	
22	铸铁	kg	3	料场—工地	汽车,28km,100	0.001	[0.32×(1+0.8208)×28+5.4×1+0]×0.001×1	0.02	3.02			2.5	0.08	3.1
23	钢绞线群锚(7孔)	套	200	料场—工地	汽车,28km,100	0.0105	[0.32×(1+0.8208)×28+5.4×1+0]×0.0105×1	0.23	200.23			2.5	5.01	205.23
24	铁件	kg	5.6	料场—工地	汽车,28km,100	0.0011	[0.32×(1+0.8208)×28+5.4×1+0]×0.0011×1	0.02	5.62			2.5	0.14	5.76
25	铁钉	kg	5.6	料场—工地	汽车,28km,100	0.0011	[0.32×(1+0.8208)×28+5.4×1+0]×0.0011×1	0.02	5.62			2.5	0.14	5.76
26	8～12号铁丝	kg	5.6	料场—工地	汽车,28km,100	0.001	[0.32×(1+0.8208)×28+5.4×1+0]×0.001×1	0.02	5.62			2.5	0.14	5.76
27	20～22号铁丝	kg	5.6	料场—工地	汽车,28km,100	0.001	[0.32×(1+0.8208)×28+5.4×1+0]×0.001×1	0.02	5.62			2.5	0.14	5.76
28	铝合金标志	t	10200	料场—工地	汽车,28km,100	1	[0.32×(1+0.8208)×28+5.4×1+0]×1×1	21.71	10222			1	102.22	10324
29	铸铁管	kg	4	料场—工地	汽车,28km,100	0.001	[0.32×(1+0.8208)×28+5.4×1+0]×0.001×1	0.02	4.02			2.5	0.1	4.12
30	皮线	m	6	料场—工地	汽车,28km,100	0.0003	[0.32×(1+0.8208)×28+5.4×1+0]×0.0003×1	0.01	6.01			2.5	0.15	6.16
31	反光膜		220	料场—工地	汽车,28km,100	0.0004	[0.32×(1+0.8208)×28+5.4×1+0]×0.0004×1	0.01	220.01			2.5	5.5	225.51
32	土工布		8	料场—工地	汽车,28km,100	0.00028	[0.32×(1+0.8208)×28+5.4×1+0]×0.00028×1	0.01	8.01			2.5	0.2	8.21
33	草籽	kg	35	料场—工地	汽车,28km,100	0.001	[0.32×(1+0.8208)×28+5.4×1+0]×0.001×1	0.02	35.02	1	0.35	2.5	0.88	36.26
34	油毛毡		3	料场—工地	汽车,28km,100	0.00197	[0.5×(1+0.8208)×28+7.5×1+0]×0.00197×1	0.06	3.06			2.5	0.08	3.14
35	32.5级水泥	t	310	料场—工地	汽车,28km,100	1.01	[0.32×(1+0.8208)×28+5.4×1+0]×1.01×1	21.93	331.93	1	3.32	2.5	8.38	343.63
36	42.5级水泥	t	310	料场—工地	汽车,28km,100	1.01	[0.32×(1+0.8208)×28+5.4×1+0]×1.01×1	21.93	331.93	1	3.32	2.5	8.38	343.63
37	石油沥青	t	3610	料场—工地	汽车,28km,100	1	[0.5×(1+0.8208)×28+7.5×1+0]×1×1	32.99	3643			2.5	91.07	3734.1
38	乳化沥青	t	2700	料场—工地	汽车,28km,100	1	[0.5×(1+0.8208)×28+7.5×1+0]×1×1	32.99	2733			2.5	68.32	2801.3
39	重油	kg	2.2	料场—工地	汽车,28km,100	0.001	[0.5×(1+0.8208)×28+7.5×1+0]×0.001×1	0.03	2.23			2.5	0.06	2.29
40	煤	t	400	料场—工地	汽车,28km,100	1	[0.32×(1+0.8208)×28+5.4×1+0]×1×1	21.71	421.71	1	4.22	2.5	10.65	436.58
41	砂		58	料场—工地	汽车,21km,100	1.5	[0.34×(1+0.8208)×21+4.4×1+0]×1.5×1	26.1	84.1	2.5	2.1	2.5	2.16	88.36
42	中(粗)砂		58	料场—工地	汽车,21km,100	1.43	[0.34×(1+0.8208)×21+4.4×1+0]×1.43×1	24.88	82.88	2.5	2.07	2.5	2.12	87.08

编制:徐连铭　　复核:邢凤岐

材料预算单价计算表

建设项目名称:路线工程　　单价文件名:1　　编制日期:2008 年 03 月 22 日　　第 3 页　共 3 页　　09 表

序号	规格名称	单位	原价(元)	运杂费					原价运费合计(元)	场外运输损耗		采购及保管费		预算单价(元)
				供应地点	运输方式、比重及运距	毛重系数或单位毛重	运杂费构成说明或计算式	单位运费(元)		费率(%)	金额(元)	费率(%)	金额(元)	
43	砂砾		58	料场—工地	汽车,21km,100	1.465	[0.34×(1+0.8208)×21+4.4×1+0]×1.465×1	25.49	83.49	1	0.83	2.5	2.11	86.43
44	天然级配		58	料场—工地	汽车,21km,100	1.7	[0.34×(1+0.8208)×21+4.4×1+0]×1.7×1	29.58	87.58	1	0.88	2.5	2.21	90.67
45	黏土		12.66	料场—工地	汽车,18km,100	1.8	[0.38×(1+0.8208)×18+4.4×1+0]×1.8×1	30.34	42.99	3	1.29	2.5	1.11	45.39
46	片石		40	料场—工地	汽车,19km,100	1.6	[0.36×(1+0.8208)×19+4.4×1+0]×1.6×1	26.97	66.97			2.5	1.67	68.64
47	矿粉	t	120	料场—工地	汽车,28km,100	1	[0.32×(1+0.8208)×28+5.4×1+0]×1×1	21.71	141.71	3	4.25	2.5	3.65	149.61
48	碎石(2cm)		65	料场—工地	汽车,20km,100	1.5	[0.35×(1+0.8208)×20+4.4×1+0]×1.5×1	25.72	90.72	1	0.91	2.5	2.29	93.92
49	碎石(4cm)		65	料场—工地	汽车,21km,100	1.5	[0.34×(1+0.8208)×21+4.4×1+0]×1.5×1	26.1	91.1	1	0.91	2.5	2.3	94.31
50	碎石(6cm)		65	料场—工地	汽车,19km,100	1.5	[0.36×(1+0.8208)×19+4.4×1+0]×1.5×1	25.28	90.28	1	0.9	2.5	2.28	93.46
51	碎石(8cm)		65	料场—工地	汽车,19km,100	1.5	[0.36×(1+0.8208)×19+4.4×1+0]×1.5×1	25.28	90.28	1	0.9	2.5	2.28	93.46
52	碎石		55	料场—工地	汽车,22km,100	1.5	[0.33×(1+0.8208)×22+4.4×1+0]×1.5×1	26.43	81.43	1	0.81	2.5	2.06	84.3
53	石屑		80	料场—工地	汽车,22km,100	1.5	[0.33×(1+0.8208)×22+4.4×1+0]×1.5×1	26.43	106.43	1	1.06	2.5	2.69	110.18
54	路面用碎石(1.5cm)		80	料场—工地	汽车,22km,100	1.5	[0.33×(1+0.8208)×22+4.4×1+0]×1.5×1	26.43	106.43	1	1.06	2.5	2.69	110.18
55	路面用碎石(2.5cm)		80	料场—工地	汽车,22km,100	1.5	[0.33×(1+0.8208)×22+4.4×1+0]×1.5×1	26.43	106.43	1	1.06	2.5	2.69	110.18
56	块石		60	料场—工地	汽车,22km,100	1.85	[0.36×(1+0.8208)×22+4.4×1+0]×1.85×1	34.82	94.82			2.5	2.37	97.19

编制:徐连铭　　复核:邢凤岐

自采材料料场价格计算表

建设项目:路线工程　　编制范围:路线工程　　单价文件:1　　编制日期:2008年01月08日　　第1页　共3页　　10表

序号	定额号	材料规格名称	单位	材料价格(元)	人工49.2元/工日		间接费(元)5%	原木1252.26元/		钢钎6.17元/kg		空心钢钎7元/kg		φ50mm以内合金钻头27.21元/个		铁钎5.76元/kg		硝铵炸药8.25元/kg	
					定额	金额		定额	金额	定额	金额	定额	金额	定额	金额	定额	金额	定额	金额
1	3003	黏土		12.66	0.245	12.05	0.6												

编制:徐连铭　　复核:邢凤岐

自采材料料场价格计算表

建设项目:路线工程　　编制范围:路线工程　　单价文件:1　　编制日期:2008年01月08日　　第2页　共3页　　10表

序号	定额号	材料规格名称	单位	导火线1.03元/m		普通雷管1.03元/个		煤436.58元/t		砂88.36元/m^3		片石68.641元/m^3		其他材料费(元)	90kW以内履带式推土机794.569元/台班		105kW以内履带式推土机879.513元/台班		2.0m^3以内轮胎式装载机801.705元/台班	
				定额	金额	定额	金额	定额	金额	定额	金额	定额	金额		定额	金额	定额	金额	定额	金额
1	3003	黏土																		

编制:徐连铭　　复核:邢凤岐

自采材料料场价格计算表

建设项目:路线工程　　编制范围:路线工程　　单价文件:1　　编制日期:2008年01月08日　　第3页　共3页　　10表

序号	定额号	材料规格名称	单位	10m皮带运输机116.44元/台班		150×250mm电动颚式破碎机138.08元/台班		250×400mm电动颚式破碎机204.82元/台班		滚筒式筛分机179.56元/台班		9m^3/min内机动空压机607.66元/台班		小型机具使用费(元)	基价(元)	高原施工增加费(元)	原价及其他费用(元)
				定额	金额	定额	金额	定额	金额	定额	金额	定额	金额				
1	3003	黏土													12.05		

编制:徐连铭　　复核:邢凤岐

机械台班单价计算表

建设项目名称:路线工程　　单价文件名:1　　打印日期:2008年03月22日　　第1页　共3页　　11表

序号	定额号	机械规格名称	台班单价(元)	不变费用(元) 调整系数:1		可变费用(元) 人工49.2(元/工日)		汽油6.43(元/kg)		柴油5.89(元/kg)		重油2.29(元/kg)		煤436.58(元/t)		电1.2(元/kW·h)		水18(元/m)		木柴0.5(元/kg)		养路费与车船税(元/台班)	合计
				定额	调整值	定额	金额	定额	金额	定额	金额	定额	金额	定额	金额	定额	金额	定额	金额	定额	金额		
1	1003	75kW以内履带式推土机	667.31	245.1	245.14	2	98.4			55	323.77												422.17
2	1006	135kW以内履带式推土机	1280.7	604.7	604.69	2	98.4			98.1	577.57												675.97
3	1007	165kW以内履带式推土机	1502.4	695	695.13	2	98.4			120	708.86												807.26
4	1027	0.6m³以内履带式单斗挖掘机	536.7	219.8	219.84	2	98.4			37.1	218.46												316.86
5	1035	1.0m³以内履带式单斗挖掘机	889.63	411.2	411.15	2	98.4			64.5	380.08												478.48
6	1037	2.0m³以内履带式单斗挖掘机	1496.8	855.4	855.38	2	98.4			92.2	543												641.4
7	1048	1.0m³以内轮胎式装载机	453.53	112.9	112.92	1	49.2			49	288.79											2.62	340.61
8	1050	2.0m³以内轮胎式装载机	801.71	200.4	200.44	1	49.2			92.9	546.95											5.12	601.27
9	1051	3.0m³以内轮胎式装载机	1024.6	241.4	241.36	2	98.4			115	678.23											6.6	783.23
10	1057	120kW以内自行式平地机	996.75	408.1	408.05	2	98.4			82.1	483.75											6.55	588.7
11	1075	6~8t光轮压路机	270.62	107.6	107.57	1	49.2			19.3	113.85												163.05
12	1076	8~10t光轮压路机	303.35	117.5	117.5	1	49.2			23.2	136.65												185.85
13	1077	10~12t光轮压路机	394.62	146.9	146.87	1	49.2			33.7	198.55												247.75
14	1078	12~15t光轮压路机	451.83	164.3	164.32	1	49.2			40.5	238.31												287.51
15	1080	18~21t光轮压路机	590.09	192.2	192.2	1	49.2			59.2	348.69												397.89
16	1083	0.6t以内手扶式振动碾	104.73	38.1	38.1	1	49.2			2.96	17.43												66.63
17	1088	15t以内振动压路机	846.95	315.1	315.05	2	98.4			73.6	433.5												531.9
18	1155	235kW以内稳定土拌和机	1890.9	922.4	922.43	2	98.4			148	870.07												968.47

编制:徐连铭　　复核:邢凤岐

机械台班单价计算表

建设项目名称：路线工程　　单价文件名：1　　打印日期：2008年03月22日　　第2页　共3页　　11表

序号	定额号	机械规格名称	台班单价(元)	不变费用(元) 调整系数:1		可变费用(元) 人工49.2(元/工日)		汽油6.43(元/kg)		柴油5.89(元/kg)		重油2.29(元/kg)		煤436.58(元/t)		电1.2(元/kW·h)		水18(元/m)		木柴0.5(元/kg)		养路费与车船税(元/台班)	合计
				定额	调整值	定额	金额	定额	金额	定额	金额	定额	金额	定额	金额	定额	金额	定额	金额	定额	金额		
19	1160	300t/h内稳定土厂拌设备	1299.9	455.6	455.64	4	196.8									540	647.47						844.27
20	1166	12.5m以内稳定土摊铺机	2630.2	1728	1728.36	2	98.4			136	803.45												901.85
21	1193	4000L以内沥青洒布车	486.52	179	179.14	1	49.2	34.3	220.42													37.76	307.38
22	1197	15t/h内电动黑色粒料拌和机	1601.3	218	218.14	3	147.6					449	1027.2			174	208.36						1383.18
23	1201	30t/h内沥青混合料拌和设备	3968.4	940.7	940.69	5	246					898	2054.4			606	727.27						3027.71
24	1205	160t/h内沥青混合料拌和设备	19149	4234	4234.1	6	295.2					4787	10957			3052	3663						14915.17
25	1213	9.0m内沥青混合料摊铺机	2309.3	1592	1592.2	3	147.6			96.7	569.5												717.1
26	1224	16～20t轮胎式压路机	660.53	362.2	362.24	1	49.2			42.3	249.09												298.29
27	1225	20～25t轮胎式压路机	810.06	464.7	464.65	1	49.2			50.3	296.21												345.41
28	1232	汽车式画线车	462.97	110.7	110.71	2	98.4	35.8	230.26													23.6	352.26
29	1272	250L以内混凝土搅拌机	131.07	18.58	18.58	1	49.2									52.7	63.29						112.49
30	1304	$3m^3$内混凝土搅拌运输车	801.96	447.9	447.9	1	49.2			40.5	238.31											66.55	354.06
31	1327	$60m^3$/h以内混凝土搅拌站	2386.4	1122	1121.64	9	442.8									685	821.98						1264.78
32	1344	90t以内预应力拉伸机	61.094	27.59	27.59											27.9	33.5						33.5
33	1347	500t以内预应力拉伸机	223.1	140.3	140.34											69	82.76						82.76
34	1372	4t以内载货汽车	381.48	66.38	66.38	1	49.2	34.3	220.42													45.48	315.1

编制：徐连铭　　复核：邢凤岐

机械台班单价计算表

建设项目名称:路线工程　　单价文件名:1　　打印日期:2008年03月22日　　第3页　共3页　　11表

序号	定额号	机械规格名称	台班单价(元)	不变费用(元) 调整系数:1		可变费用(元) 人工49.2(元/工日)		汽油6.43(元/kg)		柴油5.89(元/kg)		重油2.29(元/kg)		煤436.58(元/t)		电1.2(元/kW·h)		水18(元/m)		木柴0.5(元/kg)		养路费与车船税(元/台班)	合计
				定额	调整值	定额	金额	定额	金额	定额	金额	定额	金额	定额	金额	定额	金额	定额	金额	定额	金额		
35	1378	15t以内载货汽车	887.6	333.2	333.22	1	49.2			61.7	363.53											141.65	554.38
36	1382	3t以内自卸汽车	376.33	67.62	67.62	1	49.2	34.3	220.42													39.09	308.71
37	1383	5t以内自卸汽车	485.42	103.5	103.49	1	49.2	41.6	267.68													65.05	381.93
38	1388	15t以内自卸汽车	914.82	303.2	303.18	1	49.2			67	399.87											162.57	611.64
39	1393	20t以内平板拖车组	934.57	392	392.89	2	98.4			45.3	266.58											176.7	541.68
40	1395	40t以内平板拖车组	1419.6	722.9	722.87	2	98.4			55.5	327.13											271.2	696.73
41	1405	6000L以内洒水汽车	599.44	257.9	257.9	1	49.2			42.4	249.91											42.43	341.54
42	1406	8000L以内洒水汽车	766.31	382.5	382.46	1	49.2			47.2	278.01											56.64	383.85
43	1408	1t以内机动翻斗车	140.93	32.45	32.45	1	49.2			9	53.01											6.27	108.48
44	1432	15t以内履带式起重机	625.7	329.9	329.87	2	98.4			33.5	197.43												295.83
45	1442	20t以内轮胎式起重机	966.01	606.7	606.68	2	98.4			43.2	254.21											6.72	359.33
46	1449	5t以内汽车式起重机	470.07	199.6	199.62	1	49.2	25.7	165.32													55.93	270.45
47	1450	8t以内汽车式起重机	628.21	274	273.95	2	98.4			32.4	190.72											65.14	354.26
48	1451	12t以内汽车式起重机	863.55	387.1	387.11	2	98.4			45	264.76											113.28	476.44
49	1453	20t以内汽车式起重机	1271.1	673	672.98	2	98.4			56	329.84											169.92	598.16
50	1455	30t以内汽车式起重机	1649.5	982.7	982.66	2	98.4			62.9	370.25											198.24	666.89
51	1456	40t以内汽车式起重机	2357.1	1566	1566.3	2	98.4			74.3	437.57											254.88	790.85
52	1458	75t以内汽车式起重机	3587.2	2501	2501.31	2	98.4			89.5	527.33											460.2	1085.93
53	1499	30kN内单筒慢动卷扬机	111.52	17.22	17.22	1	49.2									37.6	45.1						94.3
54	1500	50kN内单筒慢动卷扬机	135.41	20.08	20.08	1	49.2									55.1	66.13						115.33
55	1600	ϕ1500mm以内回旋钻机	1459.8	681.5	681.5	2	98.4									567	679.87						778.27
56	1624	泥浆搅拌机	68.548	7.66	7.66	1	49.2									9.74	11.69						60.89
57	1726	32kVA内交流电弧焊机	161.6	7.24	7.24	1	49.2									87.6	105.16						154.36

编制:徐连铭　　复核:邢凤岐

辅助生产工、料、机械台班单位数量

建设项目名称:路线工程　　单价文件名:1　　打印日期:2008年01月08日　　第1页　共1页　　12表

序号	规格名称	单位	人工
1	黏土		0.245

编制:徐连铭　　复核:邢凤岐

参考文献

[1] 交通公路工程定额站. 公路基本建设项目概算预算编制办法(JTG B06—2007). 北京:人民交通出版社,2007.

[2] 交通公路工程定额站. 公路工程概算定额(JTG/T B06-01—2007). 北京:人民交通出版社,2007.

[3] 交通公路工程定额站. 公路工程预算定额(JTG/T B06-02—2007). 北京:人民交通出版社,2007.

[4] 交通公路工程定额站. 公路工程机械台班费用定额(JTG/T B06-03—2007). 北京:人民交通出版社,2007.

[5] 赵晞伟. 公路工程定额应用释义. 北京:人民交通出版社,2007.

[6] 关庆年. 公路工程概、预算编制示例. 北京:人民交通出版社,1994.

[7] 龚维丽. 工程建设定额基本理论与实务. 北京:中国计划出版社,1997.

[8] 邢凤岐. 公路工程投资估算与概、预算编制示例. 北京:人民交通出版社,1998.